學術論文集叢書

2022 海洋文化研究生論壇論文集

吳智雄　主編

主編序

　　臺灣四面環海，從明清時期的渡海移民來臺，沿海而居，在商業活動的頻繁需求下，形成所謂的一府二鹿三艋舺，再到近現代蓬勃發展的遠洋近海漁業，以及維繫臺灣經濟命脈的海運航貿國際往來，甚或如雨後春筍般的海洋文學、方興未艾的海洋觀光休閒遊憩，方方面面，無一不與海洋密切相關。這些因海而生、與海共存共榮的海洋物質文明及其背後所涵蘊的精神意識，共同形塑了臺灣海洋文化的內涵。但這些長達數百年歷史、有著豐富內涵的臺灣海洋文化面貌，卻在層層疊疊的因素下被長期忽視，導致了海洋在身旁，卻不知海洋文化為何物的弔詭現象。這對身為海島子民的我們而言，不僅是遺憾，更是臺灣文化研究的一大缺口。

　　為了補足這個缺口，不再有遺憾，一向在海洋理工自然科學研究與教學執牛耳的國立臺灣海洋大學，在2007年成立了全國第一且是唯一的海洋文化研究所。本所在成立之後，除了專注在臺灣乃至於東亞海洋文化的研究與教學之外，同時致力於海洋文化的推廣與發揚，所以本所在2007年舉辦全國首屆「海洋文化國際學術研討會」，帶動國內關於海洋文化的研究風氣，其後再與國立成功大學、中國廈門大學輪流主辦該研討會，以擴大規模，發揮更大效益。此外，本所也積極參與國際學會組織，已與日本、韓國、中國大陸等國的海洋相關高等校院共同發起並成立「東亞島嶼與海洋論壇」（East Asian Island and Ocean Forum，簡稱 EAIOF），每年由成員學校輪流主辦論壇，能有效且大幅促進海洋文化研究的國際交流與合作。

　　過往，本所平均每兩年舉辦一次海洋文化國際學術研討會，除了總結新的研究成果，也讓相關領域學者能夠彼此切磋，分享研究心得，並藉此加強合作。現今，為能向下扎根，促進全國研究生更加關心海洋事務，深入相關研究，因此另闢蹊徑，在過往以老師、學者為主的學術活動之外，特地舉辦

全國首次以研究生為主體的海洋文化研討會，命名為「2022海洋文化研究生論壇」，會議日期亦特別配合6月8日聯合國世界海洋日，訂在2022年6月10日於本校舉辦。

「2022海洋文化研究生論壇」有來自國內六所大學各系所的碩博士班研究生，總共發表了16篇論文，本所同時邀請十餘位校內外學者專家擔任主持人與論文特約討論人，並有實體會議現場與線上視訊總計百餘人共同參與研習及討論，對研究生學術能力的培養以及論文品質的提升，具有莫大助益，本論文集即為該論壇會後論文修訂的成果集結。再者，本論壇徵稿訊息在發布之後，受到「臺灣新驕點」電視節目製作團隊的主動關注與會議當天的全程拍攝，並製作成專輯節目於年代電視臺及 YouTube 頻道上架播出，充分顯示本論壇所具備之前瞻性與重要性。

本論文集文章皆經學者專家審查通過，是全國第一本以海洋文化為主題，並以研究生為主體的會議論文集。書中所收錄的論文，橫跨文學、史學、社會科學等學術領域，涵蓋了文本意象、語言文化、人口移動、地方產業、文創設計、觀光治理、海洋休閒、能源政策等研究主題，面向廣闊，內容豐富，不僅是現今學子跨領域研究成果的首次匯聚，同時更展現了兼容並蓄、涵納百川的海洋文化內涵與精神，值得有志學習者細加琢磨領略。

最後，承蒙海洋委員會、文化部文化資產局、本校海洋工程科技中心、本校人文社會科學院的經費補助與場地協助，以及校內外學者專家的悉心主持會議以及對論文的費心指導，還有幕後工作人員的辛苦付出，讓本次論壇得以圓滿落幕，在此一併致上最高謝意。同時也要感謝海洋委員會的補助、學者專家群的審查，以及萬卷樓圖書公司編輯團隊的協助，使本論文集能夠順利出版。

「長風破浪會有時，直挂雲帆濟滄海」，在本論文集付梓之際，海洋文化研究的這艘船，就要乘著風，揚起風帆，載著你我，開始破浪前進。

吳智雄　2022.8.15
序於國立臺灣海洋大學
時任海洋文化研究所所長

目次

Contents

日治時期古典詩中的八斗子書寫

陳虹彣*

摘要

　　日治時期詩社林立，因此古典詩的創作豐富多彩，全臺各地經常舉辦吟詩會，大量詩作也被登載在報章及雜誌中，而當時古典詩中對於八斗子的書寫雖然不多，但依然有其參考價值，對於八斗子當地不論是自然景致或是風俗民情，皆可透過當時詩人的書寫，從詩中感受八斗子地方的特殊性；亦可從詩中感受當時詩人與八斗子互動的心境與想法，藉此感受八斗子的古典詩之美。

　　基隆八斗子位於臺灣東北角海岸，由於山地近海，山麓直達海岸，曲折的海岸線與天然的海港讓八斗子擁有豐富的自然景觀；八斗子亦是一個傳統漁村，豐富的人文特色顯著。其特殊的自然景觀與人文讓詩人在此感觸而創作出別具意義的詩作，具有研究意義。

　　本論文針對八斗子古典詩共計四十一首，精選出二十三首予以分析，將書寫內涵分為「勝境書寫」、「漁事書寫」和「情感書寫」，其中「勝境書寫」中又分為詩人對於仙境的幻想及對於實際自然景色的書寫；而「漁事書寫」則是對於八斗子漁村日常的書寫，像是漁船的靠岸、漁婦的採集或漁人的捕撈等；至於「情感書寫」，則分為詩人因見景思情而引發的思鄉情懷及詩人對於隱居山水心情寫照之書寫，目前學界針對八斗子古典詩作研究的論

---

* 國立臺灣海洋大學海洋文化研究所碩士生。

述幾近於零，希望可以透過本論文的研究，讓大家更了解古典詩人靈視下的八斗子漁村其特殊的美景與海洋人文特色。

關鍵字：古典詩、八斗子、海洋文化

The Writing of Badouzi in Classical Poetry During the Japanese Occupation Period

Chen, Hung-Wen[*]

Abstract

Classical poetry societies were numerous during the Japanese Occupation Period. The creative arts are splendid with full of variety. Poetry recitals were often held throughout Taiwan. A great deal of poetry has also been published in the newspapers and magazines. Although there were not many classical poems written about Badouzi at that time, but it still has its own reference value. In classical poetry, there were not many poems written about Badouzi.

In local of Badouzi whether its's natural scenery or customs, it sure can see through the poets' writings at the time, therefore we can feel the special characteristics of Badouzi. We can also feel the emotions and interact with the poets and Badouzi from the poem itself. Thereby, we can feel the beauty of Badouzi's classical poetry.

Keelung's Badouzi is located on the Northeast Coast of Taiwan. As the mountains are near the sea and the foothills are straight to the sea. The coastline and natural harbor provide Badouzi with abundant natural scenery, and Badouzi is

* Master's student, Institute of Oceanic Culture, National Taiwan Ocean University.

also a traditional fishing village, with its rich cultural characteristics. It contains unique natural scenery and humanities. It also inspired poets to create special significant poems and it has research significance.

This thesis is in connection with the Badouzi classical poetry by total of forty-one poems. Twenty-three poems were selected for analysis.It classified as "Writing about a Beautiful Land", "Fishery Writing" and "Emotional Writing."

Among them, "Writing about a Beautiful Land" is divided into the poet's fantasies about fairyland in writings of the actual natural scenery. The "Writing of Fishery" is about the everyday life in village of Badouzi, such as fishing boats, fisherwomen and fishermen's catching. As for Emotion Writing, It is divided into two categories: the poet's nostalgia for his hometown caused by the sight of the scenery and the poet's description of the reclusive landscape.

Currently in academia, there is almost no discussion about Badouzi's classical poetry. I hope through this thesis research, let everyone has more understanding from classical poets' eyes about the unique scenery of Badouzi fishing village and oceanic humanities.

Keywords: Classical Poetry, Badouzi, Oceanic Culture

一 前言

　　基隆八斗子位於臺灣的東北方，擁有特殊的自然景致，八斗子的地形景觀，因為受到風雨長年的侵蝕、沖刷與堆積，日積月累而形成其特殊的自然景觀；八斗子亦是觀賞日出及日落的好所在，基隆八景之一的「八斗夕照」，因此而聞名；而八斗子也因其豐富的海洋資源，於清朝乾隆年間，吸引來自福建以捕魚維生的杜氏家族前來定居，[1]遂漸形成漁村聚落，其發展和海洋形成密不可分的關係，此地的特殊讓詩人創作出濃郁豐富的詩作。藉由詩人的創作，除了窺探八斗子古典詩的優美意境之外，亦可了解到當地豐富的人文特色。

　　學界對於基隆八斗子古典詩的論述僅見於柯喬文的〈基隆漢詩的在地言說：《詩報》及其相關書寫〉[2]中提到，文中以陳道南的〈基隆八斗子八景〉為例，講述基隆與海洋環境之關係造就其一套日常的和諧模式來說明日常書寫之必要，進而展現出「此地此時」核心的重要性。目前除了此篇論文有對於八斗子古典詩的研究之外，未見有針對八斗子古典詩作研究的論述，因此本文以八斗子這個地域來研究日治時期詩人對於八斗子古典詩的書寫。

　　日治時期的日本詩社盛行，當時許多詩人有志一同，常聚在一起舉行擊缽吟，他們定期集會，聚會時有課題吟詩及擊缽吟、唱詩鐘的活動。拈題之後，限時為詩，各逞才思，競捷爭巧[3]，而〈基隆八斗子八景〉，就是因此而來。本文在解析詩中的過程當中，覺得〈基隆八斗子八景〉最具代表，因此本論文所探究的詩作來源皆為〈基隆八斗子八景〉。將當時由詩人黃昆榮[4]、

1　陳世一，《八斗子地方史話》，基隆：海洋台灣文教基金會，1999，頁49、50。

2　柯喬文，〈基隆漢詩的在地言說：《詩報》及其相關書寫〉，《中正大學中文學術年刊》，第12期，2008年12月。

3　參台灣文學辭典資料庫，許俊雅撰寫，檢索日期：2022/5/12 https://db.nmtl.gov.tw/site2/dictionary?id=Dictionary00078&searchkey=%E8%A8%B1%E4%BF%8A%E9%9B%85

4　黃昆榮（1884-946），字繼參，世居基隆市，博學能詩，名震騷壇。民國初年參加小鳴吟社，致力宏揚詩教。

張元林[5]及陳道南[6]所著的〈基隆八斗子八景〉及由詩人杜誠齋[7]所著的〈基隆八斗子八景和雨邨詞兄韻〉來論述,其中題名分別為:「漁港歸帆」、「沙灘夕照」、「鼻浦採藻」、「石梯朝陽」、「長潭印月」、「鷺渚聽濤」、「嶺上尋芳」及「龜礁噴雪」共計三十二首精選出二十三首分為奇美海岸景色、漁村自然風貌及純樸悠閒的漁家生活描述的「勝境書寫」、採藻漁村婦女的辛勤,漁家歸航日常之景的「漁事書寫」和引起詩人的文思、牽思情而憶家邦或歸隱山林之心的「情感書寫」三個部分,欣賞及探究詩人對於八斗子此地的文采書寫,進而了解到當時漁家的生活情景和詩人的心情寫照。

---

5 張元林(1914-?),字雨村,祖籍福建龍溪,居本市城隍廟傍,父張朝瑞,首創仁華活版行,發行「詩報」氏克紹箕裘,發揚光大,亦精吟詠,名震士林,參加大同吟社,享高年。

6 陳阿火(1902-1964),字道南,原籍宜蘭大福,光緒壬寅年生,弱冠來基隆,初為新聞記者,後營漁業,好讀書,負才名,倡揚詩教,熱心扶輪,為大同吟社社員,著有大陸遊草。

7 杜子忠(生卒年不詳),別名誠齋,父親杜福來世居八斗子庄,經營焚寄網漁業相當成功且熱心鄉里,日治時期,杜福來是八斗子庄的保正,八斗子區長,也曾經是基隆市參議員,對於鄉里發展貢獻良多,杜子忠生長於良好家庭,深受長輩教育薰陶,漢文詩詞亦多精研,隨同鄉親文人杜春喜參加曉鐘吟社,吟唱詩詞頗有佳作。

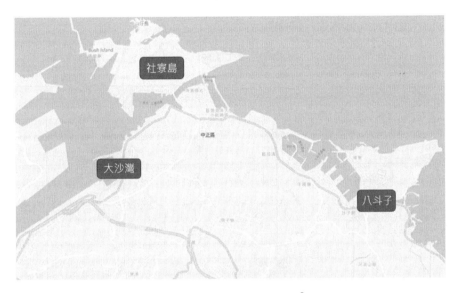

圖1　八斗子地理位置圖[8]

二　勝境書寫

　　基隆八斗子擁有曲折的海岸線與天然的海港，也有隆起的山丘，豐富的地形景觀，讓詩人在此創作出特殊的詩作，本文依其景色的書寫，分為仙境之景及實境之景。

（一）仙境之景

　　詩中仙境的書寫，蘊藏了詩人的想像，在想像與實境中結合而成，想像是詩人對月宮的幻想，玉兔及嫦娥躍入詩中，增添了詩的風采，皎潔的月亮倒印在海上，讓詩人寫出〈長潭印月〉的景色如下：

　　　　源流活水養鱗肥，一片波光捲翠微。

8　改繪自google map。

澄澈終宵藏兔魄，清輝萬古照漁磯。

棹舟岸畔双鳬泛，曳杖橋邊隻雁飛。

最愛廣寒沉瀉影，因風漾動素娥衣。

（黃昆榮〈基隆八斗子八景・長潭印月〉）[9]

黃坤榮詩中描寫的〈長潭印月〉中，「澄澈終宵藏兔魄，清輝萬古照漁磯。」完整呈現出整夜海面的清澈及月亮光的光亮；下句「棹舟岸畔双鳬泛，曳杖橋邊隻雁飛。」則道出漁船在岸邊航行有野鴨相伴，人們持杖在橋邊也伴隨著雁鳥在飛，皆是非常寫實的呈現手法；其中「最愛廣寒沉瀉影，因風漾動素娥衣。」更生動的描寫出海風吹來讓倒印在海面上的月亮因風搖曳，是首非常有寫實意境的好詩。

而張元林的〈長潭印月〉則是描述在夕陽西下時，漁船準備出海捕魚，因此燈隱隱亮起，月亮也微微出現的情景：

斜雁橫空背夕暉，携筇岸畔對秋磯。

漁灯隱現江心迴，玉鏡遙懸樹裏微。

水漾蛟宮看練急，光搖兔窟望雲稀。

何當西子湖邊去，掬取清輝緩緩歸。

（張元林〈基隆八斗子八景・長潭印月〉）[10]

詩中的「携筇岸畔」和前首詩的「曳杖橋邊」有異曲同工的寫實之美。「漁灯隱現」描述漁夫即將出海捕魚情景；「水漾蛟宮看練急，光搖兔窟望雲稀。」則描述海水隨波蕩漾，因此倒印在海中的月亮一樣也隨之起舞，美麗的景色因此讓作者接著寫出「何當西子湖邊去，掬取清輝緩緩歸。」其中西子湖為杭州的西湖，杭州西湖十景之一的「三潭印月」頗負盛名，作者此時拿來比較，似乎是說又何必去西子湖邊賞月呢！在「長潭印月」就可怡然忘歸。

9　黃昆榮，〈基隆八斗子八景・長潭印月〉，《詩報》，第227號，1940年7月6日，頁13。

10　張元林，〈基隆八斗子八景・長潭印月〉，《詩報》，第224號，1940年5月21日，頁4。

關於「長潭印月」的現今實景，目前還可以在長潭里潮間帶及潮境公園附近面向海的方向往基隆山望去，雞籠山九份燈火夜景，往下月夜的海面，和倒影在海面的長長月光，如詩如畫。可惜近年因為建設防波堤而擋住壯闊的海面，讓仰首望去基隆山夜色和海面的月亮景致，不再如詩中的幽靜空曠而引人遐思。

（二）實境之景

在〈基隆八斗子八景〉之中，詩人對於實境的描寫，可以看出八斗子的景色之美，在這個部分分別以晨曦之景、夕照之景、山花之景及舞浪之景，從古典詩句中摘取適合的詩來賞析。

1 晨曦之景

晨曦之景在〈基隆八斗子八景〉中詩人以〈石梯朝陽〉為題，「石梯朝陽」的實景，在現今八斗子大坪海岸的盡頭，需要走過斷壁才能到達的海邊秘境，海岸盡頭的懸壁無路可走，正巧懸壁上有一階一階突出的梯石，當地人就把懸壁挖出一凹一凹的踏腳坑，人們就可以慢慢沿著懸臂踩著踏腳坑移動，再踩著一道一道的石梯，小心地爬過石梯，走去翻過石壁後的白沙灘。八斗子當地人稱此懸壁為「石梯」，極其難走，詩人把此地的美及地形的險峻在詩中寫實的呈現如下：

> 雲根階砌浴晴曦，破曉嵐光帶露滋。
> 斷壁層苔青滴瀝，危巔叢樹綠參差。
> 屐痕難覓遊人跡，鳥篆空思海鶴姿。
> 最愛峰腰霞綺煥，迎晨端不讓傾葵。
> （張元林〈基隆八斗子八景·石梯朝陽〉）[11]

---

11 張元林，〈基隆八斗子八景·石梯朝陽〉，《詩報》，第224號，1940年5月21日，頁4。

　　此詩中的「雲根階砌浴晴曦，破曉嵐光帶露滋。」可知詩人在太陽剛升起之時，一片雲彩微光初現時就來到八斗子石梯懸壁的秘境；接著道出「斷壁層苔青滴瀝，危巔叢樹綠參差。」由這可知要看到此美景，需要經過的路線是很危險的；所以「屐痕難覓遊人跡」，因此也很少人會去這個地方，而下句「鳥篆空思海鶴姿」則是呼應上句表示在此人煙罕至，因此只有看到海鳥在飛翔的優美姿勢；最後兩句的「最愛峰腰霞綺煥，迎晨端不讓傾葵。」更是道出朝霞射映在石梯懸壁上的絕美景色，是個天然的絕美秘境。

　　而黃昆榮的這首詩也道出此山壁地形的險峻之處如下：

> 光浮暘谷影離披，返照峰腰景色奇。
> 謾把陳倉山比擬，儼然棧道路相宜。
> 懸崖數仞高難越，削壁千尋下顧危。
> 矗立巍巍雲漢上，金輝一片映晨曦。
> （黃昆榮〈基隆八斗子八景・石梯朝陽〉）[12]

　　「謾把陳倉山比擬，儼然棧道路相宜」典故出自於尚仲賢《氣英布》第一折：「孤家用韓信之計，明修棧道，暗渡陳倉，攻定三秦，劫取五國。」[13]其中的棧道為陝西地區架於懸崖絕壁和泥沼的驚險之地，和八斗子人修建的踏腳坑一樣是建在懸崖峭壁的地方，進而對比「懸崖數仞高難越」及「削壁千尋下顧危」此兩句，寫實地描述出石梯懸壁的陡峭危險；末句的「金輝一片映晨曦」，更完美地呈現早晨陽光映照在石梯懸壁的優美景色，替整首詩的對應題目做出完美的收尾。

　　〈石梯朝陽〉的實景現今依然存在，石梯懸壁的陡峭危險，寸步難行，除了當地人外，鮮為人知，因此也保護了這個地方，石梯的美景萬年如常的聳立在海岸的一角，每天早晨接受晨曦的映照，現今的實景依然如詩中所述一樣，實則令人高興。

---

12 黃昆榮，〈基隆八斗子八景・石梯朝陽〉，《詩報》，第227號，1940年7月6日，頁13。

13 漢語網，〈明修棧道，暗渡陳倉〉，檢索日期：2022/6/20 https://www.chinesewords.org/idiom/show-8353.html

2 夕照之景

　　「基隆八景」的「八斗夕照」享負盛名，而詩中描繪的夕照之景述說風從港口吹過來，夕陽照在漁船上美景：

> 撲面因風拂小舸，江隄緩步覓遊蹤。
> 斜陽倒射迷歸鳥，寒月懸思泣暮蜑。
> 暝漠漁村浮靄薄，潺湲澗水帶煙濃。
> 微紅乍沒沉帆影，傍晚汀洲尚染彤。
> （張元林〈基隆八斗子八景・沙灘夕照〉）[14]

　　也有描述在夕陽西下時捕魚的船夫，在散步時悠閒的聊天對話及因為天色漸暗，漁村也漸漸的點起了燈：

> 雲捲殘陽第一峰，芦洲十里咽莎蜑，
> 嵐光映水光搖翠，樹色連天色暈濃。
> 燕雀巢林聲噪雜，樵漁分路語雍容，
> 流螢數点飛村舍，月影依稀乱草茸。
> （黃昆榮〈基隆八斗子八景・沙灘夕照〉）[15]

　　兩首詩中的「微紅乍沒沉帆影，傍晚汀洲尚染彤。」及「嵐光映水光搖翠，樹色連天色暈濃。」皆為視覺的手法讓人感受到夕陽西下時的美麗，也有使用聽覺來對比的詩句「燕雀巢林聲噪雜，樵漁分路語雍容。」以鳥聲的吵雜來展現出漁夫的悠閒之感，豐富了詩作之美。

　　可惜的是當時詩中的〈沙灘夕照〉的地點目前已經不復存在了，八斗子的沙灘因為築港工程的完成而消失殆盡，以前是一片美麗的白海灘，伴隨著美麗的夕陽，或許人為的破壞，讓後世的人只能留下無限的幻想。

---

14 張元林，〈基隆八斗子八景・沙灘夕照〉，《詩報》，第224號，1940年5月21日，頁4。
15 黃昆榮，〈基隆八斗子八景・沙灘夕照〉，《詩報》，第227號，1940年7月6日，頁13。

3 山花之景

描述當時在山嶺上踏青的情景，沿路的花香蝶舞，感受到當時詩人的閒情逸致。此處的山嶺，正是當地人俗稱的「過嶺」，從八斗子漁村的後山小徑往上爬，站在山嶺的高處可以俯視八斗子的外海，亦是觀看「八斗夕照」的絕佳地點。

山花之景在〈基隆八斗子八景〉中詩人以〈嶺上尋芳〉為題，寫出的詩句如下：

> 登攀絕頂俛村隅，風送花香蝶舞途。
> 曳杖邀朋同散策，携柑喚友共歡娛。
> 朝暾色暈丹楓錦，野水清流碧草蕪。
> 到處蘭芬吹一陣，搜將數本挿瓶壺。
> （黃昆榮〈基隆八斗子八景・嶺上尋芳〉）[16]

首句「登攀絕頂俛村隅，風送花香蝶舞途。」講述在八斗子漁村的角落往上登爬就能抵達山嶺，而沿途感受花群的香味及蝴蝶的飛舞，顯示其愜意之處；下句「曳杖邀朋同散策，携柑喚友共歡娛。」則描述朋友們相約一起拿著拐杖輕鬆悠閒的踏青，共同享受著快樂的時光，再再顯示出詩人在探訪山嶺時優遊自得的樣子。

特別的是張元林的〈嶺上尋芳〉在詩中講述在爬山的途中因沿途優美的景色而得到作詩的靈感，並隨者雅興喝起了酒，詩云如下：

> 翠岫登臨免杖扶，深紅淺綠滿蹊鋪。
> 鶯啼嫩柳催春色，蝶舞閑花艷野蕪。
> 撲鼻風飄吹折帽，沁脾露滴濕輕糯。
> 山行忽憶文公句，適興郊原挈酒壺。
> （張元林〈基隆八斗子八景・嶺上尋芳〉）[17]

---

16 黃昆榮〈基隆八斗子八景・嶺上尋芳〉，《詩報》，第227號，1940年7月6日，頁13。
17 張元林，〈基隆八斗子八景・嶺上尋芳〉，《詩報》，第224號，1940年5月21日，頁4。

　　而杜誠齋的〈嶺上尋芳〉更把山嶺的情景及詩人的雅興完美的呈現出來，有花草景簇、曼妙花香、清脆鳥聲、蝴蝶飛舞配上飲酒，感受到詩人特地到嶺上一遊的悠閒之景。

> 興饒不用杖相扶，花草經春簇錦鋪。
> 細沁奇香導綠徑，緩探佳種踏青蕪。
> 鶯歌宛轉嬌迎客，蝶舞翩翩笑撲襦。
> 酒斾高懸村店上，白衣何處覓提壺。
> （杜誠齋〈基隆八斗子八景和雨邨詞兄韻·嶺上尋芳〉）[18]

　　〈嶺上尋芳〉的地點在現今依然存在，在現在八斗子油庫上方的山上一個名叫「過嶺」的地方，因為越過山嶺即可到達海邊，所以被稱之為「過嶺」。[19]

4　舞浪之景

　　詩人以「龜礁噴雪」來敘述海浪打在海中的礁石濺起似白花的情景，海風長時間向同一個方向的海面上吹送，就會形成海浪，並衝擊海上礁石，激起陣陣的白色浪花，從遠處的岸上一眼望去，那陣陣浪花如同雪花飛濺，故有「噴雪」的意象佳句。「龜礁」是早期八斗子灣澳內的一個海上礁石，八斗子在地人稱之為「龜頭」，漲潮時白浪滔滔，故有〈龜礁噴雪〉之詩句如下：

> 不同沙渚不同堤，指点洲前一望迷。
> 細浪吹來如玉悄，飛花濺處似雲泥。
> 昂頭有日思朝北，交尾無端每自西。
> 極目歸鴉三兩点，掠磯翻映夕陽低。
> （張元林〈基隆八斗子八景·龜礁噴雪〉）[20]

18 杜誠齋，〈基隆八斗子八景和雨邨詞兄韻·嶺上尋芳〉，《詩報》，第229號，1940年8月1日，頁6。
19 陳世一，《八斗子地方史話》，頁79。
20 張元林，〈基隆八斗子八景·龜礁噴雪〉，《詩報》，第224號，1940年05月21日，頁4。

奇石如黿未可稽，精靈水府逐鯤鯢。

捲濤十丈漁舟避，吹玉千堆三岸迷。

散亂銀花飄渭北，翻飛霜羽墜淮西。

從茲此地留名勝，一管憑將八景題。

（黃昆榮〈基隆八斗子八景・龜礁噴雪〉）[21]

脫出龍宮隔岸栖，精靈化石入詩題。

昂頭吹起銀花蕊，低首沖翻白玉璪。

薄霧有時迷釣艇，興波何處逐遊犀。

河圖一幅曾啣上，歷數千秋事可稽。

陳道南〈基隆八斗子八景・龜礁噴雪〉）[22]

「龜頭」在現今的八斗子漁港修造船廠後面，還沒填海時的海岸，因其形似龜頭而得名，[23]而因為八斗子漁港建港，原來在海上「龜礁」的礁石已遭破壞，現在比較類似「龜礁」的礁石為八斗子漁港防坡堤外海中的「白毛礁」，站在防坡堤，面朝基隆嶼方向，不遠處的「白毛礁」一樣可以觀賞到海浪打在礁石上形成雪花般的情景，期望美好的景色，別再因為人為的破壞而消失了！

而黃昆榮的〈鷺渚聽濤〉是以聽覺描述在岸邊的舞浪之景，更顯生動，詩云如下：

狂潮聲裡破華胥，澎湃江干震尾閭。

雷吼灘頭奔白馬，風吹波面躍鱗魚。

山樓起視三更月，水國遙看一釣漁。

浪打津門音不斷，終宵入耳到吾廬。

（黃昆榮〈基隆八斗子八景・鷺渚聽濤〉）[24]

---

21 黃昆榮，〈基隆八斗子八景・龜礁噴雪〉，《詩報》，第227號，1940年7月6日，頁13。

22 陳道南，〈基隆八斗子八景・龜礁噴雪〉，《詩報》，第226號，1940年6月27日，頁5。

23 陳世一，《八斗子地方史話》，頁94。

24 黃昆榮，〈基隆八斗子八景・鷺渚聽濤〉，《詩報》，第227號，1940年7月6日，頁13。

「狂潮聲裡破華胥」此句描述海浪聲把作者從睡夢中驚醒，可見其海浪之大；下句「澎湃江干震尾閭」表示滔滔不絕的海水都匯聚到低處；接著以「雷吼灘頭奔白馬」用白馬來形容海浪之奔騰皆往岸上打過來，而「山樓起視三更月，水國遙看一釣漁。」講述作者起床後在高處往下看變成水國的樣子，這裡推測應是颱風到來而導致低處淹水的原因；末句「浪打津門音不斷，終宵入耳到吾廬。」更能確定是颱風而造成整晚海浪聲不停的原因。

三　漁事書寫

臺灣的漁場豐富，從事漁事相關的人很多，而八斗子身為一個傳統漁村，當漁夫在海上努力捕魚拚搏時，在村里的婦女們也沒閒著，會去海邊採藻貼補家用，在此分為採集之景及漁撈之景：

（一）採集之景

此篇陳道南的〈鱟浦採藻〉描寫漁村的婦女姊妹相約去採藻，而海邊的風浪很大，海藻很多，大家都滿載而歸，在最後描寫婦女們辛苦工作流汗的美景，頗具詩意：

> 一葉舟輕抵石瀧，相呼姊妹摘波茳。
> 港門浪拍如雷吼，海國風吹似曲腔。
> 苔蘚蘋蘩歸滿載，衣衫笠屐卸沿江。
> 桃腮水濕胭脂落，紅暈居然映畫艭。
> （陳道南〈基隆八斗子八景・鱟浦採藻〉）[25]

也有敘說濕滑的苔蘚黏在礁石上，少婦去採藻的情形：

> 波平浪靜盪輕艭，對嶼登時心不慞。

---

25 陳道南，〈基隆八斗子八景・鱟浦採藻〉，《詩報》，第226號，1940年6月27日，頁5。

> 潤滑蒼苔粘石磴，密疏網罟貯波茳。
>
> 涯邊少婦伸纖手，磯畔漁翁弄笛腔。
>
> 摘罷歸來蘋滿載，一帆風飽抵津江。
>
> （黃昆榮〈基隆八斗子八景‧亀浦採藻〉）[26]

此兩首詩皆有形容當時採集海藻滿載而歸的情形，而隨著環境的破壞，婦女去岸邊採藻的行為，已經越來越少，現在還有在採集的婦女都已屆高齡，面臨傳統婦女採集活動即將失傳的危機。

（二）漁撈之景

詩中的漁撈之景形容漁家在海上捕魚，幾艘漁船在夕陽西下時航行於海岸的情景如下：

> 數幅飄搖夕照中，依稀遠逗綺霞紅。
>
> 高驅怒馬分春水，輕逐閒鷗劃碧空。
>
> 鷁首微生河伯雨，檣頭飽孕鄭公風。
>
> 妻兒浦上頻瞻望，曾否銀鱗載滿篷。
>
> （杜誠齋〈基隆八斗子八景和雨邨詞兄韻‧漁港歸帆〉）[27]

此詩中「高驅怒馬分春水」形容因為漁船行駛的速度很快，因此在海上形成了漁船犁浪的痕跡；而「鷁首微生河伯雨」中的「何伯」為性格暴虐的水神，因此可看出海上海象之不好，且天氣是風大雨大的狀況；下句「檣頭飽孕鄭公風」中的「鄭公風」為一神話故事，講述一男子鄭弘在砍材時撿到仙人的劍，仙人為報答他答應他的願望為早吹南風，晚吹北風，從此人們去砍柴，出航都是順風，在此比喻為航行之順風；而最末句的「妻兒浦上頻瞻

---

26 黃昆榮，〈基隆八斗子八景‧亀浦採藻〉，《詩報》，第227號，1940年7月6日，頁13。

27 杜誠齋，〈基隆八斗子八景和雨邨詞兄韻‧漁港歸帆〉，《詩報》，第229號，1940年8月1日，頁6。

望，曾否銀鱗載滿篷。」則描述岸上的妻小在港邊等待，期盼漁人滿載而歸的情景，將八斗子漁村的日常細膩的表現出來。

也有描述夕陽西下，浪往岸邊打，而海鳥也回來了，漁船在花瓶嶼出沒，幾艘船在基隆嶼的東邊載浮載沉，並在夜裡聽到划船的聲音，表示漁船漸漸歸港之情境：

牙檣曳起一天風，海上飄颭捲夕紅。
浪撼基門飛宿鷺，煙籠葦岸阻征鴻。
片篷出沒花矸外，幾舸浮沉杙島東。
網得珊瑚旋近渚，櫓聲欸乃月明中。
（黃昆榮〈基隆八斗子八景·漁港歸帆〉）[28]

而陳道南的〈漁港歸帆〉則講述，漁船開到虎子山下曬網，虎子山又稱為牛稠港山，山下古時稱為牛稠港，現今位置約在西4到西14號碼頭之間；而雞心嶼為基隆嶼的古名，這裡描述漁船在基隆嶼外揚起帆來的情景，詩云如下：

江波浩渺望無窮，一幅飄颭遠接空。
虎子山前訪晒網，雞心嶼外尚懸篷。
巨鱗喜獲微風裡，小艇爭收駭浪中。
鷗鷺成群飛北渚，晚來抵岸月朦朧。
（陳阿火〈基隆八斗子八景·漁港歸帆〉）[29]

而詩句中的「江波浩渺望無窮，一幅飄颭遠接空。」讓人感受到漁夫是在一望無際的大海中捕魚，「巨鱗喜獲微風裡，小艇爭收駭浪中。」表示海中的魚群很多，漁夫努力在駭浪中捕魚的情景，最後「晚來抵岸月朦朧」則表示漁夫辛勤工作一天到家時已是晚上的情形。

---

28 黃昆榮，〈基隆八斗子八景·漁港歸帆〉，《詩報》，第227號，1940年7月6日，頁13。
29 陳道南，〈基隆八斗子八景·漁港歸帆〉，《詩報》，第226號，1940年6月27日，頁5。

詩人因為不是親自身歷情境，所以沒有描述漁夫在海上捕魚之情景，但詩人透過他們的認知，把當時漁港歸帆的日常情境，經由想像透過書寫而成。

四　情感書寫

（一）思鄉情懷

詩人以詩抒情，觸景生情而引發的思鄉情懷，讓身在異鄉的遊子，書寫出內心的感懷，進而吟詠思鄉情懷的優美詩句如下：

柔風弱柳拂篷窗，入耳濤聲似亂哤。
戴笠村娃趨磧石，披簑漁父泛春江。
臨涯摘草伸纖手，點水尋螺露玉蹤。
海味盈筐歸思急，香蒓觸我憶家邦。
（張元林〈基隆八斗子八景・鼻浦採藻〉）[30]

詩句一開始以「柔風弱柳拂篷窗」，透過環境的弱化來展現內心的孤寂，並以「入耳濤聲似亂哤」來表示內心言語的雜亂，而濃郁的海邊的味道，觸動了詩人的心房，進而引起詩人的思鄉情懷。

而杜誠齋的〈鼻浦採藻〉這首詩是呼應上首張元林的詩作，是描述張元林的思鄉情懷，並非杜誠齋本人的思鄉情懷，此篇詩作「恐觸張公憶梓邦」，詩句中的張公就是代表張元林，詩云如下：

浪拍沙鳴入曉窗，雞啼犬吠乱紛哤。
凝眸淺渚惟巾笠，掠眼狂濤急暮江。
勤摘青苔頻俯首，忙探珠貝輒停蹤。
盈筐切莫高歌返，恐觸張公憶梓邦。

---

30 張元林，〈基隆八斗子八景・鼻浦採藻〉，《詩報》，第224號，1940年5月21日，頁4。

（杜誠齋〈基隆八斗子八景和雨邨詞兄韻・鼻浦採藻〉）[31]

　　自古以來，旅居外地的詩人，常藉由詩來抒發自我的思鄉之情，獨在異鄉為異客，其中的孤獨之感，或許只有本人才知道，而正因為此深刻的情感，才能讓詩人因此而創作出濃濃思鄉的詩作，讓同在異鄉的人們，都深有所感。

（二）隱居山水

　　美麗的景色，伴隨著漁村的樸實無華，悠閒的情景，讓詩人在此引發了隱居山水之情，詩云如下：

> 閒來無事學樵漁，結伴鷗群傍水居。
> 日落銀山人影寂，風吹雪陣浪聲徐。
> 奔騰幾似錢江急，澎湃疑為鼓嶼餘。
> 夜半當窗吟思苦，依稀松韻引華胥。
> （張元林〈基隆八斗子八景・鷺渚聽濤〉）[32]

　　詩句中的「學樵漁」，可見詩人羨慕漁人悠閒的化外生活，而引發詩人想要結伴海鳥過著「傍水居」的自在生活；下句的「日落銀山人影寂，風吹雪陣浪聲徐。」這裡則描述在人煙稀少的地方，風徐徐的吹來，浪緩緩的浮動，和上句一樣顯示出其悠閒自在之感；末句的「夜半當窗吟思苦，依稀松韻引華胥。」這裡則描述作者在晚上努力念書之時，因打瞌睡時似乎夢到了華胥之國之情景。華胥之國源於《列子・黃帝》篇中的一段：「晝寢而夢，游於華胥氏之國。」[33] 華胥國是在夢中虛擬的理想國度，在那裡沒有紛爭、

---

31 杜誠齋，〈基隆八斗子八景和雨邨詞兄韻・鼻浦採藻〉，《詩報》，第229號，1940年8月1日，頁6。

32 張元林，〈基隆八斗子八景・鷺渚聽濤〉，《詩報》，第224號，1940年5月21日，頁4。

33 中國哲學書電子化計劃《列子・黃帝》，檢索日期：2022/5/19 https://ctext.org/text.pl?node=37419&if=gb&show=parallel

沒有煩惱，實為詩人對於隱居山水憧憬之寫照。

杜誠齋則有兩首詩作皆呈現出其想隱居山水之感受的詩如下：

> 悟徹窮通隱釣漁，結茅擬效浣花居。
> 撼山束勢翻兼湧，捲地駭聲疾且徐。
> 髣髴笙簧嘈雜亂，難分雷鼓怒號餘。
> 晚來招得黃泥客，對酒麘詩盡樂胥。
> （杜誠齋〈基隆八斗子八景和雨邨詞兄韻·鷺渚聽濤〉）[34]

詩句中的「悟徹窮通隱釣漁，結茅擬效浣花居。」有與世隔絕，獨自在隱秘的地方釣魚及建茅房而居，充分顯示出其脫離現實之感。

> 砥柱江中隔石提，隨潮浮沒望離迷。
> 濤翻片片飄梅蕊，浪拍霏霏點玉泥。
> 掉尾凌波堅向北，昂頭背日不朝西。
> 倦飛鷗鷺頻休憩，綠水瀠洄河漢低。
> （杜誠齋〈基隆八斗子八景和雨邨詞兄韻·龜礁噴雪〉）[35]

而此詩句中的「倦飛鷗鷺頻休憩」，則呈現出作者與世無爭之意象，充分表現出作者想沉靜下來之心情。

五　結語

〈基隆八斗子八景〉，每首詩作各有各的特色，在對於景色書寫的「勝境書寫」，因為各個美景書寫的景色分明，因此每個景色的書寫大多皆為同個題名，只有「舞浪之景」因「鷺渚聽濤」和「龜礁噴雪」皆為對海浪的書

---

34 杜誠齋，〈基隆八斗子八景和雨邨詞兄韻·鷺渚聽濤〉，《詩報》，第229號，1940年8月1日，頁6。

35 杜誠齋，〈基隆八斗子八景和雨邨詞兄韻·龜礁噴雪〉，《詩報》，第229號，1940年8月1日，頁6。

寫，故有兩個題名；在「勝境書寫」中除了從詩作中感受到從早期古典詩中踏足探訪八斗子的勝境之外，也透過過去與現在的比對，從中探究其詩中的景色在現在是否存在來加以論述，感受到人為的破壞導致景色的改變甚至是消失，著實為可惜之處，幸好還有尚未改變景色的地方，希望大家能以此為戒，進而激起人們對環境的保護意識；而「漁事書寫」也因為八斗子漁村的人文特色鮮明，所以皆為同個題名，分別為「採集之景」的「嶐浦採藻」及「漁撈之景」的「漁港歸帆」，「採集之景」中透過詩中對於採集海藻滿載而歸之景來對照現今因環境的破壞，進而導致藻類減少，所以面臨到傳統即將消失之危機，「漁撈之景」則是透過詩人的書寫，來了解當時詩人認知中的八斗子漁村人們漁家生活的日常之景；最後「情感書寫」的部分則深入探討詩人在八斗子因觸景而如何抒懷個人心境之述說，展現其對於故鄉的懷念及寄情山水之描寫。

　　本論文除了對於八斗子古典詩中書寫的意境探究之外，也加入了對環境保護的論述，還有漁村生活之情景的描述，希望能從早期古典詩中了解到，除了保護八斗子鮮為人知的勝境和優美景色以外，該如何避免受到人為建設而遭破壞的珍貴天然景色和地貌，進而珍惜與維護永續八斗子的地方特色、漁民生活及漁村文化。

參考文獻

一 專書

施添福，《臺灣地名辭書，卷十七，基隆市》，南投：臺灣省文獻委員會，
　　　　1996年。

陳世一，《八斗子地方史話》，基隆：海洋臺灣文教基金會，1999。

許財利，《基隆市志——卷六文教志藝文篇》，基隆：基隆市政府，2003。

陳清松，《基隆古典文學史》，基隆：基隆市政府，2010。

二 期刊論文及學位論文

柯喬文，〈基隆漢詩的在地言說：《詩報》及其相關書寫〉，《中正大學中文學
　　　　術年刊》，第12期，2008年12月。

李嘉瑜，〈理想化的完美山水——臺灣古典詩中的基隆八景（1895-1945）〉，
　　　　《臺灣文學研究學報》，第18期，2014年4月。

顏智英，〈古典詩中的海島書寫——以具奇美地景、多樣資源且豐瞻人文的
　　　　基隆和平島為例〉，《海洋文化學刊》，第28期，2020年6月。

吳淑娟，〈臺灣基隆地區古典詩歌研究〉，臺北：中國文化大學中國文學研究
　　　　所碩士論文，2004年6月。

許焜山，《基隆八斗子漁村的漁業發展與變遷》，基隆：國立臺灣海洋大學，
　　　　海洋文化研究所碩士論文，2015年1月。

三 網路資源

全臺詩博覽資料庫，檢索日期：2022/4/17　http://elib.infolinker.com.tw/login_
　　　　poemtw.htm

許俊雅，臺灣文學辭典資料庫，檢索日期：2022/5/12　https//db.nmtl.gov.tw/site2/dictionary?id=Dictionary00078&searchkey=%E8%A8%B1%E4%BF%8A%E9%9B%85//db.nmtl.gov.tw/site2/dictionary?id=Dictionary00078&searchkey=%E8%A8%B1%E4%BF%8A%E9%9B%85

中國哲學書電子化計劃《列子‧黃帝》，檢索日期：2022/5/19　http//ctext.org/text.pl?node=37419&if=gb&show=parallel

漢語網〈明修棧道，暗渡陳倉〉，檢索日期：2022/6/20　https://www.chinesewords.org/idiom/show-8353.html

論古典詩中的基隆嶼意象

洪金財[*]

摘要

　　古典詩的「基隆嶼意象」書寫研究，不僅可以從「意」的角度體察詩人對基隆嶼觸景生情之心境與思維；亦可以從「象」的角度，深入了解基隆嶼自然之景致與人文的特質。這些古典詩中的近海島嶼書寫，保存了歷史記憶、時代變遷和社會脈動，已成為海洋文化研究的新主題。

　　獨立蒼茫大海間，指引著船隻安全靠港，容納各方面的人群來到這裡，這種文化的體會，其實是對人的關係，到文化的關係，甚至歷史、地理、政府的關係，都會交會在這裡，留住了漂浮的白雲，杙住過往的人群。

　　矗立於基隆東北方外海的基隆嶼，是北臺灣最鮮明的島嶼標誌，也是各國船隻航行進出基隆港的必經之路，與基隆隔水朝夕相伴。

　　因其地勢高聳屹立於海中央，視野所及，將廣闊的東海、整個臺灣北海岸美景盡收眼底，不同時空與視角，俯視或仰望，呈現絕然不同的詩情與畫意，此特殊的地理形勢與位置，使得基隆嶼有其優美的拋物線外型，自清日以降躋身基隆八景之一，並以「杙峰聳翠」稱之。不少古典詩人書寫基隆嶼的特殊自然或人文，極具研究價值。

　　可惜，此孤獨流離的場域，在時空背景的限制下，目前研究古典詩的學術文獻中，對於「基隆嶼」的自然與人文近海島嶼書寫並未進行深入研究，顯見古典詩中關於「基隆嶼」碧海、藍天、白雲、孤島等虛無飄渺的仙境與

---

* 國立臺灣海洋大學海洋文化研究所碩士生。

勝景的書寫，仍有許多可以研究的空間。本論文即針對基隆嶼相關的古典詩作，深入觀察出古典詩人眼中關於基隆嶼之意象為：「仙境」、「擎天柱」、「勝景」；以見出古典詩人筆下此近海島嶼自然與人文的特徵以及與基隆嶼互動下的多樣情思。

關鍵字：古典詩、海洋文化、近海島嶼書寫、杙峰聳翠、基隆嶼。

On the Imagery of Keelung Island in Classical Poetry

Hung, Chin-Tsai[*]

Abstract

An image of Keelung Island in Classical Poetry Writing Research is not just about "intention." It is from the perspective of the poet's feeling and thoughts about Keelung Island. We can deeply understand its natural scenery and human characteristics from the perspective of an object. The inshore island writing in these classical poems preserves historical memories and also changes in times and pulse of society. It has become a new theme in Marine Culture Research.

Independent, vast sea is safely guiding the ship to dock. It is accommodating everyone here. The experiences of culture, from human relations to culture, even historic, geographic and governmental all meet here. It feels like keeping white clouds floating and holding back the passengers.

The foundation of the sea off the Northeast Coast of Keelung Island is the most distinctive island in Northern Taiwan. The island's signature sign is observable for all ships passing through the Keelung harbor.

The island raises high in the middle of the sea as far as the eye can see. The vast East China Sea and the entire Northern Coast of Taiwan have a panoramic view of the island, which has been described as one of the eight most scenic spots

---

* Master's student, Institute of Oceanic Culture, National Taiwan Ocean University.

in Keelung since the Qing dynasty. Many classical poets wrote about the special nature and humanities of Keelung Island.

Unfortunately, this lonely and wandering field is under the constraints of space-time background. At this moment,In the academic literature currently study about classical poetry, but there's no in-depth research has been made in writing of the natural and human offshore islands such as Keelung Island.It is evident that there are still many spaces for study in classical poetry about the Indigo Sea, Blue sky, White Clouds, and Isolated Islandsof writing about the Wonderland and the Scenic Landscape. In this thesis, we examined the natural and human characteristics of this offshore island and it interacts with Keelung Island through the eyes of classical poets.

Keywords: Classical Poetry, Marine Culture, The Inshore Island Writings, Khit Peak Raises Green. Keelung Island.

一 前言

　　基隆嶼又稱基隆島，是位於臺灣東北方近海之島嶼，古稱「雞籠嶼」、「雞籠杙」，簡稱「杙嶼」。「杙」本意為繫牛的小木樁，有固定穩定安定之意。當地人稱基隆嶼為「基隆吸仔」，吸引外地人來工作，使基隆更加繁榮之意。基隆嶼因其特殊的地理位置與發展的歷史，自古至今一直是北臺灣通往世界各地的航海要衝，海洋航線的必經之地，亦是十六世紀列強強力爭取之要道。繞過社寮島尖山仔鼻，臺灣第一場國際戰爭荷西之戰，就在八尺門港道展開。多次外族的侵入，無數砲火攻擊，基隆嶼依然聳立在海中央，如同衛士般堅守基隆的門戶。然愛國詩人的感嘆，學子回眸的無奈，漁帆點點襯托著夕陽景色如畫，漁火燃燃照亮著暗夜光明如畫，杙峰景致依猶存，蹦聲已黯然無息。

　　基隆嶼優美秀麗受文人吟詠的景致，日治時期更有多位詩人以〈基隆八景〉為題創作詩篇，將古基隆特殊島嶼地景詮釋得淋漓盡致。目前學界對於基隆嶼的意象沒有太多研究，李嘉瑜[1]、吳淑娟[2]、柯喬文[3]、賴恆毅[4]、沈心菱[5]等多位學者皆以「基隆地區」或「基隆八景」[6]作為研究書寫之範疇，有關基隆嶼詩作之題材只作簡略之評述。而基隆嶼除了具代表的「杙峰聳翠」

1　李嘉瑜，〈理想化的完美山水：臺灣古典詩中的基隆八景（1895-1945）〉，《臺灣文學研究學報》，18（2014.4），頁41-75。

2　吳淑娟，《台灣基隆地區古典詩歌研究》，臺北：文化大學中國文學研究所碩士論文，2004年6月。

3　柯喬文，〈基隆漢詩的在地言說〉，《中正大學中文學術年刊》，2008年第2期（2008.10），頁161-200。

4　賴恆毅，〈在臺日人之書寫──以《基隆港》收錄之日人漢詩為觀察場域〉，《文史臺灣學報》，第5期（2012.12），頁135-169。

5　沈芯菱，《文學中的基隆歷史意象（1684-1945）》，臺北：國立臺北教育大學文化研究所碩士文，2009年8月。

6　例如〔清〕同治10年陳培桂主編的《淡水廳志》，其「雞籠八景」標目為：「鱟嶼凝煙、社寮曉日、海門澄清、杙峯聳翠、奎山聚雨、毬嶺匝雲、魴頂觀瀑、仙洞聽潮。」（臺北：臺灣銀行，1963年，卷2〈封域志・形勝〉），頁41。

景致的命名之外，目前尚未有人整理並統整關於基隆嶼之古典詩作意象的書寫。

　　本文從《臺灣日日新報》、《全臺詩》、《基隆詩學發展史》、《基隆古典文學史》蒐集相關詩作約六十首，整理後結合相關歷史背景、島嶼文化、地方志書……等，選取其中三十二首，作為本論文「論古典詩中的基隆嶼意象」討論主題：探討此島嶼文化地景，被賦予了何種價值？詩人們是透過何種視角與感情凝視著基隆嶼？以及書寫者對於基隆嶼近海島嶼之形塑。因此本篇從基隆嶼的仙境、擎天柱、勝景等三種意象，結合書寫背景、歷史記憶、人文氛圍，深入探究基隆嶼的自然風光，與詩人對基隆嶼間互動之心境。本篇論文經由文獻資料來印證詩人於詩篇中所描寫之事，瞭解各詩人的描寫手法外，也能清楚其時代背景。與當時書寫之心情。

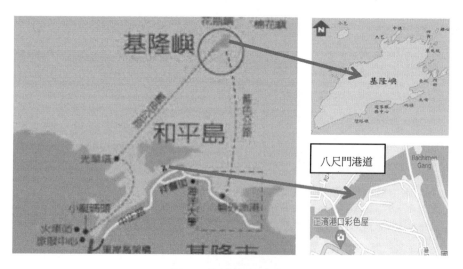

圖1　基隆嶼位置圖

資料來源：截取自 google map。

　　基隆嶼位於基隆港口東北方約六公里，海拔一百八十二公尺，因其地勢高聳且位居基隆港外，形成基隆港的天然屏障。如圖1。

　　杕峰指孤懸基隆外海六公里的基隆嶼，自古即為船舶進出基隆港的地

標，也是北海岸從富貴角至鼻頭角均可輕易見到的海上仙山。每逢春天鐵炮百合花、秋天金花石蒜花開遍了整個基隆嶼，蔚為島上美麗焦點，七種原生植物繩子草、筷子芥、早熟禾、短柄草、澤蘭、野山藥、天胡荽皆以基隆為頭銜，就在步道兩旁展現生態之美，島上峭壁林立、高聳雄偉，「杙峰聳翠」因以得名。不同視角觀看基隆嶼，呈現不同的面貌，翠峰聳立飄渺在一望無際的雲海中，美如海上的蓬萊仙境，自清代以來，即受到文人雅士的青睞，以「杙峰聳翠」之名列入「基隆八景」之中。

圖2 「杙峰聳翠」——一望蒼茫鎮海東

圖片來源：截取自 google 基隆嶼圖片庫。

　　基隆八景以淡水廳志的標目為依歸，「杙峰聳翠、鱟嶼凝煙、社寮曉日、海門澄清、奎山驟雨、毬嶺匝雲、魴頂觀瀑、仙洞聽濤」，這組基隆八景在日治時期是得到時人普遍認同的。一九○四年在《臺灣日日新報》集中出現的十二組基隆八景詩，也多沿襲其標目。意象分析如表1：

表1 1904年《臺灣日日新報》刊出〈基隆八景・杙峰聳翠〉詩與意象分析

	作者	詩作內容	主意象（次意象）	情志
1	沈相其[7]	江上巍然湧碧峯，奇靁聳秀翠重重。是誰擎出中流柱，一任洪濤雪浪衝。〈基隆八勝・杙峰聳翠〉[8]	擎天砥柱（霧靁、浪濤）	安逸之感
2	張一鶴[9]	孤峯挺秀入雲霄，上舞天風下卷潮。萬丈紅塵飛不到，浪花翻起翠雯飄。〈基隆八景・杙峰聳翠〉[10]	擎天柱（雲霄、風浪、翠雯）	悠閒之情
3	乃蘭氏[11]	極目雲端裏，孤峰海上懸。鯨翻山欲動，翠聳七彌妍。〈基隆八勝・杙峰聳翠〉[12]	擎天柱（雲、海、鯨、美景）	景致之美
4	蔡一靜	海外高峰接紫霄，浮嵐積翠望迢迢。洪濤巨浪衝千古，猶是擎天柱不搖。〈基隆八景・杙峰聳翠〉[13]	擎天柱（紫霄、浮嵐、浪濤）	恆古不變

---

7 沈藍田（1853-1918.10.02），字相其，以字行，世居基隆玉田里，屢試不中，後設帳於基隆新店街。光緒10年，法軍犯臺，相其從軍有功。事定，敘軍功五品銜、後補同守備。乙未之際，挈眷移廈門，歷9年返基。以詩酒自娛，參與創立「瀛社」。

8 《臺灣日日新報》，「詞林」欄，1904年4月15日，1版。

9 張尚友，字一鶴，當地宿學。陳青松，《基隆古典文學史》，頁49。

10 《臺灣日日新報》，「詞林」欄，1904年4月19日，1a版。

11 乃蘭氏即是許梓桑（1974-1945），居基隆玉田街。字迺蘭，號德馨。基隆區長、基隆街助役、臺北州州會議員。日治時期，地方最具聲望的邑紳許梓桑曾選出「基隆八景」。許梓桑出生於1874年，父許福壽早亡，幼年由母親胡氏教導識字，並成為淡水縣庠生。大正九年（1920）任基隆市協議會員、基隆街協議會員。除了擔任公職之外，崇奉儒家學說與佛教的他亦積極推廣基隆的文教，曾擔任過慶安宮的管理人與倡建大竿林代天宮，鼓吹詩學成為臺北瀛社中堅。此外他還擔任過吟稿合刊詩報社社長、大同吟社社長。參考鄭俊彬，《基隆市志・人物志列傳篇》，頁32。

12 《臺灣日日新報》，「詞林」欄，1904年4月22日，1版。

13 《臺灣日日新報》，「詞林」欄，1904年5月3日，1版。

	作者	詩作內容	主意象（次意象）	情志
5	蔡耀垣[14]	天降杙峰湧碧流，昂然獨立翠凝眸。行船月夜多驚訝，誤認蓬萊此地留。〈基隆八勝‧杙峰聳翠〉[15]	擎天柱（杙峰天成、行船、月夜、蓬萊）	逍遙之感
6	作舟氏	屹立孤峰碧水中，層巒黛色翠無窮。鯨魚遙湧動巖石，惡浪狂拋造化工。〈基隆八勝‧杙峰聳翠〉[16]	擎天柱（碧水、、層巒、鯨魚、巖石、大浪）	悠閒之情
7	江蘊和	杙峰高聳彩雲間，日見群鷗自往還。臨眺猶如擎柱立，蒼茫翠壓萬重山。〈盒梓桑君詠基津八景‧杙峰聳翠〉[17]	擎天柱（彩雲、海鷗、萬重山）	逍遙之感
8	張昭德	杙峰高聳出雲霄，砥柱中流震怒潮。屹立恍如端士笏，參天黛色海門標。〈基隆八景‧杙峰聳翠〉[18]	擎天柱（雲霄、怒潮、端士笏、海門標）	安逸之感
9	許梓桑	萬水星羅繞杙峯，杙峯不與眾山同。孤高千仞凌霄漢，一望蒼茫鎮海東。〈基隆八景‧杙峰聳翠〉[19]	擎天柱（海、星、霄漢、鎮海東）	安逸之感
10	林孝松	杙峯一聳接天台，四面奇山拱粹來。海上畫屏如此展，古今勘作是春台。〈基隆八景──杙峰聳翠〉[20]	擎天柱（天台、奇山、畫屏、春台）	悠閒之情

14 蔡耀垣，生平不詳。
15 《臺灣日日新報》，「詞林」欄，1904年5月15日，1版。
16 《臺灣日日新報》，「詞林」欄，1904年5月17日，1版。
17 《臺灣日日新報》，「詞林」欄，1904年6月14日，1版。
18 《臺灣日日新報》，「詞林」欄，1904年7月1日，1版。
19 《臺灣日日新報》，「詞林」欄，1904年7月2日，1版。
20 《臺灣日日新報》，「詞林」欄，1904年7月22日，1版。

	作者	詩作內容	主意象（次意象）	情志
11	呂致知	黃海青天遙展開，波濤遠儼一峰來。夕陽斜照紅燒水，映帶層巒金幣堆。〈基隆八勝・杙峰聳翠〉[21]	擎天柱（海天、波濤、夕陽、層巒）	美好之情
12	許敬軒	杙峰聳峙滄溟間，積翠惟憑鳥往還。獨立中流成砥柱，看來不比尋常山。〈基隆八景・杙峰聳翠〉[22]	擎天柱（滄溟、鳥）	悠閒之情

資料來源：1904年《臺灣日日新報》，筆者整理。

二 仙境

「雞籠杙」，不僅在臺灣的歷史上扮演重要的角色，更吸引人們前來一睹自然島嶼美景風采，波濤儼峰、峭壯奇觀、曲境尋幽、黃海青天、青靄白雲、夕陽斜照，文人雅士飽覽山水美景之際，留下不少膾炙人口的佳作，歌詠的景點或許與時代的變遷有所差異，但與天地合其德的壯志情懷卻是恆古不變，我們何不一訪詩人筆下的人間仙境，暫且放下心中思維，以他們豐沛的情感，藉眼前的詩情畫意，融入天上人間人境合一的美好感受。

（一）蓬萊仙境

「蓬萊仙境」形容高雅出俗、難以尋覓的美好景致。出自《列子・湯問篇》：

> 渤海之東不知幾億萬里，有大壑焉，實惟無底之谷，其下無底，名曰歸墟。八弦九野之水，天漢之流，莫不注之，而無增無減焉。其中有

---

21 《臺灣日日新報》，「詞林」欄，1904年8月19日，1版。
22 《臺灣日日新報》，「詞林」欄，1904年12月15日，1版。

五山焉：一曰岱輿，二曰員嶠，三曰方壺，四曰瀛洲，五曰蓬萊。其山高下周旋三萬里，其頂平處九千里。山之中閒相去七萬里，以為鄰居焉。其上臺觀皆金玉，其上禽獸皆純縞。珠玕之樹皆叢生，華實皆有滋味；食之皆不老不死。所居之人皆仙聖之種；一日一夕飛相往來者，不可數焉。……

　　蓬萊即是神話中的仙境。據《山海經》記載。神話中的五座海上神山，後來只剩下方壺、瀛洲、蓬萊三座，簡稱為「蓬萊三島」。由於那是人們幻想中無比漂亮的仙境，所以形容清雅出俗的去處，叫作「蓬萊仙境」。有詩云：

三月基津淑氣恢，欲嘗夙願喚舟來，
潮迴水面千帆遠，浪捲灘頭萬碼催。
杙嶼迷濛浮海上，雞峰隱約聳蓬萊，
乘風快意吟情爽，覓得桃花幾忘回。

（葉碧[23]〈春江喚渡〉）[24]

雞山勝景足清遊。眼底春風夕照收。
俯瞰杙峰浮海面。嵐光聳翠入雲頭。
絕巘窮巖石壁開。此間疑是小蓬萊。
尋幽結伴林溪墅。臘屐休辭印綠苔。

（許梓桑〈步以南社兄九份即景詩二首〉）[25]

天降杙峰湧碧流，昂然獨立翠凝眸。

---

23 葉碧（1941-），基隆人，畢業於臺中師範專科學校，曾執教於基隆市中興國小及中華國小垂三十載，自幼聰慧，酷愛詩畫，退休後更加勤研，1996年加入基隆詩學會以來。協助推動詩學教育不遺餘力。邱天來，《基隆詩學發展史》，頁184。

24 邱天來，《基隆詩學發展史》（基隆：基隆市文化局，2016年12月），頁186。

25 《臺灣日日新報》，1910年3月25日，第3570號，1版。

行船月夜多驚訝，誤認蓬萊此地留。

（蔡耀垣〈基隆八勝・杙峰聳翠〉）[26]

〔元〕湯式〈天香引・望三山〉曲：「望三山遠似蓬壺，捱到如今，提起當初，檳榔蜜涎吐胭脂。」[27]傳說海中仙山蓬萊，形如壺器，故又稱為「蓬壺」。「曾在蓬壺伴眾仙，文章枝葉五雲邊。」[28]、「蓬壺當日集群仙，未被長風引去船。」[29]，蓬壺乃眾仙集群之地。詩云：

東風吹拂海之隅，大地初醒曉色敷，
激灩波平遶杙嶼，天開麗景壯蓬壺。

（王前[30]〈鱟江春曉〉）[31]

將色變成空氣與光。以自由曲線架構出浩瀚世界，藉著自動性技法昇華成空氣，與色彩交織成太虛仙境，「嵐光聳翠入雲頭」的「極光意象」將世人帶進一個絢麗、夢幻的斑斕世界。基隆嶼的意象，宏偉、虛無、飄渺、孤寂、夢境中的仙境。「雞峰隱約聳蓬萊」、「此間疑是小蓬萊」、「誤認蓬萊此地留」，這是我們一般對基隆嶼仙境的形容，但現實與虛無世界之間，何為真？何為假？那只是視覺的幻象，把握當下即是永恆。

---

26 蔡耀垣（生卒年不詳），《臺灣日日新報》，1904年5月15日，1版。

27 李鍌等，《重編國語辭典修訂本》，中華民國教育部，2021年。

28 〔唐〕沈亞之，《題海榴樹呈八叔大人》，摘自唐詩宋詞網。

29 〔清〕田蘭芳，《可憐痛仲方（哀可立孫）》，摘自清田蘭芳《逸德軒遺詩・卷上》。

30 王前（1931-），少入靜寄書齋師事呂漢生夫子，研習漢學，後與同好發起創立基隆詩學研究會，歷任總幹事，繼隨周植夫專修詩學，曾任中華民國傳統詩學會常務監事，著古槐軒吟草，2013年榮獲「第二十屆全球中華文化藝術薪傳獎」。《基隆詩學發展史》，頁155。

31 邱天來，《基隆詩學發展史》，頁155。

（二）雲霄仙境

　　雲濤洶湧，瀰漫舒展，變幻無窮，雞津巒嶼與瑰麗雲海相映成趣，媲美一幅渾然天成的山水畫卷。千姿百態，瞬息萬變。此乃春夏時節交替之際，雞籠嶼雲海景觀，雲霧繚繞，宛如仙境美景之呈現。詩云：

> 孤峯挺秀入雲霄，上舞天風下卷潮。
> 萬丈紅塵飛不到，浪花翻起翠雯飄。
>
> （張一鶴〈基隆八景・杙峰聳翠〉）[32]

> 海外高峰接紫霄，浮嵐積翠望迢迢。
> 洪濤巨浪衝千古，猶是擎天柱不搖。
>
> （蔡一靜〈基隆八景・杙峰聳翠〉）[33]

> 杙峰高聳彩雲間，日見群鷗自往還。
> 臨眺猶如擎柱立，蒼茫翠壓萬重山。
>
> （江蘊和〈盒梓桑君詠基津八景・杙峰聳翠〉）[34]

　　雲煙霧氣是仙境化描述過程中不可或缺的意象，這三首詩開頭便將杙峰高聳安置在飄渺遼闊的「雲霄」、「紫霄」、「彩雲」空間中，「萬丈紅塵飛不到」仙境的與世遠隔，「日見群鷗自往還」的悠遊自在。杙峰出海面的形構，彷彿《列子》中漂浮海面的神山，是「上帝揀作仙人居」[35] 的所在。「洪濤巨浪」猶如時間的具象，「衝」字強調時代巨輪推動的劇烈，而杙峰的「擎天柱」、「擎柱立」、「不搖」，顯然暗示了神山樂土的永恆不變。

32　《臺灣日日新報》，1904年4月19日，1a版。
33　《臺灣日日新報》，1904年5月3日，1版。
34　《臺灣日日新報》，「詞林」欄，1904年6月14日，1版。
35　〔唐〕李賀，〈神仙曲〉，《全唐詩》。

三 擎天柱

擎天柱，謂托住天的柱子。比喻能擔當天下重任的棟梁之才。元・秦簡夫《趙禮讓肥》第四折：「誰想道這搭兒重相遇，多謝你個架海梁、擎天柱，生死難忘，今古誰如？」〔元〕無名氏《連環計》第四折：「你本是扶持社稷擎天柱、平定乾坤架海梁。」也稱為「擎天之柱」、「擎天玉柱」。[36]基隆嶼洪濤巨濤衝擊，猶如黃河水中之砥，抵擋外力對臺灣衝擊，守住基隆保衛家園。

（一）中流砥柱

《晏子春秋・內篇諫下》：「吾嘗從君濟於河，黿銜左驂，以入砥柱之中流。」此「中流砥柱」語詞之由來；後人因以「砥柱石」比喻能擔當重任、起中堅作用的人或集體。基隆嶼就像屹立在黃河急流中的砥柱山一樣。比喻堅強獨立的人能在動盪艱難的環境中起支柱作用。詩云：

> 江上巍然湧碧峯，奇鰻聳秀翠重重。
> 是誰擎出中流柱，一任洪濤雪浪衝。
>
> （沈相其〈基隆八勝・杙峰聳翠〉）[37]
>
> 東風吹綠地鋪茵，氣暖沙灣岸柳新，
> 一笛飛鳴雲靄靄，雙堤遊眺水潾潾。
> 潮洄杙嶼擎天立，梅放獅峰破萼均，
> 滿眼韶光波浪靜，閒鷗自在去來頻。
>
> （王前〈鱟江春望〉）[38]

---

36 李鍌等，《重編國語辭典修訂本》，教育部，2021年。
37 《臺灣日日新報》，「詞林」欄，1904年4月15日，1版。
38 邱天來，《基隆詩學發展史》，頁155。

杙峰聳峙滄溟間，積翠惟憑鳥往還。

獨立中流成砥柱，看來不比尋常山。

（許敬軒〈基隆八景・杙峰聳翠〉）[39]

屹立孤峰碧水中，層巒黛色翠無窮。

鯨魚遙湧動巖石，惡浪狂拋造化工。

（作舟氏〈基隆八勝・杙峰聳翠〉）[40]

　　基隆嶼創造出地景的豐富內涵與情感，獨立、擎天，使文人有了堅毅、節操、崇高等君子之德的聯想。擎天意象上指人的精神、意識、思維。一柱擎天而八面威風，基隆嶼以帝王之尊，聳立於海中意謂安全的保障。

（二）固守國門

　　「基隆嶼在基隆港口東北約六公里，面積僅24公頃。島成圓錐形，屹立於海中，四面懸崖峭壁，向無人煙，古稱雞籠山，為航海者之目標，屏障基隆港。戰時日軍據此構築防禦工事，現仍列為要塞管制區，惟基隆市政府已擬具計畫，開發為遊樂區。俗稱基隆杙，詩人以杙峰頌之」[41]。一百八十二公尺高聳峻石，像一名戍守的衛兵。長久以來戍守著基隆港的門戶。詩云：

萬水星羅繞杙峯，杙峯不與眾山同。

孤高千仞凌霄漢，一望蒼茫鎮海東。

（許梓桑〈基隆八景・杙峰聳翠〉）[42]

　　撐天拄地氣軒昂，雄崎中流碧浪揚，

---

39 《臺灣日日新報》，「詞林」欄，1904年12月15日，1版。

40 《臺灣日日新報》，「詞林」欄，1904年5月17日，1版。

41 洪連成，《找尋老雞籠——舊地名探源》（基隆：基隆市政府，1993年5月），基隆文獻3，頁31-32。

42 《臺灣日日新報》，1904年7月2日，1版。

直似港門安鎖鑰，橫如屏嶂護鯤洋。

一燈遙控龜山遠，千艦征依鱟穴傍，

幾閱興亡容不改，朝朝迎送去來航。

（王前〈基隆嶼（雞籠杙）〉）[43]

杙峰高聳出雲霄，砥柱中流震怒潮。

屹立恍如端士笏，參天黛色海門標。

（張昭德〈基隆八景・杙峰聳翠〉）[44]

「一望蒼茫鎮海東」、「直似港門安鎖鑰」、「參天黛色海門標」、杙峰聳立於天空，它不僅是地標，更是守住著整個基隆海域，好像是一把要進基隆港門的鑰匙，守住著整個臺灣的安全。

（三）愛國情懷

伍子胥（前6世紀-前484年），羋姓，伍氏。名員，字子胥，以字行，伍子胥家族因在楚國被迫害，投奔吳國。受吳王闔閭重用，屢有建樹，受封於申，因此又叫申胥。吳王夫差繼位，聽信伯嚭讒言，對其「聯齊抗越」戰略不滿，最終賜死伍子胥，屍首投入錢塘江中。

屈原，楚國人，主張聯齊抗秦，被驅除流放江南十八年，無法回朝效力主國，痛苦悲傷之餘，抱石投汨羅江而死。《離騷》訴說屈原的政治理想，批評楚王的妄信讒言與群小的誹謗打擊，雖抱負不得伸張，但決不妥協。《離騷》設想上天下地，上叩帝闔，但天門不開，屈原陳志無望，逐有去國遠逝之想，望見故鄉，最後決定以身殉國。詩云：

三伏尋涼興倍豪，凝眸鱟浦水滔滔，

---

43 邱天來，《基隆詩學發展史》，頁157。

44 《臺灣日日新報》，「詞林」欄，1904年7月1日，1版。

地平一線連天遠，浪捲千層拍岸高。

杙嶼煙騰迷老眼，社寮海釣泛輕舠，

靈胥底事猶遺恨，入目汪洋起怒濤。

（王富美[45]〈鱟江夏日觀濤〉）[46]

前後狂潮次第揚，鱟江起伏媲錢塘，

文瀾撼岸人文盛，墨浪翻池翰墨香。

海嘯社寮吟韻叶，濤奔杙嶼怒聲長，

汨羅流匯基津水，淚起騷風氣派昂。

（連嚴素月[47]〈鱟江後浪推前浪〉）[48]

水仙尊王主祀海神各地略有不同，然遺體被丟入錢塘江中的伍子胥，與投江自盡的屈原，際遇大致類同，力諫未果、反遭陷害，為表忠貞愛國之心，唯有一死以明志。「靈胥底事猶遺恨」、「濤奔杙嶼怒聲長」、「淚起騷風氣派昂」，恨、怒、淚，愛國的真情表露無遺。

提起晚清，熟悉歷史者都知道那是中國歷史上最屈辱、最黑暗的時期，清廷被列強嚇破了膽，幾乎沒有抵抗便早早投降。割地賠款儼然成為一種常態。甲午之戰、乙未割臺，對於臺灣人而言是一個永遠無法泯滅的創傷記憶，在這個歷史浩劫中，有人為抗日而英勇犧牲，有人被迫羈留在這塊土地上，最終成為一個被殖民者，默默承受世變所帶來的身心創傷與靈魂衝擊。詩云：

---

45 王富美，民國41年次，生長於鱟江，國立臺灣師範大學畢業後，任教三十餘年，與同任教職之先生，先後分別於78年、88年榮膺師鐸獎，亦另類「夫唱婦隨」。民國95年退休，喜悠遊於詩書、國樂、南音。號為學生，生活自在。邱天來，《基隆詩學發展史》，頁181。

46 邱天來，《基隆詩學發展史》，頁182。

47 連嚴素月，雙溪人，文雅橫溢文化傳承者。

48 邱天來，《基隆詩學發展史》，頁68。

佳節基津弔國殤，羊城[49]何處水蒼茫，

杙峰自昔中流砥，稠浦[50]而今小渡荒。

闢港長懷劉壯肅，割臺猶恨李鴻章，

陋園[51]鉢韻銷聲久，勝地重來倍傷感。

（蔣夢龍[52]〈青年節基津覽勝〉）[53]

　　劉銘傳規劃的基隆港，李鴻章雙手奉送給日本，「杙峰聳翠」應猶在，只是以往之繁華景象已不存，吟詩作對的詩人也走了，佳節舊地重遊倍感傷。本文作者藉由青年節遊基津之所見，感嘆臺灣被殖民的悲哀。

　　傳統的古詩詞，最大的特徵不只是敘事，更是抒情。在情感的抒發中，書寫悲情容易敘事難。因為寫悲情的詩歌容易引起讀者的共鳴，亦更容易觸動讀者的心靈。所以清朝詩人趙翼[54]曾經有詩云：「國家不幸詩家幸，賦到

49 地名。舊時稱廣東省城。昔高固為楚相，有五羊銜穀聚於楚廷，故廣州廳事於梁上畫五羊像，稱其城為「羊城」。也稱為「五羊城」。（李鍌等，《教育部重編國語辭典修訂本》）。

50 「浦」，為河岸，水邊之意；「稠」，多也。「稠浦」借「牛稠港」指繁華的海口。（李鍌等，《教育部重編國語辭典修訂本》）。

51 「陋園」，前身為別墅「木村御殿」，建築於日治時期、1918年（大正7年）前，地點在今基隆市信義區信二路一帶（建國新村、光隆商職一帶），由經營煤礦業的日人木村久太郎所建造。1918年（大正7年），基隆顏家向即將返回日本的木村久太郎，買下其別墅庭園，改名為「陋園」。此後，「陋園」成為顏家交際應酬的重要場所。後來，「陋園」被日本海軍徵用，作為倉庫。戰後，中華民國政府來臺，其海軍接收日軍作為倉庫的部分，稱為「建國新村」，於1981年至1983年間（民國70-72年間），改建成5樓的公寓，剩下的部分，則成為光隆商職的校地。

52 蔣夢龍（1936-），本名蔣孟樑，號心廣齋主，多以字行，基隆市人。工詩善書畫與雕刻，以曹秋圃為宗師，傳承其精髓，又追隨周植夫勤耕詩學廿年，故詩書才華洋溢，八法道勁，今桃李成蹊，為世所重。蔣夢龍曾經雕過龍柱，現今臺北龍山寺有其作品，還為于右任雕過石像。2008年創立海東書會，該會最大特點就是作自己的詩，寫自己的字，以達到詩書合一的境界。歷任滄廬書會諮詢委員、中國書法學會顧問。

53 邱天來，《基隆詩學發展史》，頁55。

54 趙翼（1727-1814）字耘松，號甌北，清江蘇陽湖人。官至貴西兵備道，旋即辭官家居。主講安定書院，專心著述。長於史學，考據精賅。論詩主張推陳出新，力反摹

滄桑句便工」[55]。匡正時弊、挽救時局。趙翼的五、七言古詩中有些作品，嘲諷理學，隱寓對時政的不滿之情。

《示兒》一詩，是陸游[56]愛國熱忱的理想化，也是現在所說國家至上信念的雛形，也許只有陸游才配稱為愛國詩人。「死去元知萬事空，但悲不見九州同。王師北定中原日，家祭無忘告乃翁」[57]。這首詩表現了詩人高度的愛國熱情，表達了他對收復失地的期盼。一首絕筆詩。傳達出陸游臨終時複雜的情思與憂國憂民的愛國情懷，表現了一生的心願，傾注了滿腔的悲慨，平淡的語言表達極深厚，強烈的情感，基調激昂，真情的自然流露。「北定中原」詩人愛國之心，至死不渝。詩云：

> 鱟江高閣駐吟驂，水色山光共蔚藍，
> 杕嶼狂瀾詩意足，海門斜月化情含。
> 匡時熱血思甌北，愛國雄心慕劍南，
> 樓壁提詞多雅趣，漁村帆影盡包涵。

（許欽南[58]〈江樓題壁〉）[59]

兩位不同時代的愛國詩人，「歐北」與「劍南」，自古多少愛國詩人的無奈，「杕嶼狂瀾」激起作者之詩意，憂國之心、愛國之情表露無遺。

擬，與袁枚、蔣士銓齊名。著有《二十二史劄記》、《陔餘叢考》、《甌北詩集》、《甌北詩話》等。（李鍌等，《教育部重編國語辭典修訂本》）。

55 〔清〕趙翼，〈題元遺詩集〉，《甌北詩話》，卷八。

56 陸游（1125-1210），字務觀，自號放翁，南宋越州山陰人（今浙江省紹興縣）。孝宗時，賜進士出身，官至寶章閣待制。晚年隱居家鄉。游才氣超逸，匡復中原之志，溢於詩詞間，世譽為「愛國詩人」。著有《劍南詩稿》、《渭南文集》、《放翁詞》、《南唐書》、《老學庵筆記》等。（李鍌等，《教育部重編國語辭典修訂本》）。

57 〔南宋〕陸游，〈示兒〉，《劍南詩稿》，卷八十五。錢仲聯，《劍南詩稿校注》，上海古籍出版社，1985年。

58 許欽南（1941-2018），字位北，昭和十六年生。師大國文系畢業，臺北中正高中教師退休。八十四年入「基隆市詩學研究會」，從邱天來、陳祖舜、陳兆康，常為理事。鷗波（賴添雲）、陳焙坤繼長瀛社，續為副總幹事，晚歲二豎（病魔）所弄，鮮與到會，一百有七年夏卒，年七十八。（臺灣瀛社詩學會社員傳記）。

59 邱天來，《基隆詩學發展史》，頁81。

祖逖（266-321年），字士稚，范陽郡遒縣（今河北省保定市淶水縣）人，東晉初期北伐名將。「聞雞起舞」即是他和劉琨的故事。曾一度收復黃河以南大片土地，但後來因朝廷內亂，受制司馬睿，鬱鬱而終，在他死後北伐功敗垂成。祖逖亦是一位極受人民愛戴的將領，他死後，所轄豫州人人如失考妣悲痛萬分。詩云：

> 杙峰如蠱水晶盤，雨後滄溟眼界寬，
> 彷彿騎鯨來海上，居然耀馬立雲端。
> 渡江未洩孤臣憤，擊楫能洋壯士顏，
> 北望神洲無限感，樓船待發阻狂瀾。

（李建興[60]〈雨港觀濤〉）[61]

昭和年間，日本侵華，嚴控戰資及臺民思想，視李建興拒習日語，恥改日名，經營煤炭業，略有成就，妒忌尤甚。昭和十五年五月廿七日，藉「通謀支那」之罪，包括紹唐兄弟及員工百餘人，楚毒所至，三弟建炎、長婿黃奕淮及株連死者七十二人，父聞建炎死，亦以憂卒，紹唐則判刑十二年，此乃「瑞芳五二七思想案」[62]。有感國仇家恨，「北望神州無限感」，擊楫：意

---

60 李建興（1891-1981），字紹唐，瑞芳人，世代務農，家境十分艱困，大正五年到福興炭礦擔任書記工作，刻苦耐勞，受到股東器重，便邀他入股，並擔任主管，然後逐漸發跡，成立瑞三礦業公司。李建興雖然受到日本人大力提拔，卻拒改日姓、拒學日語。昭和十五年五月二十七日與兄弟、員工被日軍以「謀通祖國」的罪名拘捕入獄，弟弟冤死在獄中，受牽連而死的員工有七十幾人，父親也因此病死。李建興直到台灣光復後才被釋放。二二八事變之時，他擔任瑞芳鎮長，他出面協調安撫，局勢便逐漸穩定下來。後來曾任台灣省政府顧問、台灣省石炭調整委員會主任委員、中央銀行理事等職位。熱心地方公益，曾捐出陽明山土地，闢建公園，頗受社會推崇。喜好詩文，年輕時當過私塾老師傳授漢學。後來曾任瀛社副社長，常參加基隆地方詩社活動。於民國五十年出版「紹唐詩集」，民國七十二年出版「紹唐文集」。詩歌樸實率真。

61 李建興，《紹唐詩集》（新北：龍文出版，1992），頁63。

62 李建興在《紹唐詩集》〈治鑛五十年自序〉寫到：「民國二十九年『五二七』事件發生，余兄弟，皆被日吏誣以通謀祖國罪嫌，繫身囹圄，而侯硐、瑞芳二坑、金瓜石等地遭受株連，因而死難者達七十二人。」

謂立志報效國家收復失地。作者藉由「擊楫」，光復臺灣重回祖國之期盼。

（四）燈塔指引

　　燈塔是船舶的指引，也是人類與大海交會的地標。它以莊嚴的姿態向四周放射堅定的光芒，一艘航行中的船、一座孤島上的塔，簡單而樸實地開啟詩性空間的對話。「基隆島燈塔」，因一九七七年布拉格油輪觸礁新瀨礁，汙染整個北部海岸線，而於一九八〇年十一月一日興建完工開燈使用，原歸基隆海關管轄，二〇一三年移撥交通部航港局，燈塔位於島嶼的山頂處，更為夜間船舶導航的指標。不論和風平靜、薄霧迷濛、或是浪濤洶湧，任憑四季情緒波動，燈塔始終屹立在「光」的海上劇場，展現出人與自然的休戚與共。隨著旭日東昇夕陽西落、海水潮起潮落，燈塔上那道耀眼的光，持續照耀在漆黑的大海，指引船隻回家的安全方向。有詩云：

　　杙嶼蒼茫外，燈光射「斗躔」[63]，航行憑指引，海路免離偏。
　　不畏風雲迫，無驚雨露填，中流長屹立，靜看去來船。
　　　　　　　　　　　　　　　　　　　　　　　（王前〈基隆嶼燈塔〉）[64]

　　港門遙對碧波光，杙嶼燈臺海路忙，
　　白米甕今名尚在，荷蘭城古譽猶揚。
　　跡遺砲座雄威盡，風宋濤聲歲月長，
　　神話久傳饒畫意，石欄客倚署歸航。

　　　　　　　　　　　　　　　　　　　　　　（王前〈基隆白米甕砲臺〉）[65]

　　清風水碧客停驂，遙望雞峯信手探，
　　杙嶼文瀾情自得，獅山鉢韻意香耽。

---

63 指北斗星。躔，日月星辰運行的軌跡，《漢語辭典》。
64 邱天來，《基隆詩學發展史》，頁159。
65 邱天來，《基隆詩學發展史》，頁158。

江樓百尺欣題壁，燈塔千尋映遠嵐，

天地悠悠無限感，詩成不覺暮煙含。

（楊錦秀[66]〈江樓題壁〉）[67]

　　風呼呼吹，白浪翻湧，燈塔的光暈旋轉著，如歌的旋律伴隨著海潮一波波湧動。「燈塔千尋映遠嵐」、「燈光射斗躔」、「杙嶼燈臺海路忙」。每當夕陽西下，天色逐漸黯淡時，杙嶼燈臺便放射出強大的光芒，開始照亮海上來來往往的船隻，「黑白郎君」守護著航海的安全。不管春夏秋冬，不論風狂雨暴、濃霧瀰漫，「基隆島燈塔」都是屹立不搖的固守著「海路免離偏」，每一道閃光都是航行船隻安全的希望。孤獨是它的安適之所，準時是對船隻的承諾，「燈塔千尋映遠嵐」給山帶來崇高、給雲帶來變化，每一道閃光都是平安的祝福。

四　勝景

（一）遙望之景

　　詩人鄭用錫於咸豐七年（1857年）以七十之齡遊歷雞籠，登上位居雞籠地勢較高的獅球嶺，環視四周，看到港外的「小雞籠嶼」。

　　基隆古稱「雞籠」：故基隆嶼古稱「雞籠嶼」，民間則稱之為「雞籠杙」。因為基隆嶼位於基隆港口東北方大約六公里處，地形陡峭，四周皆成斷崖。清初黃叔敬的《臺海使槎錄》提到這個小島時，稱「小雞籠嶼」，蓋因現在的和平島當時稱「大雞籠嶼」。後來大約清同治末年或光緒初年，大雞籠嶼改稱「社寮嶼」，雞籠嶼才成為此島的專稱。杙本是一種短木樁，釘著於地上，用以繫牛。雞籠嶼的形狀，就像釘在海中的「杙」。

---

66 楊錦秀，1947出生，基隆人，公職退休，基隆詩學會、瀛社社員。《基隆古典文學史》，頁334。

67 邱天來，《基隆詩學發展史》，頁82。

> 已償婚嫁更何求，勝阜差當五嶽遊。
>
> 貼水雌雄尋鸞嶼，隔江大小辨獅毬。
>
> 茫茫波浪天邊湧，一一舳艫眼底收。
>
> 別有孤峰空際挺，遙從砥柱溯中流。
>
> 土人名為「雞籠杙」。
>
> （鄭用錫[68]〈雞籠紀遊〉）[69]

　　獅球嶺為基隆地勢較高的山嶺之一，到此一眺，諸景全收。登高北望，視野可達雞籠港，能見度好的時候，甚至看到港外的雞籠嶼。土人名為「雞籠杙」。

　　本詩為寫景記遊之作，寫出在獅球嶺上暢覽無垠的驚喜，無邊無際翻湧而來的波浪，海上往來船隻歷歷可數，最後把視線停留在最遠端、孤峰聳立的雞籠嶼上。「杙峰在基隆外海，孤立海中，尖峰如削，名基隆島，俗謂基隆杙，富觀光資源。」[70]鄭用錫把當地人的稱呼「雞籠杙」寫入詩中，除對雞籠嶼外型的形容外，也隱然寓含對中流砥柱人才的期望。「溯中流」，比喻在時局動盪時能夠膺重任、支撐大勢的堅毅人才。

　　「粒粒燈泡掛漁舟，為誘銀鱗造炫火，待到明日西天落，一舉成群網中收。」[71]船長詩人林福蔭先生，一首道出焚寄網漁法過程描述之詩。焚寄網

---

68 鄭用錫（1788-1858），名蕃，譜名文衍，字在中，號祉亭，學者稱香谷先生。清淡水廳竹塹人，祖籍泉州同安。道光3年（1823）中進士，為臺灣納入清版圖以來，以臺籍名義報考被錄取的第一位進士，故有「開臺進士」的稱譽。鄭用錫熱心公共事務，曾諫築淡水廳城，並親自主其事，道光9年（1829）城成，因功加同知銜。鴉片戰爭（1839-1842）時，募鄉勇協守大安港，獲賞戴花翎。咸豐3年（1853）的林恭之事件，漳、泉械鬥再起，鄭用錫奉旨協辦團練並撰〈勸和論〉以平息紛爭，受封二品頂戴。在教育文化上，先後主講於明志書院，提攜後進。又與弟鄭用鑑等協修淡水地方方志，留有《淡水廳志稿》。由於雅好吟詠，晚年於竹塹城外自築「北郭園」，與騷人雅士唱和交流，著有《北郭園全集》。

69 鄭用錫，《北郭園詩鈔》，卷3。

70 洪連成，《找尋老雞籠──舊地名探源》，頁122。

71 《希望的海》（臺灣省：周大觀基金會，2007年），頁67。林福蔭先生自注：以燈火誘

之礦火時期即是「蹦火仔」，魚鱗燈火相互輝映，通海明亮如晝，這就是民國四〇至七〇年代，春末秋初之夏季，基隆嶼附近海域的場景。有詩云：

> 撞轎香爐認淡濃。獅球隱約現姿容。
> 遙看半月沈江後。無數漁燈繞杙峰。
>
> （蔡青榕[72]〈瑞芳礦山竹枝詞（上）〉）[73]

　　燈火漁業即是焚寄網漁業，它歷經竹片火把時期、石油燈時期、礦火時期、到現今的電燈時期。雖然蹦聲已無息，然漁燈已承襲。「無數漁燈繞杙峰」，杙峰意指漁場，漁燈代表著漁法之改進與傳承。人老了年輕人接棒、船舊了可以再造、魚少了似乎難解之題，「無數漁燈繞杙峰」將消失在杙峰的洪濤中。

圖3　基隆嶼「無數漁燈繞杙峰」

圖片來源：截取自 google 基隆嶼圖片庫。

集魚群，不管是棒受網或著是圍網，大都會選在沒有月亮較群聚時下網圍捕，尤其網幅較小的棒受網漁船，本首詩即在描述它的作業過程。又「粒粒燈泡掛漁舟」即可看出本詩作寫作時間是在1980年代以後的「電燈焚寄網漁業」時期。

72 蔡青榕（？-？），生平不詳。日治時代，臺灣基隆人，其詩有句「樹起奎山吟社幟，大家努力振文風。」與臺北縣瑞芳鎮九份吳如玉，昭和4年（1929）設奎山吟社有淵源，其並詳知雞籠地方風土。民國72年（1983），陳香編《臺灣竹枝詞選》，由臺灣商務印書局發行，其中收入蔡青榕〈瑞芳礦山竹枝詞〉十八首作品。

73 《臺灣日日新報》，1934年10月24日，8版。

　　海之北，杙島邊，藍天碧水，海風拂著船笛聲，夕陽共天際一色，淺茶慢抿中。北之隅，隔著淺淺的海溝，萬種思緒，讓人無限的遐想與嚮往……。

　　我說不出對你的嚮往究竟是怎樣的心境，失落、消沉、過時，珍惜美好而短暫的人生或事物，但在夕陽黃昏中賦予杙嶼的一切，彷彿望塵莫及。詩云：

> 雞山勝景足清遊。眼底春風夕照收。
> 俯瞰杙峰浮海面。嵐光聳翠入雲頭。
>
> （許梓桑〈步以南社兄九份即景詩二首〉）[74]

> 崔巍雞嶽倚瀛東，九份崎嶇氣象雄，
> 近望山城遊客熱，遙看杙嶼夕陽紅。
> 千層浪捲波光灩，數點舟行帆影濛，
> 俯瞰臨高舒俗慮，詩情畫意沐薰風。
>
> （林松喬[75]〈雞山眺望〉）[76]

　　基隆嶼在不同的季節，不同的時段，不同的地點的觀望，呈現不同的風貌。黃昏時段的晚霞，形成海天一色的美景，令人遐思。夕陽的餘暉染紅了藍天裡遊蕩的白雲，飄盪在杙峰的山頂上，「嵐光聳翠入雲頭」、「遙看杙嶼夕陽紅」。「夕陽無限好，只是近黃昏」，多少人為此驚嘆，為此惋惜，九份、雞山居高俯瞰，太陽在落山的最後一刻放出的萬丈光芒，使黃昏在它的點綴下如此絢麗多彩，更為明天帶來美好的希望。

74　《臺灣日日新報》，1910年3月25日，第3570號，1版。

75　林松喬，字鶴友，號武嶺老人，任教執達三十餘年，曾參加各種聯展。退休後，寄情於書詩畫之讚研，未曾間斷，先後師承施展民、黃寶珠、吳時鴻、陶一經，近日師事蔣夢龍、王前、邱天來、馬水城等老師，悟得執筆妙法，書詩畫漸進，沐浴薰陶受益匪淺。基隆市海東書會理事長，基隆書道會、基隆教師書畫會、基隆市清溪新文藝學會等常務理事，澹盧書會理事、臺灣瀛社、基隆市詩學研究會、雙春吟社、中國書法學會、中華藝遊會、基隆市水墨書畫會、基隆市長青書畫會等會員。宋天來，《基隆詩學發展史》，頁202。

76　邱天來，《基隆詩學發展史》，頁206。

（二）基津覽勝

　　天高氣爽，陽光明媚，景色迷人，基津勝景繁多，雞嶼不可或缺，過去文人雅士或官吏，每到一個地方，總會用他們的眼光為該地評選勝景，基隆過去也曾在這種文化背景下，多次選出不同的八景。

　　基隆嶼地理位置特殊，俯瞰基嶼，煙波萬頃，塵世曨曨，海上仙山，雨後黃昏，山海港市輕籠薄紗，美景當前，鷗鷺群集，吟詩作對，暢遊基津，特殊視角，表現了海日朝暉，滄江夕照，群鳥眾和，翱翔自得的意境。此地特有的海鳥，夕陽彩霞中翩翩滑翔，一掠而過的身影令人屏息。有詩云：

> 天高氣爽水迢迢，杙嶼雲收一望遙，
> 夾岸蘆花凝玉露，半江彥影漾秋潮。
> 聯吟鷗鷺來全國，共振風騷繼六朝，
> 好是津頭殘照外，霧開獅嶺桂香飄。
>
> （王前〈基津秋霽〉）[77]

> 獅峰破睡淡煙籠，翠影嵐光映日紅，
> 杙嶼熙和迎淑氣，海鷗掠水鱟江中。
>
> （林松喬〈鱟江春曉〉）[78]

> 鷹飛杙嶼巨鱟游，八尺門開展壯猷，
> 潮境濤翻皆可覽，廟前饌美復堪謳。
> 伏波百砲臺雄偉，疊翠千敷石勁道，
> 港市觀光嬈魅力，行吟海孕御風流。
>
> （鄭世珍[79]〈發展基隆觀光〉）[80]

---

[77] 邱天來，《基隆詩學發展史》，頁156。

[78] 邱天來，《基隆詩學發展史》，頁182。

[79] 鄭世珍，1955出生，嘉義人，後定居基隆，為百福國中教師，雅好詩詞，為基隆詩學會員。「濂溪愛妳說頻頻，一片胸懷自本真，斷藕絲連方寸地，賞荷情繫玉壺春；寺參慈佛安蓮座，心有靈犀信法輪，不染紅塵紅蕊艷，空門相映赤忱純」。〈心蓮〉，《基隆古典文學史》，頁332。

一登杙嶼興無窮，回望津門景不同，
水漲沙灣秋露冷，潮迴仙洞暮煙籠。
臨流快艇穿磯過，離岸華輪破浪中，
澎湃生號飛雁遠，驚濤直湧礴西風。

（邱素月[81]〈鱟港秋濤〉）[82]

基隆嶼峭壯奇觀，曲徑尋幽視野寬，
乘興登臨青靄外，茫茫北海白雲端。

（楊東慶[83]〈基隆嶼〉），《臺灣古典詩》[84]

黃海青天遙展開，波濤遠儼一峯來。
夕陽斜照紅燒水，映帶層鰻金幣堆。

（呂致知〈基隆八勝・杙峰聳翠〉）[85]

秋高氣爽意正濃，春暖花開花正茂。杙嶼熙和迎淑氣，詩人抓住春天的早晨剛剛醒來時的一瞬間展開聯想，描繪了一幅春天早晨絢麗的圖景，抒發了詩人熱愛春天、珍惜春光的美好心情。杙嶼觀潮興無窮，曲徑尋幽、夕陽斜照，鳶鷹、海鷗、雁飛暢逍遙。復道行空不霽何虹，基津覽勝，詩人寫景抒情其樂融融。飛鳥象徵平和自由，白雲端意謂仙人駕霧之仙境。

---

80 邱天來，《基隆詩學發展史》，頁98。
81 邱素月（1953-2009），號酌雲，宜蘭人，自小通泉潤圃，基隆女中畢業，好耽詩書，於八十四年六月一日，入基隆詩學研究會，得以仰慕鱟江群儒之風雅，遂涵詠魚詩書之間，曾任詩學會監事。邱天來，《基隆詩學發展史》，頁153。
82 邱天來，《基隆詩學發展史》，頁154。
83 楊東慶，台灣瀛社詩學會會員。
84 楊東慶，〈基隆嶼〉，《台灣古典詩》，2021年10月31日
85 《臺灣日日新報》，1904年8月20日，1版。

五　結語

　　基隆八景在臺灣的「區域性八景」中，無疑是相當特殊的，因為一直要到同治時期（1862-1874）才有基隆八景的標目出現，而且整個清代，只有宜蘭詩人李逢時（1829-1876）的〈雞籠八景〉留存。目前可見的基隆八景詩絕大多數都是書寫於一九〇四年。當時方志上的八景諸作，皆站在「地理博物」的考量，而予以擇錄，本文基隆嶼書寫之「杙峰聳翠」為當時八景之一。

　　許多時候，書寫是一種留存角色，留存景致，留存記憶，留存情緒的方式。角色、景致、記憶、情緒組成了我們這個島嶼；因而，書寫亦留存了島嶼，留存了島嶼的生生世世、美醜與善惡。位於基隆港外的基隆嶼，海拔一百八十二公尺，雖然不是很高的山很大的島，但景色絕佳，美麗的海天及港灣景致自古就有「杙峰聳翠」的美譽。

　　本論文針對基隆嶼相關古典詩予以論述：從「象」的角度，深入瞭解詩人視野下的基隆嶼具有奇美的自然地景（「雞峰隱約聳蓬萊」、「天開麗景壯蓬壺」、「誤認蓬萊此地留」、「孤峯挺秀入雲霄」、「杙峰高聳彩雲間）、「海外高峰接紫霄）等，皆吟詠「杙峰聳翠」蓬萊雲霄的仙境美景。豐贍的人文風貌如：「燈塔千尋映遠嵐」、「燈光射斗躔」、「杙嶼燈臺海路忙」。每一道閃光都是航行船隻的希望，每一道閃光都是平安的祝福。「一望蒼茫鎮海東」、「橫如屏嶂護鯤洋」，猶如黃河之中流砥石，屹立不搖的守住家園。而討海人返港時「參天黛色海門標」，及情感寄託的觸情所在等特色。

　　瞭望基隆嶼凝視曾經西班牙人、荷蘭人的來去、凝視法國人的封鎖及戰爭、凝視日本太陽旗的升起及降落、也撇望到大陸新移民的登陸。

　　從「意」的角度，揣摩不同身分的詩人與基隆嶼間自然與人文所互動下的不同心境與思維，對於強權屢屢入侵的激憤與慨嘆，皆顯著表達於詩篇中。乙未割臺，帶給詩人的心靈震盪，「北望杙峰無限感」，「匡時熱血思甌北」，「愛國雄心慕劍南」，「割臺猶恨李鴻章」，感嘆臺灣被殖民的悲哀。「淚起騷風氣派昂」。「靈胥底事猶遺恨」，「濤奔杙嶼怒聲長」，「渡江未洩孤臣憤」，淚、恨、怒、憤，亡國愛國的真情實感。其中也有不少詩人更以鄉

思、離別的角度來詳細刻劃傳達對故鄉的認同與情感。

在蒐集詩句時，可以知道當時與現今，基隆嶼就已參與在人們的生活中，除了「杙峰聳翠」一景可以代表基隆嶼之外，也延伸了更多的文化意象，透過本文以「基隆嶼」相關詩作之探討，呈現了「仙境書寫」、「擎天柱書寫」、「勝景書寫」的同時，還梳理出古典詩中，基隆嶼自然與人文歷史書寫所體現的近海文化特徵，諸如歷史背景、魚場蛻變、中西文化交流之所、離鄉背井思念之情……等，而形成多元的海洋文化意象。可惜基隆嶼因時代背景與地理位置之特殊，古典詩中少見專詠，詩人只能以特殊視角詠之。本論文之書寫，期盼能激盪出詩人對基隆嶼多元豐富且個性化的情思，循著書香，跟隨不同年齡、不同族群、不同領域的作者，去看他們用深情書寫的基隆嶼。

參考文獻

一　傳統文獻

《臺灣日日新報》，1904年、1910年、1934年。

二　近人論著

李建興，《紹唐詩集》，新北：龍文出版社，1992年3月。

洪連成，《找尋老雞籠‧舊地名探源》，基隆：基隆市政府，1993年5月。

陳兆康、王前，《雨港古今詩選》，基隆：基隆市文化中心，1998年8月。

黃致誠，《基隆市志‧土地志‧地理篇》，基隆：基隆市政府，2001年7月。

鄭俊彬，《基隆市志‧人物志‧列傳篇》，基隆：基隆市政府，2001年7月。

陳青松，《基隆古典文學史》，基隆：基隆文化局，2010年12月。

邱天來，《基隆詩學發展史》，基隆：基隆文化局，2016年12月。

李鍌等，《重編國語辭典修訂本》，教育部，2021年。

吳淑娟，《臺灣基隆地區古典詩歌研究》，臺北：文化大學中國文學研究所碩士論文，2004年6月。

柯喬文，〈基隆漢詩的在地言說：《詩報》及其相關書寫〉，《中正大學中文學術年刊》，第12期，2008年10月。

沈芯菱，《文學中的基隆歷史意象（1684-1945）》，臺北：國立臺北教育大學文化研究所碩士文，2009年8月。

賴恆毅，〈在臺日人之書寫——以《基隆港》收錄之日人漢詩為觀察場域〉，《文史臺灣學報》，第5期，2012年12月。

李嘉瑜，〈理想化的完美山水——台灣古典詩中的基隆八景（1895-1945）〉，《臺灣文學研究學報》，第18期，2014年4月。

顏智英，〈古典詩中的海島書寫——以具奇美地景、多樣資源且豐瞻人文的基隆和平島為例〉，《海洋文化學刊》，第28期，2020年6月。

古典詩中的基隆仙洞書寫

鈕暄棋[*]

摘要

　　本土文化日趨受到重視，然而在創新的過程中，回頭追溯探訪起源與流變仍是不可或缺的研究課題。文學為文化的表現形式之一，與史學緊密相關，與地理學亦是交互印證的關係。本文以基隆的特殊地景－仙洞為研究對象，以古典詩為素材，透過整理和分類，探究仙洞除了一般的觀光功能之外，還被賦予了那些意象。

　　曾被列為基隆八景之首的仙洞，是一個經海水長年侵蝕而形成的海蝕洞穴，西北側山巖直接臨海，洞內終年涼爽潮濕，除了可以觀浪之外，因其特殊地形，還可以在洞內聽濤，感受濤聲環繞的特殊體驗。又傳說曾有仙人在此得道升天，故稱為仙洞。相傳最早為漁民休憩場所，後為祈求捕魚平安而供奉神明，亦為特殊的海蝕洞佛寺，香煙繚繞，文人雅士先後來此覽勝。後因築港關係，洞前漸成一片廣場，海濤聲不復從前。現為基隆市第一處登錄的文化景觀。

　　目前學界對於基隆仙洞的個別研究並不多見，通常是提及基隆八景時被一併羅列其中，未見有深入研究者，顯見仙洞在文學、觀光或信仰方面仍具有一定的研究空間。本論文將從古典詩中抽絲剝繭，整理出古典詩人眼中的仙洞，呈現了傳說與現實交錯的仙境意象，互動的過程中所透顯出的閒適、

---

* 　國立臺灣海洋大學海洋文化研究所碩士生。

感懷心境。盤點基隆在地資源的同時，也能在海洋古典詩學的主題中做出一些貢獻。

關鍵字：基隆、古典詩、仙洞、聽濤

Keelung Xiandong Writing in Classical Poems

Niu, Hsuan Chi[*]

Abstract

Local culture is increasingly valued, but in the process of innovation, it is still an indispensable research topic to go back and explore the origin and evolution. Literature is one of the manifestations of culture, closely related to historiography, and to geography as well. This paper takes Keelung's special landscape - Xiandong as the research object, and uses classical poetry as the material. Through sorting and classification, we explore the imagery that Xiandong is endowed with in addition to its general sightseeing functions.

Xiandong, once listed as the first of the eight scenic spots in Keelung, is a sea cave formed by the erosion of sea water for many years. The mountains and rocks on the northwest side are directly facing the sea, and the cave is cool and humid all year round. Listen to the waves in the cave and feel the special experience surrounded by the sound of the waves. It is also said that there were immortals who ascended to heaven here, so it is called Xiandong. According to legend, it was originally a resting place for fishermen, and later worshipped the gods to pray for the safety of fishing. It was also a special sea cave Buddhist temple, filled with cigarettes, and scholars and scholars came here successively.

---

* Master's student, Institute of Oceanic Culture, National Taiwan Ocean University.

Later, due to the construction of the port, the front of the cave gradually became a square, and the sound of sea waves was no longer before. It is now the first registered cultural landscape in Keelung City.

At present, there are few individual studies on Keelung Xiandong in academic circles. Usually, the eight scenic spots in Keelung are listed together. There are no in-depth researchers. It is obvious that Xiandong still has a certain research space in literature, tourism or belief. This dissertation will extract the cocoon from the classical poetry, sort out the fairy cave in the eyes of the classical poet, present the fairyland image of the intertwined legend and reality, and the relaxed and emotional state of mind revealed in the process of interaction. While taking stock of the local resources in Keelung, we can also make some contributions to the theme of marine classical poetics.

Keywords: Keelung, classical poetry, Xiandong, listening waves

一　前言

　　曾列為雞籠八景之首[1]的仙洞，是一經海水長年侵蝕而形成的海蝕洞穴，西北側山巖直接臨海，洞內終年涼爽潮濕，除了可以觀浪之外，因其特殊地形，在洞內聽濤，可以感受濤聲環繞的特殊體驗。傳說曾有先人在此得道升天，因而稱作仙洞。地方耆老相傳此處原為漁民休息場所，後為祈求捕魚平安而供奉神明，是一特殊的海蝕洞佛寺（仙洞巖），香火不絕。文人雅士也前仆後繼來到此地，留下題刻或者詩作，後因填地築港的關係，逐漸形成一片廣場，海濤聲亦不復從前。現為基隆市第一處登錄的文化景觀。

表1　仙洞碑刻列表[2]（筆者整理）

時間	名稱	遊歷名士	類型
同治十三年（1874）	「海外洞天」	夏獻綸	題字
同治十三年（1874）	「夏獻綸遊仙洞」記	夏獻綸、張斯桂	遊記
光緒元年（1875）	「慈雲遠蔭」	許廷瑞	題字
光緒二年（1876）	「葉文瀾遊仙洞」記	葉文瀾、余宗海、何澂、程森、凌汝曾、奎隆	遊記

1　清代陳培桂、楊浚在《淡水廳志》提到雞籠八景為〈鱟嶼凝煙〉、〈杙峰聳翠〉、〈社寮曉日〉、〈海門澄清〉、〈奎山聚雨〉、〈毬嶺匝雲〉、〈魴頂觀瀑〉、〈仙洞聽潮〉。學者李嘉瑜在〈理想化的完美山水──台灣古典詩中的基隆八景（1895-1945）〉，《臺灣文學研究學報》，第18期（2014.04），頁41-57，指出仙洞為八景中最常出現於日治旅遊手冊和地方文獻者。

2　依陳青松《基隆第一：文物古蹟篇》及維基百科仙洞巖條目編者整理簡化而來，表中人物多為清代官員或當時名士，此表為顯示遊人前仆後繼來到仙洞覽勝的事蹟，人物背景則非討論範疇，因此不另作註解。

時間	名稱	遊歷名士	類型
光緒四年（1878）	「行仙洞遊誌」	潘慶辰、胡培滋、汪喬年、陳代盛、周德至、嚴樹堂、林之泉、趙中寯、劉邦憲、傅德柯、李麟瑞、施魯濱	誌
光緒十二年（1886）	「仙洞」	梁純夫	題字
光緒十三年（1887）	「張士瑜遊仙洞」記	張士瑜、翁長森、田曾、黨鳳岡	遊記
光緒十三年（1887）	「吳安康遊仙洞」記	吳安康、徐傳隆、張拔汛、倪玉墀	遊記
光緒二十年（1894）	「葛王瓚一行同遊仙洞」記	葛王瓚、汪德塏、方隆、馮葆真、陳元燵、沈葆元、劉威	遊記
明治三十三年（1900）	「三十三天天外天」	夢龍山人	石刻
明治三十八年（1905）	「仙洞勝景誌」	許梓桑、洪以南	誌

目前學界對於基隆仙洞的意象著墨不多，通常是論及「基隆八景」時，以「仙洞聽濤」或「仙洞聽潮」被一併羅列其中，在沈心菱〈文學中的基隆歷史意象（1684-1945）〉[3]提到「仙洞」是當時著名的旅遊景點，文人雅士爭相來此尋幽訪勝，留下不少詩作，豐富了基隆的文學地景書寫；另外有何文婷〈在地民間文學為原型的奇幻創作-以基隆（仙洞空个蛇精）〉[4]以仙洞為故事背景的基隆民間故事再創作，剖析人們對於仙境的想像與現實的結合。事實上曾經來到仙洞旅遊或寓居於此的文士不少，分別帶著不同的境遇

3　沈心菱，〈文學中的基隆歷史意象（1684-1945）〉臺北：國立臺北教育大學台灣文化研究所碩士論文，2009年8月。

4　何文婷，〈在地民間文學為原型的奇幻創作-以基隆（仙洞空个蛇精）〉基隆：崇右影藝科技大學文化創意設計研究所碩士論文，2018。

與心緒前來，寫下許多詩作，本文嘗試將其整理分類，透過文學作品來觀看，仙洞除了一般所知的觀光功能之外還被賦予了哪些意象。

本文主要從《臺灣日日新報》[5]蒐集相關詩作，以仙洞為題者或內文寫仙洞者約有七十八首，再以智慧型全臺詩知識庫[6]作比對，取其中二十二首作為本篇文章討論的對象，以仙境仙蹤、友人往來、避世懷古三個面向切入，試圖挖掘詩人筆下的仙洞有著什麼樣的意涵或寄託，希望藉由本文的爬梳，或多或少為基隆的人文地景做些點綴和補充。

二　仙境仙蹤

仙洞位於基隆市中山區，是一處天然侵蝕而成的海蝕洞穴、佛寺，亦是附近地名的命名依據。空間上可分為洞外廣場、洞內，廣場在清代時期仍是海岸，日治時期因築港開始填埋新生地，逐漸形成今日所見廣場。

圖1　仙洞位置圖（google地圖）

5　《臺灣日日新報》，1898年5月6日創刊，在臺灣總督府支持下合併《臺灣新報》與《臺灣日報》而來，屬於半官半民的報紙，為臺灣日治時期第一大報，其中包含日文版和漢文版，至1944年4月1日併入《臺灣新報》停刊，是當時發行時間最長的報紙。

6　由臺灣文學館建置，匯集了明鄭、清領、日治時期臺灣所有傳統漢詩，加以重新標點、校勘、編輯，方便現代研究者參考使用。

　　在清治時期原是漁民休息的場所，為求捕魚平安曾在此供奉神明，亦盛傳有人於此修道成仙，特殊的地景與氛圍也給予心靈更高層次的追求。明治三十二年（1899）基隆辦務署長七里恭三郎[7]向臺灣總督兒玉源太郎申請於仙洞祭祀江之島[8]辯才天[9]，可見宗教確實是統治與穩定社會的力量之一，加上旅遊手冊的推波助瀾，仙洞成了文人雅士來到基隆的必遊之地。

　　北面絕壁下方為最勝寺，洞內如爪字形分成三個洞隧道，幽暗涼爽，時有水滴滑落，海潮聲在洞內迴盪反響，不絕於耳，中洞內佛寺主祀觀世音菩薩，山壁間留有許多文人題刻，左洞狹窄，彎曲迂迴，僅容一人通過，右洞祭祀女神辯才天，如今已與本土佛道思想交融，對當地人而言是祈福招財之處。

圖2　仙洞巖外觀（維基百科）

7　七里恭三郎（1867-1912），明治時期政府官員。受臺灣總督府任命，擔任臺北辦務署長一職，相當於今日的臺北市長，隔年調任基隆辦務署長。

8　位於日本神奈川縣藤澤市的陸連島，島上供奉的神明全部都是辯才天。

9　此神源於印度教女神辯才天女，也是日本神話中象徵口才、音樂與財富的女神，為七福神之一。

（一）仙景刻畫

　　關於仙洞的傳說，總給人無限遐想，既名為仙洞，應是有仙人居住於此，或者景象如同仙境般，抑或存在仙物。來到此處的文人，紛紛用自己的視角振筆疾書，其中提到關於仙人的字句，例如：

> 隔一重山有洞天，名雖仙洞卻無仙。
> 苔痕墨跡爭奇古，天外飛來不記年。
>
> （古洞天仙侶[10]〈基津竹枝詞十五首〉）[11]

> 欲訪桃源一問津，停船洞外水粼粼。
> 嵌空裂石雄張口，出罅流泉冷逼身。
> 六月此中無暑氣，千年以上有仙人。
> 今為輻輳舟車地，避俗何堪更隱淪。
>
> （陳槐庭[12]〈基隆仙洞〉）[13]

> 打槳來尋小洞天，洞深不見古時仙。
> 燃燈曲覓巖間路，拂袖涼霑石罅泉。
> 蝙蝠群飛爭此穴，鳳鸞重到定何年。
> 料知上界真人府，舊隱難忘碧海邊。
>
> （林癡仙[14]〈基隆仙洞〉）[15]

---

10 古洞天仙侶曾作〈基津竹枝詞〉15則。
11 《臺灣日日新報》，1917年6月8日，3版。
12 陳懷澄（1877-1940），彰化鹿港人。字槐庭，又字心水，號沁園，為櫟社創始會員之一。日治時期曾任鹿港街長，先後主持鹿港政事12年，任內對於維持漢學、籌建公會堂、創辦學校、開設道路等多有建樹。
13 《臺灣日日新報》，1909年8月11日，1版。
14 林朝崧（1875-1915），臺灣府彰化縣（今臺中霧峰）人。字俊堂，一字峻堂，號癡仙，又號無悶道人。清光緒年間秀才，日治時期創立「櫟社」。
15 《臺灣日日新報》，1909年8月11日，1版。

石洞深難測，無人到底穿。此中真暗窟，何處宅神仙。

破罅看蛇出，空階借月眠。江風時一起，四面鎖雲煙。

（筼村生[16]〈仙洞〉）[17]

　　上列四首作品皆提到仙人，然而並未有人真正見到，可以知道仙洞中有仙人是普遍大家對此處的第一印象，在視覺上用停船洞外、打槳來尋，點明欲達此處須透過水路；苔痕、墨跡、洞深、蝙蝠、暗窟、破罅、蛇出、雲煙，則是寫出眼前所見之景。仙洞內陰涼潮濕，苔癬遍佈，壁上有著文人墨刻，洞深且暗，有蝙蝠群飛，石縫間亦有蛇的蹤跡，洞外水氣與雲霧繚繞彷彿將仙洞鎖在其中，呈現出仙境遺世獨立之感。

圖3　仙洞巖外觀（基隆旅遊網）

　　仙洞聽濤是基隆八景中唯一與聽覺結合的觀景體驗，詩人們也在字句中提及不少與濤聲相關的描述與聯想，例如：

仙客朝天去未歸，煙霞洞口鎖重圍。

一聲大叩岩扉動，驚起蒼龍破壁飛。

（李石鯨[18]〈仙洞同題次韻〉）[19]

---

16 劉克明（1884-1967），新竹人。字筼村。「詠霓詩社」創始人之一，嗣改瀛東小社，並
參與瀛社。

17 《臺灣日日新報》，1914年8月17日，1版。

石洞曾傳隱謫仙，青山不老景年年。

霞蒸谷口花多麗，時聽濤聲送釣船。

（沈相其[20]〈基隆八勝　仙洞聽濤〉）[21]

洞裏仙人隱，山高景又清。雲封蘚翠滴，時聽海濤聲。

（乃蘭氏[22]〈基隆八勝　仙洞聽濤〉）[23]

石洞幽清雅欲仙，雲霞燦爛照彌天。

櫓聲未了輕舟泊，斜聽濤聲鬧不眠。

（作舟氏[24]〈基隆八勝　仙洞夜濤〉）[25]

　　上述作品皆有提到濤聲，但仍然還是以景物的描摹為主，並未見到對濤聲具體的形容，一聲大叩，寫巨響使岩霏都震動，再用誇飾法寫海浪的洶湧驚起了蒼龍，浪花在岩石迸裂，第一首詩用聲音所勾勒的畫面是激烈而狂放

18　李燦煌（1882-1944），先世由閩汀遷臺，居樹林鎮。字石鯨，又字碩卿，號秋鱗，又號退嬰。壯歲移家基市，受聘為顏雲年記室，相與鼓吹風雅。個性狷介，富民族思想，設保粹書房於新興街，弟子多精擊鉢吟。

19　《臺灣日日新報》，1914年9月10日，3版。

20　沈藍田（1853-1918），世居基隆玉田街，字相其。法人犯基時投筆從軍，和議成，基隆通判梁純夫重其才，擢為清鄉局委員，旋任崇基書院董事。以育才為樂，名重一時。晚年加入瀛社，以詩酒自娛。崇基書院是基隆第一所官立學府，也是臺北府基隆廳唯一一所，光緒十九年（1893）興工，1895年3月落成，5月日軍攻佔基隆，書院被迫廢除。

21　《臺灣日日新報》，1904年4月15日，1版。

22　許梓桑（1874-1945），居基隆玉田街。字迺（乃）蘭，號德馨。日治時期任職於基隆區街庄長事務所為書記，治事精謹，獲佩紳章。光緒二十九年（1903）起歷任基隆區街庄長、基隆區長、基隆街助役、基隆街街長，後被選派為臺北州會員、臺北州協議會員，服務地方五十餘年。鼓吹詩學，為臺北瀛社中堅、大同吟社名譽社長。

23　《臺灣日日新報》，1904年4月22日，1版。

24　鄭江立（1891-1959），譜名邦立，字璧秧，號達臣，又號作舟。新竹望族，以書法詩畫見長，平素最喜旅遊，戰後投資事業受挫，在北門長和宮口開班授徒，名曰「六書齋」。

25　《臺灣日日新報》，1904年5月17日，1版。

的，相較之下後三首則呈現出較為恬靜平和的氛圍，時聽濤聲送釣船，用擬人手法使作品帶有活潑氣息；櫓聲、濤聲、鬧不眠，在幽靜的寫景中加入聲音，作出對比，臨場感十足。

除了視覺、聽覺之外，感官和抒懷也是書寫的主題，如：

> 冷盡塵炎洞裏天，巖棲可惜我無緣。
>
> 自憐凡骨同牛馬，只羨清幽不羨仙。
>
> （李石鯨〈雞籠紀遊仙洞〉）[26]

首句即寫出仙洞內的氣溫偏冷與洞外的炎熱大不同，景色清幽、適合居住，可惜自己一身凡骨如牛馬那般，汲汲營營過日子，不適合棲身於此仙境。顯見作者心中對社會仍有抱負，美景只使他享受片刻清幽，他依然要回到俗世奮鬥。

紀錄仙洞與神佛信仰的連結，如：

> 石門內是洞中天，苔氣薰人骨欲仙。
>
> 兩扇龕扉常不闔，毫光隱約帶香煙。
>
> （豬口鳳庵[27]〈仙洞〉）[28]

幽暗的石洞中，苔氣用薰人來描寫，在感官上彷彿能夠嗅出潮濕的氣息，兩扇龕扉常不闔、毫光隱約帶香煙二句除了寫眼前所見之景，更表達出洞內佛寺香火頗盛的事實。有別於臺籍詩人對景色的描摹經常是帶有想像成分的形容，日籍的豬口則以白描的方式，呈現另一種仙洞面貌。

---

26 《臺灣日日新報》，1914年7月3日，3版。

27 豬口安喜（1864-1933），筑前(現福岡縣)人。以鳳庵（菴）、凡鳥庵、葆真、葆真子等為筆名。來臺後，先後擔任總督府雇員、臺中縣埔里社巡查、臺北縣警察部保安課、基隆廳警察官等職，1909年後又升任理蕃相關職務；1929年5月與九保得二、尾崎秀真等共任「臺灣總督府史料編纂會」編纂委員。

28 《臺灣日日新報》，1906年3月18日，1版。

圖4　仙洞巖洞內（基隆旅遊網）

（二）仙境日常

　　儘管仙洞景色之於遊客有著無限想像，多數遊人往往是走馬看花式的觀光便前往下個地方，將節奏放慢融入此地生活步調的文人，詩作展現的又是仙洞的另種面向，例如：

　　　移居仙洞渡頭灣，家在汀砂巖壁間。

　　　特地占來風色好，濤聲帆影又青山。

　　　　　　　　　　　　　　　（富田春耕[29]〈仙洞移居口占〉）[30]

　　　養痾仙洞一身寬，午夢初回弄釣竿。

　　　不羨蓬萊人采藥，滿胸海氣是金丹。

　　　　　　　　　　　　　　　（田原天南[31]〈寄大內參事官仙洞養痾〉）[32]

---

29 曾於《臺灣日日新報》發表過七篇漢詩。

30 《臺灣日日新報》，1903年4月30日，1版。

31 田原禎次郎，日本明治至大正年間有名的國際新聞工作者，父親和祖父皆為名醫。曾任《臺灣日日新報》編輯長及主筆，亦是著名翻譯家。

32 《臺灣日日新報》，1905年9月29日，1版。

披簑人似仙，爭餌魚如魊。隔江山愈青，超群鷺空輩。

（永甓石[33]〈仙洞即事〉）[34]

移居仙洞隨口吟誦的詩句，濤聲、帆影、青山，勾勒出此處風光就如一幅靜謐的山水畫；養痾仙洞一身寬，此處則把海氣比喻為金丹，能夠養病延壽，午覺醒來就把弄把弄釣竿，仙洞生活充滿閒適感；此處無仙人而是披簑人，能靜靜欣賞爭食的魚群、空飛的白鷺，快活似神仙。三首詩作都有提及景色，不過卻非書寫的重點，反而著重在表露心境上的恬淡自適，與遊人記遊詩作的筆觸大不相同，沒有華麗的修飾辭藻，只有寬闊的心胸。

三　友人往來

做為當時熱門的觀光景點，除了自己隻身前往之外，也少不了與友人一同前來，無論是受邀或作客，因此留下了與友人們交流往來的詩句，如日人館森袖海，來仙洞探訪安江五溪[35]：

踰山度水遠追尋。相遇舉杯情更深。

一夜蕭蕭仙洞雨。挑燈話盡十年心。

（館森袖海[36]〈仙洞訪安江五溪〉）[37]

兩人同樣是在日治時期來到臺灣的日籍菁英，同時也都具備漢詩人的身份，漢學底子深厚，惺惺相惜，相遇舉杯情更深，流露著他鄉遇故知的喜

---

33 永井完久，1897年11月已來臺灣，於1922年7月返國。曾任臺灣總督府工事部基隆支部書記，亦是當時著名的詩人。為日治時期文學刊物「綠珊瑚會」會員，對臺灣風土事物觀察細微。任新竹辦務署長期間，常與新竹文人櫻井勉、王石鵬、黃瑞軒等吟詠；曾以詩作描繪新竹民俗傳統「追疫祭」，對媽祖遶境廟會活動亦有詳細的觀察紀錄。

34 《臺灣日日新報》，1910年10月21日，1版。

35 明治時期旅臺日人，曾入「浪吟吟社」、「瀛社」，以書法聞名。

36 館森鴻，名萬平，字子漸，號袖海，日治時期日本漢學家。在臺23年，留下700多篇文學作品，對當時學術發展頗具影響力。

37 《臺灣日日新報》，1902年3月19日，1版。

悅，在雨夜的仙洞，挑燈徹夜談心的真摯情感，直白而樸素。

又如魏清德贈謝籟軒[38]的詩作：

> 憶昔與君遊仙洞，双槳遙指海門東。
> 美人麗服照海水，水魚唼唧鳶呼風。
> 當時尋仙今弔古，寧王五妃皆黃土。
> 尋仙弔古兩悠然，愛君吟詩若芳杜。

> （潤菴生[39]〈贈籟軒詞兄〉）[40]

憶起二人曾經同遊仙洞所見之景況，划槳前去，海水瀲瀲與美人的華服互相映照，魚族、鳶鳥、海風，點出仙洞臨海的代表意象，他將之形容為尋仙之旅；而今來到謝籟軒的故鄉走訪五妃廟，有感而發，寧王和五妃早已化作黃土，無論尋仙或弔古都是久遠的故事了，出遊的回憶固然美好，能與友人一同吟詩更是興味所在。

還有談瀛海客贈猪口鳳庵與永景甃石的詩作：

> 雞籠仙洞萬重雲，尚記詩中有兩君。
> 莫怪草堂推醉李，清新開府逸參君。

> （談瀛海客[41]〈贈鳳菴甃石兩詞兄〉）[42]

提起雲氣繚繞的基隆仙洞，就想起兩位詩才高超的友人，難怪杜甫那麼

---

38 謝維巖（1879-1921），號籟軒，臺南人。曾組「浪吟吟社」、「南社」，亦曾任《臺南新報》漢文部主筆。

39 魏清德（1886-1964），新竹人。號潤菴，1910年入「臺灣日日新報社」任職，1923～1940年任臺北市協議會員、臺北州會議員。1905年起先後與文友創設「詠霓吟社」、「瀛社」。1930年參與久保天隨所創之「南雅吟社」，與國分青崖、館森袖海、猪口安喜等日本漢詩人往來，為該社唯一的臺籍成員。曾獲選為國際桂冠詩人，擅長詩、散文、小說等各類文體。

40 《臺灣日日新報》，1913年12月31日，1版。

41 曾於《臺灣日日新報》發表過六篇漢詩。

42 《臺灣日日新報》，1909年5月26日，1版。

推崇李白了。典故出自杜甫的〈春日憶李白〉清新庾開府，俊逸鮑參軍二句，杜甫誇讚李白的詩作無人能敵，既有庾信的清新，又兼有鮑照的俊逸，此處則用來讚許鳳菴和鰲石的詩作清新而俊逸，也是一首思念友人之作。

四　避世懷古

當時臺灣正處日本殖民統治期間，外來文化的衝擊攪亂了人們的生活，一切正在建立新的秩序，穿著、語言、習慣，新式教育不斷挑戰舊有傳統，此時期的漢詩，詩人們在心境上經常不約而同地飄散出，面對新思潮來襲，內心的掙扎或抵抗，旅遊、出走即是人們欲跳脫日復一日生活的選項之一。離開熟悉的地點、人物與景物，去到全新的地方，獲得從未有過的觀感體驗，刺激感官，進而激盪出新的想法，或用不同於以往的方式去反思或反省，此前尚未突破的盲點。

有用理性角度描寫仙洞的客觀事實，如：

> 洞深應有底，世遠已無仙。欲問桃源客，滄桑又幾年。
>
> （王少濤[43]〈仙洞即事　其一〉）[44]

> 洞府分明在，神仙不可親。紛紛滄海客，誰是問津人。
>
> （王少濤〈仙洞即事　其二〉）[45]

日治時期此地改名為仙洞町，並挖球仔山餘土填埋新生地、築港，逐漸形成一片廣場，不過海濤聲也因此減弱，詩作中也慢慢不再出現有潮聲的敘述，褪去仙洞的奇幻面紗，滄海桑田的感受更加強烈。滄桑又幾年、誰是問津人二句用反詰的語氣作結，能知作者心中對於世事無常自有定見。

---

43 王新海（1883-1948），臺北縣土城人。字少濤，一字雲滄，號小維摩，別署肖陶、笑陶、蕉村、裝塗、小浪仙、木瓜庵主人。「詠霓詩社」創始人之一，日治時期的詩人、書畫家、鑑藏家。

44 《臺灣日日新報》，1910年7月12日，1版。

45 《臺灣日日新報》，1910年7月12日，1版。

圖5 洞內狹窄（基隆旅遊網）

也有雲淡風輕的閑居心境，如：

占居仙洞鎖無扉，海氣任吹俗氣微。

大志不成為世累，疎才將老近忘機。

禪心一味語兼默，詩夢半生是也非。

欲向虛空談此事，高天斜月照窗幃。

（默笑軒主[46]〈仙洞閑居〉）[47]

詩夢、忘機、禪心、虛空，接連用了虛無意象的詞彙於詩句中，只能對
月談著那些未能完成的大志，任由讓海氣吹拂身上的俗氣，透露出人生不得
志，年過半百，逐漸看淡世事的感慨。

有漁村風情的主客觀照，如：

江上雨餘夕照流，漁家拖網入漁舟。

紙錢獻罷前灘去，暗祝今宵大有收。

（篁村生〈仙洞海濱即景 其一〉）[48]

---

46 曾於《臺灣日日新報》發表過三篇漢詩。
47 《臺灣日日新報》，1916年2月17日，3版。
48 《臺灣日日新報》，1914年8月15日，3版。

漁灯遠引夜三更，煙水迷離浪乍平。

有客徘徊江上月，凭誰省識此中情。

（篁村生〈仙洞海濱即景　其二〉）[49]

　　雨景、夕照、拖網，點出時間已到了傍晚，漁家要收網回家，紙錢獻罷、暗祝今宵大有收，則記錄了當地漁民有在海濱獻紙錢的習慣，除了祈求平安也祈求豐收；時間繼續推進至夜半三更，水氣迷離風浪亦平，遠處漁燈、天上明月，是漆黑中的光明，主客之間，誰又能知道箇中之情。

　　亦有前朝戰爭的歷史追憶，如：

島嶼青蒼掛落暉，海天萬里繞仙圍。

無端風起潮聲急，猶作前朝砲火飛。

（顏德輝[50]〈仙洞急潮〉）[51]

　　基隆是海濱城市，區域內又是丘陵地形，居高臨下，除了是北台灣重要門戶，也是軍防要塞，砲台密度更是全臺之冠。清光緒9年中法戰爭爆發，基隆是當時的主戰場之一，海面極度不平靜，砲火聲連綿不斷是可以想見的。本詩前半描寫仙洞的外部景象，後半則將風聲與急潮比做砲火齊飛，是在書寫仙洞時比較特殊的譬喻。

五　結語

　　基隆仙洞的獨特之處即在於這是天然形成的海蝕洞，需要氣候和地質條件的結合再加上時間的風化才能構成，碧海、藍天、青山、岩洞在同一個畫面中，詩句裡被形容為仙境般的存在，更與先民的生活習慣結合，是祈求海上平安的福地，進而於洞內供奉神明，成為海蝕洞佛寺。

---

49 《臺灣日日新報》，1914年8月15日，3版。

50 基隆人。參星社，號景星，由小鳴吟社入瀛社。

51 《臺灣日日新報》，1914年12月12日，3版。

從「象」的角度來看，詩人對仙洞的描寫由外而內有「隔一重山有洞天」、「打槳來尋小洞天」點出仙洞的地理位置的與交通方式，至洞口「煙霞洞口鎖重圍」、「雲霞燦爛照彌天」，海氣、雲氣在陽光揉和下呈現迷霧般的景致，進入洞內「燃燈曲覓巖間路」、「苔痕墨跡爭奇古」，需要燃燈得以覓路，石壁上布滿青苔與墨刻，描寫感官如「出罅流泉冷逼身」、「時聽濤聲送釣船」、洞內洞外溫差頗大，體感冷涼，環繞洞內的濤聲則是聽覺小趣味——仙洞聽濤。從「意」的角度來看，詩人與仙洞之間的互動，除了純粹的尋幽訪勝性質的景色描摹，也有和友人之間的情感交流，曾經同遊此地，現在天各一方的思念之情；更有藉仙洞的仙境特質來吐露己身心境，有嚮往閒適幽靜的自得其樂，亦有看淡俗世的超然，有神佛禪意的寄託，亦有對前朝的念想。

仙洞當時作為基隆最熱門的觀光景點之一，吸引了各地遊人前往，留下視角各異的精采篇章，透過詩句的敘述便能使讀者得以充分想像，本文以古典詩中「仙洞」的相關詩作為考察對象，發現其中充滿海洋意象，濱海景觀、漁村生活、宗教信仰、殖民統治，都是海洋文化的具體呈現。經由本文梳理，或多或少為海洋古典詩學添入一些見解和補充，同時也為盤點基隆的人文地景貢獻一份心力。

參考文獻

一 傳統文獻

《臺灣日日新報》,「臺灣日日新報資料庫」,漢珍公司。

二 近人論著

游淑珺,《基隆地區俗語研究》,臺北:淡江大學中國文學系碩士論文,2002。

吳淑娟,《基隆地區古典詩歌研究》,臺北:中國文化大學中國文學所碩士論文,2003。

許玉青,《清代臺灣古典詩之地理書寫研究》,桃園:國立中央大學中國文學研究所,2005。

沈心菱,《文學中的基隆歷史意象(1684-1945)》,臺北:國立臺北教育大學台灣文化研究所碩士論文,2009年8月。

劉金花,《龍潭客庄詩社群發微:以陶社、龍吟詩為例》,桃園:國立中央大學客家研究所碩士論文,2015年6月。

何文婷,《在地民間文學為原型的奇幻創作——以基隆〈仙洞空个蛇精〉》,基隆:崇右影藝科技大學文化創意設計研究所碩士論文,2018。

洪連成,《找尋老雞籠舊地名探源》,基隆:基隆市政府,1993。

基隆詩學會,《雨港古今詩選》,基隆:基隆市立文化中心,1998。

陳青松,《基隆第一:文物古蹟篇》,基隆:基隆市立文化中心,2004。

顧力仁主編,張子文、郭啟傳、林偉洲撰文,《臺灣歷史人物小傳——明清暨日治時期》,國家圖書館,2003。

黃美娥,〈差異/交混、對話/對譯——日治時期臺灣傳統文人的身體經驗與心國民想像(1895-1937)〉,《中國文哲研究集刊》第28期,2006.03。

柯喬文，〈基隆漢詩的在地言說：《詩報》及其相關書寫〉，《中正大學中文學術年刊》第12期，2008。

許俊雅，〈翻譯視域、想像中國與建構日本——從田原天南之《袁世凱》和李逸濤漢譯的《袁世凱》之比較研究談起〉，《足音集：文學記憶・紀行・電影》，臺北：萬卷樓圖書公司，2012。

大山昌道、林俊宏，〈日治時期漢學家館森鴻學問養成之探討〉，《修平人文社會學報》，第20期，2013.03。

李嘉瑜，〈理想化的完美山水——台灣古典詩中的基隆八景（1895-1945）〉，《臺灣文學研究學報》，第18期，2014.04。

陳百齡，〈探索日治時期新竹市的望族：一個以《新竹市志》人物志為基礎的初步分析〉，《新竹300年文獻特輯》，新竹：新竹市文化局，2018。

顏智英，〈古典詩中的海島書寫——以具奇美地景、多樣資源且豐贍人文的基隆和平島為例〉，《海洋文化學刊》，第28期（2020.06）。

三 網路資料

臺灣文學館智慧型全台詩知識庫 https://db.nmtl.gov.tw/site5/index（查閱日期2022.06.16）

臺灣瀛社詩學會 https://2019.tpps.org.tw/forum/biography/pages?id=273（查閱日期2022.05.15）

GRB 政府研究資訊系統 https://www.grb.gov.tw/search/planDetail?id=11564964（查閱日期2022.05.15）

臺灣宗教文化資產 https://www.taiwangods.com/html/cultural/3_0011.aspx?i=121（查閱日期2022.05.15）

維基百科 https://reurl.cc/Wr7lyL（查閱日期2022.06.16）

蔣經國國際學術交流基金會 http://www.cckf.org/zh/sino/00189（查閱日期2022.06.16）

基隆旅遊網 https://tour.klcg.gov.tw/zh-hant/（查閱日期2022.06.16）

論林建隆《藍水印》之意象意旨與寫作手法

林慶彥[*]

摘要

《藍水印》為一本現代詩詩集，由林建隆著，全書圍繞海洋、船上生活、海洋生物等，相互串聯，組織情節，具備起承轉合，猶如小說。其中欲傳遞的想法眾多，觸及不少課題。如《藍水印》最後一首詩〈貝殼（二）〉，白靈於〈藍水印・序〉：「這幾句……其實不只是寄居蟹和貝殼的關係，是船與大海的關係、是鏢手與船的關係……更是瞬間對永恆、灰塵對大千世界的關係。」除了最後一首詩，其他詩作同樣也隱含了不同的課題，如〈飛魚（一）〉思考人的出生與死亡，〈飛魚（三）〉則對於愛與被愛提出疑問等，透過精心的安排，將彼此獨立的課題相互串聯，欲使讀者徜徉其中，並深思玩味。

目前有關海洋詩的研究，較常將目光放在余光中、鄭愁予、汪啟疆等作家的海洋詩上，或是關注海洋詩在兒童文學、在教學領域中的功用、角色，較少關注其餘的海洋詩集，而在林建隆的創作中，以《流氓教授》、《鐵窗的眼睛》、《玫瑰日記》流傳較廣，《流氓教授》被翻拍為電視劇，《鐵窗的眼睛》、《玫瑰日記》則已經出版為英譯本，有關《藍水印》的關注並不多，目前有關海洋現代詩的研究，也未將此書納入探討，本文將探討此書的意象意旨與寫作手法，進一步剖析其中的藝術特質和精神轉折。

---

* 國立臺灣師範大學國文研究所碩士生。

　　本文將以情節為基礎，分析「出海前」、「航海時」、「溶化後」這三個部分的意象意旨以及寫作手法——語言、修辭，了解這三個部分的精神轉折和欲傳遞的課題，闡發《藍水印》的思想內涵和藝術價值。

關鍵字：林建隆、《藍水印》、海洋詩、意象意旨、寫作手法

The Imagery Intention and Writing Techniques of LIN,JIAN-LONG's *The Blue Water's Prints*

Lin, Qing-Yan[*]

Abstract

The Blue Water's Prints is a collection of modern poems, written by LIN,JIAN-LONG. All poems in *The Blue Water's Prints* are about the ocean, life on board, marine creatures, etc, connecting to each other, organizing the plot which twists and turns, like a novel. Many topics were discussed in these poems. For example, the last poem in *The Blue Water's Prints* is "Shell (II)", BAI,LING in "*The Blue Water's Prints*. Prologue" had said "These few sentences... In fact, it isn't only the relationship between the hermit crab and the shell, but also the relationship between the ship to the sea and the pro darts to the boat... It is also the relationship between the moment to eternity and the dust to the world." In addition to the las poem, other poems imply different subjects, too. For example, "Flying Fish (I)" thinks about the birth and death of people, and "Flying Fish (III)" brings up a question about loving and being loved, etc., through careful arrangement, the independent topics connecting to each other, to make the reader wander through it and taste it.

* Master's student, Graduate Institute of Chinese Literature, National Taiwan Normal University.

So far, The research on marine poetry mainly focused on the works written by the renowned marine poem writers, such as YU,GUANG-ZHONG, ZHENG,CHOU-YU, WANG,QI-JIANG, etc. The research on marine poetry also paid attention to the functions and roles of marine poems in children's literature and teaching fields. However, it paid limited attention to the rest of the marine poetry collections. In LIN,JIAN-LONG's creation, *Rogue Professor*, *The Barred Window's Eye and Other Haiku*, and *A Diary with Roses* were widely circulated, *Rogue Professor* was remade as a TV series, *The Barred Window's Eye and Other Haiku* and *A Diary with Roses* have been published as English translations, but there isn't much attention to *The Blue Water's Prints*. At present, the study of modern ocean poetry hasn't included this book. Therefore, this study will explore the imagery intention and writing techniques of *The Blue Water's Prints*, and further analyze the artistic characteristics and spiritual transitions in it.

Based on the plot, this study will analyze the imagery intention of the three parts "before voyaging", "sailing", and "after melting", as well as the writing techniques - language style and rhetoric, to understand the spiritual transitions of these three parts and the topics transmitted, and explore the ideological connotation and artistic value of *The Blue Water's Prints.*

Keywords: LIN,JIAN-LONG, *The Blue Water's Prints*, Ocean Poems, Imagery Intention, Writing Techniques

一　前言

　　臺灣四面環海，海洋資源豐富，處處可見海洋在文學作品中的身影。楊雅惠於《臺灣海洋文學》提到「海洋文學」的範疇不離「海洋」和「文學」，並包含「文化文本」、「文學文類」兩個視域。[1]但臺灣的「海洋文學」並沒有因臺灣四面環海而被重視，[2]時至九零年代，臺灣的海洋文學才獲得比較多的關注。[3]

　　在海洋文學的創作中，詩歌作品豐富，且頗受注目，關注的詩人不乏有鄭愁予、[4]汪啟疆等，[5]關注的面向則包含海洋詩中的意象與特質、[6]海洋詩

1　楊雅惠從「文學文類」和「文化文本」的方式試圖勾勒「海洋文學」的輪廓。在「文學文本」的部分，他認為可以用敘事文本和抒情文本的角度審視，敘事文本下的海洋，主題與海洋的特性相關，捕捉海洋的動態感、體驗；而抒情文本下的海洋則以海洋意象為題材。在「文化文本」的部分，他認為臺灣的海洋文化與臺灣的地理位置、東亞海域密不可分，臺灣曾因荷蘭而站上世界舞台，也因不同政權包容不同民族的開墾，形成一種海納百川、壯美的海洋文化。楊雅惠編著，《臺灣海洋文學》（臺南：國立臺灣文學館；高雄：國立中山大學現代文學研究室，2012），頁1-10。

2　臺灣的海島性格不明顯，與中國傳統安土重遷的文化相關，到了近代，則因經濟發展，又再度被忽視。謝玉玲，《空間與意象的交融：海洋文學研究論述》（臺北：文史哲，2010），頁141-144。

3　向陽於〈鄭愁予的海洋詩〉一文中，將海洋詩選集的出刊依照年分羅列，主要集中於九〇年代。向陽，〈鄭愁予的海洋詩〉，《臺灣詩學學刊》，第22期（2013.11），頁34。

4　關於鄭愁予的海洋詩研究有向陽〈鄭愁予的海洋詩〉、蔡宜芬《鄭愁予及其海洋詩研究》等，其中蔡宜芬《鄭愁予及其海洋詩研究》內文有概論其他詩人之海洋詩，如楊牧、余光中等。向陽，〈鄭愁予的海洋詩〉，頁33-62。蔡宜芬，《鄭愁予及其海洋詩研究》，基隆：國立臺灣海洋大學海洋文化研究所碩士論文，2013年7月。

5　關於汪啟疆的海洋詩研究有、沈玲〈汪啟疆詩歌「井」意象研究〉、張歎鳳〈「海的制高點上」──論汪啟疆海洋詩作的象徵性〉等。沈玲，〈汪啟疆詩歌「井」意象研究〉，《臺灣詩學學刊》，第28期（2016.11），頁7-28。張歎鳳，〈「海的制高點上」──論汪啟疆海洋詩作的象徵性〉，《臺灣詩學學刊》，第28期（2016.11），頁29-46。

6　該方面的研究於《海洋與文藝國際會議論文集》中有不少篇論文皆針對海洋詩之特質進行探討，如蔡振念〈臺灣現代海洋詩中的意象與情感〉、蕭蕭〈臺灣海洋詩的美學特質〉等。見鍾玲總編輯，《海洋與文藝國際會議論文集》（高雄：國立中山大學文學院，1999）。

在兒童文學、教學領域所扮演的功能或角色等。[7]上述研究觸及海洋現代詩的詩人、詩作的形式內容、功用，然其中仍有一些優秀的作品尚未探討，成為遺珠，如本文欲探討之海洋詩詩集《藍水印》。

《藍水印》由林建隆著，為海洋詩詩集。林建隆為臺灣基隆人，創作主要為小說、新詩，題材廣泛，涉及人情社會、動物生存等，[8]詩歌語言簡潔，小說筆法細膩，足見作者深度，[9]在他的創作中，小說獲得不少關注，《流氓教授》被翻拍為電視劇，《鐵窗的眼睛》、《玫瑰日記》已出版為英譯本。而《藍水印》為林建隆目前最近期出版的詩集，著墨海洋，用力極深，然目前學界較少探究，[10]實為可惜。

《藍水印》全書圍繞海洋、航海生活、海洋生物等，每篇詩相互串聯，組織緊密，情節緊湊，具備起承轉合，猶如小說。其中全書蘊含眾多課題，傳遞豐富想法，如〈貝殼（二）〉：

---

7 該方面的研究紛呈，如許詠筑《臺灣海洋教育的環境倫理省思——從詩性智慧檢視國小海洋教育》、翁珮齡《兒童筆下的海洋童詩研究：以《詩的海洋·體驗·生命開展》及《海洋詩創作徵選》為例》等，上述研究分別探討海洋詩於教學場域中的運用，和探討海洋童詩的題材與世界觀。許詠筑，《臺灣海洋教育的環境倫理省思——從詩性智慧檢視國小海洋教育》，新北：華梵大學哲學系碩士班碩士論文，2018年1月。翁珮齡，《兒童筆下的海洋童詩研究：以《詩的海洋·體驗·生命開展》及《海洋詩創作徵選》為例》，臺東：國立臺東大學兒童文學研究所碩士論文，2021年10月。

8 林建隆於2004出版《藍水印》，裡面包含海洋生物的課題，在這本詩集之前，他早已經於《動物新世紀》這本詩集提到一些海洋生物的姿態，闡述牠們的心聲。參林建隆，《動物新世紀》（臺北：關懷生命協會，1999）。

9 《臺灣文學館線上資料平台》：「詩作語言簡潔清明，以並置的手法製造出對比的張力。小說以細膩的筆法、壯闊的情節，刻畫出生命的印記，簡潔的描述，留給讀者無盡的想像空間。在內容上，舉凡自然生態、社會議題、人倫親情，都是他關注的議題，也讓讀者從中窺見人性的深度。」參https://db.nmtl.gov.tw/Site4/s6/writerinfo?id=792，查閱日期2022年5月10日。

10 冷芸樺也提到林建隆《藍水印》以詩寫小說，將涉足海洋、溶化四散的過程闡述出來，展現乘風破浪、野性的精神，清楚呈現鏢手與海、海與船的關係，並透過譬喻生動的語言展現驚濤駭浪的乘風破浪之旅。見冷芸樺，《戰後基隆文學發展之研究》，新北：淡江中國文學系碩士在職專班碩士論文，2006年6月，頁153-154。

　　我把扳指、扇形各色的貝殼

　　倒入兩個女兒的手心：

　　「貝殼不過是一個空格

　　被填入寄生蟹的文字

　　空格和文字也有離別的時刻」[11]

　　此詩為全書之尾，具備收束全書的功能，白靈於〈藍水印・序〉提到：「這幾句……其實不只是寄居蟹和貝殼的關係，是船與大海的關係、是鏢手與船的關係……更是瞬間對永恆、灰塵對大千世界的關係。」[12]除了最後一首詩，其他詩作同樣也隱含了不同的課題，如〈鏢手的愛〉展現愛的偏執，〈飛魚（三）〉、〈紅目鰱〉則提出「愛與被愛」的疑問，透過精心的安排，串銜相互獨立的課題，使讀者徜徉玩味。因此本文將探討此書的意象意旨與寫作手法，進一步剖析其中的藝術特質和精神轉折。

　　本文將以《藍水印》的情節為基礎，分成「出海前」、「航海時」、「溶化後」這三個時期。「出海前」由第一首〈看海〉至第十三首〈平流〉；「航海時」以第十四首〈出海（一）〉為起，第六十首〈魂曰〉為迄；「溶化後」以第六十一首〈海月〉為始，第九十三首〈貝殼〉為終。三個時期的劃分與航海歷程、鏢手形體的轉變相關，第一個時期，鏢手還在陸地，視線主要由陸地投向海洋，下水入海後，進入第二個時期。在這個時期，鏢手沉浸在獵捕的樂趣，船難後，鏢手開始扣問、反思，形體逐漸消溶，過渡到下個階段。在第三個時期，鏢手的形體完全消溶，與海融為一體，真切感受、體悟海洋，徜徉其中。[13]

　　下文將分析「出海前」、「航海時」、「溶化後」三個時期的意象[14]意旨以

11　林建隆，《藍水印》（臺北：皇冠，2004），頁159。

12　同前註，頁6。

13　三個時期的劃分有參酌白靈於〈藍水印・序〉所提及的分期方式。同前註，頁5。

14　黃永武：「作者的意識與外界的物象相交會，經過觀察、審思與美的釀造，成為有意境的景象。」黃永武，《中國詩學・設計篇》（臺北：巨流出版社，1999），頁3。胡雪岡也提到「意象」是詩人透過內心觀照、藝術構思、立意盡象一連串的過程形成，具備

及寫作手法——語言、[15]修辭，[16]了解這三個部分的精神轉折和欲傳遞的課題，闡發《藍水印》的思想內涵和藝術價值。

二　「出海前」──嚮往與探問

（一）意象意旨

陸上的人，看膩了陸上的一切，望向海，興發揣想，思考「浪」、「濤」是什麼？旗魚隨浪而出，朝天的鏢船與濤，天又是什麼？海和天藍的不分你我，海天一線，風起時，雲和濤、良和水與滴在衣襟的淚。種種揣想與他童年錯失的故事情節和自我填補的朦朧懷想相銜。童年的他，不知海的兇猛，不知風浪凶狠，望著海，潮漲潮落，心潮澎湃，在適應了暈船後，選一個最佳時機，下水，投入海的懷抱。

第一首詩藉海洋的廣大、陸地的呆板，道出前往海洋的必要。第一首詩〈看海〉：

> 因為看膩了腕表上的刻痕
> 看膩了一尾一杯的鬥魚

藝術感染的作用，意象的相互組合，形成一種意象群，會增加作品的藝術感染力。胡雪岡，《意象範疇的流變》（上海：百花洲文藝出版社，2009），頁101-103。本文有關意象的探討，會採用二位說法，進行分析。

15 關於語言部份的分析，著重語言的特性——陰柔、陽剛和知、感性語言的運用，因而借助姚鼐於〈復魯絜非書〉的說法。姚鼐著、劉季高標校，《惜抱軒文集》（上海：上海古籍出版社，1992），頁93-95。

16 關於修辭的定義、界定會參酌黃慶萱《修辭學》、蔡宗陽《修辭學探微》以及蔡謀芳《修辭二十五講——表達的藝術》三書。黃慶萱，《修辭學》（臺北：三民書局，1975）。蔡宗陽，《修辭學探微》（臺北：文史哲出版社，2001）。蔡謀芳，《修辭二十五講——表達的藝術》（臺北：三民書局，1990）。不同時期所採用的修辭法，將鏢者對待海的態度與轉折巧妙呈現，若是以一種平鋪直敘的方式書寫，則不容易理解在不同階段，想法隱隱之中的轉變，透過修辭的分析，能讓我們更清楚，鏢者在每個階段側重的想法和思維模式。

看膩了名人錄裡的自己

看膩了因為和所以的非詩的邏輯

所以才看妳，才看妳⋯⋯[17]

詩中的「腕表」、「一杯鬥魚」、「名人錄」呈現了陸地的制式化。「腕表」束縛了手腕，也代表看海人被陸地上周而復始、一成不變的日子束縛。杯中的「鬥魚」是一種自況，「鬥」為一種搏鬥、冒險的精神，困在杯中，說明自己應該和海搏鬥，卻被困在小小一隅，無法挑戰未知。在「名人錄」上有何用，道出自己始終被文字限定、被外在侷限，無法給予自我明確的價值。

這樣的他面對著海、浪、濤、天，興發了懷想、困惑，他不解海的水是誰賦予的，浪的良是誰給予的，濤為何與壽有關係，與壽有關，為何船底會朝天，如棺木？此處的海、浪、濤、天，是觸發觀海者理性思維的一種客體。[18] 觀海者的理性於此展現，但理性因夢和童年回憶的出現，退居幕後。

在童年回憶中，「旗魚」和「紙船」為重要的角色。〈童年（一）〉：

故事聽到一半

便睡著的小男孩

用夢填充著月光下錯失的情節：

「明明是阿里山神木

怎會遊走於橫浪？

猛地衝出

千斤旗魚的腰桿」[19]

在〈童年（二）〉中：

---

17 林建隆，《藍水印》，頁16。

18 蕭蕭以臺灣海洋詩歌為觀察範圍，發現「海」在詩歌中可以扮演為詩人感性抒發的對象、美感經驗的寄託、理性思維的客體等。蕭蕭，《物質新詩學》（臺北：萬卷樓圖書公司，2017），頁67-93。

19 林建隆，《藍水印》，頁27。

> 將一艘左傾的紙船扶正
>
> 在他耳際開兩句幼稚的玩笑：
>
> 「風是無頸的高腳杯
>
> 浪是沒腳的長頸鹿」
>
> 趕忙扶正這回是右傾的紙船[20]

「旗魚」的出現，在觀海者的心中埋下了一顆種子，影響了他處理愛的方式。「紙船」是紙做的，輕又小，可以任人操弄方向，但在航行時，船的方向可以被輕易操控嗎？如果真的能被人為控制，當然可以被更強大的自然擺布，男孩難道不知道嗎？男孩似乎知道這點，卻還是開了玩笑，不把風浪當一回事，「風浪」在男孩眼裡，和紙船一樣，是可愛的動物、裝飾品，虛有其表。

男孩並非對海不敬，而生此玩笑，只因為年紀還小的他，不懂海的殘酷，在岸上看過潮漲、潮落，沒有親臨海的震撼，只感受到一顆原本對海沒有觸動的心，卻被海一點點侵蝕，被海的魅力鑽入、滲透，〈海女（二）〉[21]：

> 你來時是漲潮
>
> 我看著退潮把你捲走
>
> 我的心像潮間的岩石
>
> 禁不住乾溼交替，冷熱脹縮
>
> 終於還是碎裂了開來[22]

心雖如石，卻抵擋不了，這日日夜夜的澎湃，悄悄的感染了男孩，讓男孩沉

---

20 林建隆，《藍水印》，頁28。

21 李若鶯提到台灣海洋現代詩的相關題材豐富，其中有一種為「海民及其生活」，深刻披露討海人、海民的生活，並對他們表示敬意。李若鶯，〈海洋語文學的混聲合唱——現代詩中的海洋意象析論〉，《海洋與文藝國際會議論文集》，頁46-47。〈海女（一）〉、〈海女（二）〉這兩首詩，是透過如海女般的靠近大海，觀察大海而抒發情感，並非闡發海民之辛苦，依舊是把海洋當作感性傾吐的對象。

22 林建隆，《藍水印》，頁31。

迷、癡迷，擄獲他的心，讓他就算「暈船」也不怕，那種天旋地轉，只是一種心隨著心的表現，相互追逐，同時夾帶許多浪漫奇想，把海當作一位傾訴的對象，「傾吐內心的波濤」。[23]

男子還沒沉浸到童年的回憶時，「海」興起了男子的理性思考，然而這理性卻被童年回憶與之後下水的澎湃情感淹沒。在童年的時候，海是男孩傾訴、觀看的對象，「旗魚」出現在夢中，暗示男孩之後將與「旗魚」密不可分，預示了男孩與旗魚的緣分。「紙船」則揭示了男孩會上船航海的未來。在這個階段，「海」曾作為承載理性思考的客體，更重要的是，「海」也作為男子感性抒發的對象，影響著男子未來航海的情緒、情感。

（二）表現手法

1 語言

姚鼐於〈復魯絜非書〉：

> 鼐聞天地之道，陰陽剛柔而已。文者，天地之精英，而陰陽剛柔之發也……自諸子而降，其為文無弗有偏者。其得於陽與剛之美者，則其文如霆，如電，如長風之出穀，如崇山峻崖，如決大川，如奔騏驥；其光也如杲日，如火，如金鏐鐵……其得於陰與柔之美者，則其文如升初日，如清風，如雲，如霞，如煙，如幽林曲澗，如淪，如漾，如珠玉之輝，如鴻鵠之鳴而入廖廓……觀其文，諷其音，則為文者之性情形狀舉以殊焉。[24]

姚鼐認為「陽剛」、「陰柔」是區別文章風格的方式，而文字的使用與節奏的運用，則會影響文章的風格，《藍水印》雖為詩集，但其中情節連貫，也可以將其視為一本小說。在不同的階段，其展現不同的語言風格、韻律節奏。

---

23 林建隆，《藍水印》，頁36。
24 姚鼐著，〈復魯絜非書〉，頁93-95。

首先，在「出海前」，多數詩篇的語言，呈現一種理性和童真，無法用「陽剛」、「陰柔」這種標準劃定，且節奏不定，恰好也符合男孩對「海」的初識，尚未萌芽的情感與還未勃發的情思，都還在醞釀中，〈暈船（二）〉：

> 我的左眼是魚
> 在腦海裡旋轉
> 追逐著右眼
> 我的右眼無處可逃
> 只有鼻梁這塊頁岩
> 妳說它該躲在右邊
> 還是左邊的岩洞？[25]

這首詩以一種俏皮的口吻，搭配上情竇初開的問句，展現「兩小無猜」的氛圍，再加上第八首詩所開的玩笑：「風是無頸的高腳杯／浪是沒腳的長頸鹿」[26]活潑爛漫的性格躍然紙上，也正是因為童年時期的鋪墊，才有了之後下水前的短暫理性和不斷蔓衍的感性。這個階段，以語言童稚、節奏不定為始，以理性和感性的萌芽，節奏逐漸穩定，陽剛語言勃發為終。

2 修辭

在三個階段中，皆有一個主要的修辭，貫串其中，使詩篇的課題、意義相銜，更加流暢。

第一個階段，主要是「設問」修辭，在第2、3、4、7、12首詩，皆採用了問句。詢問海的組成，詢問自己暈船了該怎麼辦，且多落於第一句和末句。黃慶萱在《修辭學》提出設問的四功用：「一是用於篇首，以提起全篇主旨。二是用於篇末，以製造文意餘韻。三是首末均用，以構成前呼後應。

---

25 林建隆，《藍水印》，頁34。
26 參〈童年（二）〉。同前註，頁28。

四是連續設問，以加強語文氣勢。」[27] 設問的功用吸引讀者的目光，也促進讀者與詩集中的人物一同思考，何謂「海洋」？海洋的本質為何？而這些問題，作者沒有給予答案，反而是透過下面兩個階段，鏢手的探尋，漸漸將答案的輪廓一點一滴地勾勒。

關於詢問自己暈船後，左眼變成魚，正追逐著右眼，該如何是好，有一種親暱、撒嬌狀態的呈現，製造一種迷戀著對方的餘韻，使淡淡的情愫慢慢漫溢。

三 「航海時」──豪情與浪漫

（一）意象意旨

航海的過程，佔整本詩集的一半，共四十七回。一開始，男子抱持強烈的信心，看著「這艘雙汽缸四十馬力的鏢船／定能斬斷妖女搬亂舞的浪腳」[28] 在男子眼中，「海」成為了妖女，增添了危險，不再單純，男子意識到「海」的危險，在出航前，將「紙船」放入水中，代替他的船傾覆，〈下水式〉：

> 他將事先備妥
> 沒有船舵、俥葉、發動機的
> 紙船放入水中
> 眼見他代為傾覆了
> 才掛上信號旗
> 毫不迷信地下令出海

「紙船」從以前的玩具，被賦予了更重大的意義──代為傾覆，唯有如

---

27 黃慶萱，《修辭學》，頁44-49。
28 林建隆，《藍水印》，頁39。

此，才可以確保航行平安，生命無虞，男子對於海雖然興致勃勃，依舊想下水，但從這一舉動，也能看出男子對海的想像不再單一、單純，隱含著男子已體認到「海」的可怖，說明了男子的成長，而「海」的危險，和男子已經上船，使他的注意力從「海」轉向「旗魚」。

為了捕捉旗魚，他化身為投手，不停的練鏢，瞄準「靶心」，靶心不只是代表捕捉到旗魚的關鍵，還是擄獲愛情、夢想的紅心。為了達成目的，海鷗成了他練習的目標，〈眼力〉：

> 他看海鷗的眼睛
>
> 就像空心入網的藍球
>
> 看他平飛的翅膀
>
> 彷彿直升機的機翼
>
> 他選擇鏢向牠的肛門[29]

海鷗在男子眼中，成為了練鏢的對象，牠的動向、行為被男子專心的觀察、紀錄，男子的這些行為，是為了捕捉旗魚而準備，對他而言，觀察海鷗是必要的，看似小菜一碟，卻又不容懈怠。沒多久旗魚現出蹤影，男子「決意在浪花之間／像穿梭的蝴蝶／追尋妳流光的身影」[30]然而，最後追捕到的不是男子的鏢，男子的鏢被拋棄，猶如一頭喪氣的雄獅。因為沒有獵捕到獵物，而感到頹喪。

之後他繼續觀察，越觀察越體認到「旗魚」早已插入他的心窩，激發了他的慾望，這慾望難以言說，有愛情的追逐，身為獵人的本能以及對於憧憬的不可自拔……

在獵捕的過程，他們駛向「晨霧」，在海上觀霧跟在陸地上觀霧的情感差異也由此體現，「出海前」男子揣想海的「三點水」是否由「微濕的晨霧」所帶來。[31]

---

29 林建隆，《藍水印》，頁43。

30 同前註，頁44。

31 同前註，頁18。

　　在陸上觀霧，因為有距離，可以觸發理性的思考，然在海上觀霧、體霧、進入到濃霧中，就不是可以保持冷靜的事情了。濃霧會讓我們無法感受到時間的流逝，危險被放大，[32]縱然它替島嶼戴上斗笠，添了幾分可愛，[33]本身所具備的危險性依舊不減。

　　大海中的生物（如：魚蝦、鷗鳥等），有時並非想像中的夢幻，《藍水印》中的「海鷗」與其他詩歌不同，[34]牠們被當成鏢，同時也是成群的告密者，因為牠們的集結，會吸引其他鏢船，一同搶奪這漁獲，故必須「將雜魚一尾一尾擲出／設法封住牠們的口」，[35]才可以有豐收的漁獲。

　　但豐收並不代表勝利，因為男子還沒成功獵捕旗魚，旗魚如飛雁，難以捕捉，讓男子思考要如何發鏢才可以與她合為一體，他開始在船首「打站」，如枯木作化林中，感受自己，忘掉自己，補獵到你。〈鏢手（一）〉：

> 我從小所受的訓練
> 目的不在謙謙君子
> 而是要成為與大海爭風
> 和鯊魚吃醋，用手中的長鏢
> 強娶旗魚的魯男子[36]

　　鏢手霸道、不懼艱難、迎向挑戰的海洋精神，淋漓展現，身為一個海上男兒的無畏無懼，但霸道、不怕挑戰不等於魯莽，他還是按捺自己的性子，觀察船長如何發鏢，最後捕獵到旗魚時，旗魚與他有了一段對話，〈鏢手

---

32 楊鴻烈提到：「到了汪洋大海中，昏霧塞空的時候……舟船皆難以駛行，慎怕彼此碰撞……水手船員也都在戰戰兢兢……不敢稍涉大意疏忽。」楊鴻烈，《海洋文學》（臺北：經氏出版社，1977），頁18。

33 林建隆，《藍水印》，頁49。

34 李若鶯提到臺灣海洋現代詩中的海鳥有時會作為「情意的隱喻和映襯」，有時也會作為「民主的鬥士、堅忍而追求自由的島民」。李若鶯，〈海洋語文學的混聲合唱──現代詩中的海洋意象析論〉，《海洋與文藝國際會議論文集》，頁47。

35 林建隆，《藍水印》，頁50。

36 同前註，頁54。

（四）〉：

　　「下輩子你還鏢魚嗎？」她問我

　　「為了追求妳

　　我從九丈的鏢靶練起

　　白浪將咱從六丈拉至三丈的距離

　　我內心的狂喜

　　只有當時的妳知悉」[37]

鏢手的愛，執著不屈、熱烈直陳，但是他忘了，諦聽旗魚的回覆，在他眼中，旗魚看似是一位愛人，實則像一隻獵物，被追趕到落荒而逃、避無可避的獵物。她不知道自己哪一點，讓鏢手願意「上窮碧落下黃泉」的追逐，至死無悔，如夸夫逐日。這種愛是熾熱的、自私的、單一的，如鏢手自言：「我恨不得將釣魚台砌成／我家門前的石階／把整個漁場網入／我家後院的池塘」[38]

　　之後鏢船與鏢手，追趕著旗魚，「長鏢」成了一炷香，手握長鏢的鏢手，如同捻著清香的信徒，「長鏢」如同短跑選手，快速的刺向旗魚，這樣的行為讓鏢手再次感受到，自己贏得了真心，才會放出一段繩子，看著旗魚逃竄，一切如放風箏般的勢在必得。鏢手對愛的居高臨下，展露無遺，這樣子的心態在航行的過程中，從未變改，〈看魚〉：

　　我問中架兩側瞭望的水手：

　　「下輩子你們還看魚否？」

　　「怎麼不？」他們說：

　　「看魚就向在茫茫人海

　　尋覓心上人的足跡

　　不過還得一鏢在手

　　才能真正入戲……」[39]

---

37 林建隆，《藍水印》，頁57。

38 同前註，頁60。

39 同前註，頁70。

這樣豐收的喜悅，只是暴風雨前的寧靜，「水雲間一道明滅的兇光／投射在你發黑的印堂」[40]海轉瞬改變了一種面貌，以一種駭人、驚悚的樣態，與眾人照面。[41]〈風向〉：

> 全身壓死左滿舵
>
> 船頭仍如牛首
>
> 堅持犁住三點中的方向
>
> 那前已拋棄他的月
>
> 此刻又在西風的位置引誘他[42]

「船」不似「紙船」，不能被輕易掌控、擺弄，這艘被男子誇口可以斬斷妖女雙腳的「船」，在海中不受控制，風不是「無頸的高腳杯」，浪也不是「沒腳的長頸鹿」，[43]風浪阻斷了所有人活下去的希望。人為之物在自然面前，苟延殘喘，勉強說著「人」並非不堪一擊，但事與願違，廚工在廚房所擲的筊，裂成哭筊。[44]

在這種情況下，船員們紛紛回首過往，交代遺言，船長的遺言如下，〈船長（二）〉：

> 他將一紙遺書
>
> 壓在密封的信號底下：
>
> 「我早耳聞妳和船東有染
>
> 一旦船陳

---

40 林建隆，《藍水印》，頁73。

41 楊鴻烈：「颱風襲來，波濤洶湧，潮汐淹覆，昏物塞空，就完全成為一極危險恐怖，目不敢正視的地域深淵的光景。」楊鴻烈，《海洋文學》，頁19。

42 林建隆，《藍水印》，頁75。

43 同前註，頁28。

44 「筊」分成「聖筊」、「怒筊」、「笑筊」，「聖筊」為一正一反，代表神明已經應允心意，「怒筊」為兩個平面覆下，表示神明生氣不答應，「笑筊」為兩隻朝上，同為不接受之意。凌志四，《臺灣民俗大觀》（臺北：大威出版社，1985），頁50-52。

> 妳歸伊，我歸旗魚
> 我畢生的積蓄
> 都在旗魚的嘴裡」[45]

　　海雖奪走了船員們的性命，但她又將這些在陸地上失意的亡魂，輕輕收攏到她的懷抱中，讓這些失意的人，不再受傷，經歷這次生命被剝奪的磨難後，便可以安心無憂，宛如一個母親抱著稚子。與船長的遺書不同，船員們趁他人不備，將信換成自己的，希望自己的聲音和人生最後的話語能被知曉，「信」所承載的是遺言，坦然面對和倉促不甘的遺言。

　　天上的月捨不得這些人的消亡，用光求救，反而將走私船嚇跑，光亮在多數時候是希望，此刻卻成為趕跑希望的存在，呈現一種衝突，溫柔的月、飽和的光，驅趕了希望，只剩下船員的殘軀漂淌在海中。[46]

　　在這場風暴中，鏢手也不意外的離世，此刻，他面朝下，想看清楚「海」的模樣卻無法，只能隨著波浪飄盪，一開始不甘願的鏢手，最後也因為這樣的漂盪累了，願意趴伏在海上，並隨著她，答應她，歸航一趟，便不再流浪。鏢手不再視「海」為妖女，而是一個溫柔的歸宿。獵捕旗魚的他，最終葬入艙底，由海草落款，寫下永恆的碑銘。

　　海豚游泳、翻湧的姿態，被當作「抬棺」，將溺斃的漁人，合葬在漂流的墳墓，做著與牠可愛外型悖離的事，但又不怎麼意外，海豚具備靈性，智商頗高，或許鏢手這些行為早已了然於牠們的心，再怎麼了然於心，牠們仍不會剝奪他人的性命，只是讓這些人的軀體在一個具備懲戒意義的所在安眠，一如牠們溫柔的習性。[47]軀體被安葬，魂靈可歸行，望向家鄉，好好地道別，便履行承諾，回到海裡。

45　林建隆，《藍水印》，頁80。

46　同前註，頁86-87。

47　羅會明提到海豚親人、性情溫和，個性溫馴，這些行為雖無法被明確解釋，但其親人的個性，贏得人們的喜愛，被稱為「擬人動物」。羅會明，《海洋生物》（湖南：湖南教育出版社，1982），頁122。

這個部分，著重於「鏢手」、「旗魚」、「海」的對話與形象營造，遭遇海難前，「鏢手」和「旗魚」之間的追趕跑跳、躲閃藏匿，將「鏢手」的執著躍然呈現，為了所愛「九死無悔」的心，但愛人並不是全力用力的愛，就可以完成，愛是一種心靈交流，少了另一方的回饋，愛將變成負擔。[48]當鏢手體認到自我給予人的壓力的時候，需要等到沉船之後，流淌在海洋，回歸到海洋的懷抱，感受到何謂溫柔，由「海」這位母親，[49]帶領他體認何謂「愛」。

（二）表現手法

1 語言

在第二個階段──「航海時」，所呈現的語言風格主要為陽剛、熾熱。
〈發鏢（一）〉：

> 我是行船如跑馬的人
> 妳是潛泳像飛雁的魚
> 馬對雁，船對魚
> 我究竟該如何發鏢
> 才能與妳合為一體？[50]

這首詩不隱諱地將「旗魚」比喻為「雁」，將自己比喻為「馬」，且「合為一體」不只是隱含刺中旗魚之意，同時也帶有性暗示，於〈鏢台（三）〉：

---

48 在《老人與海》中，老人與旗魚纏鬥已久，展現一種海洋男兒不服輸、不放棄的鏖戰精神。Ernest Miller Hemingway 著，李毓昭譯：《老人與海》（臺中：晨星出版社，2003）。這一階段，鏢手和旗魚，正展現此種態度，而此種態度的轉變，從船難之後產生一些改變，到了鏢手徹底溶化後，產生質變。

49 楊雅惠提到海洋最常見的一種隱喻為女性意象或愛情母題，而這個女性反映的是母親。楊雅惠，〈臺灣現代詩中的海洋書寫〉，《海洋與文藝國際會議論文集》，頁58。

50 林建隆，《藍水印》，頁52。

> 船尾尚未騰起
> 便開始感激後浪
> 我的長鏢低著頭
> 像衝刺的短跑選手
> 在風阻最小的情形下
> 直奔妳子宮的避風港[51]

直接不含蓄的語言，將自己的慾望暴露，直言不諱，且語言節奏加快，透過這種語言風格和文字節奏的運用，更明顯托出海上男兒的直率性格，和對「旗魚」的執著癡迷。在船難發生時，語言節奏產生突變。在船長的部分，以三首詩描繪船長的心聲，語氣舒緩，〈船長（二）〉：

> 他將一紙遺書
> 壓在密封的信號底下；
> 「我早耳聞你和船東有染
> 一旦船沉
> 妳歸伊，我歸旗魚
> 我畢生的積蓄
> 都在旗魚的嘴裡」[52]

但船員的部分卻十分緊湊，〈溺海者的信〉：

> 大俥趁船長不注意
> 將他的信換成自己的
> 舵手趁大俥不注意
> 將他的信換成自己的
> 廚工趁舵手不注意

---

51 林建隆，《藍水印》，頁64。
52 同前註，頁80。

> 將他的信拋入海中
>
> 然後抱起廚房裡唯一未破的甕
>
> 決心與幾粒紅豆共存亡[53]

這種語言的展現，透露出整艘船雖無法躲過風雨和沉到海底的命運，但船長坦然舒緩的看待，船員卻十分緊張，害怕的情緒不言而表，無須描寫船員的神情，便能感受到他們的擔憂，而全書語言節奏最快之處也是在此。隨著颱風過去，語言節奏的起伏之感消停，轉為緩慢，如靜水悠悠，〈覆舟（四）〉：

> 浮木一旦脫離我
>
> 便自成一條船
>
> 此時只有波浪和月光
>
> 能決定他的方向
>
> 我以徹底累了
>
> 願趴伏在海上
>
> 誠心地祝福她[54]

這首詩的語言不似剛出航時的激昂，已趨平和，節奏趨緩，不只是因為外在風浪的停歇，還有一種釋然心情漸漸產生的緣故，而這種平和，情緒色彩趨淡的語言，才能使與海一同消溶徜徉的鏢手能靜下心觀察海洋萬千。這階段的語言漸趨陽剛，節奏漸快，情緒澎湃，但是在經歷了海難之後，便轉為溫和，雖有埋怨，節奏舒緩地承接至下一階段。

2 修辭

在第二個階段，「譬喻」成為常客，[55]因為鏢客在獵捕旗魚時，常將旗

---

53 林建隆，《藍水印》，頁84。

54 同前註，頁96。

55 蔡宗陽於《修辭學探微》中提到以「結構的形式」而言，基本上分成明喻、暗喻、略喻、借喻和合喻，而本文採用此定義分析。蔡宗陽，《修辭學探微》，頁177-182。

魚身上的某個部位與女子的裝扮、器官相互比擬，同時也將自己和其他海洋生物比擬成行為模式類似的職業。

　　採用譬喻的詩篇極多，有第17、18、19、21、25、26等詩。在這個階段，鏢手曾將自己比喻為投手，海鷗的眼睛則被比為空心入網的籃球，旗魚的尾鰭被比為女子的裙裾，同時又把旗魚的尾鰭比喻為「一把慾望的旗幟」，插在鏢手乘風破浪的心。最後走火入魔的鏢手，甚至覺得船的形狀也像旗魚，船首如同旗魚的尖嘴，而他自己也從投手，轉為短跑選手，朝著旗魚奔去。

　　在這個階段，藉由鏢手眼裡的事物被比擬成與獵捕旗魚、愛情這些跡象，可以得知，鏢手的愛已邁向走火入魔，無可自拔的地步。等到船難後，使用譬喻的次數下降，熾熱的心也逐漸消退，轉為冷靜，最後鏢手與海相溶，也拉起步入下一個階段的序幕。

四　「溶化後」──思索與回歸

（一）意象意旨

　　與海同為一體的鏢手，隨著潮汐、浪潮，進入海洋，觀看海洋生物的生活，感受海洋生物的思維。在這過程中，他看到鯨魚被鏢刺中，死前的哀嘆，海鷗爭奪彼此食物的本性，而他更關注的是被鬼頭刀追捕的「飛魚」。

　　在這個階段，「飛魚」共有五首詩，〈飛魚（一）〉：

> 從夏威夷、琉球到「人之島」
> 也想在世為人
> 可人竟已退化成刀槍的奴隸
> 我已略知自己生從何來
> 只不知過了巴坦、馬紹爾
> 會死往何去？[56]

---

56 林建隆，《藍水印》，頁114。

在達悟族的習俗中，達悟人因觸犯部落禁忌，死後無法回到天上，只能淪為海面洄游的飛魚。[57]人因有罪，下輩子成為飛魚，但成為飛魚後，看到人成為刀槍這些傷人物質的奴隸，懂了何謂「愛」的自己，便不想再回去了，只是開始思考，自己心臟停止跳動後的歸宿。

之後飛魚經歷的鬼頭刀的追捕，躍於海上，引起了鏢者的思考。〈飛魚（三）〉：

> 要擺脫「鬼頭刀」的追趕
> 只有用飛的
> 堅定的意志
> 讓飛魚衍生出翅膀
> 妳乍然羽化的雙肩
> 是否也因我「鬼頭刀」般的糾纏？[58]

飛魚和鬼頭刀的關係，觸動了他生前的回憶，他想到他對於「旗魚」的執著，是不是如鬼頭刀一樣可怕，使人驚懼，弱小的飛魚，面對著只想獵捕，而非呵護牠們的鬼頭刀，唯有逃命一途，才能保全自身性命，而鏢手和旗魚不也是同樣的關係？此關係的觀看、體會，讓鏢手更清楚的體會，這絕非愛。

第四、五首詩則透過達悟族的飛魚季，展現捕獵、吸引，並非猛烈追趕，點亮火把，點亮一顆猜不透的心，為了理解其中謎題的飛魚，會如飛蛾一樣，撲向火。[59]

然而鏢手的思考並未就此停歇，看到「紅目鰱」後，他又止不住的詢

---

57 林建隆，《藍水印》，頁115。

58 同前註，頁117。

59 《國家文化資產網》：「每年夜曆的第一個月（約當農曆的正月，西曆的2月）開始，到第八個月中旬結束（約當農曆的八月，西曆的9月）。第一個月月初，各部落陸續舉辦招飛魚祭，開始的兩個月，各船組合起來捕飛魚；接下來的2.5個月，男人白天坐1或2人乘的小船，釣飛魚與鬼頭刀等，夜間再坐船捕飛魚，釣鮪魚、鰡魚等。飛魚季節裡的男人，忙著捕魚、處理魚，吃不完的魚還要曬乾來儲存。」參https://nchdb.boch.gov.tw/assets/advanceSearch/folklore/20111213000001，查閱日期2022年5月18日。

問，〈紅目鰱〉：

> 我對你火紅眼睛的好奇
> 勝過對你鮮美肉質的興趣
> 你到底在眼紅什麼呢？
> 難道你也像寂寞的城市獵人
> 眼紅是為了暗夜的追逐？[60]

這個叩問，也是鏢者的自問，自己是因為「寂寞」才追逐的，還是有別的原因呢？「紅目鰱」的紅目如同一面鏡子，映照出自己內心的慾望，使他開始摸索自身的內心情感和思維，描摹輪廓。之後他還看到了小丑魚、石斑、龍蝦、水母等海洋生物，重新認識了海洋生物在海洋生長、活動的姿態、樣貌，〈海綿〉：

> 沐浴時妳忘了我
> 筋骨比妳更為柔軟
> 肌膚比你更富彈性
> 忘了我的呼吸
> 比你更具張力[61]

海洋生物被打撈起來後，會被作為觀賞、食用、日常之用，但牠們是一種生物，本質是生命，本就有各種行動的姿態、生活的型態、生存的樣貌，只因為人長期生活在陸地上，鮮少有機會能觀察，才會將這些海洋生物以某種固定的型態去認識，藉由這種徜徉、漂流、觀看、感受、物我合一，讓鏢手重新感受到認識本質。〈海蟑螂〉：

> 我承認稍有潔癖
> 只吃綠藻和陽光

---

60 林建隆，《藍水印》，頁123。

61 同前註，頁129。

> 但我絕非啃食衣物的蟑螂
> 更不是堵塞煙囪的走私犯[62]

海蟑螂只因牠的外型而被誤會，但又有多少人清楚牠的習性？只食綠藻、陽光，不像陸地上的蟑螂，因為其特性造成人類生活的困擾，讓人厭惡。海洋包容萬物，讓萬物在海中自由生長，不予箝制，也不貼上標籤，反倒是陸地上的人，只因為自己的成見和狹窄的眼界，定義了海洋生物，將其以一種模式化的方式看待。

　　海的力量與創造性也於此階段表露，〈女王頭（一）〉：

> 先露出菌狀的頂部
> 再浮現奇醜的蘑菇
> 有人用藍白刻刀
> 雕出我傾城的姿色
> 五萬五千年過去
> 我的細頸愈形消瘦
> 斷頭前由戀戀
> 都出摩挲我喉嚨的手[63]

女王頭的美，是海浪來回沖刷而成的，但是他斷頸的危機，也是因為海浪的沖刷，海能創造，也能毀壞，能包容萬物，也能孕育萬物，不會排斥任何想要在她體內生長的人，就像一粒沙子，落入貝殼中，貝殼也會忍著痛，分泌物質將其包裹，使其璀璨，[64]同時在海中死亡的生物，也不會被無情的摧殘，而是成為了養分，滋養了其他生物的下一代。〈寶螺（二）〉：

> 沒想到貝殼也會成長
> 藍水也會幫著張羅

---

62 林建隆，《藍水印》，頁136-137。

63 同前註，頁138。

64 參〈南洋珠〉。同前註，頁145。

> 將弱冠送入
>
> 不再擴建的「洞房」
>
> 把幼齒的寄生蟹
>
> 哄進發育中的小「寶貝」[65]

螺的死化育寄居蟹的生，死生往復循環，沒有悲壯、沒有卑微，一切如常，一如「化作春泥更護花」，在海洋裡，死不用悲壯，但也不會卑微，沒有死亡是平白無故，毫無價值的，也沒有死亡會被刻意渲染其偉大，任何殘缺都能被接納，〈寄生蟹（一）〉：「步行肢萎縮／患的是小兒麻痺症／但為了生存／仍賣力踣向想像的空殼」[66]只要努力生活，各種型態的生命都是存在的。

　　體認這一切，要做的絕非是帶走沙灘上的所見，而是要感受海所帶來的溫柔，「否則妳手裡捧著的／只是貝的腐屍和殼的惡臭」[67]其實海所蘊含的絕非死亡，同時還有生的溫暖，死會造成離別，生會產生重逢，離別與重逢循環，天地有情，〈貝殼（二）〉：

> 我把扳指、扇形各色的貝殼
>
> 倒入兩個女兒的手心：
>
> 「貝殼不過是一個空格
>
> 被填入寄生蟹的文字
>
> 空格和文字也有離別的時刻」[68]

海是地球的一部份，海有情，天地亦然，世間有情，情絕非盲目、奮不顧身、灼燒他人的，而是以一種溫和的態度面對告別、重逢人世間的種種。

　　溶入海洋、海洋生物之後，鏢手以一種靜觀感受、動態流盪的方式，觀察海洋生態與海，發現海洋繽紛多姿，絕非只有旗魚，無論是物還是景，都

65　林建隆，《藍水印》，頁148。

66　同前註，頁150-151。

67　參〈拾貝〉，同前註，頁156。

68　同前註，頁159。

因海而呈現魅力，將海作為孕育之母的角色、有情天地的元素，體貼描繪。
透過三個階段，呈現「海」的轉折，海本是一種被寄放著期望、嚮往、心聲
的所在，之後成為冒險、帶來危險的場地，最後又成為包容、溫柔之處，使
人感懷、體悟情與愛的真諦。

（二）表現手法

1 語言

　　在最後一個階段，詩篇的節奏保持穩定，以一種與動物同悲喜的情緒陳
述語句，有時又以一種冷靜的方式紀實，穿插其中，〈海尫（鯨魚）〉：

> 我是海的合法丈夫
> 卻在她懷裡被人鏢中
> 於七月的水中潛逃三日
> 烏賊的煙幕愈放愈遠
> 我的前肢愈泅愈輕
> 但寧死也不願噴出
> 妻離子散的悲歌[69]

這首詩以鯨魚的口吻說出，道出被人類刺中的悲傷、無奈、憤怒，呈現海洋
生物的悲喜，冷靜的部分則在〈海鷗〉一詩中呈現。繽紛的海洋世界，經這
種共感、紀實語言的交錯使用，更顯生動，在探遊的過程，鏢手漸漸被感
染，不再熾熱，轉為冷靜、溫柔、深邃，才會在最後幾篇詩，以一種溫和的
筆調，溫柔的訴說，〈貝殼（一）〉：

> 我是一片雪白的花瓣
> 被浪花拋棄

---

69 林建隆，《藍水印》，頁110。

在沙漠般的海灘
寄生蟹載著我
用圓規形的雙螯到處畫
似曾相似的浪花[70]

倒數第二首詩，呈現一種恬靜、柔和的氛圍，在這首詩中，看不到陽剛、帶
有攻擊性的語彙，以一種平和溫淡的方式，淡淡的陳述自己回到陸地，而詩
歌的節奏也因為寄生蟹小小步伐一步一步邁出的緣故而漸緩，呈現一種平和
的柔性美感。

2 　修辭

最後一個階段，主要採用「擬人」[71]，如第70、72、73、74、76等詩，
動物都以「我」的口吻說出自己的心聲，並且展示著自己最真實的模樣，而
不是人類片段的認識，如〈龍蝦〉：「別看我終日在岩縫中隱遁／只以一對天
線垂釣風聲／其實我自小便漂流海上／少年戰浪難免一臉橫相／猶堅持紳士
的燕尾服裝。」[72]透過擬人的方式，將龍蝦的外觀、姿態、行為以及戰浪的
精神，仔細表現。

除了動物展現面貌之外，沿海的景觀也吐露自己的心聲，如〈女王頭
（二）〉：「你說我輪廓絕美／粉頸修長／昂首似尊貴的女王／但你的鏡頭為
何對準我／左邊腋下陰影／那個不起眼的女人？」[73]寥寥數語，將女王居高
臨下睥睨眾生的神韻展露出來。藉這些海洋生物、景觀以「我」的面貌，展
現自己本真模樣，消解人類對牠們的片面認識，最後才能破除執著，重新體
認世界和愛。

---

70 林建隆，《藍水印》，頁158。
71 蔡謀芳認為擬人法在實際運用上有兩種表現方式，第一種是主語為人性化稱呼，第二
　　種是物作為主語，謂語為人性化的動作。蔡謀芳，《修辭二十五講——表達的藝術》，
　　頁11-14。
72 林建隆，《藍水印》，頁127。
73 同前註，頁140。

五 結論

本文透過「意象」、「語言」、「修辭」的分析，並分成三個時期解讀，了解到「海」不同的面貌。透過探究「意象」，了解不同階段詩篇的內涵，藉由分析「語言」和「修辭」，知曉詩篇的藝術特徵和價值。

在第一個階段，海的神秘，觸發了未下水的男孩，心中的疑問，對陸地生厭的他，早希望擺脫陸地，前往海洋。他總覺得自己像一隻杯中的鬥魚，需要掙脫束縛，回歸原生處。心中的種子漸漸萌芽，無法抑制。到了第二個階段，男子將他對海洋的注意力，轉向旗魚，投以熱烈的情感，無法遏止，對著旗魚窮追不捨，把旗魚比為與愛情有關之物，但他卻沒有聆聽旗魚的話語，只是一股腦兒的向前衝，絲毫不顧慮他人的感受。這種情形要等到颱風來臨，船難發生，才停歇。風暴雖然讓他喪失了性命，卻喚回了他的冷靜，讓他逐漸沉澱，等到消溶之後，隨著大海的韻律、看見海底的世界，在那邊的海底生物有如一個小型社會，但在這社會中，卻沒有奇怪的標籤和執念，綑綁著彼此，每個人有其模樣，也被海包容著，接納著，這樣的海洋世界，讓鏢手體認到「有情天地」的本質。

蕭蕭於《物質新詩學》中提到海洋被看待、賦予的角色的五種姿態，分別為——「以海為感性抒發的對象」、「以海為美感經驗的寄託」、「以海為理性思維的客體」、「藝術觀點的透露」、「以海為生活經驗之拓本」、「以海為宇宙生命之投影」[74]，而《藍水印》幾乎都包含在內，然這本詩集透過層層轉折，烘托出「以海為宇宙生命之投影」的主題。從陸地到海洋，再從海洋回到陸地，呈現人不能忘情、[75]執著於某一個地方，因為這樣的忘情，並非有情，真正的有情是不忘情，並且以適當的距離、恆溫的看著這個世界流轉，

---

74 蕭蕭，《物質新詩學》，頁67-93。

75 教育部《重編國語辭典修訂本》2021：「忘情可做『縱情，感情失去節制』一解。」參：https://dict.revised.moe.edu.tw/dictView.jsp?ID=162911&q=1&word=%E5%BF%98%E6%83%85，查閱日期2022年6月20日。

不執著、不偏離，有彈性卻不呆板。如此才能感受到天地之間、彼此之間的情，了解到這世界生生不息，周而復始的愛。

參考文獻

一　傳統文獻

〔清〕姚鼐著、劉季高標校，《惜抱軒文集》，上海：上海古籍出版社，1992。

二　近人著作

向　陽，〈鄭愁予的海洋詩〉，《臺灣詩學學刊》，第22期（2013.11），頁33-62。

冷芸樺，《戰後基隆文學發展之研究》，新北：淡江中國文學系碩士在職專班碩士論文，2006年6月。

沈　玲，〈汪啟疆詩歌「井」意象研究〉，《臺灣詩學學刊》，第28期（2016.11），頁7-28。

李若鶯，〈海洋語文學的混聲合唱——現代詩中的海洋意象析論〉，《海洋與文藝國際會議論文集》第1期（1999.9），頁46-47。

林建隆，《動物新世紀》，臺北：關懷生命協會，1999。

林建隆，《藍水印》，臺北：皇冠，2004。

胡雪岡，《意象範疇的流變》，上海：百花洲文藝出版社，2009。

凌志四，《臺灣民俗大觀》，臺北：大威出版社，1985。

翁珮齡，《兒童筆下的海洋童詩研究：以《詩的海洋・體驗・生命開展》及《海洋詩創作徵選》為例》，臺東縣：國立臺東大學兒童文學研究所碩士論文，2021年10月。

許詠筑，《臺灣海洋教育的環境倫理省思——從詩性智慧檢視國小海洋教育》，新北市：華梵大學哲學系碩士班碩士論文，2018年1月。

張歎鳳，〈「海的制高點上」——論汪啟疆海洋詩作的象徵性〉，《臺灣詩學學刊》，第28期（2016.11），頁29-46。

黃永武，《中國詩學‧設計篇》（臺北：巨流出版社，1999），頁3。

黃慶萱，《修辭學》，臺北：三民書局，1975。

楊雅惠，〈臺灣現代詩中的海洋書寫〉，《海洋與文藝國際會議論文集》第1期
　　　　（1999.9），頁58。

楊雅惠編著，《臺灣海洋文學》，臺南：國立臺灣文學館；高雄：國立中山大
　　　　學現代文學研究室，2012。

楊鴻烈，《海洋文學》，臺北：經氏出版社，1977。

蔡宜芬，《鄭愁予及其海洋詩研究》，基隆市：國立臺灣海洋大學海洋文化研
　　　　究所碩士論文，2013年7月。

蔡宗陽，《修辭學探微》，臺北：文史哲出版社，2001。

蔡謀芳，《修辭二十五講——表達的藝術》，臺北：三民書局，1990。

蕭蕭，《物質新詩學》，臺北：萬卷樓圖書公司，2017。

謝玉玲，《空間與意象的交融：海洋文學研究論述》，臺北：文史哲出版社，
　　　　2010。

鍾玲總編輯，《海洋與文藝國際會議論文集》，高雄：國立中山大學文學院，
　　　　1999。

羅會明，《海洋生物》，湖南：湖南教育出版社，1982。

Ernest Miller Hemingway 著，李毓昭譯：《老人與海》，臺中：晨星出版社，
　　　　2003。

https://db.nmtl.gov.tw/Site4/s6/writerinfo?id=792，查閱日期2022年5月10日。

https://dict.revised.moe.edu.tw/dictView.jsp?ID=162911&q=1&word=%E5%BF
　　　　%98%E6%83%85，查閱日期2022年6月20日。

https://nchdb.boch.gov.tw/assets/advanceSearch/folklore/20111213000001，查閱
　　　　日期2022年5月18日。

從俗語探討台南溪南沿海四區常民文化的特色與演變

張雯玲[*]

摘要

　　漢人社會向來由官員、文人寫歷史，不擅文字的基層常民沒有發言權，只能創作俗語、歌謠……來抒發自己的心情，因為俗語能傳達想法、體悟或情感，能成為與他人溝通、交流的概念用語，於是有趣、有道理或能傳達共同觀念的俗語，就代代相傳，成為常民文化沉澱的結晶。

　　在台灣，俗語常被抽離土地脈絡，獨立使用，使俗語失根，因此，我想彙整台南溪南沿海各區的俗語群，讓常民說自己的土地故事。

　　本文題目中的「溪南」，指的是曾文溪以南，台南溪南沿海歷經各朝統治，早期有台江內海，成為清朝府城的通商大港，一八二三年大洪水使曾文溪改道，造成台江陸浮，一八二七年新墾民進入，漸成台江十六寮，這時，郊商挖掘五條港連接府城，形成特色的碼頭工人生活圈。因此，台南沿海有採集、漁撈的沿海區、採集、農墾的台江陸浮區、五條港工人區及府城商業區，具有多樣與海洋有關的海洋文化特色。

　　漢人移民從荷蘭、鄭氏、清朝陸續移入台南，帶著大陸的文化傳統，適應台南沿海這片新土地，流傳下一些具歷史、地理及文化內涵的俗語，在此，先以時空脈絡背景解讀各區不同的俗語群，再從人與自然、人與人、人

＊ 國立臺灣海洋大學海洋文化研究所碩士生，基隆市正濱國小、武崙國小本土語支援教師。

與神明之間的關係，探討一代代常民面對沿海地理、氣候、海洋……的挑戰時，所產生不同層面的文化面貌。

關鍵字：台江內海、鹿耳門、五條港、府城、台江陸浮地

Exploring the Characteristics and Evolution of Folk Culture in the Four Coastal Districts of Tainan-Xinan from Colloquialisms

Chang, Wen-Ling[*]

Abstract

In Han society, history has hitherto been written by the officials and literati. The grassroots commoners who were not skilled in writing had no voice and could only create colloquialisms and ballads ...... to express their emotions, as the colloquialisms could convey ideas, insights or emotions, and could serve as a conceptual language for communication and exchanges with others, thus the colloquialisms that were interesting, reasonable or could convey shared concepts were passed on from generation to generation and constituted the crystallization of the cultural deposits of the common people.

In Taiwan, colloquialisms are often taken out of the context of the region and employed independently, resulting in the disappearance of the roots of colloquialisms. For this reason, I intend to compile the colloquial language

* Master's student, Institute of Oceanic Culture, National Taiwan Ocean University.
Native language support teacher, Zhengbin Elementary School and Wulun Elementary School in Keelung City.

clusters of the various districts along the Xinan coast of Tainan with a view to enabling the common people to narrate their own stories of the region.

The "Xinan" in the title of this paper refers to the south of the Zengwun River. The coastal area of Tainan Xinan has undergone various periods of rule, while the early period saw the great bay (Lai-Hai) of the Taijiang River, which served as a major commercial port for the Qing Dynasty's prefectural capital.In 1823, a great flood caused the diversion of the Zengwun River, resulting in the Taijiang River land surfacing. In 1827, new settlers entered the area and the area gradually developed into the 16 liaos of the Taijiang River, at which time the Kau (regional Taiwanese business association) merchants excavated the five harbor connections (wu tiao gang) to the prefectural capital, forming a distinctive living area for dock workers. As a result, Tainan's coast features a coastal area for gathering and fishing, a land surfacing area on the Taijiang River for gathering and agriculture, a workers' area in the five harbor connections (wu tiao gang), and a commercial area in Tainan, with a variety of maritime cultural characteristics related to the sea.

The Han Chinese immigrants successively migrated to Tainan through the Dutch occupation, the Zheng dynasty, and the Qing dynasty, bringing with them the cultural traditions of the mainland and acclimatizing themselves to the new coastal land of Tainan, resulting in the passing down of a number of colloquialisms with historical, geographical, and cultural connotations.Here, we first interpret the various clusters of colloquialisms in each district in a temporal and spatial context, followed by the examination of the relationship between humanity and nature, between people and people, and between people and the gods, exploring the various aspects of the cultural landscape produced by generations of common people as they faced the challenges of coastal geography, climate, and the sea.

Keywords: Taijianglaihai, Luerhmen, Wu Tiao Gang, Fucheng(Tainan), Taijiang land surfacing area

一 台南溪南沿海四區地理與產業分區

　　台南曾文溪以南沿海位在嘉南平原西南邊，東邊從丘陸、台南台地緩斜至濱海地區。

　　十七世紀的台南溪南沿海有一個大潟湖，位於歐汪溪與二贊行溪半島間的南側潟湖，稱為「臺江內海」，台江內海東由將軍、永康到台南市永福路延至今機場西側的瀨口一帶……，由安平等鯤鯓到台南市區，須渡舟往返[1]。

　　四百多年來，台南溪南沿海港口和潟湖地形景觀不斷受到溪河輸沙影響而變遷，進入的族群和政權也由平埔族西拉雅人、漢人和日本人、荷蘭、鄭氏、清朝、日本、民國等族群與政權輪流主導，由於台南沿海地理變遷繁複，地理環境改變也伴隨著產業環境的調整。本文所探討的台南溪南沿海俗語，最早的荷蘭、鄭氏時期仍有少數俗語流傳，主要的俗語發展為清朝時期，到了日治時期則又變少了。

　　台南溪南沿海四區，地理範圍包含台南沿海（包含安平、古台江內海）、五條港地區、台南台地的府城地區，以及台江內海陸浮後的新墾區，產業方面則為漁業、港口貿易和台江陸浮區的農業，也包含港口商貿衍生出的碼頭工人勞動業及小市集商販等。

　　這四區地理與產業如下：

（一）台南沿海地區（包含安平、古台江內海）

　　（1）地理：一八二三年以前的台南沿海包含台江內海和分隔內海與台灣海峽的一串沙洲，北至西拉雅族蕭壠社，南達二層行溪北側出海口，一八二三年以後則包含北邊的四草湖和南邊的鯤鯓湖，北邊與嘉義交界，南邊與高雄交界。

1　施添福（等），《臺灣地名辭書‧臺南市》（南投縣：國史館臺灣文獻館，1999），卷21，頁54。

（2）產業：採集、漁業為主；少數商販。

（二）五條港

（1）地理：府城西邊新港墘港、佛頭港、南勢港、南河港及安海港等水道和附近街市。

（2）產業：商業、碼頭工人搬運。

（三）府城地區

（1）地理：清朝時期為府城城牆內，日治及民國前期為台南市。

（2）產業：商業為主。

（四）台江陸浮新墾區

（1）地理：台江內海中、北邊，今安南區。

（2）產業：農業為主。

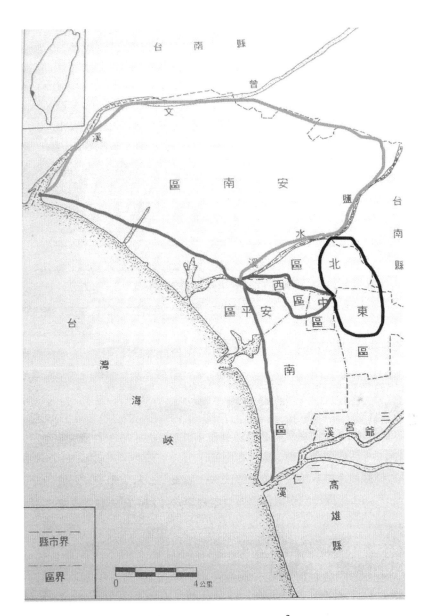

圖1 四區區域示意圖[2]

───────────────
2 原圖引用自施添福（等），《臺灣地名辭書·台南市》（南投縣：國史館臺灣文獻館，1999），卷21，頁6。

二 從歷史、地理與產業分工解讀台南溪南沿海四區俗語

（一）台南沿海（包含安平、古台江內海）

　　早期的台南沿海，有間斷的沙洲分隔東邊的大潟湖和西邊的台灣海峽，這沙洲群由北而南為海翁線、加荖灣港、港仔、鹿耳門及北線尾、一鯤鯓、二鯤鯓、三鯤鯓、四鯤鯓、五鯤鯓、六鯤鯓、七鯤鯓，安平位於台南沿海沙洲群的中間位置，也是最重要的沙洲島，有淡水，歷來從平埔族西拉雅原住民、荷蘭人、鄭氏政權、清朝到日治時期，安平一直都是重要的通商港口。

　　安平人稱安平和北線尾間的港口為「大港」，一六八三年清朝領台後，安平大港淤淺，台南沿海主要的泊船港口就從安平大港轉移到鹿耳門港，在這同時，漢人沿溪河上溯拓墾，受風雨沖刷下來的泥沙就更多了，也使台江內海的海岸線逐漸向西移動，內海的面積也逐漸減小，直到道光三年（1823）一場連日的大風雨造成曾文溪因出海口被泥沙堵塞而改道，挾帶大量泥沙的曾文溪這時灌入台江內海，使原本已漸淤淺的台江內海變成陸浮的沙埔地，這時，原本淤淺的安平大港反而被水流衝散而變得較深，重新恢復成可以停泊大船的四草湖港口，安平南邊和二鯤鯓、三鯤鯓之間仍有水域分隔，稱為鯤鯓湖。

　　台江內海在道光三年（1823）陸浮後，《台灣地名辭書·台南市》記載：「原本佔台南市相當面積的水體就是台江內海的殘湖，這些湖面在安南區、北區、安平區、南區形成廣大的魚塭鹽田」[3]。清末築台南、安平之間的道路，截斷台江，且淺海地多闢為魚塭，乾隆年間歷史檔案記載：「而臺江淤塞幅度，日漸廣闊，海坪早已被人利用，築岸成塭，引水養殖魚類，傍

3　施添福（等），《臺灣地名辭書·台南市》（南投縣：國史館臺灣文獻館，1999），卷21，頁12。

濱海坪公海。」⁴。

　　日治時代在喜樹、灣裡、鹿耳門等地利用內海闢鹽田，光復之後築安平港，填鯤鯓內海作為工業區、住宅之建地，「各廳下……則設置支廳，支廳下仍管轄若干街庄社區」⁵。

　　台南沿海在十七世紀初為平埔族西拉雅族原住民的居地，當時已有少數漢人和日本人進入居住，一鯤鯓安平是原住民和漢人、日本人及外國人貿易的地方；荷蘭人於一六二四年進入安平後，建市街和建城，同時引進漢人移民，再向嘉南平原擴展勢力；鄭成功在一六六一至一六六二年打敗荷蘭人後，軍民一起進入屯田拓墾；一六八三年清朝領台後漢人移民大量進入；一八二三年台江陸浮，徹底改變了台江內海沿岸聚落的產業型態；一八九五年日本殖民台灣，仍想維繫安平的通商功能，並擴大鹽場和魚塭的範圍，但隨著高雄港的發展，台南沿海港口商貿地位逐漸被取代，但漁業持續發展；一九四五年國民政府時期漁業仍持續發展，直到海岸濕地保育的觀念興起後，設立台江國家公園，冬候鳥黑面琵鷺成為重要保育鳥種，觀光遊憩產業進入後，台南海岸的土地利用才有新的局面出現。

1　台江內海（包含安平、古台江內海）的常民記憶俗語

（1）	水漲三篙助鄭王
（2）	合攻鹿耳門
（3）	無田無園，盡看（靠）鹿耳門
（4）	全仰安平大港

4　〔清〕《臺南縣志稿》（臺北：臺大歷史數位圖書館，1794），卷10，關鍵詞：台江內海。

5　施添福（等），《臺灣地名辭書‧台南縣》（南投縣：國史館臺灣文獻館，2002），卷7，頁11。

（1）水漲三篙助鄭王[6]

Tsuí tiòng sam ko tsōo tēnn ông

　　一六六一年（明永曆15年）四月三十日延平郡王鄭成功率領戰艦四百多艘，官兵兩萬五千多人，到達鹿耳門港外時，因水淺而無法入港，鄭成功換乘小船登上北汕尾島後，置香案祭拜祈求天地、祖先和隨船媽祖幫助，不久後果然潮水大漲三尺，使鄭成功的軍隊順利由鹿耳門溪進入台江內海，展開對荷蘭人熱蘭遮城、普羅民遮城的圍城之戰，打敗荷蘭，建立東寧王朝。面對水深很淺的鹿耳門港，鄭氏的大隊戰艦竟然奇蹟似的順利進入台江內海，漢人看到這一幕直呼「水漲三篙助鄭王」，彷彿神助鄭成功打敗荷蘭人，也使這句俗語流傳至今[7]。

（2）合攻鹿耳門[8]

ha̍p kong lo̍k ní mn̂g

　　十七世紀荷蘭領有台灣時，一鯤鯓（大員或台灣）和北汕尾之間的海口（安平大港）有足夠的水深可以停泊大船，為當時台南沿海泊船的主要港口；當鄭成功攻打荷蘭人時，避開了安平大港熱蘭遮城荷人的金屬砲和槍的迎頭威脅，所有船艦選擇由水深較淺的鹿耳門港口進入包圍，而有「合攻鹿耳門」的俗語。

　　清朝歷史檔案有攻克鹿耳門，收服安平的記載：「連〔舟宗〕並前，礁石無犯，遂奪天險，攻克鹿耳門。」[9]，因為鹿耳門是天險門戶，是台灣的

6　採錄自蔡建維，（臺南：鹿耳門天后宮廟務工作人員，訪談日期：2019.5.16），訪談者：張雯玲。

7　採錄自蔡建維（臺南：鹿耳門天后宮廟務工作人員，訪談日期：2019.5.16），訪談者：張雯玲。

8　周榮杰，〈從諺語看台南府城〉，《台南文化》（台南市：台南市政府，1988），新25期，頁53。

9　〔清〕藍廷珍撰，《鹿洲全集》（臺北：臺大歷史數位圖書館，1721），關鍵字：鹿耳門。

咽喉，不容易進入，合力攻取鹿耳門，是指盡全力向鹿耳門進攻，只要能進入鹿耳門，就能掌控台灣情勢。

（3）無田無園，盡看（靠）鹿耳門

bô tshân bô hn̂g，tsīn khuànn (khò) lȯk ní mn̂g

由蔣毓英的《臺灣府志》可得知：「清朝領台初期，移民由廈門經澎湖而至鹿耳門為渡台正路」[10]，而且，鹿耳門溪進來的台江內海泊船條件優良，是當時全台唯一正口，和廈門對渡，所有對岸來的大型商船或台灣南北港口來的小船，都要從鹿耳門進出，「鹿耳門設置的文武稅館由台灣海防同知及安平鎮副將管理」[11]。

雖然鹿耳門港道狹窄，但進入台江內海後，內地來的商船可直接進入府城大井頭，而用牛車將貨物牽挽上岸[12]，或淀泊在安平鎮港，再以渡船往來於府城[13]。因此，當時初到台灣在安平或府城落腳，沒有田地可以墾植，只能在台江內海、安平鎮港等做一些搬運、雜役等粗重的工作來維持生計，所以才說「無田無園，盡看（靠）鹿耳門」。

（4）全仰安平大港[14]

tsuân going An ping tuā káng

安平人稱昔日的台江內海為「大港」，清朝初期船隻從鹿耳門進入，當時安平只是台江內海的一個港口。自從一八二三年（道光3年）一場大風雨導致台江內海泥淤積，變成沙埔陸地後，鹿耳門頓時為淤沙所困，道光二十年（1840）姚瑩在〈臺灣水師船砲狀〉中說道：「茲查明郡地鹿耳門已經淤

---

10 〔清〕蔣毓英撰，《台灣府志》（新北：宗青圖書出版公司，1995），頁44。

11 〔清〕朱仕玠撰《小琉球漫誌》（臺北：臺灣銀行經濟研究室，1957），臺灣文獻叢刊3種，頁13。

12 〔清〕吳振臣撰《閩遊偶記》（臺北：臺灣銀行經濟研究室，1965），臺灣文獻叢刊216種，頁15。

13 〔清〕蔣毓英撰，《台灣府志》（新北：宗青圖書出版公司，1995），頁51。

14 吳炎坤，《台南俗語研究》（臺南：臺南大學臺灣文化研究所碩士論文，2007），頁56。

廢，水深不過數尺。鹿耳門迤南安平大港及南路鳳山縣屬之東港，水深一丈一、二尺……」[15]，安平大港雖然水深不足，但仍然成為兩岸或對外貿易最重要的港口，較大的商船則停泊在北邊的四草湖，再用小船接駁貨物到安平或府城。

　　因此，台南府城由商貿形成的產業鍊，無論船家、店家、商人、工人、居民等，自從一八二三年台江內海陸化以後，所有產業都要仰賴安平大港載運貨物進出的商貿活動，來賺錢維生與發展。

2　台江內海居民對海洋氣候的感知俗語

（1）	烏跤西南，喝雲就雨
（2）	正月三十六報
（3）	南風若轉北，王城缺一角
（4）	鯤鮘響，米價長

（1）烏跤西南，喝雲就雨[16]
oo kha se lâm，huah hûn tō hōo

　　台灣南部的氣候是夏雨型，常以西南季風從海面引進的豐沛水氣成雲致雨，或颱風帶來豪大雨。

　　當台南安平西南邊的海岸上空，有厚重的雲層緩緩移動進來時，就好像從西南天空伸入一隻黑色的大腳怪般，以法力將所有的雲全部都呼喚過來，以非凡的氣勢準備降下傾盆大雨。

　　這句俗語意謂著安平人如果看到西南方的烏雲伸進來，就要準備好躲雨了。

15　〔清〕姚瑩（等）撰，《中復堂選集》（臺北：臺大歷史數位圖書館，1840），關鍵字：鹿耳門。

16　盧炯元，《台南市安平地區俗語之研究》（臺中：中興大學台灣文化與跨國文化研究所碩士論文，2013），採錄自：陳何蓮女士，頁40。

（2）正月三十六報[17]

Tsiann gueh sann tsap liok pò

在農曆春節時期盛行強烈的東北季風，經常在海上形成俗稱「暴頭」的大風浪，先民聯想為只要有神明誕辰，必然會有強烈的東北季風，而強風在海上造成大風浪，漁民或水手俗稱「暴頭」。

黃叔璥在《台海使槎錄》〈風信篇〉記載：「風大而烈者為颶，又甚者為颱。颶，條發條止；颱，常連日夜而不止。……颶之名以時而異：正月初四日曰接神颶，初九日曰玉皇颶，十三日曰關帝颶，二十九日曰烏狗颶，二月二日曰白鬚颶，三月三日曰上帝颶，十五日曰真人颶，三十三日曰媽祖颶（真人多風，媽祖多雨），以上春三月共三十六颶，此其大者。」[18]

在過年春節期間海上的暴頭特別多，就變成了台南沿海地區常民的印象，從農曆正月至三月之間，總共有三十六個暴頭，也就是在這九十天的期間，大約兩、三天就有一次強烈的東北季風來襲，用「三十六」這個數字來形容海上有很多暴頭的意思。

（3）南風若轉北，王城去一角[19]

lâm hong ná tńg Pak，ông siânn khì tsit kak

若夏季的南風突然轉向吹起北風，就表示颱風來了，這是，「南風若轉北，王城缺一角」，從史料看，乾隆四年八月二十八日的記載「營繕司案呈，本年肆月拾貳日，准福撫盧焯咨稱，查得臺灣安平紅毛城被風雨倒壞各處，經臺協副將具文通報水師提督飭修。」[20]，在夏季正常的風向為西南季風微弱的吹拂，這時，風向如果突然變化轉向往北吹，意味著強烈颱風已經

---

17 〔清〕蔣毓英撰，《台灣府志》（新北：宗青圖書出版公司，1995），頁7。

18 〔清〕黃叔璥撰，〈風信篇〉，《台海使槎錄》（南投縣：國史館台灣文獻館，1996），卷1，頁11。

19 林勇，《臺灣城懷古續集》（臺南：台南市政府，1990），頁170。

20 〔清〕王士任撰，（內閣大庫檔案，1739）（臺北：臺大歷史數位圖書館），關鍵字：王城。

來了，即便連王城（指荷蘭人建的熱蘭遮城，今天的安平古堡）這麼堅固的建築，都有可能因颱風破壞而缺一角，當然王城不一定會因颱風而缺一角，這句俗語來叫大家警剔，千萬不能掉以輕心。

（4）鯤鯓響，米價長[21]

khun sin hiáng，bí kè tiòng

黃叔璥的《臺海使槎錄》記載：「安平，七鯤鯓，環郡治左臂，東風起，波浪沖擊，聲如雷磐。諺云：『鯤鯓響，米價長』；謂海湧米船難於進港。」[22]

清朝時期台灣生產的稻米，除了自給外，還運銷到缺米的福建，但米價除了市場的供需法則外，也受到清朝政策的影響，在嘉慶、道光年間因開放南洋米輸入，使台灣的米價跌，因此，這句俗語應該在米價不錯的乾隆年間出現，當時台灣的米大量運銷到福建。

清朝時期的府城是台灣最大的稻米消費市場，安平則是重要的稻米集散港當風勢變強，造成海浪拍打鯤鯓（沙洲）的聲音響起時，這時，風浪太大，福建來的載米船就難以進港停泊，無論是那種米船，一旦府城米少，價格就會上漲，老經驗的居民都知道，外地運米的船無法靠泊，米價就要漲價了。

3　台江內海漁民觀察潮汐與魚產的韻律俗語

（1）	摺風摺湧、搧風搧湧
（2）	四月二六，湧仔開目
（3）	鐵甲若到，大頭就欲煞
（4）	冬節十日前正頭烏，冬節十日後倒頭烏
（5）	烏魚，有誤人，無誤冬
（6）	烏魚拜王城
（7）	塗魠欲來咬甜粿

---

21 〔清〕黃叔璥撰，〈風信篇〉，《臺海使槎錄》（南投縣：國史館台灣文獻館，1996），頁 539。

22 同前註。

（1）撍風撍湧[23]

tsìnn hong tsìnn íng

搧風搧湧

siàn hong siàn íng

在台南沿海，清朝時期有兩種行業最能直接感受到海上風與浪的壓迫感，一種是從事兩岸對渡貿易的船舶，一種是從事竹筏小船捕魚的漁民。

台灣為海洋性氣候，夏天吹微弱的西南季風，但期間夾著一些颱風或低氣壓大軍壓境般的侵襲；冬季沒有恐怖的颱風，卻有一陣陣密集而強烈的東北季風吹拂，強風造成大浪，使在台南沿海、外海的漁民和水手們，常年飽受風浪吹襲之苦，「撍」是逆著，「湧」指的是海浪，「搧」即拍打之意，像我們說搧嘴巴即是用手掌打臉頰，「撍」是逆著風浪，而「搧」則是在海上不斷被空中、海中來的風和浪拍打壓迫的意思，有感而發的說出在海上討生活必須忍受「撍風撍湧」、「搧風搧湧」的感嘆。

（2）四月二六，湧仔開目[24]

sì gueh Jī lak，íng á hui bak

經過一些年海上作業的經驗後，台南沿海漁民也逐漸掌握年度海洋魚產的輪替循環，農曆四月二十六日為神農大帝誕辰的日子，也是台南安平附近的漁民開始捕虱目魚的日子，在這種風平浪靜的海面，「湧仔」（小波浪）緩緩波動的平穩環境，漁民開始駛漁船或竹筏出去捕虱目魚，展開年度的捕虱目魚作業序曲，因此有「四月二六，湧仔開目」這句俗語，連橫的《臺灣通史》記載：「台南沿海素以蓄魚為業，其魚為麻薩末，番語也。」[25]，其實「麻虱目」是西拉雅語 Ma-Sat-matta 的譯音，意為「一目魚」，因從水中撈到網裡的魚側臥，只見一目之故[26]。

---

23 陳瑞隆，《臺灣府城安平諺語智慧》（臺南：裕文堂出版社，2007），頁209。

24 同前註，頁45。

25 〔清〕連橫撰，《臺灣通史》（新北：眾文圖書公司，1975），頁714。

26 林朝成、鄭水萍，《安平區志》（臺南：臺南市安平區公所，1998），下冊，頁796。

（3）鐵甲若到，大頭欲煞（結束）[27]

thih kah nā kàu，tuā thâu beh suah

　　安平地區沿近海出產的「鐵甲魚」為「大甲鰺」，鐵甲魚的特色為魚鱗硬如鐵甲，因而稱為鐵甲魚，而「大頭」，就是大海的意思。每年九月至十月之間，牠們會迴游至台南外海，安平港的漁民們就會出海捕撈，以一隻釣、流刺網或拖網等漁法捕捉，等到鐵甲魚的盛產魚季一過，大海的魚季就即將結束，就抓不到什麼魚了，也就是說等到秋季九、十月大甲鰺一到，「鐵甲若到，大頭就欲煞」，夏季的虱目魚季就結束了。

（4）冬節十日前正頭烏，冬節十日後倒頭烏[28]

tang tseh tsa̍p ji̍t tsîng tsiànn thâu oo，tang tseh tsa̍p ji̍t āu tò thâu oo

　　漁民們都會特別期待每年冬天的烏魚季，「冬節日前正頭烏，冬節日後倒頭烏」，在以前地球還沒有暖化時，每年烏魚群來到台南附近的時間都很準，在冬至前十天由北往南迴游的正頭烏就會來報到，而冬至過了十天以後，由南往北游的倒（回）頭烏也會再經過台南外海，時間非常的準確。也就是在這二十幾天的時間內，烏魚群會由北向南游到屏東南邊的海域，產卵後再往北游經台南外海，這句俗語精準的描述烏魚經過台南外海的季節時間。

（5）烏魚，有誤人，無誤冬[29]

oo hî，ū gōo lâng，bô gōo tang

　　每年冬季烏魚都會從大陸的河口及沿海附近往南迴游，以到達溫度適合產卵的海域，由於烏魚這種集體往南迴游的生理習性，很早就被漢人漁民發

---

27 陳俏芬，《台南市安平區閩南語調查與研究》（高雄：中山大學中文系碩士論文，2010），頁137。

28 同前註，頁138。

29 陳瑞隆，《臺灣府城安平諺語智慧》（臺南：裕文堂出版社，2007），頁118。

現，而將其稱為「信魚」，也就是牠們很有信用，每年冬季一定會從北游經台灣海峽，到達高、屏外海產卵後再回頭。

雖然烏魚每年固定時間都會來，但是牠們只知北往南或南往北，卻沒有固定路線，但是漁民不一定能捕得到牠，所以才有這句「烏魚，有誤人，無誤冬」的俗語，捕烏魚也和賭博一樣，需要靠運氣。

（6）烏魚拜王城[30]

oo hî pài ông siânn

烏魚之所以會南下，主要是往南部溫暖的海域產卵，但漢人的文化總喜歡將大自然豐美的烏魚物產與王城權威連結起來，於是「烏魚拜王城」的俗語也相繼產生。

王城是荷蘭人於一六二四年建，一六三四年完成的熱蘭遮城。鄭成功於一六六二年打敗荷蘭人後，在此地建立東明王朝，因此，熱蘭遮城就被鄭氏政權的軍隊和在地漢人稱為「王城」，即東明王朝的城堡，這個名稱一直沿用到清朝，雖然清朝時期的文人、官吏以大帝國本位的華夷思想稱其為「紅毛城」，但在安平在地民間，「王城」仍是普遍的習慣用語。

每年冬天冬至前後，從大陸沿岸大河口如閩江、長江等出海口附近的烏魚，當體內的卵逐漸成長時，牠們就要往南游，尋找熱帶水域適合的海水溫度產卵，而牠們成群集體往南游時，到了嘉義、台南外海時卵已長到成熟的階段，但水溫還不夠熱，一直要到高雄、屏東外海時烏魚才會卵排出體外，使其成長為幼魚，在逐漸成長的過程中再往北溯游至原本生長的河口。

在漢人移民的眼中，王城代表一個政權的中心所在，掌控政治、經濟、社會、文化等作為，是帝國權力的核心，因此，連烏魚每年冬季過年之前，都要來這裡朝拜王城，由此可見，王城是一個重要權力象徵意義的地方，住在這裡的人民也與有榮焉，而且，每年烏魚都還會來拜王城，漁民之所以會增加許多收入，都是王城散發出無遠拂屆權力的功勞。

---

30 盧炯元，《台南市安平地區俗語之研究》（臺中：中興大學台灣文化與跨國文化研究所碩士論文，2013），採錄自：陳何蓮女士，頁55。

（7）塗魠欲來咬甜粿[31]

thôo thoh beh lâi kā tinn kué

　　烏魚季一結束，大家準備蒸年糕（甜粿）過年時，土魠又來報到了，為什麼土魠在過年期間來台南呢？原來，「塗魠欲來咬甜粿」，漁民給了一個符應人們歡度節慶的答案，使大家都努力捕土魠賺錢來過個好年。

　　一八九二年的《臺灣遊歷日記》中有提到塗魠，「塗魠，形類馬鮫而大，重者二十餘斤，無鱗，味甚美。」[32]，每年農曆春節前後，正是台南外海土魠的產期，然而，在清朝時期以舢舨和竹筏等小船出海作業的漁民，在強烈的東北季風盛行期間要靠人力划槳或風力助航，是無法跑太遠作業的；即便到了日治後期小舢舨可以裝上三馬或五馬的馬達出海，能作業的區域仍然有限。到了一九六〇年代以後，漁船馬力逐漸增加，也能駛到較遠的外海作業，這時，捕撈土魠就變成了台南安平漁民冬季重要的魚獲，而且，土魠的魚價很好，每年在農曆春節之前經常可以滿載而歸，使漁民有錢可以過年，而過年期間家家戶戶都要蒸年糕，漁民們就將土魠和年糕作了一個巧妙的連結，說土魠是為了吃年糕，所以這個季節才出現，也才剛好被我們捕獲，這是天意。

（二）五條港

　　五條港是昔日清朝時存在於今臺南市中西區裡的五條商用港道，由北到南分別是新港墘港、佛頭港、南勢港（或稱北勢港）、南河港與安海港，其範圍約在今成功路以南，中正路以北，大井頭（民權路、永福路交叉處）以西，臨安路以東的區域。這個區域以前臺灣府城最重要的商業門戶，現已成為臺南市地下水道的中幹線，今臺南市所設立的五條港文化園區即在此處，二〇一五年地籍重測後，五條港也成為地籍段名。

---

31 林朝成、鄭水萍，《安平區志》（臺南：臺南市安平區公所，1998），下冊，頁413。

32 〔清〕蔣師轍，《臺灣遊歷日記》（臺北：臺大歷史數位圖書館，1892），關鍵詞：塗魠。

　　府城西邊水域的海岸線不斷西移，「由明鄭時期的赤崁樓旁、康熙年間的大井頭，至乾隆年間已西退至接官亭、西羅殿一帶。」[33]，因此，「康熙以降，歷雍正、乾隆、嘉慶年間，由府城郊商主導闢建的「五條港」，遂成為府城對外貿易的主要轉運站……碼頭貨物搬運之苦力工作也成為移民謀生的主要方式」[34]。

　　五條港轉運站一直撐起府城對外接駁的重任，直到「道光三年（1823）的大風雨以後，使鹽水溪改道……五條港也隨之狹窄、淤淺而功能盡失……對外出人之水道僅餘「舊運河」勉強維持」[35]。

　　舊運河是道光三年台江陸浮後，「三郊為了聯絡鹿耳門及台南五條港之間的水運，出資挖的港道」[36]。此港道由鎮渡頭（西區之民生路與金華路交叉口），朝西行至安平東北側入鹽水溪……舊運河是道光、同治年間重要的貨運路線，光緒年間則多依安平陸路運貨。

　　台江陸浮後五條港和安平間在道光後期成為沙埔地，清末築台南、安平之間的道路[37]，府城到安平的陸路開通後，「光緒年間則多依安平陸路運貨，在使用者日少，收入銳減之情況下，三郊已無力疏通河內淤塞之泥沙，最後就無法通航」[38]。

　　日治時代為使台南成為南部台灣物產之吞吐及促進漁業發展，於大正十一年（1922）起以四年時間開鑿了安平至西區的新「運河」[39]。

---

33 施添福（等），《臺灣地名辭書・臺南市》（南投縣：國史館臺灣文獻館，1999），卷21，頁186。

34 同前註，頁188。

35 同前註，頁188。

36 同前註，頁70。

37 施添福（等），《臺灣地名辭書・臺南縣》（南投縣：國史館臺灣文獻館，2002），卷7，頁11。

38 施添福（等），《臺灣地名辭書・臺南市》（南投縣：國史館臺灣文獻館，1999），卷21，頁70。

39 同前註，頁188。

1 與五條港有關的俗語

（1）	蔡拚蔡，神主牌仔槓槓破
（2）	做十六歲
（3）	手面趁錢食是空
（4）	行啊行，行到王宮港食肉粽
（5）	落水貨，風險照分
（6）	較賤也大西門

（1）蔡拚蔡，神主牌仔槓槓破[40]

Tshuà piànn Tshuà，sîn tsú pâi á kòg kòg phuà

據說五條港有兩蔡姓家族，為了爭奪貨物的搬運與貿易而大打出手，甚至連他們的主神排也都會全都敲打而破碎，這句俗語是在諷刺自己人打自己人，清朝的時候，政令難行，在台南的五條港區有新港坞黃、佛頭港蔡、北勢街許、南勢街郭、南河港盧五大姓氏，各自佔據五港渡場，壟斷往來貨物的搬運與貿易，佛頭港的前埔蔡跟大崙蔡因為調貨物而發生械鬥，互有死傷。

（2）做十六歲[41]

tsò tsa̍p la̍k huè

閩南人以虛歲十六歲為成年，臺灣民間信仰中有「做十六歲」的習俗，為繼承泉州舊禮而來，民眾會在小孩十六歲生日時，擺設神案，炊煮油飯、麻油雞酒、圓仔湯等，祭祀七娘媽、臨水夫人、床母等神，感激神佑孩子平安健康，成為大人，以前只是民宅簡單舉辦，少見由廟方統一盛大辦理[42]，後因習俗盛行，由主祀七娘媽的開隆宮舉辦的做十六歲活動最為知名，臺南市政府近年則結合其他七夕、跨國交流，推動成為重要觀光節慶之一。

---

40 吳炎坤，《台南市俗語研究》（臺南：臺南大學臺灣文化研究所碩士論文，2007），頁90。
41 同前註，頁130。
42 維基百科，關鍵詞：做十六歲。

　　做十六歲的習俗是發展自台南府城五條港區，郊商鼎盛時期，帆船往來於五條港區，貨物起落由俗稱「苦力」之碼頭工人負責，苦力人數眾多，長幼不一，為公平起見，規定以十六歲作為成人標準，滿十六歲者，稱為「大工」（成工）取大工價，就是全薪，未滿十六歲者，稱為「囡仔工」（童工），只能領半薪，此乃台南五條港所衍生出的民間俗語。

（3）手面趁錢食是空[43]

tshiú bīn thàn tsînn tsiah sī khang

　　「手面趁錢」通常是指靠勞力賺錢維生，意思是說靠勞力賺錢的人平日所賺的錢用單單用來應付三餐就已經所剩不多了。

　　在清代，台南市區分為城內、城外，當時大陸來台的船隻大都停泊在水仙宮前一帶，那裡貨物運輸頻繁，是台南的精華區，但是臺南東嶽殿（俗稱岳帝廟）雖然也在城內，但是距離港口較遠，沒有大的經濟活動，居民只能演一些小戲賺錢，所以俗稱「手面趁錢食是空」也就是說居民收入比較少，賺小錢僅能糊口。

（4）行啊行，行到王宮港食肉粽[44]

kiânn a kiânn，kiânn kàu ông kiong káng tsiah bah tsàng

　　「王宮港」是五條港之一佛頭港分出的三條支港之一，其他的兩條是媽祖港及關帝港，三條支港分別可到廣安宮、大天后宮及開基武廟，「王宮」是指廣安宮。王宮港通到清朝時期的米街，而廣安宮前有一些賣小吃的攤販，有些人閒來無事，就會慢慢走到王公港去吃肉粽或其它小吃，是台南有名的小吃集中地。

43　蔡胡夢麟，《岳帝廟前：台南鄉土回憶錄》（臺南：自印，1982），頁115。

44　藍淑貞，《細說台灣諺語》（臺南：自印／紅樹林台語推展協會，2003），頁107。

（5）落水貨，風險照分[45]

lȯh tsuí huè，hong-hiám tsiàu pun

　　台灣在清英鴉片戰爭後被迫開港，以安平和淡水為正港，打狗和雞籠為副港。這些港口開始有外國商船進入貿易，洋商開始開設洋行，改變了以往和大陸兩岸對渡貿易為主，和日本、南洋貿易為輔的型態。

　　日治時期輪船發展迅速，載運量更大，當外商輪船停在外海時，就要通知港內的船，接洽舢舨運輸船隊以接駁貨物，從外海到港內的這段水路航程，有時風平浪靜，運輸就較安全，但有時風浪很大，不小心貨物就會掉到海裡，以往，掉落到海裡的貨物，載運船隊要負賠償的責任，這是雙方說好的默契，然而，當一年四季由外海載運至港口的貨物越來越多時，掉落海裡的貨物也跟著增加，這對載運方來說，有不小風險。經過接駁貨物組織的頭人和五條港的船頭行經過多次協商，討論出船頭行在外海交付貨物給接駁船隊，或從港內交付貨物給接駁船隊運往外海商船，都要多百分之五的貨，這百分之五的貨就稱為「落水貨」，風險由雙方各自分擔，也就是如果舢舨船隊接駁的貨物都沒有落水，則百分之五的貨物就由他們賺得，但若接駁的過程中落水的貨物超過百分之五，超過的貨物就要由舢舨船隊負擔。

　　這句俗語為早期對有風險工作，風險分擔應該由雙方合議決定，是一個較理性公平的解決方案[46]。

（6）較唊也大西門[47]

khah kheh iā Tuā se mn̂g

　　「唊」，是「擠」的意思，清朝時期府城銜接五條港商街，的城門就是大西門，所有的貨物及人潮都是從大西門出入，無論是輸出去物或運進來的

---

45 何世宗，《鯤島見聞》（臺南：安平文教基金會，2009），頁26。

46 盧炯元，《台南市安平地區俗語之研究》（臺中：中興大學台灣文化與跨國文化研究所碩士論文，2013），頁68。

47 徐雪霞，《台南市國小高年級鄉土教學教師指導手冊》（臺南：台南市政府，2001），頁60。

貨物，都要經過大西門，因而打造了大西門內外商街人潮鼎盛、人擠來擠去的環境，才會有這句「較悚也大西門」俗語的產生。

2 與五條港信仰有關之俗語

（1）	西城三件寶：玄帝、藥王、娘娘廟
（2）	來去看水仙宮廟壁
（3）	水仙宮前避債戲

（1）西城三件寶：玄帝、藥王、娘娘廟[48]

se siânn sann kiānn: hiân tè、ioh ông、niû niû biō

「西城」是指大西門城外的五條港區域，因為它處於府城的西邊，因此稱為西城，而西城有三件寶，那就是玄帝、藥王、娘娘廟。「玄帝」有人稱祂為玄天大帝、北極大帝、元帝、元天上帝等，台灣民間習慣稱為「上帝公」；「藥王」指的是「神農大帝」，他教人民種植五穀，又親嘗百草，醫治疾病，農民、藥商、醫學界多半祭祀神農大帝；而「媽祖」是台灣人民心中最景仰，祭拜最虔誠的神明之一，又稱「天后聖母」或「天上聖母」，台灣民間慣稱祂為「媽祖婆」。

這三尊神之所以稱是西城的三件寶，也可以想像以前的生活環境，台灣先民渡海而來，經過黑水溝，非常艱辛，需要媽祖娘娘的庇祐，而在台灣的生活時逢病痛，需要藥王的心理醫治，若碰到時運不順，則也只能仰賴上帝公的護持。

（2）來去看水仙宮廟壁[49]

lâi khì khuànn Tsuí sian kiong biō piah

---

48 採錄自：范勝雄，吳炎坤，《台南俗語研究》（臺南：臺南大學臺灣文化研究所碩士論文，2007），頁113。

49 彭小妍，《楊逵全集》（臺南：國立文化資產保存中心籌備處，2001），第11卷・謠彥卷，頁2。

臺南水仙宮（又稱臺郡三郊水仙宮），位於臺南市中西區，是昔日臺灣府城七寺八廟之一。在《台灣縣志》中記載：「水仙宮，開闢後，鄉人同建……康熙五十七年，歛金改建，雕花鏤木，華麗甲於諸廟。」[50]也就是說水仙宮建築宏偉瑰麗，雕樑畫棟，廟壁上畫有八仙及眾仙圖，圖案相當精采細膩，「來去看」的意思是說大家一起去看，去欣賞水仙宮廟壁，到水仙宮「話仙」，「話仙」的意思是聊天、閒談、談天說地，用來打發時間。

（3）水仙宮前避債戲[51]

Tsuí sian kiong tsîng pī tsèhì

「避債戲」也稱為「閃債戲」，台灣的習俗，在過年期間，不能向人催討債務，而年終債務人通常不敢留在家裡，而會跑到廟口看戲，以躲避債主上門催討。

水仙宮奉祀水仙尊王，在除夕夜，府城的三郊集團會特聘梨園一班，在水仙宮廟前空地搭棚子演戲，這場戲就叫「避債戲」，凡是有負債，或者是賒欠的人，無法償清債務，但又不願受到債主的追討，就可以免費到水仙宮前觀戲，觀戲避債的人，暫時可以卸下重擔。

許南英《窺園留草》之台灣竹枝詞云：「本來國寶自流通，每到年終妙手空；海外無台堪避債，大家看劇水仙宮。」[52]，他為「避債戲」作了最佳註解。

（三）府城地區

府城位在台南台地，地勢東高西低，清廷從一八八四年將台灣納入版圖

50 〔清〕王禮、陳文達撰，〈雜記・寺廟〉，《台灣縣志》（南投縣：台灣省文獻委員會，1958），卷9，頁211。

51 〔清〕赤崁樓客撰，〈避債戲〉，《台灣風物》（臺南：臺灣文學館，1966），頁41-42。

52 〔清〕許南英（等）撰，〈丙戌三十二首〉，《窺園留草》（北京：京和濟印書館，1933），頁10。

後，台南雖是台灣首府，但卻沒有建城。建城一直到了「康熙六十年（1721）朱一貴事件起，旋即佔領府城……約於雍正三年（1725）興建木柵城。乾隆五十一年（1786）林爽文事件烽起，震動全台……事件結束後，清廷決定在府城建築正式的城池，遂於乾隆五十三年（1788）改木柵城為土城」[53]。

清朝派到台灣的台灣道、台灣鎮等重要官員，都駐在府城，他們搭船從大西門外五條港風神廟接官亭前的港口上岸，大搖大擺的接受播鼓迎接的陣仗。而輪防的綠營清軍，在府城也佈防最多。商人最初也都集中在府城，靠著當時唯一可出入的鹿耳門正口大發利市。

府城在清朝時期一直都是台灣的政經中心，清廷一直到一八七五年（光緒元年）才在北部建台北府，到了日治時期台北、高雄、台中才陸續發展起來。

日治時期日人以都市計畫的整體規劃推動台南市的發展，市區改正除了闢建本區道路系統外，同時也引進了許多具有現代機能的各式建築物……在在宣示著生活方式的現代化。[54]

1 清朝時期與府城有關的俗語

府城	
清朝時期	
（1）	一府二鹿三艋舺
（2）	正港的
（3）	台灣蟳，無膏
（4）	隔壁中進士，羊仔拔斷頭

53施添福（等），《臺灣地名辭書．臺南市》（南投縣：國史館臺灣文獻館，1999），卷21，頁84。

54 同前註，頁86。

（1）一府二鹿三艋舺

It hú Jī lòk Sann Báng kah

這句俗語說明清代台灣由南而北發展的三個商業貿易和行政中心，「一府」指台南府城，「二鹿」為彰化鹿港，「三艋舺」是台北萬華。當時，兩岸由安平和廈門，鹿港和蚶江及滬尾和五虎門對渡，形成了台灣西岸由南往北發展的三個海岸港口商埠。

台南府城自從一六二四年荷蘭佔領時期已建立市街，進行轉口及海洋貿易，明鄭時期依然延續海洋貿易街市，一六八四年清領時期後國際海洋貿易轉變為兩岸對渡的貿易，為全台最大的商業、行政中心，稱為臺灣府。鹿港於一七八四年（乾隆49年）正式開港，與福建泉州蚶江對渡，為繼鹿耳門之後與大陸商貿往來的港口，為貨物集散中心，因此，商業、行政中心直接往台北盆地淡水河邊的艋舺轉移。

由此可知，台灣的行政與區域商貿中心是由南往北逐漸擴展，而臺灣府、鹿港和艋舺就是南、中、北三個區域的商貿與行政中心，因而有「一府二鹿三艋舺」的俗語流傳。

（2）正港的[55]

tsiànn káng ê

清朝時期的台灣港口，在鴉片戰爭前有分正口和小口，鴉片戰爭後在1863年以後陸續開港，安平、滬尾是正口（正港），打狗、雞籠是小口（副港）開始時洋商主要在正口設洋行，買台灣的樟腦、茶葉、糖等貨物，同時也進口一些西洋商品，當時西洋貨物良莠不齊，有的品質很好，但也常有仿冒品，因此，內行的人拿出洋貨時，總會加上一句：這是「正港的」。後來，「正港的」就變成好商品的代名詞，表示這商品是從正港輸入的，品質保證，藉以區分劣質品或仿冒品等次級貨。

---

55 董忠司（等），《台灣閩南語辭典》（臺北：五南圖書出版公司，2001），頁520。

（3）台灣蟳，無膏

Tâi uân tsîm，bô ko

清朝早期，進入台灣的移民大多窮困，所有的時間都花在努力拓墾農地種植作物，很少有有錢有閒唸書，就算有少數富人子弟進入私塾或書院唸書，要考科舉也要到福建去，夏季要搭船越過台灣海峽才能到福建赴考，因此，能考上舉人的台灣人非常稀少，因此，台灣的讀書人常被福建的讀書人笑說：「台灣蟳，無膏」，意思是台灣的讀書人肚子裡沒有學問。

（4）隔壁中進士，羊仔拔斷頭

Keh piah tiòng tsìn sū，iûnn á puah tn̄g thâu

在移民漸多，街市發展後，讀書的人也逐漸增加，到福建科舉應試的人程度也逐漸提升。清領前期沒有人考上進士，一直到道光年間才有施瓊芳考上進士，接著同治年間陳望曾也中進士，光緒年間文風更盛，有三人中進士。

移民雖然為了討生活而來到台灣，但生活逐漸穩定後，有錢的家庭也開始注重讀書，希望透過科舉進入仕途。

有一個人正在放羊吃草，這時，他聽到別人傳來的消息，說隔壁的鄰居考中進士，他非常高興，想立即趕回家恭賀他，但沒發現他的羊正把頭伸入圍籬，他就拉著羊想趕快走，但卻拉不動，心急之下就用力一拉，沒想到羊頭卡在圍籬中間，被他一拉，竟把羊頭給拔斷了，使無辜的羊斷頭身亡。

這句俗語似在告戒人們，別人獲得功名固然很值得為他高興慶賀，但畢竟成就是別人的，千萬不要為了替別人高興，而把自己的財產都搞砸了，這樣會得不償失。

簡單的說，就是不要為了替別人的好聲名高興，反而損失自己實際擁有的利益，畢竟，功名是別人的，而羊是自己的。

2 日治時期與國民政府時期與府城有關的俗語

日治時期	
（1）	余清芳，害死王爺公；王爺公無保庇，害死蘇阿志；蘇阿志無仁義，害死鄭阿利
（2）	台南媽祖開運河
（3）	第一賣冰，第二醫生，第三新町，第四跤梢間
國民政府時期	
（4）	台南人真狡怪，狡怪生
（5）	台南迎媽祖──百百旗（奇）

（1）余清芳，害死王爺公；王爺公無保庇，害死蘇阿志；蘇阿志無仁義，害死鄭阿利[56]

Û Tshing hong，hāi sí ông iâ kong，ông iâ kong bô pó pì，jîn gī Soo atsì，Soo a tsì bôjîngī，hāisí Tēnn a lī

這句俗語起因於日治時代大正四年（1915）的武裝抗日事件，余清芳在大正三年（1914）出入於西來庵，因為讀書較多，能解佛字，跟蘇有志（蘇阿志）認識，蘇阿志來自大目降（今新化）大世家，是西來庵虔誠信徒，負責處理西來庵事務，余清芳引誘蘇阿志及另一位西來庵董事蘇利記（蘇阿利）加入抗日組織[57]，透過西來庵招募黨徒，西來庵成為密謀之地，抗日行動爆發地點是噍吧哖（今台南縣玉井），此事被稱為「噍吧哖事件」，也稱為「西來庵事件」。

噍吧哖事件之後，台南的西來庵遭日本人拆毀，裡面供奉的王爺公也被遷走，蘇阿志、鄭阿利也因為此事件而死亡。

---

56 吳炎坤，《台南俗語研究》（臺南：臺南大學臺灣文化研究所碩士論文，2007），頁94。

57 謝碧連，《府城俚語耽奇》（臺南：台南市政府，2000），頁38-39。

（2）台南媽祖開運河[58]

Tâi lâm Má tsóok hui ūn-hô

日本統治台灣後，台南舊運河逐漸淤積，日人經過調查評估後，廢棄舊運河，建台南新運河，一九二六年（大正15年）四月二十五日新運河開通，日人為了配合媽祖誕辰，因此新運河開通典禮與迎媽祖慶典同步舉行，日人雖然也廣邀各界參加新運河開通典禮，然而，在台南大天后宮舉行的迎媽祖遊境慶典活動，場面盛況空前，來自各地的陣頭、藝閣擠滿了街道，五花十色的不同旗幟更是飄揚在府城市區，為日治時期最熱鬧的一次迎媽祖盛會，因此，有些不知道的人還以為「台南媽祖開運河」，而感到興奮異常，知道的台南市民也跟著附和，認為是媽祖保祐，新運河才會順利開通。

（3）第一賣冰，第二醫生，第三新町，第四跤梢間[59]

tē it bē ping，tē Jī I sing，tē sann sin ting，tē sì kha sau king

日治時期的台南人把一般人認為最會賺錢的幾種行業排行，當時剛引進冷凍設備，只要用水就能製造冰塊，再加點糖水和配料，就可以低成本賺錢，加上南台灣夏天長，吃冰的人多，因此，賣冰就成了賺錢排行榜的第一名。而日本治時期台灣最優秀的學生都去讀醫學系，讀醫學系時間長而辛苦，算是要長期投資，但出來後當醫師收入豐厚，而成了賺錢排行榜的第二名。當時台南市的新町是日治時期臺南市繼南河街後非常著名的風化區，範圍包括清代舊街名南頭角、中頭角、北頭角，是妓女戶之所在，妓女不用努力，靠天生的本錢賺錢，也奪下了賺錢排行榜第三名。

「跤梢」意思是較差、次等的貨色，「跤梢間」指的是私娼寮，這裡的女子條件較差，無法擠身新町，只好來這裡賺，但也榮登賺錢排行榜的第四名。

---

58 〈教師手冊〉低年級，《台南市鄉土語言補充教材》（臺南：台南市政府，2005），頁32。

59 謝維嶽，《草地儑‧府城戇》（臺南：龍輝出版社，1982），頁99。

　　台南人的賺錢排行榜挑的行業很特別，是以常民的眼光，而且，第一名被認為是低成本的生意，第二名靠頭腦好賺錢，後面兩名則是靠先天的本錢賺錢，形成常民定型觀的有趣對比。

（4）台南人真狡怪，狡怪生[60]

Tâi lâm lâng tsin káu-kuài，káu-kuài senn

　　這句俗語說的是台南人的政治判斷，有不同於其他地方人的看法，反映在投票行為上可以看出來很特別，因此，被形容為「真狡怪」。

　　在國民政府威權統治的戒嚴時期，台南市第三屆市長選舉時，報紙帶風向說國民黨的市長候選人穩當選，然而，結果卻是由無黨籍的人當選市長；後來蘇南成選市長前脫離國民黨，以黨外的身份參選獲勝，但選上後不久又加入國民黨，且以國民黨候選人的身份連任成功，台南人不按牌理出牌、不被譽論影響的性格，才會被稱為「真狡怪」。

（5）台南迎媽祖──百百旗（奇）[61]

Tâi lâm ngiâ Má tsóo─pah pah kî (kî)

　　台南在媽祖生日時，會舉行迎媽祖聖會，媽祖盛會時，陣頭彩旗五花十色無旗不有，連橫在《雅言》中說道：「台南迎奉天后……五花十色，炫煌於道，真是『無旗不有』。」[62]，「無旗不有」與「無奇不有」同音，是雙關語，也有什麼不可思議的事情都有，表示驚訝的意思，這句俗語從日治時期一直流傳到民國時期。

（四）台江陸浮新墾區

　　台江內海為十七世紀臺灣南部的一座大潟湖，長度約為數十公里，在地

---

60 黃徙，《海翁兮故鄉》（臺南：真平企業，2002），頁240-241。

61 吳炎坤，《台南俗語研究》（臺南：臺南大學臺灣文化研究所碩士論文，2007），頁106。

62 〔清〕連橫撰，《雅言》（臺北：臺灣銀行經濟研究室，1963），頁107。

圖上以鹿耳門為界，標上「內海」、「外洋」。

　　一八二一年（道光元年）農曆四月二十二日發生大海嘯，海水先退後進，淹沒村莊。道光三年（1823年）八月一場大風雨後，徹底改變了台江內海的命運，同時也改變了府城商人對外的轉運站和通商港口。

　　在曾文溪改道後，台江內海大量被溪流攜帶的泥沙淤積，「……所有西偏之內海，均見沙土壓積，變成浮埔。自東徂西，約十多里。自南達北，約二十餘里。高高下下，不一其區。」[63]，到了道光七年，台灣道孔昭虔發現台江陸浮地可以耕作，「道光七年，孔道憲以浮埔略堪耕種，曾經委員會同台、嘉二邑勘丈給墾。」[64]

　　台江陸浮地雖然招民入墾，但「在內海所化育的初期土壤，往往含有河水與海水所一起帶來的可溶性鹽類[65]，因此，這裡的土地不好種植，這也使台江十六寮的人生活較窮困，但隨著四處奔流的河道沖刷，和日治時期嘉南大圳興築帶來的灌溉水，使「土壤中的可溶性鹽類，往往隨著地下水的移動而變化……其中最簡單的洗鹽方法，就是利用灌溉與排水來進行。」[66]

　　台江新浮出陸地之後，使得原來的臺灣縣、嘉義縣分界──新港沙壓絕流，河道由柴頭溪流入台江，即四草內海，當時沙埔之上，溪道紛流很難斷界，片地芒草叢生，石礫堆積，俗稱「菅仔埔」[67]。經過溪流改道，在台江內海滄海桑田以後，原本內海大部份的地區變成陸地，大正九年（1920）地方制度改變，溪北屬於北門郡七股庄，溪南屬新豐郡安順庄[68]。附近海岸及台江陸浮後的沙洲地仍然常被大雨後的改道溪流影響，即便到了1970年代，

---

63 林棲鳳（等），《台灣采訪冊》（台北市：臺灣銀行經濟研究室，1959），〈臺灣文獻叢刊〉第55種，頁5。

64 同前註。

65 施添福（等），《臺灣地名辭書‧台南縣》（南投縣：國史館臺灣文獻館，2002），卷7，頁25。

66 同前註，頁26。

67 施添福（等），《臺灣地名辭書‧臺南市》（南投縣：國史館臺灣文獻館，1999），卷21，頁421。

68 同前註。

安南區（原台江內海陸化區）雖然建了許多大排水溝排水，暴雨來時仍會產生土石崩塌。

　　台江陸浮剛形成的新生地，除了不能免除海漲時的海水所帶來的鹽分，又受天候影響，夏季的暴雨經常造成河水氾濫，本區位於河川下游，還有地勢低平，河道紛雜，引水不易的問題，因此只能栽種番薯等雜糧，對於在此地農墾的農人而言，是非常辛苦的[69]。

　　經過地下水及灌溉水的掏洗以後，原本芒草叢生的菅仔埔的貧瘠土地已變成可栽植豐盛農產品的狀元地了。

1　挑戰台江陸浮新生地的俗語

（1）	四月二二，買無豆乾來做忌
（2）	曾文溪──青盲蛇烏白咬
（3）	沉洲仔尾，浮安順庄
（4）	夯厝走溪流
（5）	荷蘭樓，後壁出溪流
（6）	大洲崩溪岸，鰗鰡掠規擔，安南區性命財產損一半

（1）四月二二，買無豆乾來做忌[70]
sì gueh Jī Jī，bé bô tāu kuann lâi tsò kī

　　1821年（道光元年）農曆4月22日的大海嘯，使在洲仔尾旁海灘撿白螺的人全數罹難，當地人稱它為「洲仔尾暴」，當地父老認為此事是洲仔尾氣數將盡的徵兆，因此事跟捕撈白鱧有關，又稱「白鱧仔報」[71]。後人於此日

69　同前註，頁422。

70　李志祥，〈洲仔尾採訪考查錄〉，《南瀛電子報》（台南縣：台南縣政府文化處，2007），53期，採錄自：陳加生。

71　同前註。

祭拜遇難的先祖，市場上的雞鴨魚肉都被買光，連豆干也買不到，於是有
「四月二二，買無豆乾來做忌」的俗語。

（2）曾文溪——青盲蛇烏白咬[72]

Tsan bûn khe—tshenn mê tsuâ oo-pe̍h kā

曾文溪是台南市安南區與七股區的界溪，從清朝領台後移民入墾曾文溪
兩岸的溪埔地，因不斷遭遇曾文溪改變流路，漢人常將溪河比擬為大蛇，而
且，內心總是希望這條蛇按照原有的流路乖乖的流，不要隨便跑，這是兩岸
聚落居民的主觀期待。

台灣河川的特色就是短而急，而南部的氣候特徵就是颱風、西南氣流所
引起的豪雨，或急促的午後雷陣雨（西北雨）。另一方面，隨著閩粵移民進
入台灣的人數越來越多，土地拓墾的腳步也逐漸從平緩的溪河下游往上開
發，當丘陸山地最能涵養雨水的森林及大樹不斷被砍伐殆盡後，夏季颱風或
西南氣流引進的豪雨，少了森林的水土涵養，自然會造成山洪暴發，使下游
溪河附近的聚落居民心驚膽跳。

因此，當曾文溪不斷改道破壞聚落及造成災害時，主觀期待這條大蛇不
要亂擺亂咬的溪畔村庄居民，就用瞎了眼的青暝蛇來形容曾文溪，因為看不
見，所以才會亂咬到處傷人。這是無力的人對挾帶巨大自然力造成生命財產
損失的無言控訴，然而，他們卻不知道根源的問題其實有一部份還是人為造
成的。

（3）沉洲仔尾，浮安順庄[73]

tîm tsiu á bué，phû an sūn tsng

在台江內海時期，洲仔尾因位在沙洲的尾端而得名，為當時台江內海和
鹿耳門、安平同為重要灣澳之一，一八二三年七月颱風帶來大豪雨，導致台
江內海變成浮洲，曾文溪改道，新增的海埔新生地內溪流雜沓，原本的港灣

---

72 黃徙，《海翁兮故鄉》（臺南：真平企業，2002），頁229。

73 林德政，《安平區志》（臺南：台南市安南區公所，1999），頁23-27。

與溪河出海口都已改變，港邊聚落或居民的土地指標也被改變，導致出現許多紛爭。「原本臺灣縣和嘉義縣分界的鹽水溪，也因淤塞而難劃分縣界，後來，將溪南的和順寮、安順寮、溪心寮、海尾寮、媽祖宮等五庄劃歸臺灣縣，溪北的五庄劃歸嘉義縣」[74]。

在歷經海嘯及台江內海陸化、溪河改道後，原本有重要地位的洲仔尾變成溪河出口沉入水中，而原本在台江內海水中的安順庄，卻浮了上來，「安順庄是日治時期大正九年（1920）地名改正」[75]時，原台江內海這裡設的庄名，因此，這句俗語應該是日治中期以後出現的。

（4）夯厝走溪流[76]
giâ tshù tsáu khe lâu

台南安平位在一鯤鯓，鯤鯓即沙洲，由此往南有連續七個鯤鯓依序排列。安平雖是清朝領台後最早建市街的地方，但還是地處低漥的沙洲，遇有颱風、豪雨來襲，積水無法迅速宣洩時，就會在沙洲上產生溪流，沖垮房屋，造成在地人身家財產的損失。

有鑑於此，移民到安平的先民在蓋房屋時，使用竹子、茅草（五節芒、蘆葦或牧草等）等輕巧的建材，重量很輕、可以扛起移動的房屋，建屋時將其編成牆壁，房屋中間用兩根木頭或竹子豎起為柱，兩柱之間再以木頭或竹子綁住為樑，以芒草編成兩片長方形蓋在樑上，左右傾斜而下連到牆壁，就成了茅草屋頂。由於牆、門、屋頂等都以竹、木及繩子連結，且房屋都很小，只要扛起柱子就能搬動房屋。

南台灣夏季的颱風及西南氣流引進的水氣，造成豪大雨使沙洲上產生溪流，導致泥沙漫流或淹水到住家時，先民們這時就要「扛厝跑溪流」，將房屋搬離到地勢較高、較乾的地方，等水退去後，再重返家園。

---

74 施添福（等），《臺灣地名辭書・臺南市》（南投縣：國史館臺灣文獻館，1999），卷21，頁421。

75 同前註。

76 盧炯元，《台南市安平地區俗語之研究》（臺中：中興大學台灣文化與跨國文化研究所碩士論文，2013），採錄自：歐財榮，頁43。

（5）荷蘭樓，後壁出溪流[77]

huê liân lâu，āu piah tshut khe lâu

昔日的「荷蘭樓」為日治時期的酒家，位在鹽水溪畔，每當夏季颱風或西北雨造成豪雨時，鹽水溪經常會暴漲而氾濫成災，有一次，在豪雨過後引發的鹽水溪氾濫，湍急的溪水將荷蘭樓及附近的房屋全部沖走，因而有「荷蘭樓，後壁出溪流」這句戲謔的俗語出現。荷蘭樓位在今天的鹽水溪堤防內側，大約在民權路四段的抽水站附近。

（6）大洲崩溪岸，鰗鰡掠規擔，安南區性命財產損一半[78]

tuā tsiu pang khe huānn，hôo liu liáh kui tann，An lâm khu sènn miā tsâi sán sún tsit puànn

這是昔日進入台江內海拓墾的五塊寮及附近各里居民間流傳的一句俗語。原台江內海拓墾區內本來地勢就較為低漥，五塊寮附近有鹽水溪、鹽水溪排水線（嘉南大圳）、大洲排水渠、安順排水渠等四條水道通過，其中，大洲排水渠是土堤，很容易鬆動，在1970年代曾幾次潰堤，造成安南地區淹大水，因而，才有這句俗語的產生，而且還開玩笑的說，溪岸崩壞後，雖然泥鰍可以「掠規擔」（抓整擔，很多的意思），但是，安南區人民的生命財產也要損失一半。這句俗語雖然在述說災難，卻又不忘幽默的提到可以抓很多泥鰍這件事，也就是面對苦難，苦中還是要作樂，我想這就是常民的堅韌精神吧！

2　台江陸浮地大變身之後所產生的俗語

（1）	中州寮三所（派出所、監視所、出張所）
（2）	菅仔埔變狀元地

---

77 魏英滿，《安平映象》（臺南：世峰出版社，2001）頁54。

78 謝美華，《台南市安南區聚落發展演變與居民生活空間調查之研究》（高雄：國立高雄師範大學地理學系研究所碩士論文，2001），頁35-36。

　　台江陸浮地雖是低漥地區，但是，有些地方還是變成了很好的耕地和住宅區，地價也逐漸飛漲，使原本到處都是五節芒的「菅仔埔變狀元地」；在日治時期就有「中洲寮三所」，監視所、出張所及派出所等公家單位進駐，可見這裡已從沙埔地荒陌變身了。

（1）中州寮三所（派出所、監視所、出張所）[79]

Tiong tsiu liâu sam sóo (phài tshut sóo、kàm sī sóo、tshut tiunn sóo)

　　中州寮指安南區的安南里與安北里。一八二〇年代台江內海因大風雨而陸化後，在一八六〇年代有來自學甲中州的民眾到此地拓墾，因他們來自學甲中州，此地就被附近居民稱為中州寮，即有幾間簡陋寮屋的地方，後來逐漸形成聚落，在日治時期這裡設有派出所、監視所及出張所，派出所負責管理附近地區治安，出張所和安平港有關，監視所為查緝走私等不法事件。

　　隨著安南區的開發，台十九線（安和路）開通後，交通方便也帶動地方發展，往昔的台江內海，已逐漸成為繁榮的街市了。

　　而這句俗語則點出，中州寮在日治時期設置這三所，見證這裡的重要性及和安平港的密切關係。

（2）菅仔埔變狀元地[80]

kuann á poo piàn tsiōng guan tē

　　洪水帶來的泥沙將台江內海變成了沙埔地，當時這些埔地都有海水滲入，含有鹽份，在陸化的過程中俗稱管芒的五節芒種子第一個隨風散播至此生長，因而被稱為菅仔埔，但初期在豪雨後仍然會造成積水或水流四處流竄的現象，為不穩定的荒埔地，只能種蕃薯及挖魚塭養魚等，後來逐漸有草

---

79 吳茂成（等），《台江庄社家族故事》（臺南：安東庭園社區管理委員會，2017），頁37-38。

80 吳炎坤，《台南俗語研究》（臺南：臺南大學臺灣文化研究所碩士論文，2007），採錄自：吳茂成，頁27。

本、灌木生長，昆蟲等生物也進入棲息，土壤的土質逐漸改善，變得可以耕作，房舍、聚落也紛紛進入，原本的低度利用的菅仔埔就變成了具有發展潛力的壯元地了。

3 台江陸浮新墾區信仰特色之俗語

（1）	甘願加一个窟，毋甘願加一仙佛
（2）	公親寮－拜溪墘
（3）	港仔尾——孤棚祭

（1）甘願加一个窟，毋甘願加一仙佛[81]

kam guān ke tsit ê khut，m̄ kam guān tsit sian hut

「甘願」是寧願的意思，「窟」指的是水塘，早年住在台江陸浮地區的人普遍貧窮，因此寧願自己的村里中能多一處水塘，可以多儲存一些水可以用來飲用或灌溉，而也不願多迎請一尊神明，因為如果是迎請神明，不但需要蓋廟，每逢節日還需要祭拜，這對生活來說，將是一筆不小的開銷，對生活困難的人們來說，還是顧好三餐最實在。

（2）公親寮——拜溪墘[82]

Kong tshin liâu—pài khe kînn

台江陸化以後，公親寮的庄民在農曆七月三十日中元節都會在曾文溪畔祭拜，舉辦「拜溪墘」的活動，準備飯、菜、牲禮、金銀紙來答謝溪神及好兄弟。

曾文溪數次改道，每次都會為兩岸居民帶來災難，公親寮的人民看到曾文溪潰堤，心裡十分惶恐，他們在拜過溪神之後，希望能夠得到神明的庇

---

81 林德政《安南區志》（臺南：安南區公所，1999），頁849-850。

82 吳炎坤，《台南俗語研究》（臺南：臺南大學臺灣文化研究所碩士論文，2007），採錄自：王金樹，頁58。

佑，希望曾文溪能轉向，使得公親寮能免於水患。

（3）港仔尾——孤棚祭[83]

Káng á bué—koo pênn tsè

「港仔尾」現在屬於港仔里，位於安平路的南邊，船隻由四草大港入港的尾端，故稱港仔尾，「孤棚祭」是港仔尾相傳至今已一百六十幾年的民俗祭典，主要目的是感恩還願。每年的農曆七月初九在港仔尾靈濟殿舉辦，他們針對因意外或其他因素冤死在海上的孤魂野鬼進行普渡，孤棚是由五根大柱組成，懸掛大豬公及各式各樣的祭品，孤棚前設有香案，孤棚上垂吊白布稱為「布橋」，牽引至運河，是老大公伯前來作客的必經之路，道士誦經展開法事，邀請各老大公伯「赴宴」，這是港仔尾重要的傳統祭典信仰。

三　從台南沿海俗語探討人與自然、人與人及人與神明的關係

漢人移民從荷蘭、鄭氏政權到清朝都不斷進入台灣，有錢人來開墾、做生意，窮人靠勞力刻苦維生，台南沿海的拓墾就從安平、鹿耳門正口一路往台江內海東邊的陸地發展，逐漸形成鹿耳門、五條港、府城連線的港口碼頭通商產業鍊，分散在台江沿海各地的移民則學習在大海和海岸旁討生活的技能，所有移民都必須適應台南沿海新環境帶來的挑戰，在這過程中，他們用俗語吐露心聲，溝通彼此或宣洩不滿，俗語為這些常民譜出了生命的樂章。

我們在前面將台南沿海的俗語，以區域、時間和類別劃分排序，再從俗語的個別與整體意涵分析，嘗試匯整、歸納台南沿海四區常民俗語的環境對應，發現俗語中的常民文化特色。

---

83 何世宗，《鯤島見聞》（臺南：安平文教基金會，2009），頁37。

（一）人與自然的關係

1　自然與地理的誤解與順應

鄭氏攻台時漢人誤解漲潮為天助，清朝時對外港口先鹿耳門後安平大港，如視漲潮將鄭成功攻荷船隊推入鹿耳門口為天助，如「水漲三篙助鄭王」；清初安平港淤淺，鹿耳門成為入台唯一正口，如「合攻鹿耳門」、「無田無園，盡看鹿耳門」；一八二三年曾文溪改道後，鹽水溪沖刷，安平大港變深，如「全仰安平大港」。

2　沿海居民學習預測天候海象變化

安平居民觀察、預測天候變化，如「烏跤西南，喝雲就雨」、「正月三十六報」、「南風若轉北，王城去一角」。

3　漁民捕撈的艱辛奮戰

經歷最強的漲退潮海流，如「摺風摺湧」、「搧風搧湧」。

4　每年季節性魚產循環

如「四月二六，湧仔開目」、「鐵甲若到，大頭就欲煞」、「冬節十日前正頭烏，冬節十日後倒頭烏」、「烏魚拜王城」、「塗魠欲來咬甜粿」。

5　觀察風浪對商船的影響

如「鯤鯓響，米價長」。

6　天災與新生

住在台江內海岸邊及台江陸浮後的新墾民，都必須面對天災，如一八二一年大海嘯後「四月二二，買無豆乾來作忌」；一八二三年曾文溪改道及後來如「曾文溪──青暝蛇烏白咬」；台江陸浮地，如「沉洲仔尾，浮安順

庄」、「夯厝走溪流」、「荷蘭樓，後壁出溪流」、「大洲崩溪岸，鰦鰡掠規擔，安南區性命財產損一半」，台江陸浮地經地下水及嘉南大圳灌溉水洗去土壤鹽份後，變成建築用地，如「菅仔埔變狀元地」。

（二）人與人、人與族群、人與政權的關係

1 人與政權的關係

（1）清朝時期

清朝初期鹿耳門為渡台唯一正口，初期反亂不斷，福建文人嘲笑台灣人不會讀書考試，後來增設中北部港口。隨著移民日多，讀書人考上進士，富人建豪宅大院，府城變成其他地方的人羨慕的首善之區，如「一府二鹿三艋舺」、「正港的」、「台灣蟳，無膏」、「隔壁中進士，羊仔拔斷頭」。

（2）日治時期

日治時期台灣各地抗日不斷，最後一次武裝抗日為一九一五年的西來庵事件，自此而後轉為在社會、文化及政治爭取權利，如「余清芳，害死王爺公，王爺公無保庇，害死蘇阿志」，而「中州寮三所（派出所、監視所、出張所）」俗語，我們知道這句俗語是日治時期產生的。

隨著現代化建設引進，一六二六年台南人仍要巧妙的把建運河的功勞歸給媽祖，如「台南媽祖開運河」；當市區改正、有電梯的大樓起建後，台南人的驕傲感也從富有邁向現代化的品味，甚至連賺錢的排行榜都起了大變化，如「第一賣冰，第二醫生，第三新町，第四跤梢間」。

（3）民國時期

民國時期的安平以歷史文化城著稱，台南人有自己的想法，曾用選票反對威權政權，如「台南人真狡怪，狡怪生」。

2 人與人、人與族群的關係

五條港有碼頭工人文化，最早有同姓氏工班搶地盤爭鬥，後來逐漸磨合，發展出自己的生活文化特色，如「蔡抨蔡，神主牌仔槓槓破」、「做十六歲」、「手面趁錢食是空」、「行啊行，行到王宮港食肉粽」、「落水貨，風險照分」、「較埂也大西門」。

3 人與地域及神明的關係

（1）五條港

五條港三步一宮，五步一廟，對神明最虔誠，如：「西城三件寶：玄帝、藥王、娘娘廟」、「來去看水仙宮廟壁」、「水仙宮前避債戲」。

（2）台江陸浮墾地

台江陸浮地的墾民以營生擺第一，對受天災影響的聚落則會拜溪神等，如「甘願加一个窟，毋甘願加一仙佛」、「公親寮－拜溪墘」、「港仔尾──孤棚祭」。

（3）安平和台南

安平和台南最看重迎媽祖，常民較不容易接受外來的神，所以要用俗語來形容與諷刺，如「台南迎媽祖──百百旗（奇）」。

四 結語

漢人傳統歷史、文化的詮釋權幾乎都掌握在官吏、文人手中，清朝的志書都有固定格式，內容以官方認為重要的綱要和架構書寫，對台灣土地上發生的許多大事，常忽視或三言兩語帶過，有些文人的遊記反而多少記述一些常民活動及生活狀況，因此，要從清朝的史料了解地方常民的生活、產業與文化樣貌，並不容易。

　　每個地方的常民都有很多俗語流傳，人際關係的俗語尤其多，多數人能瑯瑯上口的俗語也大多是這類人情世故的俗語，我們是否能將地方俗語分類、排序，從地理環境、歷史脈絡及在地產業等來解讀，了解這些俗語群背後的文化意涵，這是本文的嘗試。

　　我們從台南沿海、五條港、府城、台江陸浮新墾地四個區域作常民俗語分類，依時間大致排序，再從各區的地理環境、歷史背景和在地產業切入，比對這些俗語的區域內涵特色，發現台南沿海的人，他們與自然的關係最為緊密，曾創作出許多天候、風浪和魚產的相關俗語；五條港靠勞力維生的碼頭工人們，因為生存問題，人與人、人與神明的關係密切；府城人因位居首府，人們較富有，視野較大，對商貿、反亂、政權、科舉、豪宅、區域關係、電梯大樓、新行業、外來宗教等都有創作俗語，但府城人和自然的關係卻較薄弱；台江陸浮新墾地的人既悲情又安份，在各自的聚落營生而各有特色，與自然、與人的關係也很緊密。

　　上述四個區域，從區域的俗語研究中，我們發現漢人移民從大陸帶著傳統農業文化進入，在沿海各區因地理空間、產業型態不同，受到海洋影響的層次也不同。第一線居住在海岸邊、以海為生的常民，對海洋、天候及魚產的了解最多；五條港靠勞力維生的碼頭工人對海洋的知覺較為間接，大多在船來船去及工作量的變化中了解航船的訊息；府城的商人要透過港口商貿做生意，一定要掌握商船航行、進出及各地商品流動或價格的資訊，因此，府城的人是透過海洋中的商船往來載運的商品及資訊，在掌握商場物資流動的情勢，他們不接觸真實的海洋，而是利用海洋這個大載體來達到商業利益的目的；台江陸浮新墾地的人則承受大海鹽份浸透的鹽化土壤，直到地下水和嘉南大圳的灌溉水不斷稀釋鹽度後，才逐漸脫離海洋最直接的影響。

　　海洋性氣候仍無遠弗屆的影響所有人，我們日常的商品、海鮮也都要靠海洋承載及供給，歷史上台南溪南沿海四個區域的常民，用他們各不相同的、或隱或顯的海洋經驗，各自創造出屬於他們的常民海洋文化特色。

參考文獻

一　傳統文獻

〔清〕王士任，署理福建巡撫內閣大庫檔案，臺北：臺大歷史數位圖書館，
　　　　1739。

〔清〕王禮、陳文達，《台灣縣志》，南投縣：臺灣省文獻委員會，1958。

〔清〕朱仕玠，《小琉球漫誌》，臺北：臺灣銀行經濟研究室，1957。

〔清〕吳振臣，《閩遊偶記》，臺北：臺灣銀行經濟研究室，1965。

〔清〕姚瑩（等），《中復堂選集》，臺北：臺大歷史數位圖書館，1840。

〔清〕許南英（等），《窺園留草》，北京：北京和濟印書館，1933。

〔清〕連橫，《雅言》，臺北：臺灣銀行經濟研究室，1963。

〔清〕連橫，《臺灣通史》，新北：眾文圖書公司，1975。

〔清〕藍鼎元，《鹿洲全集》，廈門：廈門大學出版社，1995。

〔清〕黃叔璥，《台海使槎錄》，南投縣：國史館臺灣文獻館，1996。

〔清〕蔣毓英，《台灣府志》，新北：宗青圖書出版公司，1995。

〔清〕蔣師轍，《臺灣遊歷日記》，臺北：臺大歷史數位圖書館，1892。

二　近人論著

何世宗，《鯤島見聞》，臺南：安平文教基金會，2009。

李志祥，〈洲仔尾採訪考查錄〉，《南瀛電子報》，第53期，臺南縣：臺南縣政
　　　　府文化處，2007。

赤崁樓客，〈避債戲〉，《台灣風物》，臺南：臺灣文學館，1966。

吳新榮，《臺南縣志稿》，臺南縣：臺南縣文獻委員會，1952。

吳炎坤，《台南俗語研究》，臺南：臺南大學臺灣文化研究所，2007。

吳茂成（等），《台江庄社家族故事》，臺南：安東庭園社區管理委員會，
　　　　2017。

林　勇，《臺灣城懷古續集》，臺南：臺南市政府，1990。

林朝成、鄭水萍，《安平區志》下冊，臺南：臺南市安平區公所，1998。

林棲鳳（等），《台灣采訪冊》，臺北：臺灣銀行經濟研究室，1959。

林德政，《安平區志》，臺南：臺南市安南區公所，1999。

周榮杰，《台南文化》新25期，臺南：臺南市政府，1988。

施添福（等），《臺灣地名辭書・臺南市》，南投縣：國史館臺灣文獻館，
　　　　1999。

施添福（等），《臺灣地名辭書・臺南縣》，南投縣：國史館臺灣文獻館，
　　　　2002。

徐雪霞，《台南市國小高年級鄉土教學教師指導手冊》，臺南：臺南市政府，
　　　　2001。

黃　徙，《海翁兮故鄉》，臺南：真平企業，2002。

陳佾芬《台南市安平區閩南語調查與研究》，高雄：中山大學中文系碩士論
　　　　文，2010。

陳瑞隆，《臺灣府城安平諺語智慧》，臺南：裕文堂出版社，2007。

彭小妍，《楊逵全集》，臺南：國立文化資產保存研究中心籌備處，2001。

董忠司（等），《台灣閩南語辭典》，臺北：五南圖書出版公司，2001。

蔡胡夢麟，《岳帝廟前：台南鄉土回憶錄》，臺南：自印，1982。

盧炯元，《台南市安平地區俗語之研究》，臺中：中興大學台灣文化與跨國文
　　　　化研究所碩士論文，2013。

謝碧連，《府城俚語耽奇》，臺南：臺南市政府，2000。

謝美華，《台南市安南區聚落發展演變與居民生活空間調查之研究》，高雄：
　　　　國立高雄師範大學地理學系研究所碩士論文，2001。

藍淑貞，《細說台灣諺語》，臺南：自印，2003。

魏英滿，《安平映象》，臺南：世峰出版社，2001。

《台南市鄉土語言補充教材》，〈教師手冊〉低年級，臺南：臺南市政府，
　　　　2005。

三　個人訪談

王金樹先生，台南市安南區公親寮里長。

吳茂成先生，台南市文史工作者。

范勝雄先生，台南文獻委員。

陳何蓮女士，台南市華平里里民。

陳加生先生，台南市文史工作者。

蔡建維先生，台南市鹿耳門天后宮廟務工作人員。

歐財榮先生，台南市文史工作者。

臺灣閩南語歌謠中的情感意涵和漁村文化

陳琬琳[*]

摘要

　　海洋向來是歌謠中的唱述主題之一，在眾多海洋題材之中，船隻作為河、海航行的主要運輸工具，在海島社會中扮演重要的角色，因而在海洋題材中，「船」既具備乘載物體的特性，亦兼具乘載情感的特色。其中，在臺灣閩南語歌謠中，有一類歌謠以捕魚船為主要唱述題材，自船身外型與特徵開展，帶出早期沿岸漁村社會中的傳統習俗與文化。隨著歌謠的傳唱，此類歌謠受地理位置的影響，在歌詞上產生了些微的變異，自尖頭船、紅頭船至烏頭船的運用中，反映了沿海地區多元的漁業生態，亦呈現早期漁村聚落中，漁民與海洋相互依賴的緊密關係。然而，隨著科技新興與政府政策的實施，傳統漁業逐漸面臨困境，或迫於政策轉以鹽田、養殖漁業取代沿岸漁業，或轉型為近海、遠洋漁業以符應社會需求。然而，這些逐漸沒落的早期漁村文化，曾在臺灣歷史中展現其輝煌的一面，儘管在歲月的淘洗下逐漸式微，卻無法抹滅此一群體共同擁有過的歷史與記憶。透過此類歌謠的探究，反映出臺灣早期西北部沿岸的部分漁村面貌，可藉由漁村的工作型態及家庭關係與歌謠的連結而展現，從中亦顯明漁民與海洋之間關係的親密。在現實層面中，海洋維繫著漁村的生活與經濟；而在情感層面裡，海洋則成為漁民歌詠心聲、抒發情志的重要場域。故本文將以「一隻船仔」類型歌謠為主要

* 國立中興大學中國文學研究所碩士生。

研究材料，探討此類歌謠中所寓含的漁村文化，嘗試自漁村文化的角度理解海洋與人的關係，以及此文化背後所承載的漁民記憶。

關鍵字：閩南語歌謠、海洋文化、漁村文化、集體記憶

Emotional Meaning and Fishing Village Culture in Taiwanese Southern Min Ballads

Chen, Wan-Lin[*]

Abstract

Sea is the most popular theme of the ballad. In many sea ballads, boats are the main transportation to sail and play important role in island countries. Therefore, boats can not only carry objects but carry emotions in some of sea ballads. Also, this feature can find in Taiwanese folk ballads. One kind of ballads mainly based on fishing boats. They focus on hulls' shape and features, and bring up the traditional custom and culture of the coastal fishing villages. These ballads not only reflect various kinds of fishery ecology but reflect the relationship between fishermen and the ocean in early years through lyrics' change which influenced by geographical location. However, traditional coastal fishery face difficulties because of technological progress and government policies. Some of them transform into salt pan or aquaculture, others transform into adjacent seas fishery or distant fishery to conform to social needs. Although these fishing village cultures has gradually declined, it still had shown its brilliant achievement in Taiwan history. We can understand the early years of the northwest traditional

* Master's student, Department of Chinese Literature, National Chung-Hsing University.

coastal fishing villages, and realize how fishermen's works and family relationship through the ballads. This research points out that a close relationship between fisherman and ocean could found in ballads. The ocean connects fishing village's economy and daily life in reality. On the other hand, it becomes an important place where fishermen can express their feelings and minds in the emotional aspect. Therefore, this thesis will focus on "one boat" types of Taiwanese sea ballads, and explore the meaning of fishing village cultures and fishermen's memory, and explain the relationship between sea and human.

Keywords: ballad、marine culture、fishing village culture、collective memory

一　前言

　　民間歌謠所帶有的趣味性較多，歌詞也更趨近通俗。透過歌謠題材及內容的呈現，不僅反映了不同時期的社會風貌與民情，亦可從中顯明當時社會的普遍價值觀。臺灣作為一個海島，在歷史、族群、信仰等層面都與海洋緊密相依，海洋題材亦成為文學創作中的另類寄託，這樣的創作傾向也展現於歌謠之中，融入了海洋題材與特色的歌謠，除呈現當時社會的實際面貌，也展現了人們對於大海的幻想，並藉由這些想像抒發個人情志。

　　然而，臺灣的歌謠受族群多元的影響，又可分為原住民歌謠、閩南語歌謠、客家歌謠等數種，而在臺灣的閩南語歌謠中，有一類歌謠在眾多海洋題材中反覆出現，其採集地區多集中於北部，如宜蘭縣、桃園市等地皆有採錄，亦有部分採集於苗栗縣；而隨著此類型歌謠由北向南傳播，其歌謠的內容與題材也隨著地域的不同，融入各自的地方特色。值得注意的是，此類型歌謠雖然因地理位置與地方特色而有所異同，然整體觀之，可以發現其皆反映了早期臺灣西半部沿海地區的漁村文化，自個人、家庭擴及至整個漁村；甚至在部分唱述中，海洋的特質在歌謠中被放大、強化，不再只是單純的景物，而與人們的情感呼應。從中亦揭示了人海關係中，除了現實生活中人與海的依存、仰賴關係，在情感發抒上，海洋也成為人們歌詠、抒情的重要場域。

　　漁村社會受到地理位置的影響，在風俗習慣、政府政策、家庭情感等層面皆與海洋息息相關，此種親密的人海關係也致使漁村社會形成了特有的文化與價值觀。隨著科技日新月異，傳統漁業也逐漸受到取代，自早期的捕魚、載貨，轉而受政府政策的影響，或轉為鹽田產業，或改以養殖漁業；而曾經輝煌一時的漁港，如今也都走入歷史，不復存在。雖然這些文化已逐漸式微，但仍有部分保留於歌謠之中，而透過歌謠材料的研究，便能再次將此一群體曾共通經歷過的歷史和集體記憶，再次展露於世人面前。

　　目前學界關於閩南語歌謠的研究中，對於海洋題材的研究較少，涉及漁村文化的論題也多聚焦於漁村轉型、改造等個案部分，較少針對集體記憶等

概念進行探究，亦缺乏與歌謠的關聯性。故本文研究範圍聚焦於臺灣地區的閩南語歌謠，以各縣市政府、文化中心所出版之閩南語歌謠集為主要的研究材料，自「一隻船仔」類型歌謠中，探討此十四首歌謠中的漁村文化，嘗試從漁村文化的角度理解「海洋」與人的關係，亦從中探究此文化背後所附帶之漁民記憶。

二　情志的內涵

歌謠因其口傳的性質，容易受時空與記憶的影響而難以保存，卻也正是因為此項特質，使得歌謠留存意義更顯珍貴。一首歌謠的形成，即便是歌者即興所起，也必然是心有所感而自然表露，[1]如同朱介凡《中國歌謠論》所述：

> 每一首歌謠的形成，無有不是觸景生情，出口成章，即物起興。它是大眾即興體的製作，很富傳統性，而有不斷推陳出新的創造過程。……把握到歌謠的意興與韻律，一首歌謠始能琅琅上口，富有感染力量，讓人家聽了，立即引起共同情趣而傳述下來。[2]

歌謠的形成，無論創作目的出於有意或無意，皆具有一定的功能性，[3]這些功能並不截然獨立而是彼此混同，故歌謠通常兼具數種功用，然最主要的功能仍以娛樂與抒情為主。[4]此種特質也展現於「一隻船仔」類型的歌謠中，正是因為此類歌謠呈現了某一時期臺灣漁港、漁村中的現況，揭露了此

1　臧汀生，《臺灣閩南語歌謠研究》（臺北：商務印書館，1980年），頁5。

2　朱介凡，《中國歌謠論》（臺北：中華書局，2019年三版），頁59。

3　「歌謠之創作，大體可區分為有意的與無意的兩種，所謂有意的即是創造一首歌謠之前，已存有欲藉此表達某種目的之念頭；所謂無意的即是心有所感，隨口而出。有意者，如政治、商業、教育等功用屬之。無意者，如抒情、娛樂等作用屬之。」參見臧汀生，《臺灣閩南語歌謠研究》，頁54。

4　臧汀生，《臺灣閩南語歌謠研究》，頁80。

時期漁民在工作、家庭、情感等層面中，共同擁有、經歷過的日常生活或漁村文化中的民俗、習慣，其甚至成為一種反映漁村生活面貌的史料：

> 這裏有他們對於漁政的憤嫉，有他們對於漁業的嫌惡，有他們對於航海、漁撈、生活、氣象、潮汐的經驗；至於他們的境遇，他們的生活，他們的風俗，他們的紓情，他們的哀樂，這裏都有。[5]

歌謠反映了漁民生活與情感，亦乘載了漁民們的部分記憶，這些記憶除了在思想與價值觀上相似，更是僅屬於臺灣沿岸漁民的共同記憶，此種記憶又可稱作集體記憶（Collective memory）。[6]其以語言為基礎，聯繫整個社會的思想與習俗，重構了這些群體曾經共同擁有的事實與回憶。[7]而藉由「一隻船仔」類型歌謠的探討，歌謠成為記憶的媒介，我們得以自歌謠內容探析早期沿岸漁村中的日常現況與傳統習俗，理解在漁村工作型態與家庭關係下，漁民在個人、家庭乃至於社會框架下的情感展現。

在「一隻船仔」類型歌謠中，其首句多以「一隻船仔……」為開頭，描述船隻外型及特徵，並藉由船隻的種類對應其功用，自漁村社會中的工作型態，反映漁村經濟的來源和家庭關係。而在此類圍繞漁村日常題材的創作下，歌謠不僅記錄了漁民的現實生活，甚至成為漁民們發抒個人情志的重要場域，因而在「一隻船仔」類型歌謠中，又可依其情感內涵分為兩類，以下將依序論述。

（一）由船隻形貌延伸的人物性格與個性

在此類歌謠中，除了純粹情感的表露，亦有將情感結合船隻形貌，用以

5　朱介凡，《中國歌謠論》，頁476。

6　「個體通過把自己置於群體的位置來進行回憶，但也可以確信，群體的記憶是透過個體記憶來實現的，並且在個體記憶之中體現自身。」莫里斯·哈布瓦赫著，畢然、郭金華譯，《論集體記憶》（上海：人民出版社，2002年），頁71。

7　莫里斯·哈布瓦赫著，畢然、郭金華譯，《論集體記憶》，頁290。

延伸、指稱人物的言行與性格，並透過不同的船隻意象強化特定人物的形象特質，此類意象之運用除反映船之於漁民的現實意義，也暗示了船不僅僅是漁民們賴以維生的重要用具，其更成為漁民寄託情感的象徵。因而在歌謠之中「船」的意象受到深化，並用以指稱人物的性格與個性：

> 一隻船仔頭彎彎，茶箍毋買卜買礬，阿娘疧勢顧人怨，攔有奸臣佇咧kuan1。[8]（《大溪鎮二》，頁154。）

收錄於大溪鎮中的版本中，其即以船頭「彎」的特質，扣合小人說話喜歡兜圈、不直接明說的行為，並藉由歌謠中「茶箍」和「明礬」的對比，帶出下一句妻子因外貌不揚而受到的批評。「茶箍」即為肥皂的意思，而明礬則是一種用以清潔的洗劑，肥皂與明礬雖然功用相近，然而肥皂作為一種商品，其與單純的洗劑並不相同，外觀、價格上亦有所差異，此處則將肥皂與明礬用以對比女子的面容，用以突顯話語中對女子容貌的嘲諷之意，並於最後一句歌謠中點出此話出自於小人們的嘴中。而船隻「彎曲」的意象，則呼應了小人調侃、諷刺他人時，言語上「彎」的特質，並藉由小人口中對於肥皂和明礬的對比，強化此種尖酸刻薄、挑撥離間的行為。類似的意象運用亦有聚焦於其他船隻形貌上：

> 一隻船仔頭峭峭，這爿划槳雙爿搖，知哥阿娘得人惜，攔有奸臣佇咧燒。[9]（《大溪鎮三》，頁196。）
> 講一隻船仔是頭峭峭哦，這爿e0划槳彼爿搖哦，講庄中掠姦是人愛笑，毋關e0雞母拍鷗鴉哦。[10]（《蘆竹鄉二》，頁102。）

上述所使用的船隻意象雖然與「彎」的特質相近，皆強調小人言語中的諷刺、嘲諷，然而此處則以船隻首尾兩端尖形的特色，以「尖」來扣合小人

8　胡萬川主編，《大溪鎮閩南語歌謠》第2冊（桃園：桃園縣文化局，2005年），頁154。

9　胡萬川主編，《大溪鎮閩南語歌謠》第3冊，頁196。

10　胡萬川主編，《蘆竹鄉閩南語歌謠》第2冊（桃園：桃園縣立文化中心，1999年），頁102。

言語的尖銳、不留情面，同時輔以漁民划船時，船槳與海浪所激起浪潮及船身晃蕩的情景，結合歌謠中所指小人的行為，使小人挑撥、混淆是非的形象更為鮮明。然而，在此三首歌謠唱述中，便透過妻子和小人作為主要唱述對象，呈現了女性身處漁村社會中的困難面。其歌謠的內容可分為兩種，一為他人對於妻子外貌的主觀批評，一為妻子出軌的道德批判；如收錄於大溪鎮的兩個版本中，其便藉由船隻「彎」、「尖」的意象，暗指小人包藏在話鋒下的惡意與言談間的銳利措辭。

然而在蘆竹鄉的版本中，船隻代表的並非小人，而專以指稱道德瑕疵的女性，歌謠中更化用了臺灣閩南語中的俗諺「雞母毋關打鴟鴞」，此諺語用以諷刺農民未將母雞放置於籠子或雞舍中，而任由母雞在外四處遊走，若農民所飼養的母雞因此遭到老鷹的捕獵，便也是咎由自取。而此處則將母雞比喻為漁民之妻，老鷹則指妻子的出軌對象，據此嘲諷男子無法顧及妻子，而致使妻子私德敗壞的情形。

從上述歌謠中對於漁民妻子外貌、行為等批評中，不難發現其與漁村生活的關聯性，正是因為漁村中的男性工作多以捕魚、載鹽、運貨維生，這些工作需要長途奔波，因而漁村社會中的男性多因工作原因無法兼顧家庭，間接導致了妻子與丈夫間產生的猜忌，抑或是婆媳之間的對峙等，然而在這類譴責妻子的歌謠中，其也反映了漁民工作的風險性。漁民的工作性質仰賴自然環境，而自然的難以預料與人為疏失容易導致船難發生，從而導致部分漁村家庭的離散，故喪偶婦女在漁村的處境便顯得相當艱困，除了經濟上的失衡，在情感上也容易招致他人非議，因而在歌謠中存在此類批判妻子的題材。

（二）直抒人物的情感

此類歌謠除以船隻意象來傳達、強化特定意涵與價值觀，亦有發抒個人情感，專以抒情為主的內容，如表露對於家人、朋友間的思念之情：

一隻船仔烏目睭，我手舉雨傘介通遊，呰久無看親朋友，心肝若帶煩是無清幽。[11]（《苗栗縣》，頁40。）

一隻船仔四支杉，卜載阿君落下南，落去南底住三暗，阮厝父母得毋甘。[12]（《蘆竹鄉七》，頁194。）

　　上述兩首歌謠內容、形式雖不相同，然二者皆運用了船隻特色作為開頭，苗栗縣的版本延伸船首兩旁雕繪的眼睛，以此表露對於朋友久未相見的惆悵情感；蘆竹鄉的版本則自船隻的結構點出舢舨船的特色，並透過女子的唱述角度傳達妻子、家人對於外出男子的牽掛和相思之情，此種家人間深厚情感的展現，除透過女子口吻呈現，亦存有漁民個人的唱述。如以下兩個版本中，其歌謠內容相近，皆以漁民的捕撈工作為主要題材，然而在唱述角度上則有所差異：

一隻船仔頭紅紅，卜去外海釣赤鯮，釣著一尾斤外重，卜予阿君食輕鬆。[13]（《蘆竹鄉》，頁196。）

一隻船仔e0頭敨敨，卜去外海啊卜撩魚，釣著一尾二斤四啊，轉來予娘仔食開脾。[14]（《大園鄉》，頁36。）

　　在兩首歌謠中，分別透過漁民與漁民之妻兩種不同的角度，呈現子對母、妻對夫的兩種情感表述。自女子的闡述中，其藉由對於丈夫工作的想像，希冀丈夫捕魚工作順利，同時也指出所補的魚種為「赤鯮」。「赤鯮」為臺灣東北部海域中高經濟價值的其中一種魚種，其分布範圍廣泛，除東部因為沿岸地形受制，全臺海域幾乎皆能捕獲。[15]而在大園鄉的版本中，則以男

11 胡萬川主編，《苗栗縣閩南語歌謠集》第1冊（苗栗：苗栗縣立文化中心，1998年），頁40。

12 胡萬川主編，《蘆竹鄉閩南語歌謠》第7冊，頁194。

13 胡萬川主編，《蘆竹鄉閩南語歌謠》第7冊，頁196。

14 胡萬川主編，《大園鄉閩南語歌謠》第1冊（桃園：桃園縣立文化中心，2000年），頁36。

15 彭敏，《台灣東北部海域赤鯮生殖生物學之研究》（基隆：臺灣海洋大學環境生物與漁業科學學系碩士論文，2007），頁2。

子對於自身工作的期許，期盼能夠擁有豐收的漁獲以奉養年邁的母親。在歌謠氛圍上，兩首歌謠皆以對於捕魚工作的期許來傳達情感，一為妻子對於丈夫工作辛勞的疼惜之情，一為討海人身為人子渴望敬孝的誠心。透過兩種面向與情感的呈現，其揭示了漁村社會下，漁民們的經濟、交通深受海洋影響，水運遂成為漁民生活中的重要日常，然而水運交通雖然便捷，卻不似今日網絡傳遞的迅速、即時，故漁民家庭中，無論是漁民的父母親或伴侶，抑或是漁民自身，當面對親人的遠行時難免感到擔憂與掛懷，此種擔憂其表露了親人間的緊密情感，也強調了河、海的危險性質：

> 一隻船仔是兩支篙，攔卜載外海是來彳丁，外海發泳是咍無薄，這條哪性命啊呀為伊無。[16]（《苗栗縣》，頁38。）

上述歌謠中則顯明了海洋難以預測的特質，藉由划船至外海遊玩而喪命一事，以沉痛的口吻感嘆、告誡海洋的危險性，此中也反映了海難事故的頻繁。海難發生的原因眾多，我們難以預料大海所潛藏的危機何時發生，因此在「一隻船仔」類型歌謠中亦存有許多強調、警惕大海的歌謠題材。

綜上可知，此類歌謠的情感內涵雖不盡相同，或感嘆、告誡海洋的危險性，或用以抒發對於親人、朋友的想念之情，然整體情感的發抒仍建立於漁村文化、漁村社會的一環之中，而透過此類歌謠的探討，不僅有助於理解早期沿岸漁民的情感表述，透過船隻意象、情感意涵的探討，其亦保留、紀錄了當時人們的記憶與現況。

三　水運貿易

臺灣的河流受地形影響，多為東西走向且坡陡流急，在氣候上則因冬夏兩季易受影響，導致冬季河流乾涸等情形；因而來往臺灣的商船、大型漁船在靠港時需要更換小船才可靠岸，如耿慧玲〈船戶公約碑中所記錄臺灣海峽

---

16 胡萬川主編，《苗栗縣閩南語歌謠集》第1冊，頁38。

的船〉便曾談及西部沿海的船隻與地形關係：

> 臺灣因為西海岸海底地形較淺，大船無法靠岸，必須利用小型船隻接
> 駁上岸……由《臺灣志略》的記載中，可以看出臺灣西海岸有許多種
> 不同的小型船隻，行駛在臺灣西岸各個港口之間，除了原住民所使用
> 的獨木舟外，尚有八種船隻航行在臺灣西岸各港口之間。[17]

　　臺灣西海岸的地形致使船隻在駛入時必須轉乘小型船隻，並藉由小型船
隻載人、運貨。此類特色除反映於小型船隻的種類上，亦可自北部水運貿易
的集散、來往中得知：

> 台北的物產由小船利用新店溪、大漢溪、基隆河，運到艋舺、大稻埕
> 加工打包，再利用淡水河送到淡水轉大輪船出口，而外國產品也以反
> 方向賣到台北各地；淡水成為貨物集散的轉口中心，並在清末成為全
> 台最大的國際港。[18]

　　雖然臺灣在荷據時期、鄭治時期便有通商往來的記載，然正式開放通商
口岸且有大量漢人來臺開墾卻是清治時期，[19]在歷史與地理因素的影響下，
小型船隻成為臺灣沿海、河流的主流運輸工具，而在「一隻船仔」類型的歌
謠中，其便記錄了西北沿岸水運的輝煌時期；無論是用以載鹽的尖頭船，亦

---

17 耿慧玲，〈船戶公約碑中所紀錄臺灣海峽的船〉，《人文與社會學報》第1卷第8期
　　（2006.7），頁73。

18 「淡水河早期所具備的航運之利，促成了台北盆地內新莊、艋舺、大稻埕的興起，河
　　系支流的物產商品集散之地，也形成小型沿河市街，如大料崁溪（大漢溪）流域的大
　　料崁、三角湧、新莊、板橋；新店溪流域的新店、景美、石碇；基隆河流域的瑞芳、
　　暖暖、水返腳、錫口等；淡水河本流的艋舺、大稻埕等。」參見戴寶村，《台灣的海洋
　　歷史文化》（臺北：玉山社，2011年），頁141。

19 「清代大陸與臺灣間航運在康熙二十四年（一六八五）以後逐漸發展。隨著臺灣西部
　　沿海地區由南至北的開發，南部的鹿耳門、中部的鹿港、北部的淡水等港口因帆船的
　　往來而繁榮。……加上清代初期因臺灣人口稀少，還屬開放中的緣故，由大陸，特別
　　是福建及廣東東北部沿海地區『偷渡』，或被稱之為『偷渡過臺』者大量增加。」參見
　　松浦章著，卞鳳奎譯，《清代臺灣海運發展史》（臺北：博揚文化，2002年），頁24。

或是活躍於淡水河水系的紅頭船，透過歌謠為媒介，再次重構了臺灣水運繁榮時期的面貌，自漁民記憶中重現當時漁民的生活情景，亦乘載了漁民的情感發抒與感歎：

> 一隻船仔頭紅紅，載米載粟落基隆，阿娘仔吩咐十數項，大船若破揣無儂。[20]（《員山鄉》，頁75。）

上述歌謠中所指稱的應為「紅頭船」，屬戎克船的一種，亦為臺灣河運時主要的交通工具，在陳國棟〈淡水河的適航性與淡水河系的船隻〉中曾論及紅頭船的由來、外貌與功用，[21]紅頭船又可稱為「紅頭仔」，其船名得自於其船首的塗裝為紅色，且於左右船首雕有眼睛，故稱為「紅頭船」。紅頭船多用於載貨、運貨。除了紅頭船，當時亦有專門用來捕魚的捕魚船，又稱為「雙槳仔」[22]，亦可視為小型的紅頭船。雙槳仔不僅能夠用於捕魚工作，亦可在特定距離下載客。[23]而收錄於宜蘭員山鄉的歌謠中，透過紅頭船運貨一事與漁民口吻，帶出當時船運興盛的背景，也點出背後所帶有的風險性，若在轉運貨物過程中遭逢海難，不僅性命難保、生意也將因此失敗。[24]然而，在桃園市採集、收錄於蘆竹鄉的「一隻船仔頭紅紅」卻呈現了與員山鄉不同的漁村文化，這可能也與兩者的地理位置相關。員山鄉位於臺灣東北

---

20 黃鴻禧主編，《員山相褒歌》（宜蘭：宜蘭縣員山鄉公所，2002年），頁75。

21 「清朝從雍正年間起開始規定船頭塗裝的顏色，廣東船船舷側塗紅，故稱為「紅頭船」；福建船船舷側塗綠，故稱綠頭船。……淡水河的河船並沒有定制的塗裝，但如國分直一或夏士德所見，船艏舷側塗裝的一部份確實為紅色，從而被稱作紅頭船吧！」參見陳國棟，〈淡水河的適航性與淡水河系的船隻〉，《淡水史學》第30期（2018年9月），頁97。

22 「當只有小型紅頭船存在的時際，「紅頭船」的叫法也就退流行了，連「雙槳船」的名稱也少有人用，因為已經動力化，使用推進器了。不知道打從何時起，人們不再把它們叫做雙槳仔而改稱「三板」，現在更寫成「舢舨」。「舢舨」相應於西方文字的"sampan"，用於指稱亞太地區的小型船隻，而構造與外觀往往隨地差異。」參見陳國棟，〈淡水河的適航性與淡水河系的船隻〉，頁101。

23 陳國棟，〈淡水河的適航性與淡水河系的船隻〉，頁97。

24 黃鴻禧主編，《員山相褒歌》，頁75。

部,而員山鄉的湖北村為早期臺灣貨物北上基隆的起始點;[25]蘆竹鄉則位於臺灣西北部,地理位置的差異也促使兩個區域的「一隻船仔頭紅紅」有了內容上的不同。

水運貿易的頻繁,也促使兩岸藉由貿易換取所需物資,[26]而鹽亦為臺灣人民所需要輸入的物資之一,如《淡水廳志》便曾提及淡水鹽的往來運輸:

> 淡水鹽由臺灣府瀨北、瀨東場買運,歸廳行銷。[27]

清代鹽政沿襲明代實施的商專賣制[28],由政府、鹽商共同處理鹽業事務,淡水鹽業亦反映了當時商專賣制的部分面貌。淡水雖不產鹽,然鄰近的虎仔山[29]卻有產鹽的記載:

> 「府志」云:淡水無鹽埕,近如廳西南五里許之虎仔山,民自試煎曬,年可得鹽二萬於石。同治六年,臺灣道吳大廷議歸官辦;因曬本有限,銷路未暢,遂為竹塹館之累。[30]

---

25 黃鴻禧主編,《員山相褒歌》,頁75。

26 「清代大陸與臺灣間航運在康熙二十四年(一六八五)以後逐漸發展。隨著臺灣西部沿海地區由南至北的開發,南部的鹿耳門、中部的鹿港、北部的淡水等港口因帆船的往來而繁榮……而臺灣又如各書所記:「土壤肥沃」,擁有豐富的農產及海產資源。為獲取這些農業特產及海產品,由中國大陸各地裝載臺灣人需要的日用品、紙布類、木材等之帆船往來臺灣各口岸。特別是對岸的福建省,主要是為臺灣產的米穀,其他各地則裝載砂糖、茶等返航。」參見松浦章著,卞鳳奎譯,《清代臺灣海運發展史》,頁24。

27 清・陳培桂,《淡水廳志》(南投:臺灣省文獻委員會,1993年),頁108。

28 「明萬曆四十五年,兩淮鹽法梳理道袁世振以積引日多,乃師劉晏綱運遺意,創行『綱法』,疏銷積引,分年派銷,將商人所領鹽引,編設綱冊,分為十綱,每年以一綱行積引,九綱行現引,依照冊上窩數,按引派行,凡綱冊有名者,據為窩本,綱冊無名者,不得加入。商人得專引岸之利,專商之制,蓋源於此。」參見曾仰丰,《中國鹽政史》(北京:商務印書館,1998年),頁21。

29 虎仔山為今新竹市香山區的虎山社區。俗稱罟仔寮,疑其虎由罟訛傳而來,山則源自於往昔此地鄰海,附近有許多小砂丘,因而稱之虎仔山。參見周浩志等,《新竹縣志:續修【民國四十一年至民國八十年】卷二地理志》(新竹:新竹縣政府,2008),頁578。

30 清・陳培桂,《淡水廳志》,頁109。

類似的記載亦可見於清代唐贊袞《臺陽見聞錄》：

> 臺灣鹽務，場產不足，半由內地運售，名曰「唐鹽」……初於鳳山縣
> 屬濱海產鹽地，由民自曬、自賣，價每不平。雍正四年，議歸臺灣府
> 經管，於臺灣、鳳山二縣設場四：曰瀨北，曰瀨南，曰洲南，曰洲
> 北，共築鹽埕兩千七百餘格。……淡水所屬虎仔山，亦產鹽；惟所出
> 不多，尚須臺南配運。[31]

綜上可知，臺灣雖設有鹽場，但產量並不高，故臺灣的鹽半為中國進口，半為自產。臺灣鹽田多集中於西南部，北部的鹽則多仰賴中國、臺灣南部運入，僅少部分取自鄰近的虎仔山鹽田，由於北部鹽田產量有限，也致使「載鹽」成為西北沿岸水運中的重要項目之一，此類特色亦可見於歌謠之中：

> 一隻船仔頭尖尖，卜去外海去載鹽，娶著水某驚人佔，褲帶拍開結相
> 連。[32]（《龜山鄉》，頁16）
> 一隻船仔雙頭尖，卜去外海去載鹽，娶著媠某驚人佔，褲帶不時結相
> 黏。[33]（《龜山鄉》，頁194）
> 一隻船仔雙頭尖，卜去外海載白鹽，娶著水某驚人佔，不時褲頭結相
> 黏。[34]（《大園鄉》，頁38）

上述三首歌謠的形式、內容相近，僅字詞使用上有些微不同，如龜山區所收錄的兩首歌謠中，有一隻船仔「頭尖尖」、「雙頭尖」二種版本，而龜山區中的「褲帶」在大園區中則轉為「褲頭」；內容上三個版本則無較大區別，皆描述了漁村生活中，丈夫因工作原因不得不長期在外，擔憂無法常伴妻子的心境。[35]歌謠中除提及船隻「尖頭」、「雙頭尖」特色，亦透過「外

---

31 清・唐贊袞，《臺陽見聞錄》（臺北：臺灣大通書局，1987年），頁66。
32 胡萬川主編，《龜山鄉閩南語歌謠》第1冊（桃園：桃園縣政府文化局，2005年），頁16。
33 胡萬川主編，《龜山鄉閩南語歌謠》第3冊，頁194。
34 胡萬川主編，《大園鄉閩南語歌謠》第1冊，頁38。
35 「褲袋結相黏」意同如影隨形。參見胡萬川主編，《龜山鄉閩南語歌謠》第三冊，頁
　　194。

海」、「載鹽」、「白鹽」等詞，點出漁村社會中的水運工作。此處雖未言明船隻的種類，但透過歌謠中所形容的船隻特色與功用，以及採集地之位置，[36] 可推測此處所指的尖頭船應為北部水運興盛[37]時期所使用之漁船，而臺灣因為地勢與地形關係，除與中國貿易往來的商船，也有專門使用於岸邊的船隻，此類船隻又稱為「垵邊船」。[38]

　　從歌謠中的唱述可以發現，沿岸漁民的經濟工作除仰賴捕撈漁業，水運工作也成為漁村重要的經濟來源之一，然而，即便漁民與海洋之間的關係深厚，卻也改變不了大自然難以預測的特性。海洋既聯繫經濟，同時也宰制著漁民的命運，在「一隻船仔」類歌謠之中，可以發現關於親人對於出海人、載貨者詳細叮囑等情節，或以母親口吻表露擔憂，或強調海洋所具備的危險性以警示，無論其內容為何，背後皆隱含了兩個主要的意旨：漁民經濟與船難情形。早期漁民的經濟來源以捕撈漁業和運貨為主，偶爾兼有擺渡等事務。然而，漁民的經濟狀況並未與當時的水運貿易發展成正比，漁業工作因其特殊性質，僅靠漁民個人難以處理魚類生產、銷售等繁瑣的項目，需透過漁商、漁行從中協助：[39]

　　　　漁業幫會組織與其他行業的幫會類似，主要為避免同業競爭，限制同

---

36 現桃園市所屬的龜山區、大園區於清領時期歸屬淡水廳，兩區皆位於臺灣西北沿岸，鄰近淡水河水系。淡水河流域廣佈，加上其位置貫通內河與外海，且全年水量豐沛，因而淡水河於清領時期、日治時期水運發展興盛、貿易往來頻繁。直至戰後水庫的建設及鐵路軌道的鋪設，淡水河河運遂逐漸式微。參見王世慶，《淡水河流域河港水運史》（臺北：中央研究院中山人文社會科學研究所，1996年12月），頁124-125。

37 淡水的水運貿易可追溯至荷據時期（明崇禎17年），後經明鄭、清領時期的開墾，自淡水河流域朝三大支流發展，隨著村落的形成，其也帶動淡水河內陸與河港的發展。參見王世慶，《淡水河流域河港水運史》頁31-32。

38 「包括篷仔船、杉板頭船、一封書船、頭尾密船。這些船隻本限於沿岸販運，但利之所趨，其中較大型的篷仔船及杉板頭船，每每利用南風，由北港、鹿港逕渡廈門、泉州，名曰『透西』。」參見戴寶村，《台灣的海洋歷史文化》，頁95。

39 「清代的商郊，除了經濟性事務以外，也修橋鋪路、辦理社會救助、排解糾紛、主持社會公義。在那個時代裡，政府政策無法保護漁民，漁民為了生存，必須依附行會組織。」參見戴寶村，《台灣的海洋歷史文化》，頁49。

業人數，維持產品價格，互相支助救濟。但是，原本屬於民間同業自
發性的組織，實際上常被地方惡勢力把持，甚至與不良官吏相互勾
結，剝削漁民。[40]

　　漁民的經濟來源必須透過漁商作為第三方仲介進行，但漁商的制度並不
完善，加上官吏勾結等情形，導致漁民的收入受到層層剝削。除了經濟上的
困難，漁業工作也因其風險常有海難事件發生，海難事件若發生於水運途
中，不僅損失貨物，甚至會因此失去性命。在松浦章《清代臺灣海運發展
史》中便曾論及《臺灣日日新報》中臺灣與大陸間帆船貿易的來往，其中亦
反映了海難事故的頻繁，[41]海難事故的原因繁多，大部分以天災居多，如前
文所提及臺灣西部沿岸地形特殊，大船如欲靠港需轉乘小型船隻方能入港，
亦須等候海關檢查貨物，倘若此時遭逢狂風便容易發生海難，文獻中亦有部
分船隻因貨船遭到海盜打劫而受損之例。漁民的工作性質特殊，除了必須適
應海上生活的辛苦，亦須依附漁商以利船隻租借、漁貨販售等項目進行，因
而漁民實際收到的薪水並非其真實收入，而是經過漁商或當地幫派勢力的剝
削；漁民的工作不僅辛勞，更具有極高的風險性，也因此在歌謠中的唱述
裡，我們能夠感受到漁民對於工作的擔憂與無奈，甚至在部分歌謠中融入細
微的戲謔成分，在抒發漁民情感的同時，也展現了其於生活中的幽默。

　　值得注意的是，在「一隻船仔」類型歌謠中，其內容中雖無直接提及家
庭關係，但自漁民工作的唱述與情感層面的發抒，亦描摹出當時臺灣移民社
會時代的家庭組成。臺灣歷經鄭治時期後，回歸於清朝版圖，但清代初期朝
廷對於臺灣的治理消極，即便頒布渡臺禁令，仍有許多百姓偷渡至臺灣，而
獲准來臺的人民，也須遵守規定，不可攜帶家眷渡臺。[42]直至清代中後期渡

40 戴寶村，《台灣的海洋歷史文化》，頁48。

41 松浦章著，卞鳳奎譯，《清代臺灣海運發展史》，頁40-46。

42 「這些規定雖然時寬時嚴，但終究未能在一八七五年前解除。因此，在開放之前，偷
渡的風氣非常盛行，甚至有人專門經營載運偷渡客的生意……清廷的渡台禁令，對眾
多的偷渡者而言，並不具有威嚇作用；當時台灣的移民，絕大部分是偷渡而來」參見
至戴寶村，《台灣的海洋歷史文化》，頁68。

臺禁令解除後，清廷才正式開放百姓來臺開墾，由於臺灣移民的性別比例失衡，以致男性人數遠高於女性，而這些來臺的未婚男性大多來自閩粵地區，聽聞臺灣物產豐饒而渡海來臺發展，由於臺灣地區移民多來自不同區域，各區域間又分派系而各為利益爭奪，這些渡海男性皆隻身來臺，並無家室負累，加上年輕氣盛，因而械鬥事件頻繁。清代唐贊袞便曾於《臺陽見聞錄》中稱「臺俗性剛易動，往往睚眥之仇，報而後快。[43]」歌謠中雖未提及械鬥事件，然在家庭關係上，漁村家庭中的男子因工作關係而長期在外，因而面對與妻子的分離，而有「娶著水某驚人佔，褲帶拍開結相連」的擔憂與不捨，其亦反映了當時移民背景中，男女性比例失衡的問題。然而，在圍繞漁民日常的歌謠之中，亦涵蓋了對於妻子情感不忠的道德批判，並將原因歸結於男子因工作在外，而無法顧及家庭，以致妻子敗壞私德。透過歌謠歌謠內容的對照，不僅突顯男女性別問題於當時的嚴重性，亦再次帶出漁民工作下，無法兼顧經濟與家庭的悲嘆。

隨著歌謠的流傳，其內容也受到各地族群、地理位置等因素而有所影響，融入了不同漁村社會的文化、習俗與價值觀，藉由歌謠意涵的探討，我們可以得知在臺灣西北部帆船貿易盛行時期，水運成為了臺灣主要運行貨物的往來的交通方式，除了中國、臺灣兩岸的貿易，臺灣本島的沿岸亦具備發達的水運通道，以方便將貨物集中運輸至淡水、基隆等港口，然而大眾所廣為人知的，多為淡水河水運的繁榮盛景，同一時期的香山港、[44]南崁港等港口，亦曾活躍於當時，卻較鮮為人知，這些港口中的漁民們隨著歲月的流逝而逐漸受到遺忘，但歌謠卻保存了他們存在過的記憶與情感，呈現了臺灣早期沿岸漁村的多元型態。

透過歌謠的呈現，除了能理解大時代背景下，帆船貿易所帶來的龐大金

---

43 〔清〕唐贊袞，《臺陽見聞錄》，頁145。

44 又名鹽水港，位於現今新竹市區的西南方朝山里一帶，目前已淤積。清朝嘉慶、道光年間港務興盛，為當時貨物的集散港，後因泥沙淤積而漸漸陸化，日治初期已失去航運功能。參見張永堂總編纂，《新竹市志》卷四經濟志・下（新竹：新竹市政府，1950年），頁991。

流與需求，其也呈現了當時臺灣移民對於臺灣的嚮往與渴望，甚至不惜犧牲性命也期盼能夠換取夢想成真的奮力一搏。然而，現實並不盡然美好，羅漢腳一詞的出現，代表著這些懷抱夢想卻又在現實中殞落的年輕渡海者，最終成為滋事械鬥的一員。集體記憶反映了社會某一特定時期的時代氛圍與經歷，正因為站在漁民群體記憶的基礎上，我們得以自漁民的共有記憶中，一窺北部水運興盛時期的風貌。無論是北部淡水河、港的繁華與便利，抑或是虎仔山鹽田的興起與落幕，其皆印證了在汽船、輪船取代傳統船隻前，大航海時代下帆船貿易的興盛背景，其亦大幅影響了中國與臺灣的水運來往。

　　隨著鄭氏政權的消亡，清代至日治時期之間，中國船、戎克船的傳入也使臺灣的船隻種類更為繁多，儘管這些古籍、文獻中所記載的船隻大多已失傳，或逐漸被汽船、輪船等動力船所取代，然而在舢舨船、紅頭船等小型船隻遍佈、盛行的年代，不同的船隻所活動的區域並不相同，且臺灣南北沿岸所使用的小型船隻也有所差異，這些差異也致使臺灣早期沿岸漁民的生活展現多元的樣態。藉由歌謠，我們得以重現臺灣歷史中特定時期的社會發展狀況，並自其社會背景聚焦於特定族群之中；在這樣的背景框架下，歌謠中所強調的內容不僅反映了漁民社群的生活面貌，甚至成為漁民表露情感的場域，聚焦、保留了漁民生命中的重要記憶。

四　漁村生計

　　在「一隻船仔」類型歌謠中，其揭示了北部水運的發展，亦透過特定船隻的功能呈現了不同地區的漁村文化。隨著時代的更迭，這些早期的沿岸船隻多已消失蹤跡，即便是現今所見的舢舨船，也多經過動力化的改良，僅少部分區域尚可見到無動力舢舨船。臺灣沿岸船隻的傳入、廣佈與臺灣早期北部的水運背景息息相關，然而政府的施政與科技變革不僅影響臺灣水運貿易的走向，亦直接的影響了漁民的生計。

　　臺灣北部水運的發展最早可追溯至荷西時期，然淡水港卻是在天津條約

簽訂後開放，[45]淡水港的正式開港促使大量的商船來往，淡水河系流域亦支撐起北部水運蓬勃發展的基礎，成為貨物集散中心，藉由小型船隻的運輸往返，歌謠中所述及的尖頭小船、紅頭船等即為北部水運時期所使用的船隻，此類歌謠的出現亦印證了當時北部河港的興盛與繁榮。[46]直至一八九五年中國簽訂馬關條約，臺灣歸入日本統治後，日本總督府實施海禁政策，試圖斷絕臺灣與中國的貿易聯結，並強化臺日間的貿易往來，在海運、交通政策等方面也進行一定的改革：

> 日本殖民治台之後，則陸續設立郵便航線、命令補助航線、自由航線
> 等，聯繫東西岸與離島地區，發揮相當重要的交通功能。之後，西部
> 地區的沿岸航運，隨著鐵路的興建與陸路交通的改善，重要性逐漸下
> 降；但東海岸花東地區與離島海運，則長期扮演著重要角色。[47]

　　日本政府大力修建臺灣的鐵路，雖大幅改善臺灣的陸路交通，卻也促使原先由於臺灣陸路不便而興起的沿岸水運受到取代。除了陸地交通的改變，蒸氣輪船的出現也為帆船貿易帶來巨大的影響，加速了帆船貿易的沒落。蒸汽輪船於清代末年便已用於與中國、臺灣兩方貿易的往來中，[48]至日治時期汽船的使用則更為普遍，甚至在貿易上超越了帆船貿易。然而，真正導致淡

---

45 「在清康熙廿二年，施琅攻台成功，次年將台灣又歸納清廷的版圖中……直到咸豐八年（1861），英法聯軍之後所訂立的天津條約，開放淡水港。」參見呂里德等，《淡水河之歌》（臺北：時報文化，1998年），頁11-12。

46 「咸豐十年（1860）淡水開港，滬尾為通商碼頭以後外商雲集，內港之進出口港埠亦由艋舺擴展到大稻埕，北部特產茶、樟腦成為最大宗的出口貨品……內陸河港對艋舺、大稻埕供給出口特產和農產山產、燃料、磚瓦建材，及銷售艋舺、大稻埕進口之商品，使其成為淡北物資集散中心，迅速發展為一大商業都市。」參見王世慶，《淡水河流域河港水運史》，頁124。

47 戴寶村，《台灣的海洋歷史文化》，頁112。

48 淡水、安平、打狗與基隆四個港口的開放，也使外國商船的來往頻繁，除了帆船貿易的進行，此時期亦可發現汽船貿易的記載，清朝亦曾嘗試效仿外商開設中國、臺灣兩地間的汽船航路。參見松浦章著，卞鳳奎譯，《日治時期臺灣海運發展史》（臺北：博揚文化，2004年），頁156-157。

水港與西北沿岸港口沒落的原因並不全然為鐵路與汽船所致，亦受當時政府對於攔沙壩的修築與基隆港的興起所影響：

> 大正年代末葉，大料崁溪因興建桃園大圳，攔水堰的修築使河水激減，三支流均嚴重淤積泥砂，河床逐年攔淺。鐵路及輕便軌道的鋪設，基隆港築港完成後取代了淡水港，均促使淡水河及其三大支流之船運逐漸衰落。[49]

臺灣西北部的沿岸水運隨著政權的更迭，而有了不同的走向。水利設施與陸路交通的建設，逐步降低沿岸水運的重要性；水圳的修建，也使原本的淡水河及其水系喪失其原本適於航運的優點。直至日治末期，據國分直一的記載中，舢舨船、紅頭船等沿岸小船仍然可見於淡水河水系上，[50]然附近相關的造船廠卻已不復存在。從中可知，傳統造船廠產業與西北沿岸港口的沒落，象徵著帆船貿易時代的落幕，在時代的更替中，紅頭船的蹤影也逐漸的淡出淡水河港。

（一）虎仔山鹽田

隨著科技與時代的迅速發展，早期沿岸的傳統漁村多隨時代趨勢與政策所致，漸漸走入歷史，如新竹市香山區的虎仔山鹽田即為一例。臺灣因為地理與歷史因素的影響，鹽場大多設於西南部的沿海區域，且集中於嘉義、臺南、高雄此三個行政區域，[51]亦常受地形與氣候，或其他人為因素影響，因而鹽田的產量並不穩定。虎仔山鹽田即少數位於西北部的鹽田，最初為村民私自開墾，在清治時期歸入朝廷與鹽商的管理。由於清廷治理臺灣的態度較為消極，加上鹽制甫經歷改革，仍在推行實施中，因而虎仔山區域的私鹽製

---

49 王世慶，《淡水河流域河港水運史》，頁124-125。

50 國分直一著，邱夢蕾譯，《台灣的歷史與民俗》（臺北：武陵，1998），頁209-210。

51 游凌雀，《七股鹽場鹽工生活變遷之研究》（臺南：臺南大學鄉土文化研究所碩士論文，2007年），頁12。

造與買賣仍然頗為盛行，並以桃園一帶的私鹽買賣最為嚴重。[52]

此類背景亦反映於歌謠之中，與載鹽相關的內容僅出現於桃園市龜山區、大園區兩個地方，當時北部的鹽多仰賴中國進口或由臺灣南部配運而來，除了這兩個主要的鹽源，另一個便是漁民於濱海區域自行曬鹽，或用以自用，或用以販賣，亦即所謂的私鹽。而歌謠中所描述的「卜去外海去載鹽」、「卜去外海載白鹽」中所載之鹽，僅根據歌謠雖難以判定其所載之鹽來自何處，然龜山區、大園區皆鄰近於新竹地區的虎仔山鹽田，且虎仔山所產的私鹽買賣亦曾盛行於現今桃園一帶，因而此處歌謠所載之鹽，亦可能來自於虎仔山所產之鹽。

透過歌謠中對於載鹽一事的唱述，除了反映水運背景對於當時西北沿岸的重要性，也反映了早期臺灣西北沿岸區域曾經發展過鹽田產業，如油車港鹽田、虎仔山鹽田等，皆為臺灣少數位於西北部的鹽田。隨著清廷對於鹽制的改革，原本因地處偏僻而私鹽情形頻繁的油車港鹽田、虎仔山鹽田也受到嚴格的監督，歸入政府管轄。[53]直至日治時期，西北部的鹽田僅剩油車港鹽田仍在使用，日治末期以後，西北部的鹽田皆已廢棄，不再使用。西北部鹽田的沒落，亦暗示著當地漁村文化的式微，甚至在現今社會中，當我們提起鹽田產業，也多以早期的南部鹽田為主，而非上文所提及的虎仔山鹽田。

透過歌謠文本，我們得以探究其內容隱含的時代背景與思想，此中亦保留當時西北部特定的漁村文化。由於臺灣西北部對於鹽的需求相對較高，因而在此區的歌謠之中，其並非單單反映水運運輸的背景，而是藉由載鹽一

---

52 「北臺灣在乾隆末葉於新竹地區虎仔山（今新竹市客雅溪口北側）及油車港（今新竹市港北里）一帶，則有民眾以簡易粗糙的製鹽方式私自曬鹽，惟因屬於私製鹽，故常遭到官方查緝，屢派員前往取締。但由於私鹽利益頗豐，故當時即使官方嚴家查緝，民眾仍鋌而走險，私曬私販，官方防不勝防。」參見陳鳳虹，〈劉銘傳在臺鹽政改革（1866-1888）〉，《史匯》第十卷（2006年9月），頁156。

53 「同治六年（1867）起，清政府以嚴格手段執行鹽制管理，在當地鹽田設鹽務官吏監督，使利潤大幅降低。鹽民為圖生存乃抗官命，新竹鹽館除請兵勇鎮壓，也召集地方曬鹽者協商」參見顏義芳，〈臺灣鹽業發展初探〉，《檔案季刊》第六卷四期（2007年12月），頁8。

事，呈現了當時新竹、桃園一帶的沿岸現況，載鹽之事的普及也促使此區域形成以載鹽為主的唱述題材。然而在此類題材下，其亦顯現出當時漁民生活中的許多困難之處，虎仔山鹽田最初由居民於虎仔山沿岸區域開闢，可推測其開闢鹽田的主要目的在於自用，隨著鹽制的改革轉由鹽商、官方政府接手，鹽的交易受到壟斷，[54]而鹽田的收穫量相當仰賴氣候與海況的穩定，倘若遭逢暴雨或海浪侵襲則容易導致產量不足，而這些損失則必須由漁民自行吸收。由於虎仔山鹽田的產量相較南部鹽田顯得少，加上扣除鹽政、鹽稅後其所得利潤並不多，因而在日治時期前虎仔山鹽田便由官方廢棄。

（二）牽罟

　　除了「載鹽」主題的傳頌，在「一隻船仔」歌謠之中還有另一類關於漁村文化的呈現：牽罟。[55]

　　一隻船仔e0頭烏烏，卜去外海來牽罟，牽著一尾二斤五啊，轉來予娘仔食大箍。[56]（《大園鄉》，頁34。）

　　一隻船仔是頭紅紅，卜划港邊仔來載人，趁有錢銀是來食燒酒，食卜歸面是uang3　uang3燒，一隻船仔是頭烏烏，卜划外海去牽罟，牽有大尾是通來賣，牽有細尾是頭ke5。[57]（《苗栗縣》，頁104。）

54　清治時期，清廷政府並不干涉臺灣鹽產之製造、販賣，故當時多委託民眾製造販賣，政府僅向鹽埕課稅。然此種方法容易招致官商勾結，且鹽的利益極高，易使鹽場販戶相互競爭，使鹽價失去平衡。後清廷遂轉為「官運商銷」為主的鹽專賣制度。參見陳鳳虹，〈劉銘傳在臺鹽政改革（1866-1888）〉，頁157-158。

55　「牽罟為一種傳統捕魚活動，當魚群接近岸邊時，搭舢舨船出海將網撒下，再由岸上的人合力將網繩拉上岸，所獲由所有人共分。」參見「臺灣閩南語常用辭典」：https://twblg.dict.edu.tw/holodict_new/result_detail.jsp?n_no=7627&curpage=0&sample=%E7%89%BD%E7%BD%9F&radiobutton=0&querytarget=0&limit=1&pagenum=0&rowcount=0（2022/5/14日點閱）。

56　胡萬川主編，《大園鄉閩南語歌謠》第1冊，頁34。

57　胡萬川主編，《苗栗縣閩南語歌謠集》第2冊，頁104。

自歌謠內容中可以得知，關於海釣與牽罟兩種不同的傳統魚法會影響到船隻的擇選，而牽罟所使用的船明顯與前文所談及的紅頭船、雙槳仔（舢舨船）不同。但是歌謠中對於烏頭船的描述並不多，僅能得知其外貌為黑色，多用於「牽罟」時輔助漁民捕魚，而依照「烏頭船」的外貌、功用，我們可大致推測「烏頭船」或可能為「趕繒船」，據李其霖《清代前期沿海的水師與戰船》一文，曾提及趕繒船的用途：

> 趕繒船為民間所使用的漁船，意為追趕魚網之船，康熙二十七年（1688），成為官方使用之戰船，船型較大的趕繒船可做為犁衝之用，亦稱為犁繒船。[58]

趕繒船原為民間漁船的一種，其外型特徵亦符合歌謠中「烏頭船」的描述，然而在國分直一（1908-2005）《台灣的歷史與民俗》中亦曾記載當時淡水八里庄所使用的牽罟船，據國分直一所見，牽罟船僅比雙槳仔大一些，船身與船尾也較寬。[59]兩者對照下，可以發現趕繒船與國分直一所見的沿岸牽罟船尺寸並不一致，甚至大上許多；且牽罟所使用的捕魚方式為曳地網形式，並非捕撈形式。因而在歌謠中所述及之烏頭船或許較接近牽罟船，由於國分直一並未特別提及牽罟船的顏色，難以得知烏頭船的名稱源於其船隻外貌，抑或是源自於其所捕漁獲。

在歌謠中唱述者不再是第三人的角度，而是以捕魚人的口吻道出對於漁獲的期盼，為何捕魚人殷切盼望能夠獵捕肥美的大魚呢？原因則來自於希望能給予母親足夠的營養與好胃口。此處亦呈現漁民生計上的不穩定，此種不穩定除了反映在漁獲上，同時也與其工作的性質相關，也因此在「一隻船仔」類型中，最常見的唱述主題仍然圍繞在漁民生活的反映。而牽罟作為早期漁村社會中的一種捕魚方法，由於其工程較為複雜與浩大，通常會動員漁

---

58 李其霖，《清代前期沿海的水師與戰船》（南投：暨南國際大學歷史學系博士論文，2009年），頁292。

59 「牽罟船長七‧八公尺、寬二公尺、深〇‧三六公尺，和內河船一樣為平底」國分直一著，邱夢蕾譯，《台灣的歷史與民俗》，頁191-192。

村的多數居民共同進行，而在整個牽罟的過程中，漁民們各司其職，一同為牽罟一事盡上心力，最後所獲得的魚獲則人人都能有份。由於牽罟需要一定的人力，且分工繁雜，因而在牽罟進行時，每位參與者皆扮演著重要、不可或缺的角色，因而牽罟的過程中，不但凝聚了漁民們的向心力，也展現漁民樂於彼此互助、分享的一面。

隨著帆船貿易逐漸被機械汽船、輪船所取代，新興的漁法相較傳統魚法來得更有效率和效益，加上在臺政府政策的施政不一，亦對於漁民生活造成明顯的影響。此外，社會變遷的迅速亦加速漁村人口的流失，此類現象亦可見於影視媒體的呈現與創作中，如電影《熱帶魚》[60]便透過綁架共犯慶仔一角的呈現，反映漁村中離鄉背井、出外打拼的流失人口，其藉由嘉義東石鄉的海港背景，以誇大的效果呈現了漁民生活的困難與無奈。

綜上可知，由於社會變遷與時代氛圍所致，傳統漁業逐漸走向沒落，其也導致了傳統漁村文化的式微，牽罟也漸漸受到新興漁法的取代，不再適用於現當代。然而，漁村文化雖然式微，但透過政府、民間等有志之士的努力下，許多漁村文化轉以另一種形式蛻變，或轉型為觀光文化，或由各縣市政府倡導、舉辦文化祭。透過各界的努力，漁村文化得以藉由新的姿態受到保留與傳承，此中亦顯現了人海之間的相處關係。

五　結語

臺灣四面環海的地理特色，促使臺灣在人海關係上展現高度的親密，在文化與經濟上亦深受海洋的影響。大航海時代的興起，帶起了帆船貿易的潮流，也讓臺灣與海洋的聯繫、互動更為頻繁，海洋貿易的便利為臺灣帶來許多政治、資源上的爭奪，卻也讓臺灣的沿岸港口、水運發展有了新的突破，商業繁盛的環境促使海港、河港周圍的村莊聚落逐漸形成，臺灣的繁華也引

60　《熱帶魚》為陳玉勳於1995年上映的喜劇電影。「不同於過去單純笑鬧的喜劇表現，是以一種對於社會現狀批判的諷刺模式顯現」參見林克明，〈陳玉勳的喜劇轉折：一種數位時代的思考〉，《藝術學研究》，第18期（2016.6），頁137。

起當時中國百姓嚮往而興起偷渡之風。在「一隻船仔」類型的歌謠中，其便揉合臺灣帆船貿易與水運盛行的時代背景，透過對於小型船隻的唱述，反映臺灣西北沿岸河港仰賴小型船隻運輸的特色，自尖頭船、紅頭船甚至是烏頭船的轉變呈現沿岸漁業的多元面貌。除了對於現實社會現況的反映，透過歌謠意涵的探析，我們得以一窺早期漁村社會中的家庭關係與工作型態，並自漁民個人、家人、伴侶等多種角度，揭開海洋文化下，漁民的生活現況及情感表述。

隨著傳唱地區的不同，此類歌謠在內容唱述上也產生變化，或以水運貿易的興盛為主，或融入漁村日常生活與工作內容，甚至保留部分區域已經消逝的漁村文化，如曾經興盛過的淡水河港、臺灣西北沿岸港口及日治時期前便廢棄的虎仔山鹽田等，這些曾屬於漁民的文化雖然已經式微、消失，我們卻能藉由歌謠的保留將其傳承。這些歌謠甚至成為漁民集體記憶的展現，為後人再次重現了臺灣帆船貿易時代下水運的繁榮勝景，以及歷史變遷下，漁民與海洋間的關係演進與文化傳承。

參考文獻

一 傳統文獻

〔清〕唐贊袞，《臺陽見聞錄》，臺北：臺灣大通書局，1987年。

〔清〕陳培桂，《淡水廳志》，南投：臺灣省文獻委員會，1993年。

二 近人論著

王世慶，《淡水河流域河港水運史》，臺北：中央研究院中山人文社會科學研
　　　究所，1996年。

朱介凡，《中國歌謠論》，臺北：中華書局，2019年。

呂里德等，《淡水河之歌》，臺北：時報文化，1998年。

周浩志等，《新竹縣志：續修【民國四十一年至民國八十年】‧卷二地理
　　　志》，新竹：新竹縣政府，2008年。

松浦章著，卞鳳奎譯，《日治時期臺灣海運發展史》，臺北：博揚文化，2004
　　　年。

松浦章著，卞鳳奎譯，《清代臺灣海運發展史》，臺北：博揚文化，2002年。

胡萬川主編，《大園鄉閩南語歌謠》第1冊，桃園：桃園縣立文化中心，2000
　　　年。

胡萬川主編，《大溪鎮閩南語歌謠》第2冊，桃園：桃園縣文化局，2005年。

胡萬川主編，《苗栗縣閩南語歌謠集》第2冊，苗栗：苗栗縣立文化中心，
　　　1998年。

胡萬川主編，《桃園市閩南語歌謠》第3冊，桃園：桃園縣立文化中心，1999
　　　年。

胡萬川主編，《龜山鄉閩南語歌謠》第1冊，桃園：桃園縣政府文化局，2005
　　　年。

胡萬川主編，《蘆竹鄉閩南語歌謠》第7冊，桃園：桃園縣立文化中心，1999年。

國分直一著，邱夢蕾譯，《台灣的歷史與民俗》，臺北：武陵，1998年。

張永堂總編纂，《新竹市志》卷4經濟志・下，新竹：新竹市政府，1950年。

莫里斯・哈布瓦赫著，畢然、郭金華譯，《論集體記憶》，上海：人民出版社，2002年。

曾仰丰，《中國鹽政史》，北京：商務印書館，1998年。

黃哲永編，《東石鄉閩南語歌謠（一）》，嘉義：嘉義縣立文化中心，1997年。

黃鴻禧主編，《員山相褒歌》，宜蘭：宜蘭縣員山鄉公所，2002年。

臧汀生，《臺灣閩南語歌謠研究》，臺北：商務印書館，1980年。

戴寶村，《台灣的海洋歷史文化》，臺北：玉山社，2011年。

三 期刊論文

林克明，〈陳玉勳的喜劇轉折：一種數位時代的思考〉，《藝術學研究》，第18期（2016.6），頁135-184。

耿慧玲，〈船戶公約碑中所紀錄臺灣海峽的船〉，《人文與社會學報》，第1卷第8期（2006.7），頁63-82。

陳國棟，〈淡水河的適航性與淡水河系的船隻〉，《淡水史學》，第30期（2018.9），頁85-117。

陳鳳虹，〈劉銘傳在臺鹽政改革（1866-1888）〉，《史匯》，第10卷（2006.9），頁150-179。

顏義芳，〈臺灣鹽業發展初探〉，《檔案季刊》，第6卷4期（2007.12），頁1-15。

四 學位論文

李其霖，《清代前期沿海的水師與戰船》，南投：暨南國際大學歷史學系博士
　　　論文，2009年。

彭敏，《台灣東北部海域赤鯮生殖生物學之研究》（基隆：臺灣海洋大學環境
　　　生物與漁業科學學系碩士論文，2007。

游凌雀，《七股鹽場鹽工生活變遷之研究》，臺南：臺南大學鄉土文化研究所
　　　碩士論文，2002年。

五 網站資源

臺灣閩南語常用辭典：https://twblg.dict.edu.tw/holodict_new/result_detail.jsp?
　　　n_no=7627&curpage=0&sample=%E7%89%BD%E7%BD%9F&radio
　　　button=0&querytarget=0&limit=1&pagenum=0&rowcount=0 （2022/5/
　　　14日點閱）。

明代福建至琉球針路的文圖史料考察

林素嫺*

摘要

「針路」，古代航海行舟掌舵人的方向指引，其文字敘述簡明，僅包含方向及航路上險惡海況的說明。除此之外，「針路」亦會轉錄於各類使節出使記錄中，形成另一種具海上景象描寫、航行感想等所見所思，富含豐富航海訊息的資料。本文將以上所述，包含各類「針路」的書寫，綜稱為「針路記載」。猶如西方水手日誌一般，是了解當時海上航線及航路狀況等，重要的時代資訊之一。明代，作為中國對外海域交流往來的興盛時期；東亞以琉球為最，海域內綿密的文化及商貿傳播網絡，留下數量頗豐的針路資料，待整理開發與再發現。但現今學界多就航路起訖點或各航點地名考據，少就針路遞嬗、航程狀況及航行變因進行分析，稍有可惜。

相對於以文字傳達航海資訊的針路記載，古籍對於各類航海圖，如：山形水勢圖在航海上的應用為何，少有著墨。The Selden Map〈又稱塞爾登地圖，或稱牛津藏明末閩商航海圖〉是明代唯一一幅以近現代地圖形式，清楚描繪海上航線的地圖，亦經多方學者研究，確實為當時閩商航行於東亞海域所使用的地圖。考慮其時間年代與使用的相關聯性，故擇此作為圖文比對的關鍵資料。

本文利用上述針路記載，以距離近且記錄量多的福建至琉球針路作為比對基礎，初探針路記載中蘊含的豐富航海資訊，經過分析、比對後，以其呈

* 國立臺灣海洋大學海洋文化研究所碩士生。

現的事實與關係，進一步用圖像再確認。從中了解：（一）文圖比對合理判斷針路、航點的方法。（二）針路遞嬗，具集體經驗性。（三）航點載錄的方式，與該海域的航行狀況有絕對關係，也是區域交流網絡交通點形成的主因。擬建立一種以使錄、針路簿等文學書寫資料為線索，再經由地圖航線、航點圖像的確認，以文圖兩相配合的模式，歸納出較符合的航線、航況資料，作為說明當代海洋活動的根據之一，也可作為進一步搭配現行海流、風向、地形再研究的基礎資料。

關鍵字：航海、針路、Selden Map、琉球、使琉球錄

Innovative Method to Study Historical Data of the Zhen Lu (Maritime Routes) from Fujian to Ryukyu in Ming China Dynasty

Lin, Su-Hsien[*]

Abstract

Basically, "Zhen Lu" is the sailing direction guide of ancient Chinese. However, historical data of Zhen Lu contains two kinds of material, one is text data, and the other is maps. Just like sailor's diary or journey, those text data of Zhen Lu not only show sailing directions but also many other information of maritime routes, for example, weather condition, land scene, ocean wave state, and so on. A famous book is "Journal of Ryukyu Envoy". The second kind is maps, for example, Selden Map of Chinacan clearly depict sea routes like modern maps in the Ming China Dynasty.

This paper targets on the maritime routes between Fujian Province of China and Ryukyu Island of Japan, since this area had popular oversea trading in Ming China dynasty. This paper proposes an innovative method to identify a maritime route by collect historical text data then extract the characteristic of these Zhen Lu. To confirm the correct of identification, the proposed method also compares the

---

* Master's student, Institute of Oceanic Culture, National Taiwan Ocean University.

routes of text with those on the maps. Finally, this paper finds extra results. First, in Ming China Dynasty Zhen Lu has consistency in the routes, that meansthe source ports, stop ports and destination ports are always nearly the same. Second, the proposed method can extract more information to study and understand more ocean activities besides maritime routes.

Keywords: Navigation、Maritime Route、Zhen Lu、Compass、Selden Map、 Ryukyu、Journal

一 前言

宋代之後，航海技術發達，已見各類舟師行船的相關文章，如北宋朱彧《萍洲可談》卷二：

> 舟師識地理，夜則觀星，晝則觀日，陰晦觀指南針。或以十丈繩勾取海底泥嗅之，便知所至。[1]

或是南宋周去非《嶺外代答》〈器用門　舟楫附　木蘭舟〉：

> 舟師以海上隱隱有某山，辨諸藩國皆在空端。若曰往某國，順風幾日望某山，舟當轉行某方。或遇急風，雖未足日，已見某山，一當改方，苟舟行太過，無方可返，飄至淺處而遇暗石，則當瓦解矣。[2]

亦或是南宋吳自牧《夢粱錄》〈卷十二　江海船艦〉：

> 風雨冥晦時，唯憑針盤而行，乃火長掌之，毫釐不敢差誤，蓋一舟人命所繫也…但海洋近山礁則水淺，撞礁必壞船。全憑南針，或有少差，則葬魚腹。[3]

---

1 〔宋〕朱彧撰，《萍洲可談》（守山閣叢書本），卷2，頁42。擷取自《中國哲學書電子化計畫》：https://ctext.org/wiki.pl?if=gb&res=696947&searchu=%E8%88%9F%E5%B8%AB。《萍洲可談》，凡三卷，成書於1119年。卷一記朝廷章典，卷二多記北宋末年廣州藩坊、市舶司之事。（檢索日期：2022.01.01）

2 〔宋〕周去非撰，楊武泉校注，《嶺外代答校注》（北京：中華書局，1999《中外交通史籍叢刊》），卷六器用門舟楫附木蘭舟，頁217。為南宋周去非任桂林縣尉及兩次任欽州教授期間所撰寫的筆記，書成於在淳熙年間。包含關於宋代廣西的地理、人文、邊防、風土、物產等方面的豐富的記載，兼述安南、占城、三佛齊、爪哇、波斯、木蘭皮、大秦、女人國等域外國家的地理、人文、風土、物產，既是宋代廣西地方志，又是宋代中外交通史。

3 〔宋〕吳自牧撰，《夢粱錄·江海船艦》（知不足齋叢書本），卷12，頁110。擷取自《中國哲學電子書計畫》：https://ctext.org/wiki.pl?if=gb&chapter=808304。全書共二十卷，是一本介紹南宋都城臨安城市風貌的著作。（檢索日期：2022.01.01）

　　從這三段文章可知古代航海行舟，掌舵人得有觀日月、識羅針、熟風向、知水流……等技術，否則茫茫大海萬般險惡，隨時都會有迷航、觸礁葬身魚腹的風險。而「羅盤針路」正是這掌握生死關鍵的重要工具。但對於如何解讀使用中國古代羅盤、針路、星位、風向的航海技術仍有些許困難，一方面是古籍的匱乏或是工具的佚失，另一方面則是操舟屬傳承的密技，口傳或抄本取得不易。所以關於古代航海或海上航線貿易，以針路而言，仍有很多可以思索探究的地方。

　　其次，本文還想藉由明代福建與琉球之間各類豐富的針路記載，及〈Selden Map—牛津藏明末閩商航海圖〉等明代文、圖中的針路，從二者的文字與圖像中，探討其間的關係與對針路的影響。一方面是航路的沿襲關係；以明代提及針路記載的篇章，相互比對其針路、航點，提出傳承的相關文本證據，說明海道航路是有其固定性的。二方面則試論文、圖與航程記錄三者之間，可能存在極其密不可分、缺一不可的關係。三方面將就針路背後所可能隱藏的意義，找出探索針路記載對研究海域交流的必要性。

　　關於針路的研究，在劉義杰《《順風相送》研究》一書中清楚點明探究針路的問題：

（一）無名抄手

　　舉張燮編輯《東西洋考》凡例中的說明「舶人舊有航海《針經》，皆俚俗未易辨說，於為稍譯而文之」這種經過文人修飾轉譯過的針路簿，「類皆文人之敷衍，筆墨屬工，然裨於實用。」[4]簡單來說就是：針路一般皆為舟夫商賈間傳用，文字、內容直白不考究，文人常給予轉譯或修飾，但這一來反而可能造成錯誤，甚至無法使用。

4　劉義杰，《《順風相送》研究》（大連：大連海事大學出版社，2017），頁27-28。

（二）針路稱謂不一

「針路名稱稱謂的不同都反映了抄本來源多種的現象，這也符合這種「舟子秘本」的多樣性格，以及各成一體的風格。」[5]針路版本中常見這種，一地多近似名稱，如：黃尾嶼、黃麻嶼之差；或古米山、枯美山之別，明顯為漢語譯音的不同。這種稱謂差異的辯證，可從航線相同的其他針路本，或由地圖中推論出來。

（三）地名稱謂混亂

「目前已知道的海道針經，幾乎都與福建尤其閩南一帶有關。因此，針路中大量使用閩南方言記述航路中出現的地名、地貌是其一大特點，其中最具特點的是「咾咕石」和「鯤鯓」。」……「《順風相送》在針路上記載不同型態的咾咕石，是對火長的一種重要的航海警示。」[6]受限於記錄者對文字的應用有限，所以對於地形、山勢、水文的描寫常有重複，如不利用航線來校正，常會出現誤認的偏差。

（四）針路紊亂

「《順風相送》中由於抄手對航海導航知識的欠缺或不足，並未察覺各本針路簿中即便是同一條針路，也會因為火長能力的大小而產生不同的記述結果[7]。因此，不加以適當的整理的話，一些針路就會顯得毫無意義。」[8]這

---

5 劉義杰，《〈順風相送〉研究》，頁28。

6 劉義杰，《〈順風相送〉研究》，頁28-30。

7 此處作者劉義杰所言為抄手並非船舶的操控者，也可能並無相關的經驗，所以在行動轉換成文字時可能會產生誤認、偏差；或者是同一條航路，操控經驗豐富的火長與生手間航行的差別。總而言之，針路記載確實需要適當的判讀與歸納，才能了解當時書寫下航行的樣貌。會出現「毫無意義」的主因，多為判斷的資料或能力不足，非指針路記載的本身。無論如何，「針路」在史料上的意義仍是不可抹滅的。

種現象普遍出現在廣泛輯錄各代針路秘本的針路簿中，因求多求廣的因素，常將未經考證、或因海象差異增添地航路，未經加註便收錄一起，主從不分，徒增辨別的困擾。

（五）放棄山形水勢

「抄手或許不懂得山形水勢圖在航海中的重要性，或許對貌似『醜陋』的山形水勢圖缺乏圖繪能力，放棄了轉繪的機會，所幸，抄手將他所見到的山形水勢圖中的註記文字都轉錄了下來。」[9]這點很顯然是現今無法有效使用針路記載的最大原因。缺乏相關圖示意的針路，顯得處處語焉不詳。

上述幾點說明了辨識針路常見的問題與困難。故就羅盤針路而言，沒有固定的使用或書寫準則，認定也常自由心證，再加上書寫者與航行者常常並非同一人，諸多變數下，以「針路」為研究對象者寡，多以其作為政治、商業或外交關係的配角偶有說明而已。本文則參考《中國歷代海路針經》[10]、《《順風相送》研究》、《渡海方程輯注》[11]等書內容，將明代所有福建前往琉球的相關針路，一一列表比對說明。把它視為研究主體，探究在有限條件下可以如何判定針路、航點的正確性。也藉由各版使琉球錄中的航程描述，發掘針路除航點方向之外，其他可以運用及思考的地方。

至於〈Selden Map——牛津藏明末閩商航海圖〉[12]，這幅二〇〇八年為

8　劉義杰，《《順風相送》研究》，頁30-31。

9　劉義杰，《《順風相送》研究》，頁31-32。

10　陳佳榮、朱鑒秋執行主編，《中國歷代海路針經・上冊》（廣州：廣東科技出版社，2016）。

11　陳佳榮、朱鑒秋編著，《渡海方程輯注》，上海：中西書局，2013。

12　〈Selden Map—牛津藏明末閩商航海圖〉，英國牛津大學鮑德林圖書館（Bodleian Library）2008年突然發現了一幅被人們忽略了長達350餘年之久的、繪製於中國明朝中葉的彩色航海地圖。該圖書館稱這一張地圖為《雪爾登地圖》（The Selden Map of China），是因為這張地圖原是由英國律師約翰・雪爾登（John Selden, 1584-1654）收藏，死後捐贈給英國牛津大學，所以就以捐贈者的姓名來命名，但若就地圖內容來看，

美國學者重新發現的地圖，掀起學界熱烈的研究潮，其主因有三：

（一）圖面的主體為中國東面及南面的廣大海域及海島。

（二）為非官方的大型地圖，且圖中有航線針路的記載。

（三）繪製的方式結合西方地圖的繪製技巧。

所以根據地圖描繪的年代、具備羅盤針路等航行資訊，且圖上島嶼及海岸線與今相差無幾[13]、活動海域包含福建至琉球的範圍等原因，本圖完全符合做為比對明代以文字記載福建至琉球針路記載的最佳對象。關於這幅地圖的研究，以卜正民《塞爾登先生的中國地圖：香料貿易、佚失的海圖與南中國海》、《牛津藏明末閩商航海圖研究》[14]二本專書綜合性的討論為最。卜正民在書中曾就地圖上的羅針圖點出他的疑慮：「塞爾登地圖上最怪的是羅針圖。……中國人繪製的地圖從未擺上羅針圖：塞爾登地圖之前，沒有中國人如此繪製地圖，塞爾登地圖之後，也沒有。……搭配羅針圖的兩樣東西，即它下方的一根尺和它右邊描出邊框的一個空白矩形，使這個羅針圖更顯怪異。……如果中國人繪製的地圖通常不會出現這三樣東西，那麼它們在此作何用途？」[15]。這羅針圖與比例尺在地圖上的出現，加上繪圖方式不像中國

有學者認為或稱《明代東西洋航海圖》更為貼切，有專家推測這張地圖應該是繪製於十七世紀初明代末年（1624年左右）。這張地圖被重新發現時，已因為年代久遠而遭到嚴重損壞，所幸經過地圖修復專業人員努力，這幅地圖終於被成功地搶救修復，並且公開於網路《The Selden Map of China》：http://seldenmap.bodleian.ox.ac.uk。（檢索日期：2022.01.02）。（另有網路文章〈英國牛津大學公開一幅明朝中葉彩繪航海圖〉，擷取自《中研院——地圖與遙測影像數位典藏計畫》：https://gis.rchss.sinica.edu.tw/mapdap/?p=2560&lang=zh-tw。（檢索日期：2022.05.25））

13 「經以地理參照技術處理過的塞爾登地圖。拿塞爾登地圖與其地理資訊系統（GIS）座標相核對期間，我們發現，當我們把這張地圖拆解為數個區塊，讓諸地圖與南海脫鉤時，塞爾登地圖繪製者所描繪的地區和真正的亞洲形狀（以紅色標示）兩者的吻合程度最高。如此調整之後，這張地圖即顯露出以當時來講令人吃驚的精確程度。」卜正民（Timothy Brook），《塞爾登先生的中國地圖：香料貿易、佚失的海圖與南中國海》，2015，圖26說明。

14 周運中著，《牛津藏明末閩商航海圖研究》，臺北：蘭臺出版社，2020。

15 卜正民（Timothy Brook）著，黃中憲譯，《塞爾登先生的中國地圖：香料貿易、佚失的海圖與南中國海》（臺北：聯經出版社，2015），頁134-135。

之前卷軸式的樣貌，還有分布其中的針路，再再讓人好奇想了解這之間的關連與秘密。本書雖以圖內的針路比對《東西洋考》及《順風相送》二本古籍，但對針路的考證，仍止於出發地及部分特殊的地名而已。而周運中《牛津藏明末閩商航海圖研究》一書，則先就《塞爾登先生的中國地圖：香料貿易、佚失的海圖與南中國海》部分論點提出質疑，再以作者研究古代海運史的立場，為本圖的作者、出發點、當時的地理知識，逐一說明。

除此之外，其他還有就繪製時間的考證：錢江〈一幅新近發現的明朝中葉彩繪航海圖〉、周運中〈牛津大學藏明末萬老高閩商航海圖研究〉、陳佳榮〈明末疆里及漳泉航海通交圖〉、郭育生、劉義傑〈〈東西洋航海圖〉成圖時間初探〉、陳佳榮〈〈東西洋航海圖〉繪畫年代上限新證〉。就繪製者或擁有者角度：陳泳昌〈用分野標記試論〈東西洋航海圖〉之成圖年代〉、湯錦台《閩南海上帝國》、林梅村〈鄭芝龍航海圖考〉。就繪製方式與時代背景：逢錦榮〈十六世紀末至十七世紀初東亞海圖繪製史的一些看法〉……等。但研究內容與本文略有差異，就不再詳述。另外，近年則有以海域觀點重新整合地圖、航路與貿易等文字資料，提出綜合性看法的研究，如：陳宗仁〈唐人與 Selden Map 的繪製——十六、十七世紀之際東亞海域史〉[16]、〈Selden Map 有關臺灣與琉球的描繪及其知識淵源：兼論北港與加里林的位置與地緣意涵〉[17]、國立故宮博物院〈順風相送——院藏清代海洋史料特展簡介〉[18]。前二篇文章係針對圖形、文字標誌及針路資料，結合當代唐人在海域上的經驗與知識，做綜合性的研究與說明。後一篇則以清代為例，整合海防、外交及航海知識的官方文件、圖表，完整呈現清代政府的海洋觀。這種重新整合各類書寫資料及相關圖說，以跨域思考的方式再次論證針路的可能性，便是本文想參考學習的領域與方向。

---

16 陳宗仁，〈唐人與Selden Map的繪製——十六、十七世紀之際東亞海域史〉（臺北：科技部，2020-2021）。

17 陳宗仁，〈Selden Map有關臺灣與琉球的描繪及其知識淵源：兼論北港與加里林的位置與地緣意涵〉，《臺灣史研究》（2020.09），頁1-42。

18 周維強、陳龍貴，〈順風相送——院藏清代海洋史料特展簡介〉，《故宮文物月刊》，第362期（2013.05），頁4-13。

　　再者，在研究方法上依舊以文獻古籍資料與地圖比對為主，先將古籍中福建至琉球航行針路，逐一列表，分析航路中可以確定的航點、名稱的變異、航路方向及航程時間長短，交叉比對後確認並運用於地圖上，驗證其航路並解釋地圖中未標示地名的各點關係。地圖部分已於前段文章，三大特點中說明其重要性與獨特性，便不再複述。至於針路比較部分，本文僅就附錄「明代福建琉球一覽表」比較分析後的結果，及可供參考的資訊說明。囿於篇幅，無法詳述其比較方式及過程。

　　此次研究的目的是希望透過這樣的方法，可以找出客觀、準確且較為便利判讀針路的方法；以整個時代的角度，羅列曾記載的航線針路，再運用圖籍資料，找出其中的空間相對性並加以判讀。當航路、航點可以清楚定位之後，海域的網絡也會更加清晰，而史料傳承訛誤的部分也能獲得修正的資訊，將更有助於海洋史上資料蒐集的針對性。舉例來說，以福州梅花港對琉球航線針路而言，澎湖其實是不會出現的航點，一旦出現，那前後航點及航況的考證則需更加注意，是否有出現特殊的狀況，如落漈或迷航。所以參酌其他航況的文字記載，如《使琉球錄》，是協助我們更了解針路的必要之一。此外，針路也是地理環境的科學展現。某些當時的貿易港今日可能已淤沙廢棄，但海流現象卻迄今未變。所以隨著時間的流逝，更可清楚看見其中的歷史演變與影響，這些資料都有助於我們對於海域內往來的海洋文化有更進一步的了解。

二　關於針路相關文字記錄的分析

（一）明代福建往琉球的針路

　　根據《隋書》記載，煬帝曾令朱寬、陳稜先後前往流求國。路程由義安出發，經高華嶼、句鼊嶼，又一日便至流求，這是關於琉球最早的針路記載。但由於路徑過於簡明，難以判定是否確為琉球。然文中所記風土事跡，對於隋朝來說，無論是否為琉球，顯然已對當時的東方島國有一定程度的了

解與往來。接著發展直到南宋，才又有琉球往來的記錄；趙汝适〈諸蕃志〉「琉球國，當泉州之東，舟行約五六日程。……旁有毗舍耶、談馬顏等國。」[19]在這段文字中，僅知流求國距離泉州舟行五、六日的距離，其鄰國毗舍耶則與泉島彭湖相近，煙火相望，時而寇掠。其後數代均再無往來流求針路記載，直到明代。

故本文收錄明代福建前往琉球針路記載十二條，包含：〈洪武三十六所傳針本〉、黃省曾《西洋朝貢典錄》、陳侃《使琉球錄》、郭汝霖與李際春的《使琉球錄》、鄭若曾《鄭開陽雜著》、鄭舜功《日本一鑑》、蕭崇業與謝杰的《使琉球錄》、謝杰《虔臺倭纂》、王在晉《海防纂要》、佚名《順風相送》、慎懋賞《四夷廣記》、夏子陽與王士楨的《使琉球錄》等，其中使錄相關針路記載即佔比五篇，足見二國來往確實密切。

陳仲玉在〈古代福州與琉球的海上交通〉一文，對這樣的關係有下列的說明：「中國與琉球建立正式外交關係，始於明太祖洪武五年（1372）。是年琉球中山王察度入貢我國，自此琉球成為中國海外附庸達五百餘年之久。中國與琉球自從建立了封貢關係之後，即在福州與其首都那霸之間建立一條海上航線。縱使明朝初期設在福建的主管海外貿易的市舶司設在泉州，此條航線的起終點仍然已福州為主。明成化七年（1471），市舶司遷福州以後，兩國間的交通更顯便捷，福州在此地位更顯重要。中琉建立封貢關係的交往之中，附帶著建立雙方的海上貿易關係。」[20]總結來說，明代福建琉球之間，已有明確且固定來往的航路，其起終點均為福州。這點與本文附錄「明代福建琉球一覽表」分析結果相同；十二條針路，僅《西洋朝貢典錄》一書以泉州為出發點，其他十一條針路均以福州、或兼有福州為出發起始港。

既已知出發點與目的地，那這中間經過航點的差異，正可作為比較航路

---

19 〔宋〕趙汝适撰，〈琉球國〉，《諸蕃志》（欽定四庫全書本），卷上，頁98。擷取自中國哲學書電子化計畫：https://ctext.org/wiki.pl?if=gb&chapter=191282#%E6%B5%81%E6%B1%82%E5%9C%8B。（檢索日期：2022.01.02）

20 陳仲玉，〈古代福州與琉球的海上交通〉，《國立中央圖書館臺灣分館館刊》，（1998.12），頁93。

是否不同的依據。本文運用附錄「明代福建琉球一覽表」之分析結果整理比對後，十二條針路明顯呈現出一條由福州出發，路途經過小琉球、彭家（嘉、佳）山、釣魚臺（嶼）、黃麻（毛、尾）嶼、赤嶼、古（枯、粘）米（美）山、馬齒（㠀）山，最後抵達琉球那霸港的固定航路。這點也與陳仲玉〈古代福州與琉球的海上交通〉中所言無異。

（二）初判針路書寫中的要素

鄭若曾《鄭開陽雜著》福建駛往大琉球針路片段：「……黃麻嶼北邊過船便是赤嶼，五更船，南風用甲卯針，東南風用單卯針，西南風用單甲針或用單乙針，十更船至赤坎嶼。赤坎嶼北邊過船，南風用單卯針及甲寅針，西南風用艮寅針，東南風用甲卯針，十五更至古米山。古米山北邊過船，有礁，宜知避。南風用單卯針及甲寅針，五更船至馬㠀山。……」[21]在這段文字中可以見到描述針路時，需具備幾項要件：（1）行船方向，如黃麻嶼北邊過船。（2）山形水勢，地貌辨識，如是赤嶼、北邊有礁，宜知避。（3）風向，如南風用甲卯針，東南風用單卯針。（4）行船時間，如十五更至古米山。針路中有這四點的搭配說明，才能讓船在海中安全駛往正確的方向。

另外，《順風相送》序文中也提到：「昔者上古先賢通行海道，全在地羅經上二十四位，變通使用。或往或回，須記時日早晚。海島山看風汛，東西南北起風落一位平位，水流緩急順逆如何。全用水搯探知水色深淺，山勢遠近。但凡水勢上下，仔細詳察，不可貪睡。倘差之毫釐，失之千里，悔何及焉。若是東西南北起風籌頭落一位，觀此者務宜臨時機變。若是弔戧，務要專上位，更數多寡，順風之時，使補前數。」[22]再次證明，海中行船，方

21　〔明〕鄭若曾撰，〈琉球圖說〉，《鄭開陽雜著》（欽定四庫全書本），卷7，頁22。擷取自《中國哲學書電子化計畫》：https://ctext.org/library.pl?if=gb&file=50042&page=22。（檢索日期：2022.01.02）

22　網路資料—《順風相送》作者及完成年代新考。擷取自《南溟網》：http://www.world10k.com/blog/?p=2028。（檢索日期：2022.01.02）

向、風向、航程及地貌，四個要素缺一不可，稍一不慎就可能迷航或觸礁。

　　但除此之外，氣候的驟變則是無法預知、控制的因素，所以即便風向、方向都正確，仍可能因為氣候變化而偏離耽誤。這些敘述無法從針路中得知，僅能從使節的使錄中窺探一、二，所以使錄可以說是針路的補充說明，讓海象及航行狀況更加清楚。簡單來說，針路書寫就是包含航行前往目的地，沿途的方向、風向、航程及地貌的導航指南，如果還需進一步海域狀況的相關知識，那使節們的出使記錄就是很重要的參考。

（三）針路的解讀

　　針路的判定首要在方向，而羅盤正是古代航海判定方向的重要工具，但除了羅盤之外，仍需備有牽星板、針路簿或山形水勢圖等輔助工具，才能完成複雜的海上操舟任務。但對現代人而言，判讀這些工具所賦予的訊息，著實有相當程度的困難。所以本文將以整合資訊判讀的方式來解讀針路，稍稍忽略單一針路的差異性，以整體朝代呈現的面貌來解讀。舉例來說，在福州往琉球的針路上，《洪武三十六姓所傳針本》在起始港上略有不同，但仍以福州梅花港為主要出發地。其航程在過黃麻嶼時也有所不同，此可視為因海況需求調整而來的支線，仍以主線過黃麻嶼見古米山為主軸，縱使該文內並未提及如何自黃麻港入那霸港的針路，但若以整個年代航路為參考，可知過黃麻與後必以馬齒山為標的入那霸港。這種以整個年代互補長短的解讀方式，即是藉針路航道的固定性特質來做詮釋，避免因為無法一一釋讀針路，而產生海域文化研究上的困難。這也是本文製作附錄「明代福建至琉球針路一覽表」最大的用意之一。

　　至於中國特有的羅盤方位如何解讀？今人多用角度來與之對應，相形之下似乎稍能理解。以下為圖例及方位角度說明。

　　二十四針位及八方位、角度說明：

　　子、正北，0度；癸，15度；丑，30度；艮，東北，45度；寅，60度；甲，75度；卯，正東，90度；乙，105度；辰，120度；巽，東南，135度；

巳，150度；丙，165度；午，正南，180度；丁，195度；未，210度；坤，西南，225度；申，240度；庚，255度；酉，正西，270度；辛，285度；戌，300度；乾，西北，315度；亥，330度；壬，345度。

　　所以當我們閱讀針路針位時，簡單來說就是直接將角度帶入轉換的航點之中，改變方向。

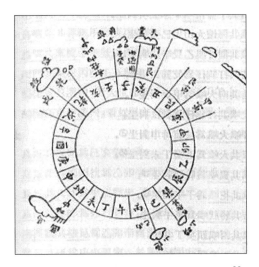

圖1　〈明代航海羅盤24方位圖〉[23]

　　最後是關於更數的解釋；「更」在針路中是時間的單位，也是距離的單位。在《順風相送》、《指南正法》及《指南廣義》中都指出「每一更二點半約有一站」，其計算方式可能與船用沙漏計時有關。至於更為距離單位的記數方式，則其中稍有因海流變化為變數的考量。《《順風相送》研究》一書提及：

　　　　更數有百里、六十里和四十里的不同，……《通志》（原書註：福建
　　　　通志）載福州至琉球，水程一千七百里，府志稱船行四十三更，是亦
　　　　一更四十里矣。

23　〈明代航海羅盤24方位圖〉，擷取自〈海道針經〉《維基百科》：https://zh.m.wikipedia.
　　org/zh-tw/%E6%B5%B7%E9%81%93%E9%92%88%E7%BB%8F。（檢索日期：2022.05.
　　27）

臺灣海峽有黑潮經過，從南向北航行時，為順流，故航速加快，反之
則慢。所以在臺灣海峽中航行及橫渡海峽時，受到潮流的影響，航速
會發生較大的變化，更數就不能一概而論。出現百里到四十里的變化
是因特定的海況引起的。能否準確地測定更數，進而掌握航程，需要
火長不斷的經驗積累和根據實際海況綜合考慮後才能把握好。所以，
每更六十里僅是一個參考值，對遠洋航海比較適合，對近岸和短程航
海，尤其對海流複雜海區的航海而言，這個數字是不可取的。[24]

可見「更」數的計算，相關的因數多且複雜，僅能參考而已。

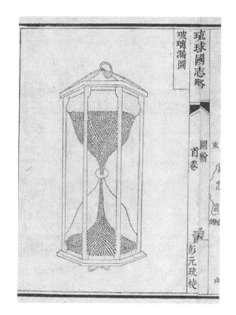

圖2　〈玻璃漏圖〉[25]

---

24 劉義杰，《《順風相送》研究》，2017，頁329-330。

25 〔清〕周煌撰，《琉球國志略》（北京大學圖書館本），頁88。擷取自《中國哲學書電子
　　化計畫》：https://ctext.org/library.pl?if=gb&file=26506&page=88。（檢索日期：2022.05.
　　27）。

（四）小結

〈順風相送——院藏清代海洋史料特展簡介〉一文中說到：「……東亞的季風，通常是夏至後七、八、九月的西南季風和十月、十一月的東北季風。在季風吹拂下，船隻仰賴風帆，到各地進行貿易。唐宋以後，東亞貿易活動日漸暢旺活絡；季風既是船舶的動力，也是經濟的動力，更是文明的動力。」[26]正是如此，所以我們才得以從過往的針路線索中，尋到商貿往來的種種蛛絲馬跡，窺探當海上交通網絡上千帆萬舶的盛況。而從明代針路記載中，可以清楚看到二條清楚的線索：

（1）由各類舟師秘本輯錄而來

不管是基於防範倭亂的海防需求、跨海貿易的經濟需求，還是封貢往來的外交需求，海上各路人馬的針路往來資料，紛紛被彙整成冊，即使稍有誤記或使用上的困難，但明代蒐羅琉球海域針路的數量，真可謂一時之最。這些針路資料除了航行的資訊之外，更讓我們可以確認的是航路往來有其固定性，海域中也有特定活絡的城市與網絡。

（2）由朝貢使錄的記載而來

這類朝貢記錄非航海操舟的使用手冊，所以在針路的描寫上較不周延，常略顯簡陋缺乏專業性，但仍不失方位比對的功用。不過其價值性高的地方，乃是針對航海中旅程情況描寫，與精準的時間、日期資料。舉陳侃《使琉球錄》中的描述來說明：

> 予等亦憂之，亟令人上桅以覘，云遠見一山巔微露，若有小山伏於其旁；詢之夷人，乃曰：『此熱壁山也，亦本國所屬；但過本國三百里。至此，可以無憂。若更從而東，即日本矣』。申刻，果至其地，泊焉。十八日，世子遣法司官一員來，具牛、羊、酒、米、瓜、菜之

---

26 周維強、陳龍貴，〈順風相送——院藏清代海洋史料特展簡介〉，（2013.05），頁4。

物為從者犒，亦有酒、果奉予等；通事致詞曰：「天使遠臨，世子不勝欣踊！聞風伯為從者驚，世子益不自安，欲躬自遠迓；國事不能暫離，謹遣小臣具菜、果，將問安之敬」！予等愛其詞雅，受之。時予之舟已過王所之東，欲得東風為順，夏日誠不易得。世子復遣夷眾四千人駕小舟四十艘，欲以大纜引予之舟⋯⋯。[27]

此段文字前有提及因風飄離航道，封舟危難求天妃賜福，其後就如文中所說，見熱壁山後才得琉球人指引，平安抵達琉球國。短短一文就包含：關鍵航點、停泊點、附近地貌、氣候、封貢禮節、船隻救援⋯⋯等資訊，豐富而多采多姿。使錄增添了許多傳統操舟針路所沒有記載的海洋文化內容，補充除航海知識、路線之外的其他訊息。有些甚至提及針路資料來源於前代或有經驗的舟師，這也透露出航線是固定且有傳承性的。以上二條針路所給予的線索；一是航路往來有其固定性，海域中也有特定活絡的城市與網絡。二為航程中海況的描寫，與精準的時間、日期，還有文化風俗等資料。是筆者分析自作「明代福建至琉球針路一覽表」後，所綜合判斷的結果。

所以，如無法以專業的航海知識判讀單一針路，運用歸納分析法彙整整朝代或關係年代的所有針路，再從中找出航線、關鍵航點中的一致性，活動海域的範圍想必就相去不遠了。一旦活動海域確認，其海中活動資料的收集就能更精確、更省時，對於海上往來的研究也將有所助益。

三　關於 Selden Map 傳達的訊息

（一）Selden Map 出現前的福建琉球間地圖的類型

進入〈Selden Map——牛津藏明末閩商航海圖〉的討論之前，先就幾幅有關福建琉球間的地圖分類說明：

27　〔明〕陳侃撰，《使琉球錄三種》（臺北：臺灣銀行經濟研究室，1970《台灣文獻叢刊》287種），使事紀略，頁13。

（1）路徑型（或可稱為山形水勢圖）

非常典型的中國式地圖，一般來說多為卷軸式或圖冊式。以甲點至乙點的方式，水平呈現二點間路徑中的地形分布的構圖。如圖3、圖4——蕭崇業、謝杰《使琉球錄》卷首〈琉球過海圖〉、圖5—鄭舜功《日本一鑑》〈桴海圖經〉及圖6—《中山傳信錄》〈卷一　針路圖〉。此類型地圖的用意多為替針路釋義，所以觀察地圖時需多加注意期間的註解及變化。另外此類型地圖還有一種專屬中國的構圖方式；即以皇帝的位置來決定圖的方位，並非呈現固定的上北下南。見圖3—蕭崇業、謝杰《使琉球錄》卷首〈琉球過海圖〉，便是坐北朝南看的景象，於是琉球就變成在觀者（皇帝）的左手邊。這種以圖事人的繪圖方式，常見於上呈皇帝的文件，除了方便皇帝了解，更是一種中國特有，以天子為尊的表現手法。

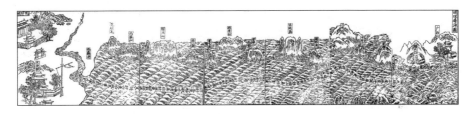

圖3　蕭崇業、謝杰《使琉球錄》卷首〈琉球過海圖〉[28]

---

28 〔明〕蕭崇業、謝杰撰，〈琉球過海圖〉，《使琉球錄》，卷首。又名〈1579年過海圖〉，擷取自《臺史博線上博物館》：https://the.nmth.gov.tw/nmth/en-US/Item/Detail/1fd0fce8-026d-4db5-838c-4811f57b5266。（檢索日期：2022.01.04）「蕭崇業在過海圖下曰：「圖海，猶之繪天也，豈易得其肖哉！即善丹青者，鮮不龜手矣。第水路必用針，亦古人指南之法，此圖似不可少云。」提到當時海圖繪製難度之高，海圖繪製亦用古法即依指南針航行，描繪航行的針路即航線繪製出航海圖，包括所經過的山形島嶼地勢作為航行的依據。」

圖4 〈琉球過海圖〉局部放大圖

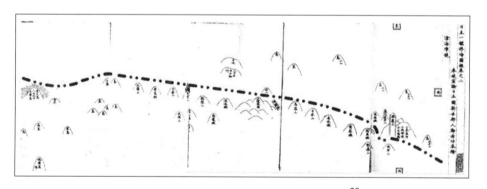

圖5 鄭舜功《日本一鑑》〈桴海圖經〉[29]

29 鄭永常,〈鄭舜功航海之旅〉,《國家航海》,2期(2015),圖五鄭舜功航海路線圖之五。
擷取自《中國人民大學複印報刊資料》:http://rdbk1.ynlib.cn:6251/Qw/Paper/574380#an
chorList。(檢索日期:2022.05.25)

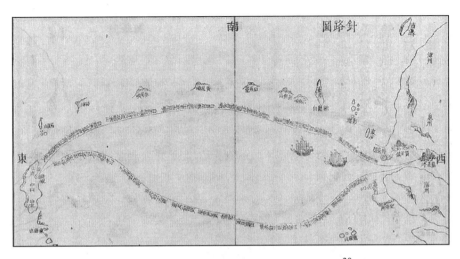

圖6　《中山傳信錄》〈卷一針路圖〉[30]

（2）區域型

　　記錄特定區域的重要標點、建築、山勢地形的地圖，通常具有戰略性的用途。除線圖型的地圖之外，有些地圖還會有中國山水畫的技法運用在上面，山形設色均有考究。此類型地圖，如圖7—鄭若曾《鄭開陽雜著》〈琉球圖說（左半部特寫）〉、圖8—鄭若曾《鄭開陽雜著》〈琉球圖說（全圖）〉及圖9—《福建海防圖（部分）》、圖10—孫靖國《輿圖指要》〈福建海防圖（雞籠、淡水局部）〉。

---

30 〔清〕徐葆光撰，〈卷一針路圖〉，《中山傳信錄》（北京大學圖書館本），頁31-32。擷取自《中國哲學書電子化計劃》：https://ctext.org/library.pl?if=gb&file=26471&page=31。（檢索日期：2022.05.28）

圖7　鄭若曾《鄭開陽雜著》〈琉球圖說〉[31]（左半部特寫）

---

31 〔明〕鄭若曾撰，〈琉球圖說〉，《鄭開陽雜著》（北京大學圖書館本），卷七，頁4。擷取自《中國哲學書電子化計劃》：https://ctext.org/library.pl?if=gb&file=50042&page=4。（檢索日期：2022.05.28）

圖8　鄭若曾《鄭開陽雜著》〈琉球圖說（全圖）〉[32]

32 〔明〕鄭若曾撰，〈琉球圖說〉，《鄭開陽雜著》（北京大學圖書館本），卷七，頁4。擷取自《中國哲學書電子化計劃》：https://ctext.org/library.pl?if=gb&file=50042&page=4。（檢索日期：2022.05.28）

圖9 〈福建海防全圖〉（部分）[33]

圖10 〈福建海防圖（雞籠、淡水局部）〉[34]

33 〈福建海防全圖〉（部分），幀9。擷取自《日本國立國會圖書館數位典藏》：https://dl.ndl.go.jp/info:ndljp/pid/2905234/9。（檢索日期：2022.05.28）

34 孫靖國著，《輿國指要：中國科學院圖書館藏中國古地圖敘錄》（北京：中國地圖出版社，2012），頁327-333。

（3）近代先驅型

地圖繪製方式與西方地圖較為相似，圖面也不再具有中國山水畫的畫風，但仍以舊的方式標示及說明針路航線。如圖11─林子平《三國通覽圖說》〈琉球三省並三十六島圖〉。

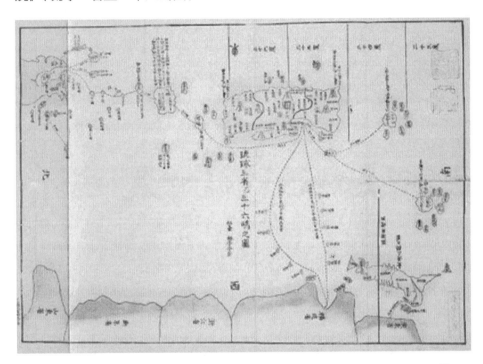

圖11　〔清〕林子平《三國通覽圖說》〈琉球三省並三十六嶼之圖〉[35]

上述三類 Selden Map 出現前的地圖圖型：（1）路徑型（2）區域型（3）近代先驅型，相同的特點是地圖為文字的附錄與說明；繪製的目地在於讓讀者可以藉由圖像了解相關文字的敘述內容，並非將其完全視為獨立的方向導引或相對地理位置辨識的工具，這點和之後出現的 Selden Map 有很

35　〔清〕林子平撰，〈琉球三省並三十六嶼之圖〉，《三國通覽圖說》。擷取自《國立臺灣歷史博物館典藏網》：https://collections.nmth.gov.tw/CollectionContent.aspx?a=132&rno=2010.018.0029。（檢索日期：2022.05.28）

大的差異。這個「以後」並不是真正代表繪製的時間前後，而是以圖形發展的變化來討論它。

（二）Selden Map 的特殊之處

「許多歷史考察之旅迷失於大海中，無緣抵達目的地。或許我們的考察之旅為能抵達母港，但至少我們有所成；我們以替塞爾登地圖找回它在數百年前消失之歷史的一部分。而且不只如此；因為在替這張地圖找回其歷史地當兒，我們已把自己寫進這故事中。」[36]卜正民透過這段文字，敘述了他對這地圖的傾慕、好奇與追尋解答的種種困難過程。但真正想闡明的或許是說在這探詢真相中，重點已從單一的地圖，跨越到地理學、海洋貿易，甚至是全球史的內容上了。從蔣竹山〈閱讀地圖裏的全球史祕密──評卜正民《塞爾登先生的中國地圖》〉[37]內文中，可以看到本書想描寫的是一個擁有建立海上貿易帝國的野心的海商（無論是李旦或是鄭芝龍），將時代賦予的智慧，透過這張地圖展現；以幾乎接近精確的地理描繪，搭配多年往返海上的秘本路線，做為海上貿易發展的利器。正因為在這個時代，控制海域等於控制了利益，海洋正式成為地圖的主角，Selden Map 是創舉也是目前所見的唯一。

---

36 卜正民（Timothy Brook）著，黃中憲譯，《塞爾登先生的中國地圖：香料貿易、佚失的海圖與南中國海》，2015，頁242。

37 蔣竹山，〈閱讀地圖裏的全球史祕密──評卜正民《塞爾登先生的中國地圖》〉，《二十一世紀雙月刊》（香港：香港中文大學中國文化研究所），第155期（2016.06），頁111-122。擷取自《香港中文大學中國文化研究所》：https://www.cuhk.edu.hk/ics/21c/zh/issues/c155.html。（檢索日期：2022.05.25）

圖12 〈The Selden Map of China〉全圖[38]

---

38 〈The Selden Map of China〉,擷取自《Bodleian Libraries | Accessibility》:http://seldenmap. bodleian.ox.ac.uk。(檢索日期:2022.05.27)

　　除了以海洋為主體之外，地圖上的羅針圖、比例尺與空白矩形，這三個未曾在明代地圖系統中出現的物品，用意為何？功用為何？卜正民在書中第五章中這麼說到：「中國人繪製的地圖從未擺上羅針圖；塞爾登地圖之前，每有中國人如此繪製地圖，塞爾登地圖之後也沒有，要到歐式地圖於20世紀成為主流，才改觀。」[39]或許一時半刻仍無法獲得精確的解答，但倒可以了解的是，羅針的出現似乎象徵其與海上往來關係非常密切，宣示著這是一張以航海為目的而創作的地圖。同時卜正民在此也特別指出，與地圖同時送到圖書館的《順風相送》一書，可能與本圖有極大且未知的關聯。因此或許可以推測當時存有將這種包含地圖、羅盤、羅經針路圖、牽星板及比例尺等工具的組合，是一個極其完備的海上導航套裝組，只是礙於年代久遠，無相關的書籍說明，且物品也可能已佚失，所以真相難以證實，唯有靠推理猜測而已。不過，仍可由各版本使琉球錄中，針路書寫與針路圖均備的情形，可知文圖二者確實關係密切。

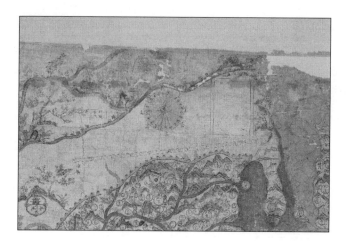

圖13　〈The Selden Map of China〉正上方放大圖[40]

39　卜正民（Timothy Brook）著，黃中憲譯，《塞爾登先生的中國地圖：香料貿易、佚失的海圖與南中國海》，2015，頁134。

40　〈The Selden Map of China〉，擷取自《Bodleian Libraries | Accessibility》：http://seldenmap. bodleian.ox.ac.uk。（檢索日期：2022.05.27）

接下來針對塞爾登地圖中福建至琉球圖面航路比對（辰—乙卯—卯—乙卯—卯—乙卯）；在泉州上方尚有一個轉折處，比對附錄「明代福建至琉球針路一覽表」中《順風相送》一書提及的三條針路。無論是從東墻、東湧還是梅花，均可以以乙辰或單辰針取小琉球頭，北過彭嘉山後乙卯、單卯取釣魚嶼，再至赤坎嶼、枯美山，最後入琉球國。圖上路線雖與針路標示有甲、乙卯間些許的差異，但整體的方向其實是一致的，縱然入港部分未再詳標，但我們已可依據方向將期間經過的島嶼約略猜出，至此已達成「以圖證文」的目標，也更證實了這是一幅具有多點航路指南的商業地圖。

如同陳宗仁〈唐人與 Selden Map 的繪製──十六、十七世紀之際東亞海域史〉計畫報告中所言「……應從圖幅每個局部地域進行分析，探尋是依據什麼樣的地理知識繪製，進而了解本圖地理知識的構成與敘事方式，在這樣的研究基礎上，才能推斷本圖之斷代與繪者的背景，也才能了解繪者所處的文化環境。」[41]他經通篇研究後將本圖海域大致分為三部份：日本、琉球、臺灣海域；西洋針路；東洋針路等，更加以推定其繪者係出自菲律賓群島唐人社會。

圖14　〈The Selden Map of China〉琉球針路放大圖[42]

41　陳宗仁，〈唐人與Selden Map的繪製──十六、十七世紀之際東亞海域史〉，頁13。

42　〈The Selden Map of China〉，擷取自《Bodleian Libraries | Accessibility》：http://seldenmap.bodleian.ox.ac.uk。（檢索日期：2022.05.27）

　　本文討論的正是日本、琉球、臺灣海域此通商網絡中，福建經臺灣、琉球往日本的前半段航程，由於這商業網絡係隨朝貢貿易而起，所以相關使錄的記載更是豐富了其中的內容。但也從航點未再擴大或改變可知，這個網絡其後將日漸沒落，文與圖都揭示了以上分析的結果。

四　結語：文圖解讀後的福州至琉球針路

（一）針路的文圖相佐特性

　　在下圖蕭崇業、謝杰《使琉球錄》卷首〈琉球過海圖〉局部放大圖中，可以清楚看見航行針路被清楚加註在波濤之間，而路途所經的島嶼則以細緻的描繪，清楚展示在圖的上方，讓觀者有親臨現場，一同渡海冒險一般，歷歷在目、清晰無比。但這種圖文兼具的針路記載通常只出現於使錄之中，文人修筆的程度又過高，常為了美化圖面而相對喪失針路真正導航的功能。反之，舟師針路記載又常流於俚俗、誤字或雜亂失序；雖有專業的航海記錄，卻無法為海洋文化的實質內容提供更多的解讀。所以，以事件發生年代為時

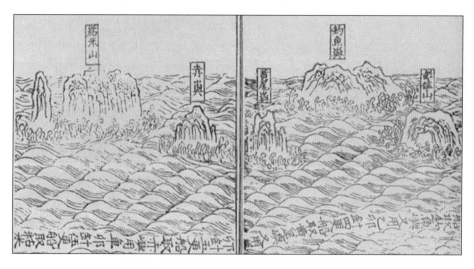

圖15　蕭崇業、謝杰《使琉球錄》卷首〈琉球過海圖〉放大圖

間軸，各取文、圖各自的長處，相互搭配分析，可以為指定時間、指定區域的海上活動，提供更多、更豐富且更完整的資訊，以便進行相關的研究與分析，不會再受限於無法解讀針路的困擾。

（二）針路背後的意義

透過上述各章節的分析與討論，如果還僅將針路視為一人或一時之結果的話，這著實犯了很嚴重的謬誤。如同附錄「明代福建至琉球針路一覽表」的整理，可以清楚看到，針路是眾舟師、火長的海上經驗，也是代代沿襲、傳承的寶藏。甚或今日，我們航行於相關海域上，也可能走著相同或相似的路徑，遭遇相同海象、海況。所以針路代表的是一條集眾人經驗，為前往未知之路的探索之道，也是一條商業、文化、政治的傳播之道，更是一條可以通古今的跨時間之道。透過針路所提供的線索，即便是汪洋大海，也可以找到探索問題方法與技巧。針路——除了是海上行舟的導航，也是探索海洋文化的指引。

（三）針路的航點到網絡

在針路上，眼睛所及的是一條由點與點構成的線；在地圖上，舉目所見的是一個又一個的點：大陸地上的點、島嶼上的點。這些點與點、線與線之間，如何連結？答案便是人。透過人的行為來形成各種網絡，如：朝貢關係的網絡、漢文化傳播的網絡、華商的貿易網絡、西方宗教傳播的網絡……等，各式各樣不同的網絡依照各自需求，在不同的時空下建構，透過海洋這個最重要的媒介。所以研究海洋文化最重要的便是架構屬於自己需求的網絡，透過網絡來解釋其間的關係與影響。舉本文來說，如果要探討明琉之間的關係，朝貢往來的各點、生活與居留的各點、商品或貢品由來的各點、船難發生的各點……，便是很重要的關鍵。而這些點又如何被發掘確定，這則有賴活動區域內的蛛絲馬跡，如針路、地圖、官方文書及各類文章。例如：

在歷次出使琉球的記錄中，可以看到海象變化下，航線的更動，亦或船難的發生，抵達點的差異等，越多的點就可以發現更多人類的活動與反應，透過這些資料就能更加釐清事件的來龍去脈或緣由。故運用針路、地圖這類有方向及目的地型的資料，是提供相關海域活動重要可參考線索之一，這也是本文最想說明的地方。

參考文獻

一　傳統文獻

〔宋〕朱彧撰，《萍洲可談》（守山閣叢書本），卷2。擷取自《中國哲學書電子化計畫》：https://ctext.org/wiki.pl?if=gb&res=696947&searchu=%E8%88%9F%E5%B8%AB（檢索日期：2022.01.01）

〔宋〕周去非撰，楊武泉校注，《嶺外代答校注》（北京：中華書局，1999《中外交通史籍叢刊》），卷6　器用門舟楫附　木蘭舟。

〔宋〕吳自牧撰，《夢粱錄》（知不足齋叢書本），卷12。擷取自《中國哲學電子書計畫》：https://ctext.org/wiki.pl?if=gb&chapter=808304（檢索日期：2022.01.01）

〔宋〕趙汝適撰，《諸蕃志》（欽定四庫全書本），卷上。擷取自《中國哲學書電子化計畫》：

https://ctext.org/wiki.pl?if=gb&chapter=191282#%E6%B5%81%E6%B1%82%E5%9C%8B（檢索日期：2022.01.01）

〔明〕陳侃撰，《使琉球錄三種》（臺北：臺灣銀行經濟研究室，1970《台灣文獻叢刊》287種），使事紀略。

〔明〕鄭若曾撰，《鄭開陽雜著》（欽定四庫全書本），卷7。擷取自《中國哲學書電子化計畫》：

https://ctext.org/wiki.pl?if=gb&chapter=55837&searchu=%E7%90%89%E7%90%83（檢索日期：2022.01.02）

二　近人論著

卜正民（Timothy Brook）著，黃中憲譯，《塞爾登先生的中國地圖：香料貿易、佚失的海圖與南中國海》，臺北：聯經出版社，2015。

周運中著，《牛津藏明末閩商航海圖研究》，臺北：蘭臺出版社，2020。

周維強、陳龍貴著，〈順風相送——院藏清代海洋史料特展簡介〉，《故宮文物月刊》，第362期（2013.05）。

陳宗仁，〈Selden Map 有關臺灣與琉球的描繪及其知識淵源：兼論北港與加里林的位置與地緣意涵〉，《臺灣史研究》（2020.09）。

陳佳榮、朱鑒秋執行主編，《中國歷代海路針經‧上冊》，廣州：廣東科技出版社，2016。

陳佳榮、朱鑒秋編著，《渡海方程輯注》，上海：中西書局，2013。

陳仲玉，〈古代福州與琉球的海上交通〉，《國立中央圖書館臺灣分館館刊》，第5卷第2期（1998.12）。

陳宗仁，〈唐人與 Selden Map 的繪製——十六、十七世紀之際東亞海域史〉（臺北：科技部，2020-2021）。

劉義杰，《《順風相送》研究》，大連：大連海事大學出版社，2017。

蔣竹山，〈閱讀地圖裏的全球史祕密——評卜正民《塞爾登先生的中國地圖》〉，《二十一世紀雙月刊》（香港：香港中文大學中國文化研究所），第155期（2016.06）。

三 網路資料

〈The Selden Map of China〉（牛津藏明末閩商航海圖），《Bodleian Libraries | Accessibility》：http://seldenmap.bodleian.ox.ac.uk（檢索日期：2022.01.02）（檢索日期：2022.05.27）

〈英國牛津大學公開一幅明朝中葉彩繪航海圖〉，擷取自中研院——《地圖與遙測影像數位典藏計畫》：https://gis.rchss.sinica.edu.tw/mapdap/?p=2560&lang=zh-tw（檢索日期：2022.05.27）

〈《順風相送》作者及完成年代新考〉，擷取自《南溟網》：http://www.world10k.com/blog/?p=2028（檢索日期：2022.01.02）

附錄「明代福建至琉球針路一覽表」頁一

序	明代	相關人	作者	針路出處	期別	出發點	小琉球	彭家瑜（嶼）山	釣魚臺（嶼）	黃毛/赤嶼嶼	赤嶼	古米山/米山	馬齒/慶良間山	目的地流虯（城灣或灣）	目的地形容	天數	出發月份/季節	備註	潮銀/針路頁數
附	隋	朱寬、陳稜																根據紀行路線及天氣判斷，為三月起。	38
附	隋	南宋趙汝适《諸蕃志》		地理志	書	泉州									流求、泉州、東	5～6日		今臺灣澎湖與福州望可通、逢天清望空、汐則無可怨為瑠球。	86
1	明	琉球國三十六姓福建人，戊三十六姓戒人士為人，洪武二十五年始遣閩人三十六姓給賜閩。	西洋朝貢典錄	使錄針本	書	梅花	正南風乙瓦針七史 取小琉球頭（雞籠山、花瓶山、彭家山）北邊	單乙針十史 花嶼乙針五瓦 法流水名單北邊	乙亥針七史		北邊、單卯 針四史 新單黃毛嶼		東一日 勾巴皇與山（姑米山）	北邊、單卯 針五史 取古米山	甲卯並單甲 針三史 收入那霸港	流求、泉州、東				136—137
2	明	黃省曾		使錄針本（加社）	書	梅花	正南風乙瓦卯針五瓦 取小琉球頭	乙瓦卯取彭山 取彭家山	乙亥針取 北木山（入童山島）		新單黃毛嶼								
3 ★	明	陳侃	使琉球錄	使錄針本（加註）	書	長樂六石	一日、見一平山多山 小山小琉球 花瓶、小彭章 取彭山	南風、甲卯並單乙卯針 取彭家山	北邊 甲卯道乙卯 針取大平山（姑米山）				見古米 山、熱壁山	隻實針 那霸港収口	久米村、東	25日	五月明	過溝祭、過黑水、過黑山、福，過溝島。	214
4	明	郭汝霖 使琉球錄		使錄針本	書	梅花港	取彭家山	取彭家山					小古米 山	明霸港	琉球、東	5/19—69 20日	五月	透海藏、過溝島、海風越長天起。福，。	216—219
5	明	鄭若曾 籌海圖編		籌海圖彙 書	梅花港		北邊、單卯針取彭家山、乙卯取鳩嶼、乙卯取魚山、乙卯取古米山、甲卯並單甲針三史 入那霸港	北邊、甲卯有辰、單乙 針取彭家山、辰卯取彭家山、乙卯並單乙史、甲卯取正東、實甲卯向單乙卯正、甲乙針西史、至明針十史五史 入那霸	北邊 甲卯並乙卯 針取大平山（姑米山）正東	北邊 甲卯並乙卯 針取大平山（姑米山）正東		小古米 山	古米山、系馬、古地之地已	南風、甲卯 取古米山	大琉球	5/20—69 10日	五月	回頭透海飓與山、此洪張、鈞返五忠福，「月青東林、山可望」。	237 237（國）242 245

附錄「明代福建至琉球針路一覽表」頁二

	出發	針路						註	書	作者、書名	編號	頁碼
	梅花	東山外乙辰針或戊辰取小東島之雞籠山	山南、正卯針或乙卯針西南風、正卯針四更、正卯針四更取米次樂	南風、正卯針或乙南風、正卯針西南風、乙卯針四更取黑溝山	南風、正卯針、甲卯針或甲卯針、正卯針或正卯針、正卯針十更取次樂	南風、正卯針、甲卯針南風甲針、實甲針、正五更、黃甲針或乙卯針正卯針至馬齒山正卯針甲卯針入桃花港	大琉球	據明梅花渡澎湖之小東至琉球到日本……		明 鄭若曾《日本一鑑》	6	250、261
	會（加註）	東沙山正卯針六更、辰巽針三更取小琉球頭	乙卯針甲四更取彭家山	乙卯針四更更取赤嶼	甲卯針五更取黃尾嶼	南風、正卯針甲卯針或甲卯針、正亥針、黃甲針、正巳更山至五更山七更取黃尾嶼	大琉球			明 蕭崇業、謝杰《使琉球錄》、琉球過海圖	7	268(圖)270一273
	梅花東	單辰針或戊辰針十更取彭嘉山	北風、便風、赤嶼五更、單卯針至赤嶼	北風五更、南風、單卯針東南風、甲卯針西南風、甲卯針或甲卯針、乙卯針十更至赤嶼	彭嘉山北過南風、單卯針東嘉南風、乙卯針東嘉西南風、彭嘉嶼及彭嘉山山	北過、單卯針、甲卯針南風、宣卯針西南風、甲卯針或甲卯針、乙卯針至米島山	琉球	昨古米山即翠壁山、六更始至琉球！	12日	明 謝杰《虔臺倭纂》	8	277
	梅花東	單辰針或戊辰針十更取小琉球山	北過、便風、赤嶼五更、單卯針至赤嶼	北過五更、南風、單卯針東南風、甲卯針西南風、甲卯針或甲卯針、乙卯針至赤嶼	彭嘉山北過南風、乙卯針東嘉西南風、彭嘉嶼及彭嘉山山	北過、南風、單卯針甲卯針南風、宣卯針西南風、甲卯針或甲卯針、乙卯針至馬齒山山	大琉球			明 王在晉《海防纂要》	9	281
	大式	西港、東湧、北風、單卯針或甲卯針取釣魚山乙辰針或戊辰針取彭家山	單卯針取赤嶼	單卯針取赤嶼	南風、甲卯針回更、甲長甲針十一更取黃毛山	南風、單長針回更、單甲甲針十一更馬齒山、乙辰針入琉球國為赤嶼	琉球	甲寅針七更丁未針乙辰甲卯更烏坵山	正南、甲針卯、甲寅更辰針、東北	明 茅元儀《武備志》	10★	313

附錄「明代福建至琉球針路一覽表」頁三

		316	320	319	334 342 (圖) 336 — 339
		琉球			琉球
		甲寅針五更，至之莫是大琉球 北邊，單寅木碧，宜之莫是甲卯針，在莫寅卯單寅針及甲卯針，在甲卯針單寅木碧，實前五更至莫即送所霸古米山	乙卯針六更，直入那霸港取馬齒山	北邊，單卯北邊，南風、單卯實前及單卯實前，見行和甲卯甲寅實單寅針及甲卯針，在甲卯針十針十正更取姑米山	直入那霸港取馬齒山
		華萊嶼北邊，使見太平嶼五更，乙卯針四更，至奧花嶼	乙卯針四更取姑米山，實見莫嶼	南風、單卯針取東南風、乙卯針四更，至莫即霸嶼	丙午上風，乙卯針四更取東華嶼
		夏至針取約火嘌嘌港			
	梅花	福州梅花東沙外山	福州長樂、廣石、梅花所	津州太武山	使鎮針梅花頭
明 (加註) 順風相送	明 (加註) 順風相送		明 瀛涯勝覽見泉記		明 夏子陽使球錄王士禛
10 ★	10		11		12

附註說明：

1. 前二列隋、宋二代資料，為說明福建至琉球針路之增補。

2. 「★」部分，表示該筆針路的啟航港口非為福州梅花港。

十七世紀明朝遺民之兩支：朝鮮皇朝遺民與越南明鄉人之系統比較[*]

徐源翊[**]

摘要

經過明清交替，許多中國人移到海外，其中移到朝鮮和越南的明遺民也不可指數。因為兩者之間有不少異同，所以兩者適合作為明朝遺民的比較研究對象。透過各種一手資料，即《大南寔錄》、《朝鮮王朝實錄》等官撰史料和《磊磊落落書》、《黃明遺民傳》等個人文集資料，查閱兩國明朝遺民之實相。

透過楊彥迪、陳上川、鄭玖之事例得以了解明朝遺民移到越南的過程。楊彥迪、陳上川是半商半盜的海賊兼南明軍的軍人，鄭玖是商人，他們在臨近東南亞國家的越南東京灣活動，後期為了逃避清朝的統治而搬移到經常往返的東南亞國家，後來服事越南阮主。

進入到朝鮮之明朝遺民可以分為兩類，第一是遼民，薩爾湖之戰之後，遼東的老百姓開始移到進入朝鮮，毛文龍在朝鮮境內開闢東江鎮之後，朝鮮境內的遼民逐漸增加。毛軍與遼民在朝鮮境內騷擾，甚至掠奪朝鮮人民；第二是皇朝遺民，他們本人以前在明朝當官或者其後代，大部分是打敗東江鎮之後進入到朝鮮，有些家門祖先對朝鮮有功，其後代便在朝鮮朝廷服務。

---

[*] 銘謝：作者由衷感謝負責評論的吳俊芳老師提供中肯建議，使本文論證更加完善。本文若仍有任何疏漏之處悉由作者負責。

[**] 國立成功大學台文所台灣與東南亞研究組博士生。

　　越南早期明鄉人與朝鮮皇朝遺民的背景都是官員或軍人，這是他們兩者的共同點。他們後期為兩國朝廷服務，不過期待有相當不同。隨著當時兩國政府的統治理念及移民者政策，兩國政府優待他們，也有歧視待遇。結果兩國為了順利統治國內，利用明朝遺民，不過兩國優待他們之真實原因值得商榷。

關鍵字：明朝遺民、明鄉人、皇朝遺民、朝鮮中華主義、民族同化

Two cases of Chinese immigrants in the 17th century:

A comparative study of the origins of the *Hwangjo'yu'min* (皇朝遺民) and the Minh Hương people (明鄉人)

Seo, Won-Ik[*]

Abstract

In the Ming-Qing transition period, many Chinese people moved overseas, including Joseon (朝鮮) and Nguyen Regime (阮主). Many similarities and differences can be observed, hence comparative studies can be conducted. Through first-hand materials, that is, official historical materials such as *Đại Nam thực lục* (大南寔錄) and *Veritable Records of the Joseon Dynasty* (朝鮮王朝實錄); as well as personal anthology materials such as *Noeloenaklaksŏ* (磊磊落落書), *Hwangmyongyuminjeŏn* (皇明遺民傳), this research will verify the authenticity of these records of migrants from Ming Dynasty in the two countries.

Through the cases of *Dương Ngạn Địch* (楊彥迪), *Trần Thượng Xuyên* (陳上川), *Mạc Cửu* (鄚玖) and *Mạc Thiên Tứ* (鄚天賜), we can understand the process of Ming Dynasty migrants to Vietnam. *Dương Ngạn Địch* and *Trần Thượng Xuyên* were soldiers of the Southern Ming Army as well as half-merchant

---

* Ph.D. Student, Division for Taiwan and Southeast Asian Studies, Department of Taiwanese Literature, National Cheng Kung University.

and half-pirate pirates, while *Mạc Cửu* was a merchant. They were active in Tongking Gulf, Vietnam, which is close to Southeast Asian countries. Therefore, when *Mạc Cửu* and his families escaped the rule of the Qing Dynasty, they moved to Southeast Asian countries. And they started working for Cambodia and Vietnam.

The Migrants from Ming Dynasty who entered Joseon can be divided into two categories. The first, after the Battle of Sarhū (薩爾滸之戰, 1619), the *Yomin* (遼民) began to move to Joseon. After *Mao Wenlong* (毛文龍) established *Dong-jiang* Military army force (東江鎮) in Joseon, the *Yomin* in Joseon increased rapidly. Joseon Dynasty and Joseon people had been harassed and even plundered by Mao's army and the *Yomin*. The second case is the *Hwangjo'yu'min* (皇朝遺民), who were officials in Ming Dynasty and their descendants, most of whom entered Joseon in 1637. The *Dong-jiang* Military army forcewere suppressed by the Qing Dynasty and Joseon allied forces. Some people chose Joseon as a place of exile because their ancestors contributed to Joseon Dynasty during the Japanese invasions of Korea (萬曆朝鮮之役, 1592-1598).

The early *Minh Hương people* (明鄉人) and the *Hwangjo'yu'min* (皇朝遺民) were officials or soldiers in the new countries. However, with the ruling philosophy and immigration policy of the two countries at that time, the two countries at first treated migrant people preferentially, and then discriminated them. As a result, the two countries manipulated Ming Dynasty migrants to rule their countries more effectively. Therefore, it was evident that better governance was the ulterior motive behind their preferential treatment.

Keywords: Chinese immigrants, Minh Huong, *Hwangjo'yu'min,* Little Sinocentrism, National assimilation

一　緒論

　　歷史上各個時期皆發生過許多事情，十七世紀無論對東亞史或世界史而言都是相當重要的時期。十五世紀末開啟了大航海時代，隨後十七世紀許多歐洲國家建立了東印度公司，西方國家競相從事東方貿易，正是大航海時代的鼎盛時期。從十七世紀初開始的明清戰爭，到一六四四年明朝滅亡之後，這樣的狀態在東亞還持續了一段時間。經過這場戰爭，很多明朝遺民移民到了朝鮮、越南等鄰近國家。這次移民可謂東亞移民史上最大規模事例之一。因此，這一時期各個國家移民研究的成果已相當豐富，然而越南明鄉人和朝鮮的明朝遺民的研究成果相對較少。

　　藤原利一郎和陳荊和的研究可以成為明鄉人研究的經典著作，此後大部分的明鄉人研究，多是參考這兩位的研究成果。[1] 目前台灣的研究者中最為關注並做出明鄉人研究要蔣為文，他的研究可以分為兩種，第一，以查看早期明鄉人陳上川的生涯，進而探討陳上川的出生歿年，查明陳上川之神化過程為代表。第二，探討明鄉人的民族認同，為何現代明鄉人自認為越南人為代表。[2] 不過在台灣幾乎沒有韓國明朝遺民之單獨研究，[3] 在韓國禹景燮

1　藤原利一郎，〈廣南王阮氏と華僑：特に阮氏の對華僑方針について〉，《東洋史研究》10（5）(1949), pp.378-393；藤原利一郎，〈安南阮朝治下の明鄉の問題：とくに稅例について〉，《東洋史研究》11（2）(1951), pp.121-127；藤原利一郎，〈明鄉の意義及び明鄉社の起源〉，《東南アジア史の研究》（東京：法蔵館, 1976），pp.257-273；陳荊和，〈關於「明鄉」的幾個問題〉，《新亞生活雙周刊》8（12）(1965)，頁1-4；陳荊和，〈清初鄭成功殘部之移殖南圻（上）〉，《新亞學報》5（1）(1960)，頁433-459；陳荊和，〈清初鄭成功殘部之移殖南圻（下）〉，《新亞學報》8（2）(1968)，頁413-485。

2　蔣為文，〈越南的明鄉人與華人移民的族群認同與本土化差異〉，《台灣國際研究季刊》9（4）(2013.12)，頁63-90；蔣為文，〈越南會安市當代明鄉人、華人及越南人之互動關係與文化接觸〉，《亞太研究論壇》61（2015.12），頁131-156；蔣為文，〈越南明鄉人陳上川生卒年考察〉，《亞太研究論壇》65（2018.12），頁37-54；蔣為文（CHIUNG, Wi-vun Taiffalo），"Cultural identity change of Minh Huong people in Vietnam: case studies of "Long Phi" era name", *Journal of Viet Nam Hoc*, Vol.1, No.2 (2020.7), pp.74-101.

3　兩篇都是分析各分資料和介紹作者：何冠彪，〈記朝鮮漢人王德九「皇朝遺民錄」〉，

（우경섭, Woo, Kyung-sup）的研究成果令人矚目，他曾經研究過明朝遺民之認同與朝鮮社會如何接受明朝遺民。[4]然而韓國學界明鄉人的研究成果極少，其中崔秉旭（최병욱, Choi, Byung-wook）的研究令人矚目，他曾經研究過早期明鄉人的代表人物楊彥迪與陳上川之軍事活動。[5]不過到目前沒有人做過朝鮮的皇朝遺民與越南的明鄉人之比較研究。

越南、朝鮮的明朝遺民開始定居於兩國後，許多人擔任越南、朝鮮政府官職，時至今日他們仍在各國生活，因此越南明鄉人和朝鮮皇朝遺民的研究是絕對不能忽視的研究主題。眾所周知，朝鮮和越南是明朝的朝貢國之一，在國家的統治體制、政府架構、學術、文化上有很多相似之處，這是適合進行比較研究的條件之一，不過實際上越南、朝鮮兩國的明朝遺民之比較研究幾乎沒有。因此，此研究將比較具有許多共通點的兩國之事例。

進行比較研究最重要的是選擇正確的比較對象，而且以對象的哪一點進行比較也很重要。本研究比較越南明鄉人和朝鮮明朝遺民的第一階段研究，於是首先比較兩個集團的身分，即在明朝時的官職與來源地。如上所述兩個集團移居後適應各自的社會生活，他們為移居國政府做事並立功，但兩國政府對他們的態度很不一樣，為了說明這一差異，比較兩個集團的出身是作為一個有意義的工作。

於是在各節將說明以下內容：首先，第一節將對此次研究的對象越南明

《故宮學術季刊》6（2）（1988.12），頁55-75；孫衛國，〈朝鮮《皇明遺民傳》的作者及其成書〉，《漢學研究》20（1）（2002.7），頁163-188。

4　우경섭(Woo, Kyung-sup禹景燮), "조선후기 귀화 한인(漢人)과 황조유민(皇朝遺民) 의식(朝鮮後期歸化漢人和皇朝遺民觀念)," *한국학연구 (The Journal Of Korean Studies)*(Incheon: Center for Korean studies, Inha Univ.), 27(2012.6), pp. 333-364；우경섭, "조선후기大明 遺民의 罔僕之義──濟南 王氏 가문의 사례(朝鮮後期大明遺民的罔僕之義──以王以文家門為中心)," *한국학연구(The Journal Of Korean Studies)*(Incheon: Center for Korean studies, Inha Univ.), 36(2015.2), pp. 179-206.

5　최병욱(Choi, Byung wook(崔秉旭)), "베트남의 "남부캄보디아" 획득 과정에서 보이는 명 이주민의 역할- "용문장사(龍門壯士)" 의 활동을 중심으로, 1679-1732(Vietnamese Occupation of the "Lower Cambodia"and the Role of "the Long Mon Soldiers" of Ming China)," *동남아시아연구(The Southeast Asian review)*, 24(3)(2014.8), pp.127-163.

鄉人和朝鮮明朝遺民進行定義，進而追蹤各集團的代表事例，瞭解他們透過何種途徑移民到越南和朝鮮；第二節，將瞭解越南明鄉人的代表事例龍門壯士楊彥迪、陳上川以及河仙的鄭氏勢力的身份，此節可以闡明越南明鄉人的集體認同；第三節，將簡要整理不同時期移居朝鮮的明朝遺民類型，並追蹤各時期出現的遺民的身分，此節同樣可以呈現朝鮮明朝遺民的集體認同；最後則是研究他們的身分和集體認同是如何被各個國家接受的。

　　此次研究將提及各集團的身分，因此盡量引用第一手史料。首先，關於越南明鄉人的代表事例龍門壯士的楊彥迪及陳上川的記錄在《大南寔錄》列傳可以查閱；朝鮮明朝遺民的事例在《朝鮮王朝實錄》、《承政院日記》等官方紀錄與《磊磊落落書》、《皇明遺民傳》等個人記錄中都可以輕易追蹤相關資訊。此外二手史料中，也有兩國明朝遺民之身分的有關內容，將作為參考。

　　最後，這是查明十七紀東亞移民的初步階段的研究。本研究選擇將說明移居到具有許多共通點的兩國明朝遺民的身分研究作為比較研究的第一階段，是因為進行這項研究前必須定義他們的認同。而且為了查明他們的認同，要了解他們經過了怎樣的過程進入了越南和朝鮮而哪些人進入了越南和朝鮮。透過此次研究，將了解他們的認同為何，對於日後解釋他們的定居過程及期間發生的事件也會有很大的幫助，進而還可以與其他國家的移民事例進行比較。

二　越南明鄉人之祖先：龍門壯士與鄭氏集團

　　一六七九年，楊彥迪與陳上川率領的三千多名士兵與五十艘船隻歸附越南阮主政權，阮主將他們派往尚未屬於越南的真臘領的美湫（Mỹ Tho）和邊和（Biên Hòa）[6]。透過大南寔錄的記事：『諸國商舶湊集由是漢風漸漬于東浦矣』（《列傳前編》6:15b）來推測，楊彥迪、陳上川之部隊成功地定居下來其地。另外河僊鄭食家門的祖先鄭玖是廣東雷州人，他不想收清朝的支

6　《大南列傳前編》6:14b-15b。（以下列傳前編）

配而越海跑到真臘，則當真臘的地方官屋牙（Oknya）。他發現越南、中國、真臘、爪哇的商人在柴末（Banteay Meas）做貿易，之後搬到那裡開了賭博場徵稅金，另外他為了河僊地區的開發而自己開採銀礦，叫了臨近地區的流民住在河僊附近。[7]鄭玖去世後其兒子鄭天賜繼承鄭玖的位置，一七三六年，鄭天賜被任命為河僊鎮守之後，實行獨立統治的河僊鎮更加繁榮。

如上所述，楊彥迪、陳上川、鄭玖與其兒子鄭天賜這位人物可以說是越南南部地區開拓史上的重要人物。[8]楊彥迪和陳上川的士兵進攻真臘的領土帶頭開拓南部地區，鄭氏家門起初擔任真臘政府之地方官，但後來歸附越南阮主政權，自然而然地擴大了越南的影響力。那麼他們是誰，他們是如何進入越南和柬埔寨的呢？本節將瞭解他們的真實身份和他們如何前往東南亞定居，並瞭解他們進入越南之後的行蹤。

按《大南寔錄》記事，楊彥迪與陳上川兩人是明朝之軍官，[9]以往的研究顯示他們兩人是海賊。[10]最近二十年來的研究成果來看，十七世紀出現的許多海上勢力定義為半商半盜的武裝商人，[11]有時候他們歸於政府制度下被

7　《列傳前編》6:1a-1b。

8　유인선(Yu, In-sun)，*베트남과 그 이웃 중국(越南與其鄰近中國)*(Paju: Changbi, 2012), pp. 233-236；최병욱, 2014, pp. 75-77.

9　《列傳前編》卷6:15b；鄭懷德，《嘉定城通志》卷3，〈疆域志〉，收錄於戴可來‧梁保筠（校注），《嶺南摭怪等史料三種》（鄭州：中州古籍出版社，1991），頁121。

10　陳荊和，1960，頁442；Sakurai, Yumio., "Eighteen-Century Chinese Pioneers on the Water Frontier of Indochina," Cooke, Nola., Li, Tana. (eds.), *Water Frontier, Commerce and the Chinese in the Lower Mekong Regionm 1750-1880* (Lanham: Rowmand & Littlefield, 2004), p.40; Niu, Junkai. and Li, Qingxin., "Chinese" Political Pirates" in the Seventeenth-Century Gulf of Tongking," Cooke, Nola., Li, Tana., and Anderson, James A.,(eds.), *The Tongking Gulf Through History* (Philadelphia: University of Pennsylvania Press, 2011), p.138; Wheeler, Charles., "Identity and Function in Sino-Vietnamese Piracy: Where Are the Minh Hương," *Journal of Early Modern History,* 16 (2012), p.521.

11　岸本美緒，《東アジアの「近世」》（東京：山川出版社, 1998），頁41-44；松浦章，《中国の海商と海賊》（東京：山川出版社, 2003），頁63-66；리보중(李伯重)(著)、이화승(李和承)(譯)，*조총과 장부(火槍與賬簿)*(Paju: GeulHang'ali, 2018), pp.104-109；하네다 마사시(羽田正)(著)、조영헌(Cho, Young-hun), 정순일(Chong, Soon-il)(譯),

授予政府官職，有時候他們拒絕政府的恩德。[12]據陳荊和引用了《廣東海防彙覽》，楊彥迪在廣東海南島一帶的東京（Tongking）灣活躍的大海賊，[13]清朝政府認為楊彥迪的活躍非常不妥，多次想圍剿楊彥迪一黨，但楊彥迪頻繁地往來越南而難以緝捕，終於清朝政府命令越南鄭氏政權逮捕楊彥迪一黨與其家人。[14]由此可見，楊彥迪一黨的活躍是違背清朝政府之心志，不過一六八一年（康熙20）清朝政府掃蕩楊彥迪一黨，此後楊彥迪一黨不再出現於清朝之官方記錄。[15]查看《清實錄》的記錄，我們可以知道清朝政府怎麼看他，早期的記錄寫他「海賊」或「海寇」，不過一六七六年（康熙16）的記錄把他稱為「海逆」。[16]《清實錄》裡被稱為海逆的人物，通常參與南明軍，即鄭成功的軍隊的時候才被稱為海逆，[17]因而楊彥迪被稱為海逆的一六七六年，是明明屬於南明軍。不過陳上川投入越南阮主之前的身世相關之資料難以尋找，因此對於他如何投入越南不得而知。[18]不過他跟楊彥迪一起過去越南之緣故來推測，陳上川也是在東江問一帶活動，之後與楊彥迪一起過去越南。[19]綜上所述，把楊彥迪、陳上川兩人視為曾受南明政權的官職的海賊。

有關鄭玖的身世之記錄也非常簡略，查看他遷移到東南亞之前的記錄，鄭玖是廣東雷州人，他一六七一年（康熙10）為了躲避清朝的統治，越海進

바다에서 본 역사(從海洋看歷史)(Seoul: Minumsa, 2018), pp.214-215；鄭維中，《海上傭兵——十七世紀東亞海域的戰爭、貿易與海上劫掠》（新北：衛城出版，2021），頁509。

12 從16世紀後半期開始，明政府反覆採取包容海盜並賦予其官職的政策，不過也有賦予官職並清除其人之情況。從鄭芝龍被明朝政府包容的過程來看，也很明顯地出來。

13 陳荊和，1960，頁446-452。

14 《清聖祖仁皇帝實錄》卷19，康熙五年五月十五日。（以下聖祖實錄）

15 《聖祖實錄》卷96，康熙二十年五月十四日。

16 《聖祖實錄》卷14，康熙四年三月十二日（海賊）；卷19，康熙五年五月十五日（海寇）；卷70，康熙十八年十二月九日（海逆）；卷76，康熙十七年八月十四日（海賊）；八月十八日（海賊）；卷79，康熙十八年正月七日（海逆）。

17 鄭彩、鄭成功、洪旭、王長樹、毛光祚、沈爾序、黃廷、張煌言、鄭錦等被稱為海逆。

18 鄭瑞明，《清代越南的華僑》（嘉新水泥公司文化基金會，1976），頁26。

19 藤原利一郎，1949，p.380.

入真臘。[20]越海時他帶著家人和夫人一起過去，當時他年僅十七歲而已，有的研究推測他是往返於菲律賓和爪哇的商人。[21]看《河仙鎮葉鎮鄭氏家譜》的記事可以發現鄭玖對商業相當有才能。[22]另外如上所述的內容也顯示，鄭玖管理財富方面具有卓越的見解。因此，Sellers 的推測，即鄭玖是商人的意見十分妥當。

　　雖然從記錄較少的情況中得出明確的事實是非常困難，但至少可以確定這三個人物的共同活動範圍，就是東京灣一帶。該地區從十六世紀後期開始被用作海盜和海上的據點。[23]因此他們與鄰近的東南亞國家，特別是與越南有著相當多的交流。[24]南明政權也與越南鄭主政權維持十分密切的關係，雖然南明與越南鄭主成為彼此的友邦的時間很短，不過剛好該時期與他們三人活動的時間一致。[25]鄭玖首先選擇真臘去，當時真臘也是有很多中國人定居而生活的國家。[26]結果半商半盜的他們活動於離東南亞國家很近的東京灣，自然而然與東南亞國家進行了交流。此緣故他們往東南亞移民，這並不是非常意外的結果。

　　正如第二節開頭提到，楊彥迪和陳上川投入越南阮主之後被送往南部開拓地。他們成為開拓越南南部地區的尖兵。但是楊彥迪不久就被其部長黃進所殺，之後楊彥迪的龍門兵由陳上川繼承。[27]陳上川此後繼續在戰鬥中建功

---

20 武世營，《河仙鎮葉鎮鄭氏家譜》，收錄於戴可來・梁保筠（校注），《嶺南摭怪等史料三種》（鄭州：中州古籍出版社，1991），頁231。

21 Sellers, Nicholas., *The princes of Ha-Tien(1682~1867)*(Bruxelles: Thanh-Long, 1983), p.15.

22 武世營，《河仙鎮葉鎮鄭氏家譜》，頁231。

23 Niu and Li, 2011, p.135.

24 Hoang, Anh Tuan., *Silk for Silver : Dutch-Vietnamese Relations, 1637-1700*(Ph.D. diss., Leiden University: Leiden, 2006), pp. 46-49.

25 Niuand Li, 2011, pp.136-137.

26 조흥국(Cho, Heung-Guk), "캄보디아 화인사회의 형성과 발전(The Formation and Development of the Ethnic Chinese in Cambodia)," *국제지역연구(International Area Studies Review)*, 3(1)(1999), p.109.

27 《列傳前編》，6:15b-16:a。

立業，[28]開拓地區內建立了軍事、經濟據點，而合併附近地區存在的中國人集團，則進一步壯大勢力。[29]陳上川去死後其兒子陳大定繼承陳上川至身份，但被誣陷而死亡。[30]

鄭玖和他的後代們成為了河僊鎮守，他們明明屬於越南阮主政權，但是他們很自在地統治河僊一帶地方。鄭氏家門除了自己具備軍隊以外，還可以從事自由貿易，甚至他們被賦予了製造貨幣的權限。[31]鄭氏統治的河僊成為阻止真臘和暹羅之侵略的最前方基地，鄭玖和鄭天賜與真臘、暹羅反覆勝負，展開了一進一退的攻防。鄭天賜繼承鄭玖的那時，即一七三五年開始到一七七二年的三十七年間發生了十次戰爭。這戰爭時期的記錄裡可以看到河僊與敵國直接外交、開戰的事實。由此可見，當時河僊的地位和鄭氏家門之能力與特權，我們可以把當時河僊成為越南境內的另外一個國家。還有令人矚目的一件事情是，河僊鄭氏家門自己也在利用這種地位，櫻井說：一七四二年鄭天賜寫給日本將軍的信中把自己稱為真臘國王，[32]但自己稱為真臘國王這件事，讓人懷疑在《大南寔錄》列傳所述的忠臣鄭天賜的樣子是否真實。

綜上所述，進入越南之明朝遺民是一種海上勢力，楊彥迪和陳上川在反清復明的旗幟下，隸屬於南明軍進行活動。鄭玖可能是商人出身。他們亡命異國，立功立業，卻為建立屬於自己的集團而努力。陳上川開拓越南南部地區，在那裡建立軍事經濟據點，統一周邊中國人集團，組成商業網絡。鄭玖和鄭天賜擔任河僊鎮守的官職，維持半獨立的狀態發展。

28　《列傳前編》，6:16b-17b。

29　Sakurai, 2004, p.40.

30　《列傳前編》，19a。

31　《列傳前編》，6:3b-4a。

32　Sakurai, 2004, p.44.

三 朝鮮明朝遺民之系譜：從遼民到皇朝遺民

　　薩爾滸之戰（1619）之後，明朝失去遼東地區的霸權，許多遼東之人民脫離遼東地區而圖謀生計，遼東人民可以選擇後金統治下生活、透過陸路或者海陸進入內地、進入朝鮮、進入臨近島嶼或者山地，從明政府的角度來看，其實遼東人民做出的任何選擇都不是最好的方案。明朝政府遇到這些困難當中，一六二一年（天啟元、朝鮮光海君13）五月二十一日，遼東巡撫王化貞命毛文龍率四艘沙船及兵一百九十七名進攻後金放鬆警戒的鎮江一帶地區。[33]雖然戰力不夠，但是毛文龍成功地打到鎮江一帶地區，於是天啟皇（1621-1628）帝及時以毛文龍為副總兵，還有二百兩銀子賜予毛文龍。[34]明朝皇帝馬上賞賜毛文龍之事，表示明朝政府認為鎮江地區吸收遼東人民、控制朝鮮的遼東地區之新中心的期待。不過後金的努爾哈赤一聽到消息就派平定鎮江地區之騷亂，[35]毛文龍丟去基地之後為了避免後金軍的攻擊進入到朝鮮半島平安道鐵山郡。[36]同年十二月十五日，在平安道林畔遇到後金軍的奇襲勉強保住了其生命。[37]

　　總之朝鮮政府的角度來看，毛文龍之活躍絕對不是一件值得高興的事件，對此朝鮮國王光海君（1608-1623）擔心毛文龍如果繼續駐紮朝鮮境內，可能會遭到後金的入侵，他派朴燁讓毛文龍進去臨近山地或者島嶼避免後金的危險。[38]到了次年十一月，毛文龍接受了朝鮮政府之提案，進入平安道鐵山群椵島，[39]入島之後，毛文龍開設東江鎮，以東江鎮為抗後金軍事活

---

33 《東江疏揭塘報節抄》卷1，〈天啟元・二年塘報〉，頁5-7。

34 《明熹宗實錄》卷13，天啟元年八月七日（丙子）。

35 《東江疏揭塘報節抄》卷1，〈天啟元・二年塘報〉，頁7；《滿文老檔》，「太祖」24冊，天命六年（1621）七月二十七日。

36 《明熹宗實錄》卷14，天啟元年九月二日（庚子）。

37 《光海君日記》卷172，光海十三年（1621）十二月十八日（乙酉）。

38 《光海君日記》卷173，光海十四年（1622）一月二日（戊戌）。

39 《光海君日記》卷183，光海十四年（1622）十一月十一日（癸卯）。

動的基地開始招兵。[40]明朝政府的立場來看，毛文龍的開鎮是阻止遼東一帶人民脫離其地，進而確保吸收遼東人民之據點和對後金戰線的前沿基地。東江鎮開設以來許多漢人流入到朝鮮境內，[41]但事實際上很難掌握這一時期流入到朝鮮之漢人人口，當時朝鮮政府這些漢人成為「遼民」。基本上遼民是流民，他們已經脫離國家權力而很難掌握準確的統計收據，而且他們不是進去明朝境內而是進入朝鮮的境內，因此朝鮮政府沒有任何理由調查遼民之戶口，但是有一些記錄上，可以看到遼民人口的收據，據這些記錄來推算，當時東江鎮有二萬八千名士兵和十七萬多名之人口。[42]

　　因為東江鎮與遼民都在於朝鮮境內，則朝鮮政府的壓力很大，而且當時人口快速增加，居然發生「自昌・義以南，安・肅以北，客居六七，主居三

---

40 《明史》卷259，〈袁崇煥傳〉，頁6715；黃景源，《江漢集》卷5，〈移弘文館論東江狀並東江志〉，「天啟二年，平遼將軍中軍都督府左都督毛文龍，出屯東江，哲皇帝賜尚方劍以鎮之」；《萬機要覽》，〈軍政篇〉5，「仁祖元年，皇朝授文龍都督，開府於椵島，號東江鎮」；《林下筆記》卷13，〈文獻指掌編〉，「仁祖元年，中朝授文龍總兵都督（中略）文龍遂開府於椵島□東江鎮」；田川孝三，《毛文龍と朝鮮との關係について》（京都：彙文堂書店，1932），p.53.

41 關於東江鎮的人後可參考如下資料：《東江疏揭塘報節抄》卷1，〈天啟元、二兩年塘報〉，頁5-6；《東江疏揭塘報節抄》卷7，〈崇禎元年十月二十一日具奏〉，頁124-125；沈國元，《兩朝從信錄》卷20，天啟三年（1623）十二月條；《崇禎長編》，崇禎元年六月二十三日（壬子）；同年十一月二十一日（戊寅）；《明史》卷259，〈袁崇煥傳〉，頁6717；《仁祖實錄》卷12，仁祖四年（1626）三月二十六日（己巳）；卷13，同年七月十三日（癸未）；卷14，同年十月七日（丙午）；《承政院日記》6冊，仁祖六年（1628）五月十八日（戊辰）；《續雜錄》卷2，仁祖三年（1625）九月；卷3，仁祖六年（1628）十二月一日；黃景源，《江漢集》卷5，〈移弘文館論東江狀並東江志〉；《滿文老檔》，〈太祖〉四十八冊，天命八年（1623）四月三日。

42 서원익(Seo, Wonik), "明清交替期 東江鎮의 위상과 경제적 기반(The status and economic foundation of Dongjiang-Zhen in the Ming-Qing Transition Period)," 명청사연구(Journal of Ming-Qing Historical Studies)53 (2020), pp.116-117. 如下論文仔細說明人口推算之方式：서원익, "명청교체기 동강진(1622-1637)의 설치와 운영（明清交替時期東江鎮(1622-1637)的設置與運營），" 인하대학교 사학과 석사학위 논문(Incheon: Inha University, Master diss., 2019), p.20.

四」之現象，[43]圍著平安道一帶，朝鮮與後金的關係十分緊張。因為資源的有限，遼民與東江鎮經常掠奪朝鮮人民之地方政府，[44]清川江以北地區的被遼民與東江鎮兵士受害慘重，結果有些朝鮮臣僚說要放棄清川江以北地區。[45]後來經過丙子胡亂，朝鮮與清朝和議，朝鮮軍與清軍一起進攻東江鎮，一六三七年東江鎮終於被朝清聯軍敗滅，[46]此後有關遼民的記錄不再出現於朝鮮的官方記錄。

不過過了一段時間，有一批漢人陸續進入到朝鮮，例如：田好謙、康世爵、李性忠、李應仁、李成龍、李天忠、麻舜裳、陳泳溙、彭富山、胡克己、文可尚、楚海昌、孔枝秀、張雲其等人。這段時期的明朝遺民來到朝鮮之緣故在於東江鎮是敗亡，他們大部分是軍人或者文官，其中有一些人是壬辰倭亂當時被派到朝鮮的軍人之後裔。[47]一六四五年丙子胡亂以後，被清朝抓為人質的鳳林大君（將為孝宗）回到朝鮮，和他一起移民到朝鮮，王鳳

---

43 《明史》卷320，〈朝鮮傳〉「自昌‧義以南，安‧肅以北，客居六七，主居三四」

44 《仁祖實錄》卷4，仁祖二年（1624）一月七日（丙戌）；卷5，同年三月二十日（甲戌）；同年三月二十八日（壬午）；卷6，同年六月八日（庚寅）；同年七月八日（庚申）；卷7，同年十一月二十七日（丁丑）；同年十一月二十九日（己卯）；《仁祖實錄》卷8，仁祖三年（1625）正月十一日（庚申）；同年二月十二日（辛卯）；同年二月二十七日（丙午）；三月二十七日（乙亥）；卷9，同年四月二十一日（丁酉）；《仁祖實錄》卷12，仁祖四年（1626）三月二十六日（己巳）；卷14，同年十月七日（丙午）；同年十一月十三日（壬午）；《仁祖實錄》卷15，仁祖五年（1627）四月十九日（乙卯）；卷16，同年五月八日（癸酉）；同年五月十三日（戊寅）；同年五月二十七日（壬辰）；卷17，同年八月十六日（己酉）；同年十月十四日（丁酉）；《仁祖實錄》卷18，仁祖六年（1628）二月十九日（辛亥）；同年三月三十幾日（辛卯）；同年四月四日（乙未）；卷19，同年七月二十三日（壬午）；同年十月十七日（甲辰）；同年十一月二十二日（己卯）；同年十一月二十七日（甲申）；《仁祖實錄》卷20，仁祖七年（1629）五月九日（癸巳）；同年八月十一日（癸亥）；《仁祖實錄》卷23，仁祖八年（1630）十一月四日（己卯）；《仁祖實錄》卷25，仁祖九年（1631）九月十七日（戊子）。

45 한명기(Han, Myung-ki), 임진왜란과 한중관계（壬辰倭亂與韓中關係）(Seoul: Yeok Sa Bi Pyeong Sa, 1999), pp.384-390.

46 《仁祖實錄》卷34，仁祖十五年（1637）四月二十四日（癸未）。

47 李德懋，《青莊館全書》卷47，〈磊磊落落書補片下〉；成海應，《研經齋全集》卷43，〈皇明遺民傳〉卷7；우경섭, 2012, pp. 340-342.

岡、楊福吉、馮三仕、王美承、裴三生、王文祥、鄭先甲、黃功等人被稱為
隨龍八姓，[48]他們翹首盼望著與朝鮮軍一起再次回到中國的那一天。鳳林大
君回國後，在首都設置了明人村，讓他們聚在一起生活，而且經常拜訪他
們。[49]

朝清聯軍征伐東江鎮之後進入到朝鮮的漢人與遼民和東江鎮士兵的待遇
實在不同。當然東江鎮士兵們駐紮朝鮮的時候，朝鮮政府也一直援助東江
鎮，[50]但他們卻過去朝鮮內地騷亂，於是東江鎮與朝鮮一直發生矛盾，還有
清朝的干涉也是造成這種矛盾的原因之一。從後金的立場來看，明朝士兵和
人民在朝鮮境內是不可坐視的大事，遼民也是清朝的人民，結果後金為了在
朝鮮驅逐明軍，引發了丁卯胡亂。[51]不過朝鮮曾經為了防止這種危險，毛文
龍剛剛到朝鮮時，試圖誘導後金入侵，以後金軍的實力驅逐毛文龍一黨。[52]
但是朝鮮征伐東江鎮以後，朝鮮對漢人的態度卻截然不同。當時朝鮮即與清
朝樹立了明確的外交關係，不僅接受漢人，並且做些優待明朝遺民的政策。
不過有一些明朝遺民住在朝鮮的外圍從事漁業，這是為了清朝的監視，朝鮮
政府不得不實施的政策。但是後來朝鮮組織了漢人軍隊，有一些明朝遺民擔
任軍官的業務。[53]東江鎮征伐以後進入朝鮮的漢人整理成表格如下：

---

48 우경섭, 조선중화주의의 성립과 동아시아 (朝鮮中華主義之成立與東亞) (Seoul: Unis-
   tory, 2013), p.110.

49 李德懋，頁349下；成海應，頁433下。

50 서원익, 2020, pp. 119-121.

51 한명기, 정묘·병자호란과 동아시아(丁卯·丙子胡亂與東亞)(Seoul: Puren'Yeoksa, 2008),
   pp.46-49.

52 《東江疏揭塘報節抄》卷1，〈天啟元年、二年塘報〉，頁10「且朝鮮邊官，見職招民大
   多，恐虜移怨，以情形通之」；卷2，〈天啟三年五月日具奏〉，頁12，「惟邊臣鄭遵野性
   難馴，通虜掩襲數四」；《承政院日記》12冊，仁祖四年（1626）四月八日（庚辰）；
   서원익, 2020, p. 108.

53 《正祖實錄》卷29，正祖十四年（1790）三月十九日（己亥）。

名字	祖先	祖先是否與朝鮮有關係	本人明朝擔任官職	本人或後裔是否擔任朝鮮的官職
田好謙	祖父：兵部尚書田應暘 父：吏部侍郎田允諧	X	不詳	本人O／後裔O
康世爵	曾祖：康祐 祖：康霖 父：青州虞候康國泰	O	不詳	後裔O
李應仁	曾祖：太傅寧遠伯成樑 祖：少保征倭提督李如松 父：遼薊總督中軍副將性忠	O	不詳	本人拒絕／後裔O
李成龍	曾祖：太傅寧遠伯李成樑 祖：李如梅 父：李憲忠	O	不詳	後裔O
李天忠	祖：太傅寧遠伯成樑 父：少保征倭提督李如松	O	不詳	不詳
麻舜裳	祖：都督麻貴 父：遵化總兵麻里光	O	O	不詳
陳泳漈	祖：湖廣總兵陳璘 父：陳九經	O	O	不詳
彭富山	祖：彭友德 父：彭信古	O	不詳	後裔O
胡克己	胡安國十五世孫	X	O	O
文可尚	文天祥六世孫	X	不詳	本人O
楚海昌	不詳	X	O	本人O
張雲其	不詳	不詳	不詳	不詳
王鳳岡	祖：山西巡撫按察使 都御使 王楫 父：吏部侍郎王忠推	隨行鳳林大君	庠生	本人拒絕／後裔O

名字	祖先	祖先是否與朝鮮有關係	本人明朝擔任官職	本人或後裔是否擔任朝鮮的官職
楊福吉	不詳	隨行鳳林大君	庠生（抗清活動）	不詳
馮三仕	父 進士馮秀擧	隨行鳳林大君	庠生（抗清活動）	不詳
王美承	不詳	隨行鳳林大君	庠生（抗清活動）	不詳
裴三生	父裴山大	隨行鳳林大君	庠生（抗清活動）	不詳
王文祥	不詳	隨行鳳林大君	庠生（抗清活動）	不詳
鄭先甲	曾祖 吏部左侍郎鄭文謙	隨行鳳林大君	進士（抗清活動）	後裔O
黃功	不詳	隨行鳳林大君	O（抗清活動）	O

　　透過上表可以明確看出，東江鎮征伐後進入朝鮮的漢人大部分都是官員或軍人的後裔，其數比並不多，他們十七世紀初中期隨著東江鎮的開鎮而流入的遼民截然不同性格。正如第二節所記載的明鄉人與東江鎮敗亡後流入朝鮮的漢人集團的身份上面有共同的地地方，就是他們都是官員。那麼這兩個集團以後會迎來怎樣的變化？

四　共同的思想體系與民族同化政策之實行

　　在第二節和第三節將查明進入越南和朝鮮的明朝遺民的身份及流入之原因。那麼這節將要關注這兩個集團的共同點和差異點。但是進入朝鮮的明朝遺民僅限於皇朝遺民的事例為比較對象。另外將要分析這兩個集團之間為何發生共同點和差異點。

　　首先查看他們兩個集團之出身。從各個事例中可以看出，他們原本是官員或軍人的出身，但是越南明朝遺民的事例來看，他們並不是曾經擔任官人家門之出身，他們本人被任命為官員的第一代。當官員之前，雖然無法詳細瞭解他們的行蹤，可推測他們的身份應該是半商半盜。本研究對象楊彥迪、陳上川、鄭玖的事例來看，他們的移民形態不是個人單獨過去的，而是集團性移民，特別是楊彥迪和陳上川不僅帶領家人，還帶領了三千多名士兵和五十艘軍船。武力集團的用處很多，但後來可能會成為絆腳石。阮主雖然恰當地利用了他們的武力，但得到一定程度的成功之後，是因為武力集團擁有者其危險性，所以想將其危險性清除掉。[54]不過鄭氏家們直到一八一八年統治著河僊，但此後越南阮朝想要直接統治河僊而把官員派到河僊。[55]

　　朝鮮的明朝遺民的身份也是跟越南的明朝遺民身份幾乎一樣，但是朝鮮皇朝遺民歷代擔任官職的名門子弟較多，有些祖先壬辰倭亂時期被派往朝鮮。當時明軍司令官之一的李如宋還向後人留下了「天下將亂矣。朝鮮可以避地」。[56]還有他們並沒有伴之以武力而來移民到朝鮮，這一點與越南的事例截然不同，這是長期留在官職的重要因素之一，於是他們和其後代直到朝鮮後期繼續留在朝鮮。[57]

　　第二是時機問題，進入各國的時期也存在一些差異。基本上時期的差異應該看作是清朝入侵和征服明朝的地理位置而產生的差異，但是進入朝鮮的明朝遺民的記錄，十七世紀中葉以後幾乎沒有出現。應該有幾個因素而沒有

---

54 최병욱, 2014, pp.77-79.

55 Sellres, Nicholas. p.129; Willmott, W. E., "History and Sociology of the Chinese in Cambodia Prior to the French Protectorate", *Journal of Southeast Asian History*, Vol. 7, No. 1(1966), p.26.

56 李德懋，頁348上；成海應，頁432下。

57 우경섭, 2013, pp.115-122; 한승현(Han, Seunghyun), "조선 후기 명 유민 우대책과 제남 왕씨의 관직진출(The Policies Toward the Ming Loyalist Descent Groups and the Bureaucratic Advancement of the Chenam Wang in the Late Choson Period)," *한국문화 (Hanguk Munhwa)* 86, pp.197-238.

看到記錄，首先，由於清朝實施封禁令，原則上無法通過陸路進入朝鮮。[58]
另外朝鮮無法隨意接受脫離中國的漢人，透過幾個漂流民事例也可以看出
這些事實。[59]因此為了躲避清朝的監視，把有一些漢人移居到下三道的事
情，[60]也應該在這脈絡下理解移居漢人的事情。但是很難斷定這段時間完全
沒有明朝遺民之移民，因為也有可能朝鮮故意沒有留下記錄。實際上朝鮮政
府讓各地方應該自行處理關於漂流民送返的問題。[61]

　　然而前往越南的明朝遺民持續存在，[62]阮主把清人登記在越南的戶籍
上，之後讓他們住在明香社和清河社。[63]而且這些華僑在阮朝再建國時立下
了汗馬功勞，因此獲得了巨大的補償，[64]還有鄭懷德、吳仁靜是「明香人」
的身份擔任尚書的職務，何喜文、黃忠全等「清人」身份證的人物成為將
軍。[65]提醒早期明鄉人奉祀明朝而使用「明香」，還有明香人已經開始越南
化，他們願意接受越南的傳統，一八二七年阮朝明命皇帝把明香人的香改成
鄉之後明香人成為明鄉人。[66]然而「清人」是維持滿洲人的服裝，還有認為
自己是清朝人而拒絕融入越南社會的集團。[67]因此廣義上越南的華人的定義

---

58 김경춘（Kim Kyung-Choon），"朝·清國境問題의 一視點：犯越을 中心으로
(Viewpoint on the Border Issue Between Chosun（朝鮮） and China（清）- Centered on
Border Transgression)," 경주사학(The Kyoung-Ju Sa Hak) 6(1987), pp.57-61.

59 《仁祖實錄》卷42，仁祖十九年（1641）十一月二十三日（乙未）。

60 우경섭, 2013, p.111.

61 《孝宗實錄》卷8，孝宗三年（1652）四月二十六日（丁卯），「今難用爾言，而此後則
言于備局，分付邊臣，如或復有如此之事，不必煩報帥臣，直通于備局，以為稟處之
地，而如其所乘之船，完固可載者，則自其處善護以送，其敗船者，亦即馳啟，以待
朝廷處置，而俾不至煩人聽聞可矣」

62 鄭瑞明，頁27-29；藤原利一郎，1949, p. 382.

63 《大南寔錄前編》7:14b

64 최병욱, 베트남 근대사의 전개와 메콩 델타(越南近代史之展開與湄公三角洲) (Gyonggi
Gwangju : San'in, 2020), pp.70-71.

65 최병욱, 베트남 근현대사 개정판(越南近現代史改定版)(Gyonggi Gwangju: San'in),
p.197.

66 藤原利一郎, 1986, p.260.

67 Choi, Byung-wook, Southern Vietnam under the Reign of Minh Mang (1820-1841): Central
Policies and Local Response(Ithaca: Cornell Southeast Asia Program Publications, 2004),

是明鄉（香）人與清人於一體，但使用明鄉人這一詞也需要注意。

　　兩國的明朝遺民的最大的特權是免除了兵役，[68]朝鮮政府說，因為他們是外國國家的百姓，所以不徵收。但過了一段時間，兩國都對明朝遺民徵稅金或者調整成現有的優惠稅率。[69]

　　看起來兩國的政策很相似，但確實是有很大差異，朝鮮雖然對明朝遊徵收了兵役，繼續實行明朝遺民優待的政策。然而越南到了一八二七年，明命皇帝開始強力的少數民族同化政策，越南南部多許多小數民族，包括華人變成為越南人，直到一八四〇年代為止阮朝政府一直堅持少數民族同化政策，將現有的清人們編入到明鄉社的戶口，甚至不讓華人從事商業、貿易等領域，還有明鄉人考科舉的時候也受到了歧視。[70]這些政策與朝鮮實施的政策有明顯的差異。

　　為何發生這種差異？筆者認為原因在於兩國的思想體系，即統治思想上面有差異。朝鮮儒學家們自明朝滅亡以來，強調小中華意識，主張朝鮮就是代替滿族清朝繼承中華道統的真正國家。[71]肅宗（1674-1720）年間為了奉祀明朝神宗萬曆皇帝設立了大報壇，因此朝鮮中華主義成為新的治世理念。[72]此後奉祀之對象慢慢增加，[73]明太祖朱元璋和明朝末代皇帝毅宗崇禎皇帝成

---

p.39.

68　藤原利一郎, 1951, p. 121；蔣為文，2015，頁137；우경섭，2013, p.115.

69　藤原利一, 1951, p. 125；《肅宗實錄》卷60，肅宗四十三年（1717）十一月二十二日。

70　CHIUNG, Wi-vunTaiffalo., 2020, p.81；최병욱, "19세기 전반 베트남의 소수민족 동화정책 —— 남부의 상황을 중심으로(Nguyen dynasty's policy to toward ethnic minorities during the first half of the 19th century), 동남아시아연구(The Southeast Asian review), 9(2000), pp.148-155.

71　강지은（姜智恩）（著），이혜인（李惠仁）（譯），새로 쓰는 17세기 조선 유학사（被誤讀的儒學史：國家存亡開頭的思想，十七世紀朝鮮儒學新論）(Seoul: Puren'Yeoksa, 2021), pp. 45-48.

72　《肅宗實錄》卷39，肅宗三十年（1704）正月十日（庚戌）；卷40，同年十二月二十一日（丁亥）；정옥자（鄭玉子），조선후기 조선중화사상연구（朝鮮後期朝鮮中華思想研究）(Seoul：Iljisa, 1998), pp.96-97.

73　《英祖實錄》卷69，英祖二十五年（1749）三月十四日（壬戌）；同年三月二十三日

為奉祀對象，甚至供奉徐達和李成良范景文的牌位。[74]直到英祖（1724-1776）和正祖（1776-1800）時期，來到朝鮮的漢人的後代也參加了大報壇的祭祀，在此過程中「皇朝人」的新稱號正式給明朝遺民之後裔。[75]

如上所述，明香人開始越南化，但是朝鮮的皇朝遺民非常強調自己的明朝認同，王以文和李應仁拒絕朝鮮的官職，堅持使用中國話。[76]但是有些皇朝遺民知道不可能復興明朝，[77]積極參與朝鮮朝廷的工作，努力編入朝鮮的體制內。[78]到了十九世紀王以文的後代王德九撰寫的《皇朝遺民錄》，王德九有十分強調，別忘記自己是明朝人。[79]不過這種警戒可能是因為已經發生了土著化而產生的擔憂。

越南也出現了類似的現象，如上引用的《大南寔錄》中出現了「漢風」，[80]為什麼越南的記錄中會出現「漢風」？現有學界認為這是越南史裡面的中國模式之實現，[81]但是崔秉旭舉出各種事例解釋為何出現「漢風」，他說這不是中國化，而是越南化的一個事例。他提到漢不代表中國，漢就是指稱越南自己。　八二五年越南為了教育「漢字」官員派遣到真臘，崔秉旭為了解釋這件事件，先介紹伍德賽德（Alexander B. Woodside）和展德勒（David G. Chandler）的觀點，伍德賽德的意見就是向柬埔寨人教授漢子，展德勒則是向柬埔寨人教授越南語。基本上崔支持展德勒的意見，還補充地說，漢不是單純地意味著中國，還有好、大、中央等意義，接下來他舉了韓

（辛未）。

74 《英祖實錄》卷99，英祖三十八年（1762）三月二十日（癸丑）。

75 우경섭, 2013, pp. 119-120.

76 成海應，頁432下；433下。

77 李德懋，頁347；成海應，頁431下。

78 우경섭, 2012, p. 347.

79 우경섭, 2015, p.191, 198.

80 《列傳前編》6:15b 「諸國商舶湊集由是漢風漸漬于東浦矣」。

81 Woodside, Alexander Barton., *Vietnam and the Chinese Model: A Comparative Study of Nguyen and Ch'ing Civil Government in the First Half of the Nineteenth Century*(Cambridge: Harvard University Press, 1971).

國的漢江、漢陽、漢城的例子，這裡「漢」而不是意味著漢朝的漢，意味著
「大」。筆者想要補充一點意見，段玉裁所寫的《說文解字注》看出「漢：
按古文從或，從大」，因此「漢」可以解釋為不同的意思。[82]即，越南認為
自己也是東亞世界的新的中心國家。

　　綜上所述，明朝滅亡以後朝鮮、越南兩國都透過創造國家統治之新理
念，透過新理念想要團結民族進而強調國家認同，但細節上出現了差異。首
先，朝鮮將代替滿清清繼承中華的道統作為國家統治之新理念，越南將以越
南為中心建立新的體制。朝鮮對壬辰倭亂當時派遣救援兵的明朝不斷強調
「再造之恩」，[83]仁祖反正也是強調再造之恩的結果之一，[84]於是有時候明朝
也十分利用「再造之恩」向朝鮮要求派兵、資源，甚至來到朝鮮的明使臣也
是以「再造之恩」為藉口向朝鮮政府要求白銀和人蔘。[85]雖然朝鮮承認清朝
為上國，但十分重視再造之恩。因此，也不能忽視皇朝遺民們，因為從國家
統治理念來看，皇朝遺民就像代議名分的象徵。然而在越南，明朝遺民是小
數民族人之一，他們開拓越南南部時被阮主利用，到了十九世紀被阮朝強迫
成為越南人，對於建設新國家的明命皇帝認為明鄉人就是被統合的對象之一。

五　結論

　　透過本次研究瞭解明清交替時期脫離中國的明遺民進入朝鮮和越南的情
況。明清交替期以後，仍然存在進入越南和朝鮮的中國人，但僅限於明清交
替期的中國人為對象進行比較，因為明滅亡後東亞世界遭遇了巨大的變化，
即，十七世紀可以稱為思想之轉換期。本研究首先將移民到越南和朝鮮的明

82　Choi, 2004, pp.136-138.

83　김종원(Kim, Jong-won), 근세 동아시아 관계사연구（近世東亞關係史研究）(Seoul: Hye'an, 1999), pp.43-45；한명기, 1999, pp. 67-88.

84　孫衛國，2019，《從尊明道奉清：朝鮮王朝對清意識的嬗變，1627-1910》（臺北：國立臺灣大學出版中心），頁159-160。

85　한명기, "17세기 초 銀의 유통과 그 영향（十七世紀初葉白銀之流通與其影響），" 규장각 (Kyujanggak), 15(1992), pp. 19-22.

朝遺民為研究對象，因為記錄有限，十七世紀以後移民到朝鮮的事例，直到十九世紀末再出現，因此無法比較整個時期之移民。但可以比較十七世紀以後兩國之對移民者政策，這一部分在本文的第四節中進行了分析。

第二節，說明了越南明鄉人的身份與進入越南之緣故如何，他們就是活動在東京灣一帶的海盜同時軍官也同時商人，他們經常往來於東南亞一帶。明滅亡之後，有些人投身於鄭成功的南明軍，但後來歸附越南和真臘，不過後來鄭玖也依靠阮主政權，結果這三個人都依靠越南阮主。他們作為阮主的大臣，當開拓越南南部的先鋒，若與真臘、暹羅發生大事，他們成為阻止真臘和暹羅的第一線。

第三節，查看了進入朝鮮的遼民和皇朝遺民的身份。移民到朝鮮的集團可以分為兩種形式，一種是以普通老百姓為主的遼民，另一種是東江鎮敗亡後進入朝鮮的漢人。毛文龍進入朝鮮境內設置東江鎮之前，遼民已經開始來到朝鮮住，這些人實際上是難民，因後金的遼東攻擊而喪失家園進入朝鮮。因此他們以普通人的身份，沒有擁有任何財產的情況下，為了生存進入了朝鮮。由於他們掠奪了朝鮮各地，所以從朝鮮的立場來看，他們是不速之客。征伐東江鎮之後，朝鮮的官方記錄上面不會出現遼民相關之記錄。以後新形態的遺民進入了朝鮮，這些人大部分都是官員或軍人之後帶，他們進入朝鮮後雖然沒有當過高官，但是持續地擔任了官職。

第四節，瞭解了越南明鄉人和朝鮮皇朝遺民之間的幾個共同點和差異點。先比較了他們的出身，越南明鄉人是武力集團，這一點與朝鮮的皇朝遺民最大的差異。武力集團雖然好用，但其危險性也很大，因此陳上川的兒子最後被誣陷致死。鄭玖並不是武力集團，他與其他兩人相比，維持權力的時間更長。皇朝遺民他們本人前任官員、軍人或者其後裔，所以他們沒有擁有這武力進入朝鮮，因此他們在朝鮮生存的時間相對較長。另外因為清朝的封禁令而無法進入朝鮮，此外朝鮮由於清朝和約，漂流民被無條件遣返到清朝，因此無法接受中國人，但是有可能會接受，只是沒有記錄而已。然而越南則持續被流入中國人。他們分為明鄉人和清人等，為阮朝的建立立下汗馬功勞，成為高官，這一點區別於朝鮮皇朝遺民的事例。另外兩國都給予他們

免役等特權，給予優待的理由可能有所不同。

但是明命皇帝在位之後越南制定了強而有力的民族同化政策，以給予明鄉人的特惠大部分被取消，而且強迫他們成為越南人，這是強化以越南為中心的世界觀與國家統治之新理念的情況所發生的事情。可是朝鮮在明朝滅亡之後主張繼承中華道統的國家是朝鮮，將朝鮮中華主義作為統治理念，再加上再造之恩的義氣，朝鮮將新的中華鞏固為國家的統治理念，因此朝鮮政府優待從再造之恩的上國來自朝鮮的皇朝遺民。但是這種優待政策只是為了說明統治理念而實行，我們要思考他們有沒有收到優惠。結果越南和朝鮮都隨著現有情況的變化下在創造新的統治理念的過程中，利用明朝遺民的身份鞏固政治支配體系。

在緒論中說明朝鮮、越南兩國的明朝遺民是合適的比較對象。對此，筆者透過本文，觀察了兩國統治理念，即隨著兩國思想體系的變化，兩國移民政策演變過程有何變化。此次研究是今後朝鮮皇朝遺民和越南明鄉人比較研究的初步階段。因此今後將集中分析移民政策和移民者的民族認同感相關問題。

參考文獻

一 傳統文獻

（一）官撰資料

〔明〕《明熹宗實錄》，臺灣中央研究院漢籍電子文獻。

〔後金〕《滿文老檔》，北京：中華書局，1990。

〔清〕《明史》，臺灣中央研究院漢籍電子文獻。

〔清〕《清聖祖實錄》，臺灣中央研究院漢籍電子文獻。

〔朝鮮〕《光海君日記》，韓國國史編纂委員會韓國史 DB。

〔朝鮮〕《仁祖實錄》，韓國國史編纂委員會韓國史 DB。

〔朝鮮〕《孝宗實錄》，韓國國史編纂委員會韓國史 DB。

〔朝鮮〕《肅宗實錄》，韓國國史編纂委員會韓國史 DB。

〔朝鮮〕《英祖實錄》，韓國國史編纂委員會韓國史 DB。

〔朝鮮〕《正祖實錄》，韓國國史編纂委員會韓國史 DB。

〔朝鮮〕《承政院日記》，韓國國史編纂委員會韓國史 DB。

〔越南阮朝〕《大南寔錄》，京應義塾大學語學研究所，1961。

（二）個人文集

〔明〕沈國元，《兩朝從信錄》收錄於潘喆（外編），1989《清入關前史料選集2》，（北京：中國人民大學出版社）。

〔清〕汪楫編（輯），《崇禎長編》，韓國國史編纂委員會韓國史 DB。

〔清〕毛承斗（輯），《東江疏揭塘報節抄》收錄於賈乃謙（點校），1986，《東江疏揭塘報節抄外二種》，杭州：浙江古籍出版社。

〔朝鮮〕成海應，《皇明遺民傳》，韓國古典綜合 DB。

〔朝鮮〕沈象奎，徐榮輔，《萬機要覽》，韓國古典綜合 DB。

〔朝鮮〕李裕元，《林下筆記》，韓國古典綜合 DB。

〔朝鮮〕李德懋，《磊磊落落書》，韓國古典綜合 DB。

〔朝鮮〕黃景源，《江漢集》，韓國古典綜合 DB。

〔越南阮朝〕武世營，《河仙鎮葉鎮鄭氏家譜》，收錄於戴可來・梁保筠（校注）《嶺南摭怪等史料三種》，鄭州：中州古籍出版社，1991。

〔越南阮朝〕鄭懷德，《嘉定城通志》，收錄於戴可來・梁保筠（校注）《嶺南摭怪等史料三種》，鄭州：中州古籍出版社，1991。

二 近人論者

何冠彪，〈記朝鮮漢人王德九「皇朝遺民錄」〉，《故宮學術季刊》6（2）（1988），頁55-75。

孫衛國，〈朝鮮《皇明遺民傳》的作者及其成書〉，《漢學研究》20（1）（2002），頁163-188。

孫衛國，《從尊明道奉清：朝鮮王朝對清意識的嬗變，1627-1910》（臺北：國立臺灣大學出版中心，2019）。

陳荊和，〈關於「明鄉」的幾個問題〉，《新亞生活雙周刊》8（12）（1965），頁1-4。

陳荊和，〈清初鄭成功殘部之移殖南圻（上）〉，《新亞學報》5（1）（1960），頁433-459。

陳荊和，〈清初鄭成功殘部之移殖南圻（下）〉，《新亞學報》8（2）（1968），頁413-485。

鄭瑞明，《清代越南的華僑》（嘉新水泥公司文化基金會，1976）。

鄭維中，《海上傭兵──十七世紀東亞海域的戰爭、貿易與海上劫掠》（新北：衛城出版，2021）。

蔣為文，〈越南的明鄉人與華人移民的族群認同與本土化差異〉，《台灣國際研究季刊》9（4），（2013）頁63-90。

蔣為文，〈越南會安市當代明鄉人、華人及越南人之互動關係與文化接觸〉，《亞太研究論壇》61（2015），頁131-156。

蔣為文，〈越南明鄉人陳上川生卒年考察〉，《亞太研究論壇》65（2018），頁 37-54。

蔣為文，(CHIUNG, Wi-vun Taiffalo), "Cultural identity change of Minh Huong people in Vietnam: case studies of "Long Phi" era name", *Journal of Viet Nam Hoc*, Vol.1, No.2(2020), pp.74-101.

Choi, Byung wook., *Southern Vietnam under the Reign of Minh Mang(1820-1841): Central Policies and Local Response* (Ithaca: Cornell Southeast Asia Program Publications, 2004).

Hoang, Anh Tuan., *Silk for Silver: Dutch-Vietnamese Relations, 1637-1700* (Ph.D. diss., Leiden University: Leiden, 2006).

Sakurai, Yumio., "Eighteen-Century Chinese Pioneers on the Water Frontier of Indochina, Cooke, Nola., Li, Tana.(eds.), *Water Frontier, Commerce and the Chinese in the Lower Mekong Regionm 1750-1880*(Lanham: Rowmand & Littlefield, 2004), pp.35-52.

Sellers, Nicholas., *The princes of Ha-Tien(1682~1867)* (Bruxelles: Thanh-Long, 1983).

Niu, Junkai. and Li, Qingxin., "Chinese" Political Pirates "in the Seventeenth-Century Gulf of Tongking," Cooke, Nola., Li, Tana., and Anderson, James A., (eds.), *The Tongking Gulf Through History* (Philadelphia: University of Pennsylvania Press, 2011), pp.133-143.

Wheeler, Charles., "Identity and Function in Sino-Vietnamese Piracy: Where Are the Minh Hương," *Journal of Early Modern History*, 16(2012), pp.503-521.

Willmott, W. E., "History and Sociology of the Chinese in Cambodia Prior to the French Protectorate", *Journal of Southeast Asian History*, Vol. 7, No. 1(1966), pp.15-38.

Woodside, Alexander Barton., *Vietnam and the Chinese Model: A Comparative Study of Nguyen and Ch'ing Civil Government in the First Half of the Nineteenth Century* (Cambridge: Harvard University Press, 1971).

강지은（姜智恩）（著）, 이혜인（李惠仁）（譯）, 새로 쓰는 17세기 조선
　　　　유학사（被誤讀的儒學史：國家存亡關頭的思想，十七世紀朝鮮儒
　　　　學新論）(Seoul: Puren'Yeoksa, 2021), pp. 45-48.

김경춘(Kim Kyung-Choon), "朝·清國境問題의 一視點：犯越을中心으로
　　　　(Viewpoint on the Border Issue Between Chosun(朝鮮)and China(清)-
　　　　Centered on Border Transgression)," 경주사학(The Kyoung-Ju Sa Hak),
　　　　6(1987), pp. 57-97.

김종원(Kim, Jong-won), 근세 동아시아관계사 연구（近世東亞關係史研
　　　　究）(Seoul: Hye'an, 1999).

리보중(李伯重)(著)、이화승(李和承)(譯), 조총과 장부(火槍與賬簿)(Paju:
　　　　GeulHang'ali, 2018).

서원익(Seo, Wonik), "명청교체기 동강진(1622-1637)의 설치와 운영(明清
　　　　交替時期東江鎮(1622-1637)的設置與運營)," 인하대학교 사학과
　　　　석사학 위 논문(Incheon: Inha University, Master diss., 2019).

서원익, "明清交替期 東江鎮의 위상과 경제적 기반（The status and economic
　　　　foundation of Dongjiang-Zhen in the Ming-Qing Transition Period,"
　　　　명청사연구(Journal of Ming-Qing Historical Studies), 53(2020), pp.
　　　　97-139.

우경섭(Woo, Kyung-sup 禹景燮), "조선후기 귀화 한인(漢人)과 황조유민
　　　　(皇朝遺民)의식(朝鮮後期歸化漢人和皇朝遺民觀念)," 한국학연구
　　　　(The Journal Of Korean Studies)(Incheon: Center for Korean studies,
　　　　Inha Univ.), 27(2012.6), pp. 333-364.

우경섭, 조선중화주의의 성립과 동아시아（朝鮮中華主義之成立與東亞）
　　　　(Seoul: Unistory, 2013).

우경섭, "조선후기 大明遺民의 罔僕之義──濟南 王氏 가문의 사례(朝鮮
　　　　後期大明遺民的罔僕之義──以王以文家門為中心)," 한국학연구
　　　　(The Journal Of Korean Studies) (Incheon: Center for Korean studies,
　　　　Inha Univ.), 36(2015.2), pp.179-206.

유인선(Yu, In-sun), *베트남과 그 이웃 중국（越南與其鄰近中國）* (Paju: Changbi, 2012).

조흥국(Cho, Heung-Guk), "캄보디아 화인사회의 형성과 발전(The Formation and Development of the Ethnic Chinese in Cambodia)," *국제지역연구 (International Area Studies Review)*,3(1)(1999), pp. 103-134.

정옥자(鄭玉子), *조선후기 조선중화사상연구（朝鮮後期朝鮮中華思想研究）* (Seoul：Iljisa, 1998).

최병욱(Choi, Byung wook 崔秉旭), "19세기 전반 베트남의 소수민족 동화 정책―남부의 상황을 중심으로(Nguyen dynasty's policy to toward ethnic minorities during the first half of the 19th century), *동남아시아연구 (The Southeast Asian review)*, 9(2000), pp. 127-163.

최병욱, "베트남의 "남부 캄보디아" 획득 과정에서 보이는 명 이주민의 역할- "용문장사(龍門壯士)"의 활동을 중심으로, 1679-1732 (Victnamcsc Occupation of the "Lower Cambodia"and the Role of "the Long Mon Soldiers" of Ming China)," *동남아시아연구(The Southeast Asian review)*, 24(3)(2014.8), pp. 45-84.

최병욱, *베트남 근현대사 개정판(越南近現代史改定版)*(GyonggiGwangju: San'in, 2016).

최병욱, *베트남 근대사의 전개와 메콩 델타(越南近代史之展開與湄公三角洲)*(GyonggiGwangju: San'in, 2020).

하네다 마사시(羽田正)(著)、조영헌(Cho, Young-hun)，정순일(Chong, Soon-il)(譯), *바다에서 본 역사(從海洋看歷史)*(Seoul: Min'um'sa, 2018).

한명기(Han, Myung-ki), "17세기 초 銀의 유통과 그 영향（十七世紀初葉白銀之流通與其影響）," *규장각(Kyujanggak)*, 15(1992), pp. 1-36.

한명기, *임진왜란과 한중관계（壬辰倭亂與韓中關係）* (Seoul: Yeok Sa Bi Pyeong Sa, 1999).

한명기, *정묘·병자호란과 동아시아（丁卯·丙子胡亂與東亞）* (Seoul: Puren' Yeoksa, 2008).

한승현(Han, Seunghyun), "조선 후기 명 유민 우대책과 제남 왕씨의 관직진출 (The Policies Toward the Ming Loyalist Descent Groups and the Bureaucratic Advancement of the Chenam Wang in the Late Choson Period," *한국문화(Hanguk Munhwa)*, 86(2019.6), pp. 198-238.

田川孝三,《毛文龍と朝鮮との關係について》（京都：彙文堂書店, 1932）.

松浦章,《中国の海商と海賊》（東京：山川出版社, 2003）.

岸本美緒,《東アジアの「近世」》（東京：山川出版社, 1998）.

藤原利一郎,〈廣南王阮氏と華僑：特に阮氏の對華僑方針について〉,《東洋史研究》 10(5)(1949), pp. 378-393.

藤原利一郎,〈安南阮朝治下の明郷の問題：とくに稅例について〉,《東洋史研究》11(2)(1951), pp.121-127.

藤原利一郎,〈明郷の意義及び明郷社の起源〉,《東南アジア史の研究》(東京：法蔵館, 1976), pp.257-273.

臺灣煤礦文化保存與
地方文化產業發展
——以猴硐礦工文史館為例

林亭宜[*]

摘要

臺灣四面環海，各地皆有因應海洋而生的地方產業，煤礦是臺灣北部海洋貿易之重要貨品之　，更孕育出獨特的文化特色。臺灣煤礦之歷史，最早可追溯至明朝天啟至崇禎年間。荷蘭人攻略臺灣北部之後，也積極鼓勵當地居民開採煤炭，期望以其增進輸出貿易，並做為煉鐵用之燃料，直到清朝開始才有較具規模的礦業。真正蓬勃發展則是從一八九五年開始的日治時期，直至中華民國政府接手，皆有亮眼的表現。在臺灣煤礦史中，猴硐地區的礦業最具代表性，更是大產業的縮影。猴硐地區礦業的興盛由瑞三礦業公司開始，因其豐富的開採量，煤礦成為猴硐地區的核心產業，並且逐步發展成礦業小鎮。然而，在國際煤礦低價競銷及多處礦場重大災變之狀況下逐漸式微，並於二〇〇〇年關閉最後一個礦坑，宣告臺灣煤礦產業正式走入歷史，當年輝煌的黑金歲月也漸漸淡出人們的記憶，也使猴硐地區逐漸沒落。

近年來，因觀光資源的開發及行政院將地方創生定位為國家安全戰略層級政策，各部會、地方政府與地方團體、組織為協助振興地方，持續挖掘地方元素，並根據其特色發展地方產業，吸引人口回流。目前猴硐地區還保存

* 國立臺灣海洋大學海洋文化研究所碩士生。

著較為完整的煤礦產業設施及聚落，因此本文以猴硐地區做為主要探討之區域範圍，並以「猴硐礦工文史館」為例，探討臺灣煤礦之文化保存與文化產業發展之樣貌，透過文化策展與文史走讀等方法，體現礦工生活記憶，並且串連周邊煤礦相關產業與文化資產。結合中央、地方政府、學術研究及相關單位之資源與協助，在保存與發展臺灣煤礦文化產業之領域持續努力。

關鍵字：臺灣煤礦、煤礦文化、文化保存、文化產業、猴硐礦工文史館

Coal Mining's Cultural Preservation and Local Cultural Industry Development in Taiwan:

A case study of Hou-Tong Miner's Museum of Literature and History

Lin, Ting-Yi[*]

Abstract

Taiwan is an island surrounded by the sea. Due to the unique oceanic conditions, there are various local industries all over the country. The coal mine is one of the important marine trading goods in northern Taiwan, and it also creates different and unique cultures. The history of Taiwan's coal mining industry can be traced back to 1621-1644 during the Ming Dynasty. After the Dutch occupied northern Taiwan, they encouraged local people to mine coals with the expectation of increasing the trade of export and making coals as fuels for ironmaking. Since 1895, Taiwan's coal mining industry has flourished, and the Hou-Tong area is the most representative of the coal mining history in Taiwan. Owing to the rich amount of coal resources, it made Hou-Tong became a coal mine town. However, under the influence of international low-price competition and lots of disasters that happened in mine tunnels, the coal mining industry declined gradually. After

* Master's student, Institute of Oceanic Culture, National Taiwan Ocean University.

shutting down the last mine tunnel in 2000, Taiwan's coal mining industry came to the end. In recent years, governments and local organizations are looking for local specialties to revitalize local industry. Currently, there are lots of coal mining industrial facilities and clusters in Hou-Tong area that have been preserved completely. In this study, Hou-Tong Miner's Museum of Literature and History plays as an critical role that it integrated local the coal mining industries and cultural assets in Hou-Tong area through exhibition, activities and tour guiding. Thus, this study chooses Hou-Tong Miner's Museum of Literature and History as a case study, attempting to investigate the pattern of the coal mining's cultural preservation and local cultural industry development in this area. This study concludes that the strategies for the coal mining's cultural preservation and local cultural industry development should include collaborative model of public-private sectors, creation of brand image, development of cultural and creative industry, and creating connection with regional tourism industries.

Keywords: Taiwan Coal Mine, Coal-mining Culture, Cultural Preservation, Cultural Industry, Hou-Tong Miner's Museum of Literature and History

一 前言

（一）臺灣北部煤礦產業之興衰

　　臺灣煤礦作為海洋貿易之貨品，最早可追溯至明朝天啟至崇禎年間（1621-1644），甚至在天啟年代以前，臺灣便已經開採煤炭，進而成為對外貿易的貨品。自一六四四年荷蘭人攻略臺灣北部之後，也積極鼓勵當地居民開採煤炭，期望以其增進輸出貿易，並供為煉鐵用之燃料。[1]直到一八九○年的清朝開始才有較具規模的礦業，於一八九五年簽訂馬關條約後之日治時期蓬勃發展，至一九四五年後由中華民國政府接手，從戰亂殘破中修復並繼續發展。[2]位於臺灣北部的瑞芳地區則因有許多礦業資源，如金礦、銅礦、煤礦及砂金採取地（圖1），[3]因此在礦業發展的同時，也連帶使山城小鎮的經濟蓬勃發展。一九六五年以前，臺灣煤礦佔總能源供給率均在50%以上，為臺灣地區早期之經濟發展奠定基礎，後因臺灣經濟建設有成，能源需求大增之情況下，加上臺灣煤礦總產量逐漸減少，所佔總能源供給率也逐漸下降，一九六九年已降至30%以下，至一九八七年時僅剩2%，臺灣煤礦於能源供給之地位也逐漸沒落。[4]

　　臺灣煤礦產量自一九四九年可生產一百六十一萬噸，且逐年增加，於一九六四至一九六八年間達到最高峰，之後因煤礦開採作業越深入而越加困難，再加上廉價石油之競爭，煤礦產量逐年減少。一九七八年以後，世界各

---

1 黃嘉謨，《甲午戰前之臺灣煤務》，（臺灣：中央研究院近代史研究所，1982），頁1。

2 陳逸偵，〈從礦業權管理角度論顏雲年——一個臺灣礦業史之傳奇〉，《鑛冶：中國鑛冶工程學會會刊》，62(4)，2018，頁8。

3 〈百萬分一礦產分佈圖〉，臺灣總督府殖產局礦務課製作，圖上標基準時間為昭和十年末，原為《第三十三臺灣礦業統計（昭和十年版）》附圖三，1937年臺灣總督府殖產局礦務課出版。檢自：《開放博物館》[https://openmuseum.tw/muse/digi_object/043b89c7367e3db01df4147e235ad3f5#101388]（檢索日期：2022.01.10）。

4 樊遺風、曾四安、朱明昭，〈臺灣煤礦之未來取向〉，《鑛冶：中國鑛冶工程學會會刊》，33(1)，1989，頁15。

國為避免第一次能源危機所帶來的窘境，而積極開採煤礦，並且進入大量生產的階段。然而國際石油價格並未如預期飆漲，導致煤礦市場供過於求，低價競銷的情況下，使臺灣煤礦越難與進口煤礦競爭。[5]且伴隨著多處礦場發生之重大災變、煤礦作業之危險因素（如：塵肺症、缺氧、一氧化碳中毒、爆炸、坑道崩塌等）及煤礦產業政策的改變，使礦業公司陸續封礦，至二〇〇〇年關閉最後一個礦坑，宣告臺灣煤礦產業正式走入歷史，當年輝煌的黑金歲月也漸漸淡出人們的記憶。[6]

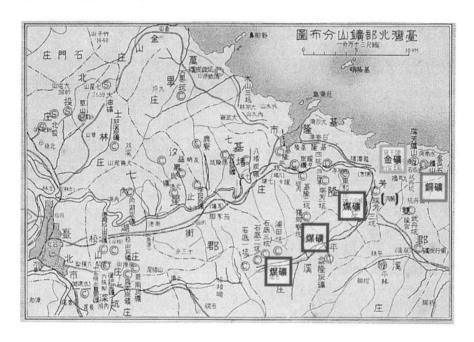

5　同註4。

6　周朝南、李依倪，《礦工歲月一甲子》，（109年新北市政府文化局地方文史研究調查計畫補助出版，2020），頁197。

圖1　臺灣北部礦山分佈圖及圖說

資料來源：國立臺灣歷史博物館

（二）瑞芳礦業的轉型與猴硐的地理空間

　　瑞芳區是臺灣重要的煤田所在地之一，其中以四腳亭、猴硐兩處煤田的煤藏量最為豐富。四腳亭煤田因為煤量多、品質佳，在日治時期初期甚至被列為全臺灣最優秀的煤田，因而劃設為海軍預備煤田，不准開採。但是，瑞芳區的礦業除了煤礦，尚有金礦、銅礦與沙金產區等，且煤礦的產值並沒有金礦來得豐富，因此瑞芳產煤礦之區域就不如其他地區一般受到注目。直至沙金的產量與收益逐年減少之後，煤礦才變成支撐聚落持續穩定成長的主要動力。[7]

　　瑞三煤礦自一九九〇年正式宣布停產，瑞芳礦業的枯竭，以及工作機會大幅地減少，讓區域人口逐漸外移並面臨高齡化社區，近年來，因觀光資源的開發與行政院將地方創生定位為國家安全戰略層級政策，使得各部會、地方政府及地方團體、組織，依照「人、文、地、景、產」之五大構面，持續挖掘地方元素，並根據地方特色發展地方產業，吸引人口回流。而瑞芳的礦業則完整地保存產業面貌與豐富的文史遺跡，區域內的人文資源有山城聚落、歷史空間、民俗信仰及礦工文化等；地景資源有河川水景及礦山礦場；產業資源則有多元的礦產、礦業設備及冶煉設施等文化資產。[8]

7　鍾溫清，《瑞芳鎮誌·礦業篇》（臺灣：臺北縣瑞芳鎮公所，2002），頁7-8。

8　楊佳璋，〈臺灣礦產業文化資產保存策略研擬-以水金九地區為例〉，朝陽科技大學建築系及建築及都市設計研究所碩士論文，2015，頁1。

　　本文探討之區域範圍為猴硐地區（圖2），其地理位置於臺灣的東北角，包含新北市瑞芳區南邊的猴硐里、光復里、弓橋里及碩仁里，地理上屬丘陵地形，位於基隆河上游西岸狹長的河谷中，夏季炎熱冬季寒冷，雨量豐沛，也影響了早期石屋的厚實結構及東西坐向的排列方式。起初，因此地多為猿猴所聚居之處，故命名為「猴洞」，但日治時期當地盛產煤礦，礦場作業不喜歡坑洞裡有水，當地人為求吉利，故改稱作為「猴硐」。至一九六二年，政府認為猴字不雅，改字為「侯硐」，車站也隨之更名為侯硐站，後來地方文史尋根及地方文史特色保存之觀念興起，瑞芳鎮民代表會決議恢復為「猴硐」。此地區於日治初期開始有採煤活動，因此也出現輕便軌道，除了運送煤炭之外，也供載貨及載客使用。[9]

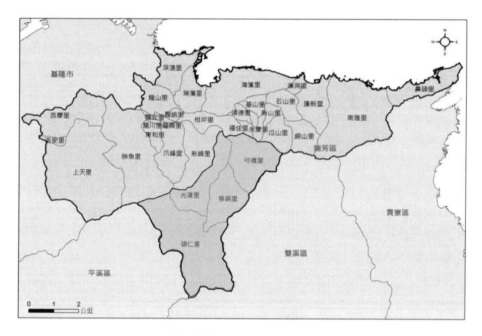

圖2　瑞芳區地理位置圖

資料來源：瑞芳區公所

9　柯一青，〈臺灣閒置礦業遺產利用之探討：以猴硐地區為例〉，《文化資產保存學刊》，29，2014，頁33-35。

　　而猴硐地區的煤礦產業也可說是臺灣煤礦史的縮影，根據《臺灣日日新報》報導，一九三五年（昭和十年）瑞三公司李建興包辦經營猴硐炭坑（瑞芳三坑）採掘礦業開始，[10]到戰後一九四九年，李建興向臺灣工礦公司購買猴硐礦業所採礦權及設備，從此猴硐以煤礦為核心產業發展，逐步發展成礦業小鎮。[11]目前猴硐地區還保存著較為完整的煤礦設施及聚落，因此本文以猴硐地區做為主要探討之區域範圍，並以「猴硐礦工文史館」為例，探討臺灣煤礦之文化保存與地方文化產業發展。

二　猴硐地區的煤礦文化資產

　　日治時期，瑞芳境內最大的煤礦企業為日商三井公司成立之「基隆炭礦株式會社」，由於是日資企業，該公司在光復之後便被工礦公司收歸國營。猴硐地區的煤礦企業則是以「瑞三煤礦」為主，由李建興與兒子李儒德所經營。由於李家不斷開發新礦區，以及顏雲年家族將重心轉至平溪一帶的煤礦，使得「瑞三礦業公司」成為光復後全臺灣最大的煤礦企業。至此，瑞三煤礦取代基隆炭礦株式會社在瑞芳的影響力，同時也與顏家並列成為臺灣礦業界的兩大巨擘。[12]一九六〇至一九八〇年代為猴硐礦業的黃金時期，居民多達九百多戶，聚集約六千人，透過鐵路交通運煤，且加上礦脈豐富和完善的採煤作業，瑞三煤礦也成為全臺灣最大及品質最佳的煤礦場。[13]

　　一九七六年，猴硐出產二十二萬噸的全臺最大產煤量，創造了猴硐輝煌的黑金時期。由於猴硐煤礦開採的時間，相較九份與大粗坑金礦開採來得晚，因此在九份及大粗坑金礦開採殆盡時，猴硐的煤礦開採才進入全盛時期，有許多九份與金瓜石的礦工也陸續遷至猴硐。瑞三煤礦於猴硐地區也有

10　〈基隆炭礦猴硐坑　瑞三公司包辦經營　月產炭得一萬五千噸〉，《臺灣日日新報》，1935.2.14，第8版。

11　周朝南、李依倪，《礦工歲月一甲子》，頁17。

12　鍾溫清，《瑞芳鎮誌・礦業篇》，頁29-31。

13　柯一青，〈臺灣閒置礦業遺產利用之探討：以猴硐地區為例〉，頁35。

設立福利社及員工宿舍等管理性建物，但因礦區災變頻傳、勞資糾紛、進口煤炭的威脅，以及鐵路電氣化等問題，瑞三煤礦於一九九〇年正式宣布停產。自此之後，猴硐迅速從繁華到沒落，居民也因無就業機會而快速的流失，而當時臺灣對工業遺產保留的觀念也尚未建立，也使得礦坑及礦業設備便閒置下來。[14]直到近幾年，才陸續有當地的團體組織，慢慢地活化當地閒置的礦業設施並進行礦業文化的保存行動，因此，本文也藉由文建會於二〇〇四年所提出的產業文化資產內容，將猴硐地區的煤礦文化資源進行盤點與彙整。

（一）文化資產保存

文化資產保存之概念，最早源自於「世界遺產」，也是一種超越國家、民族、種族及宗教，以國際合作之方式保護及保存人類共同資產之觀念。[15]二〇〇四年，文建會則明確的指出產業文化資產之具體內容為：「包括具有自然、歷史、藝術、科學等文化價值，而可供鑑賞、研究、教育、發展、宣揚之產業文獻、產業文物、產業建築與土木設施、產業聚落、產業遺址、產業器具、產業文化景觀、產業自然景觀等」[16]。以下就各項製作產業文化資產分類表：

---

14 同註13。

15 楊佳璋，〈臺灣礦產業文化資產保存策略研擬——以水金九地區為例〉，頁5-6。

16 張玉璜、郭美芳、顏世樺，《產業文化資產清查操作參考手冊》（臺灣：文建會，2004）。

表1　產業文化資產分類表

面向	簡述
產業文獻	與產業發展相關之檔案、圖書、資料、工作表單、手冊、證件、圖說、影音紀錄等。
產業文物	與產業發展相關之人為加工或具特殊文化意義之物品，包括衣著、產品、包裝、民俗器物、告示牌、獎章等。
產業建築與土木設施	因產業運作需求所營建之建造物，包含居住、信仰、生產、交通、休憩、娛樂、社會福利等緣由所興建者。
產業聚落	因產業發展而與相關住民文化生活、共同記憶、城鄉發展相關之整體環境。
產業遺址	過去產業活動證據的空間遺存，包括遺棄的產業構造物、產業遺物、遺跡及與它們相關之所有可移動文化物件及其他具業產業考古學研究價值者。
產業器具	因產業發展而有的機器、儀器、運輸工具等。
產業文化景觀	產業發展歷程之生產、事蹟、傳說、生活行為或儀式行為所定著之區域，如：鹽田或花園。
產業自然景觀	產業所在地區之生物、地理或其所構成之生態環境。

資料來源：行政院文化建設委員會，2004，《產業文化資產清查操作參考手冊》，由筆者彙整。（2022.1.10製表）

（二）猴硐煤礦文化資產與元素盤點

　　根據二○一五年文化部文化資產局及行政院農業委員會林務局之公告，與礦業文化資產相關者，總計有二十九處，包括直轄市定古蹟七處、歷史建築二十處、文化景觀二處，而所有區域除了出磺坑油礦區的八處位處苗栗縣外，其餘皆於新北市瑞芳區及平溪區，此區域也是全臺灣最重要之礦業地

區，包括金礦、銅礦與煤礦等。在猴硐煤礦區也擁有五處被登錄之礦業文化資產，包含屬於直轄市定古蹟的金字碑，以及屬於歷史建築的瑞芳瑞三礦業、猴硐神社鳥居、猴硐介壽橋紀念碑與舊宜蘭縣猴硐隧道群。[17]

本文透過《礦工歲月一甲子》、《黑暗的世界：猴硐礦工回憶錄》及筆者親自至猴硐礦工文史館拜訪之經驗，從老礦工拍攝的舊照片、礦工事件之紀錄及口述歷史，藉由文建會所提出的產業文化資產分類，將猴硐地區主要的煤礦文化資產彙整如表2。另外，因礦業工作性質較危險且偶有礦災發生，對於礦場環境及礦工而言，土地公信仰與中元普度尤其重要。有鑑於此，本文特別將產業特殊信仰與祭典一併納入文化資產盤點面向之一。

表2　猴硐地區主要煤礦文化資產

面向	煤礦文化
產業文獻	《礦工歲月一甲子》、《黑暗的世界：猴硐礦工回憶錄》、礦場安全週宣導海報、瑞三鑛業猴硐礦場開採掘跡圖、礦工術語詮釋紀錄
產業文物	礦場安全標語、礦工水壺、美援礦工鞋、火牌仔、碳牌仔、防塵口罩、卡嚕仔（礦工工資領收卡）
產業建築與土木設施	瑞三整煤場辦公室、瑞三運煤橋、瑞三福利餐廳、復興礦事務所、空氣壓縮機室、礦工更衣室、烘砂室、瑞三煤鑛員工網球場、機關車庫、機電工廠、充電室、檢身室、虹橋、復興礦排風機房與抽風機房、捨石場、瑞三整煤場污水處理廠、醫務室
產業聚落	車頂頭聚落、內寮仔工寮、一百街仔工寮、瑞三煤鑛工寮、保安新村、建業新村、美援厝
產業遺址	瑞三整煤場、瑞三煤礦柴場、本坑吊橋、猴硐神社鳥居、猴硐介壽橋紀念碑

---

17 李光中、劉鎮輝、陳勤忠、張朝勝、許玲玉、王鑫，《臺灣產業文化資產體系與價值——臺灣煤礦、臺灣閃玉篇》（臺灣：文化部文化資產局，2015），頁18-20。

面向	煤礦文化
產業器具	機關車、五分車、氣動鎬煤機、十字鎬、煤礦專用安全電燈、自救救命氣、測風儀、瓦斯檢測燈、探照燈、灑水系統（運用地下水）、煤炭輸送帶、捲揚機、運煤槽
產業文化景觀	猴硐車站、瑞三本礦坑、瑞三復興礦
產業自然景觀	基隆河、壺穴、鐘萼木
產業特殊信仰與祭典	土地公信仰（寄命土地公）、中元普度（礦場公定假日）、七月七日紀念日（一九六九年瑞三七七災變之後）

資料來源：周朝南、李依倪，2020，《礦工歲月一甲子》、周朝南、李依倪，2021，《黑暗的世界：猴硐礦工回憶錄》。由筆者彙整。（2022.1.10製表）

　　以臺灣煤礦的產業歷史發展來看，產業遺產見證了臺灣北部礦業的繁榮與興衰，也因為臺灣北部煤礦發展的特殊歷史脈絡，造就猴硐地區保有多元且豐富的產業遺產。[18]這些產業遺產的保存不僅只是建築物體，更重要的是具有文化、經濟、環境、歷史等價值意涵，是人類與自然互動之地景的對應方式，人類透過「產業」為介質，而與環境之間開始有了互動。[19]筆者認為，在文化產業保存與發展的過程中，文化資產的保存及其價值固然重要，但其中最重要的關鍵即是從業人員。以煤礦產業為例，他們經歷礦業從開採到興盛，最終沒落的歷史背景，見證礦業的興衰，更挺過礦坑底下艱困的生存環境，並且具備豐富的採礦技術與知識。煤礦產業發展因從業人員的努力而壯大，產業沒落時刻也因他們的努力而出現翻轉的契機，他們把礦場夥伴視為生命共同體，對過往礦業生活滿是回憶，並投入地方文化推廣之工作，透過導覽解說、礦場故事分享，持續將礦業文化與生活記憶傳遞下去，為礦業注入新活力，也連帶使礦業文化與礦工權益再度被重視。

---

18 楊佳璋，〈臺灣礦產業文化資產保存策略研擬-以水金九地區為例〉，頁6-7。

19 曾憲嫻、郭桓姍，〈臺灣糖廠景觀保存元素之研究--以高雄縣橋仔頭糖廠為例〉，《環境與藝術學刊》，7，2009，頁19。

三　由礦工角度詮釋的地方文史館：猴硐礦工文史館

　　猴硐礦工文史館（圖3）是一座由退休礦工們集資籌辦的文史館，地方的老礦工陳慶祥、何炳榮、柯茂林與周朝南，運用自己的老人年金向瑞三公司承租瑞三本鑛旁的充電室、更衣室與燒水間（圖4），將老礦工們過去的採礦裝備做展示，老礦工們四處收集猴硐煤炭相關之資料及老礦工周朝南拍攝之老照片也成為重要的館藏，館內也收藏了日治時期至礦坑關閉期間的文史資料及物品。其中，最主要的核心理念就是希望將煤礦文化過往輝煌的歷史歲月，以及礦工在坑道內工作的心酸記憶，能夠在年輕一代之間被傳承、被記憶並且被了解。[20]

　　一九七〇年代生活博物館的概念出現，是以博物館的觀念來規劃一個完整的地域，將其中的自然生活與歷史古蹟統合於現代人的生活環境中，而達到自然環境、歷史古蹟保存與增進現代人生活整體環境的目的，使地域全體即為博物館。[21]而新北市政府自二〇〇四年，就已開始進行整備與規劃設計，嘗試將猴硐以生態博物館的模式，打造成煤礦博物園區，持續推動猴硐文化遺產的保存與活化工作。[22]

20 周朝南、李依倪，《黑暗的世界：猴硐礦工回憶錄》，（110年新北市政府文化局地方文史研究調查計畫補助出版），2021，頁103-104。

21 李光中、劉鎮輝、陳勤忠、張朝勝、許玲玉、王鑫，《臺灣產業文化資產體系與價值——臺灣煤礦、臺灣閃玉篇》，頁201。

22 劉鎮輝、李光中，〈礦業遺產地景變遷與影響因素分析——以猴硐煤礦博物園區為例〉，《新北市立黃金博物館二〇二一年學刊》，9，2021，頁11-13。

圖3　猴硐礦工文史館現況照

資料來源：筆者拍攝／2021年

圖4　猴硐礦工文史館過往區域配置圖

資料來源：周朝南、李依倪，《黑暗的世界──
猴硐礦工回憶錄》，2021，頁53。

（一）煤礦之產業文化策展

　　猴硐礦工文史館的文化策展理念是以礦工們的生活記憶為軸心，向外擴展到礦坑的作業模式、路線及礦場歷年事件之數據資料，並將煤礦產業以酸甜苦辣四個面向，分享礦工們生活的心路歷程。展示的物品可以對應上述盤點的煤礦文化資產，展館以礦工的產業文獻、產業文物以及產業器具為主，如煤礦專用安全電燈、一氧化碳自救呼吸器、測風儀、瓦斯檢測燈、火牌仔及氣動鎬煤機等（圖5），館內也有展示許多由老礦工周朝南所拍攝並整理的坑內與坑外之照片（圖6），以及礦場歷年事件資料與坑道地圖等。從館內產業文物及器具的展示，也可以清楚了解當時在礦坑內嚴峻的工作環境，其中，最重要的一項安全配備則是一氧化碳自救呼吸器，若是坑內發生火災、爆炸等災變，會產生大量的一氧化碳，此時，就必須透過它內部含有的化學藥劑過濾空氣中的一氧化碳，替礦工爭取更多的逃脫時間，提升礦工存活機率。在猴硐煤礦產業之文化展示方面，除了以靜態的展示，也搭配動態的走讀路線，將礦工文史館場域串連周邊之產業建築與設施、產業遺址、產業聚落，以及猴硐特殊的地景地貌，並將其設計為礦工生活的文史導覽路線，以多元的方式共同推動煤礦文化。

圖5　猴硐礦工文史館之採礦設備展示　　圖6　猴硐礦工文史館之舊照片展示

資料來源：筆者拍攝／2021年　　　　　　資料來源：筆者拍攝／2021年

（二）礦工生活之文史走讀

　　猴硐礦工文史館最大的特色之一就是導覽人員，其場域之導覽解說皆是由退休的礦工們負責進行，藉由自身擔任過礦工、洗煤工或是相關礦工產業之背景，由他們所述說的內容更為生動，也讓參與者更容易被帶入當時年代的情境氛圍。為了讓參與者能夠更深入了解煤礦產業及文化，猴硐礦工文史館將礦區特色場景與故事做串連，設計煤礦相關之文史走讀路線，如：猴硐礦工生活記憶漫遊與礦場遺跡踏查等路線，也繪製猴硐礦工生活導覽地圖（圖7）。

　　礦工生活之文史走讀內容則包含：（一）同一場景的今與昔：藉由舊照片素材，於解說同時予參與者對照，過往與今日風貌之差異；（二）跟著礦工爺爺漫遊猴硐：透過老礦工們的導覽解說，漫遊猴硐礦業小鎮，解說點包含復興坑、猴硐坑、整煤場、美援厝及醫務室等產業聚落與產業遺址；（三）穿越礦工的時光隧道：老礦工們帶領參與者進入整修過之礦坑進行解說，也可搭乘礦車遊覽猴硐坑一圈。[23] 以下就筆者過往參加的導覽場次進行

23　〈猴硐礦工生活記憶漫遊〉，2021，檢自：《猴硐礦工文史館》[https://www.facebook.com/猴硐礦工文史館-104409537762032/]（檢索日期：2022.1.14）。

路線介紹，活動開始前會先於猴硐車站集合，接著就跟著礦工爺爺們一起漫遊猴硐的礦業生活，主要走讀路線為：猴硐車站—願景館周邊—整煤場—運煤橋—猴硐坑（乘坐礦車）—猴硐坑煤場（礦工體驗）—瑞三礦業大樓—王醫生診所—竹子寮—美援厝—五座寮—馬坑—寄命土地公—復興坑—復興橋—番仔寮—柴油機車庫—瑞三本鑛—猴硐礦工文史館。

圖7　猴硐礦工文史導覽地圖

資料來源：猴硐礦工文史館

（三）文化產業保存發展與各級機關之串連

　　文化部於二〇二〇年推動「國家文化記憶庫」網站，期望將臺灣文化彙整並收藏至平台，建立地方文化資料庫，而當時新北市政府便與猴硐礦工文史館合作，透過研究與資料數位化等方式，將退休礦工們的文化記憶保

存。[24]並且於二○二○年至二○二一年期間，在新北市政府文化局的「地方文史研究調查計畫」與文化保溫瓶創辦人李依倪的協助下，將老礦工們的口述歷史與老礦工用傻瓜相機拍攝之照片彙整成冊，共出版兩本與煤礦文化產業有關之刊物，分別為《礦工歲月一甲子》及《黑暗的世界：猴硐礦工回憶錄》。

《礦工歲月一甲子》一書是以礦工周朝南所拍攝的舊照片，並搭配老礦工生活之口述歷史為主。主要介紹坑外產業風景與設施、礦場內部工作情況、礦工下班後的日常生活、礦場重要的節慶及中元普度，以及對礦場有重要貢獻的人物，如長官、幹部與村落的駐地醫生等。《黑暗的世界：猴硐礦工回憶錄》一書則是以舊照片與當今之照片做搭配，並結合手繪插圖，內容除了介紹煤礦文化資產之外，也將礦工生活分成不同主題做描述，每一章節都如同一個獨立的礦工故事，帶領讀者深入了解煤礦文化，並反思煤礦產業背後的歷史脈絡與產生之議題，章節主要介紹產業發展的興衰、礦場生活與工作環境、礦場工作所面臨的威脅，以及礦場用語等。

猴硐礦工文史館自二○一九年開始，便由新北市礦業退休人員交流協會、猴硐礦工文史協會以及樂新文化事業有限公司等相關單位，協助向新北市政府文化局、文化部文化資產局以及勞動部勞動力發展署申請並執行相關計畫，如二○一九年向新北市政府文化局申請〈老礦工回憶展〉、〈礦業歷史文書資料數位化建檔保存計畫〉，二○二○年向勞動部勞動力發展署申請〈多元就業開發方案〉、向文化部文化資產局申請〈猴硐本坑──通坑天車間礦車軌道探尋體驗〉，以及向新北市政府文化局申請〈108～109年度新北市文化記憶庫──礦業文史資材徵集與數位化建置計畫之委託專業服務案〉。[25]

---

24 陳宥蓁，〈追溯煤鄉記憶猴硐貓村再現礦坑風貌〉，《小世界周報》（世新大學新聞學系實習刊物），2020，檢自：[http://shuj.shu.edu.tw/blog/2020/11/09/扭轉猴硐貓村印象-黯淡礦坑重現光輝/]（檢索日期：2022.1.12）。

25 余佩軒，〈煤礦業文化認同、社群參與和博物館行動──以臺灣煤礦民間博物館為例〉，國立臺北藝術大學博物館研究所碩士論文，2019，頁71。

另外，國立臺北科技大學通識教育中心的鄭怡雯副教授也試著將勞動影像通識課程，透過移地教學的模式，直接帶領學生進入煤礦的故鄉，讓學生能從煤礦產業中探索並挖掘出煤礦產業背後的勞動故事。[26]且在行政院將二〇一九年訂定為臺灣地方創生元年之後，全臺各區域偏鄉發展案例，皆成為媒體爭相報導之對象，而猴硐礦工文史館的老礦工們也多次接受新聞媒體及學術單位之採訪，讓煤礦文化產業透過影音報導與紀錄片等形式，持續傳承下去。

四 結論

猴硐地區在臺灣煤礦展業發展史上擁有一席之地，由李建興所創立的瑞三煤礦，創造許多就業機會，使人民為了討生活而逐漸聚居在猴硐，也因為此處煤礦產量豐富，猴硐便逐漸地被形塑成為煤礦產業小鎮。曾經輝煌的黑金歲月，卻在一九九〇年，瑞三煤礦正式宣布停產之後，因為缺乏就業機會，居民也急速地流失，猴硐便迅速從繁華到沒落，而當時臺灣對文化資產保留的觀念也尚未建立，導致許多煤礦建築、礦業設備、聚落房舍等，閒置荒廢且雜草叢生。近年來，因文化資產保存逐漸被重視、觀光資源的開發，以及行政院將地方創生定位為國家安全戰略層級政策，各部會、地方政府與地方團體、組織為協助振興地方，持續挖掘地方元素，並根據其特色發展地方產業，吸引人口回流。由於政策的推展與居民思想的轉變，也使得各地區閒置或荒廢之場域有了轉機，越來越多留鄉或返鄉之人士，願意為自己的家鄉出一份心力。

猴硐與周邊景點區域也經常是新北市旅遊觀光熱點之一，如九份、金瓜石、水湳洞、平溪、十分，及北部濱海廊帶等，且不同地區皆有其獨特的觀光特色。金九地區過往產金礦，平溪產煤，而猴硐地區雖然也是因煤礦產業而聚居興盛的小鎮，對外主要卻是以貓村形象較廣為人知，甚至大多數遊客

---

26 周朝南、李依倪，《黑暗的世界：猴硐礦工回憶錄》，頁7-8。

是不知道猴硐擁有豐富的煤礦產業背景與文化資產。因此，本文探討之案例──由礦工詮釋的猴硐礦工文史館，其最主要之成立目的也是希望煤礦與礦工的記憶能被保存，並推廣煤礦文化。藉由與不同單位合作辦理深度遊程，帶領民眾進入猴硐輝煌的黑金歲月，體驗過往的礦工生活，透過教育將煤礦相關知識及背景傳遞出去，使更多人持續關注煤礦文化與相關議題。

　　然而，在地方文化保存與產業發展的過程中，即便區域內擁有多元豐富的文化資產與願意為地方付出的夥伴，卻也會遇到力不從心之時，例如產業建築與設施難以修復、產業遺跡的土地產權複雜且難以釐清或產業文物保存困難等問題。而且，就猴硐礦工文史館本身，目前館內參觀導覽不收費，礦工生活之文史走讀亦是由礦工們免費提供之導覽服務。因此，館內目前收益，撇除政府補助案及計畫案之外，僅只來自於出版的兩本刊物，又館內目前人員大多都是退休的老礦工，由於經費及青年人力上的不足，未來在猴硐礦業文化的保存上恐面臨文化傳承斷層的課題，並將難以達到永續發展之目的。

　　因此，本研究針對臺灣煤礦文化在保存與發展上，建議可朝四個面向進行：（一）相關單位的持續支持：除了地方團隊自身的努力，尚需借助中央、地方政府、學術研究或相關單位之力量，提供專業知識或媒合相關專家學者，使地方團體與政府共構友善之合作模式；（二）打造區域的品牌意象：透過品牌的建立，釐清產業未來的經營模式，發展具有差異化的產品服務，並設定目標客群。藉由品牌形象培養消費者忠誠度，使其成為粉絲，進而持續支持地方產業，透過區域品牌的正向發展，也可替青年創造回鄉或留鄉之契機，打造跨世代的文化傳承願景；（三）文化產業的創意發展：在發展地方文化產業的領域，可以藉由盤點的猴硐文化資產元素作為依據，發展多元的教育教材及文創商品，如富含教育及煤礦文化推廣意義的礦業桌遊、繪本、創意小物等，而文創產業也可增加館內營業收入；（四）觀光產業的行銷串連：觀光不等於地方創生，但卻是地方創生發展中的重要一環，將猴硐與周邊的平溪、九份、金瓜石等地，透過觀光的方式進行串連，將其形塑成富含知識教育的礦山旅遊廊帶，將遊客導入猴硐進行消費，甚至了解煤礦產業的保存與發展。

　　除了上述發展面向，本文也建議嘗試與不同領域的產業進行跨業合作的機會，透過彼此專長項目的交流與討論，激盪出更多創新的火花，藉由與不同單位的協力合作，共同為保存臺灣煤礦文化與發展地方文化產業盡一份心力。

參考文獻

一　專書

李光中、劉鎮輝、陳勤忠、張朝勝、許玲玉、王鑫，《臺灣產業文化資產體系與價值——臺灣煤礦、臺灣閃玉篇》，臺灣：文化部文化資產局，2015。

周朝南、李依倪，《礦工歲月一甲子》，109年新北市政府文化局地方文史研究調查計畫補助出版，2020。

周朝南、李依倪，《黑暗的世界：猴硐礦工回憶錄》，110年新北市政府文化局地方文史研究調查計畫補助出版，2021。

張玉璜、郭美芳、顏世樺，《產業文化資產清查操作參考手冊》，臺灣：文建會，2004。

黃嘉謨，《甲午戰前之臺灣煤務》，臺灣：中央研究院近代史研究所，1982。

鍾溫清，《瑞芳鎮誌・礦業篇》，臺灣：臺北縣瑞芳鎮公所，2002。

二　期刊論文

柯一青，〈臺灣閒置礦業遺產利用之探討：以猴硐地區為例〉，《文化資產保存學刊》，29，2014，頁27-44。

陳逸偵，〈從礦業權管理角度論顏雲年——一個臺灣礦業史之傳奇〉，《鑛冶：中國鑛冶工程學會會刊》，62(4)，2018，頁8-26。

曾憲嫻、郭桓姍，〈臺灣糖廠景觀保存元素之研究——以高雄縣橋仔頭糖廠為例〉，《環境與藝術學刊》，7，2009，頁17-36。

劉鎮輝、李光中，〈礦業遺產地景變遷與影響因素分析——以猴硐煤礦博物園區為例〉，《新北市立黃金博物館二〇二一年學刊》，9，2021，頁5-20。

樊遺風、曾四安、朱明昭,〈臺灣煤礦之未來取向〉,《鑛冶:中國鑛冶工程學會會刊》,33(1),1989,頁15-22。

三　學位論文

余佩軒,〈煤礦業文化認同、社群參與和博物館行動——以臺灣煤礦民間博物館為例〉,國立臺北藝術大學博物館研究所碩士論文,2019。

楊佳璋,〈臺灣礦產業文化資產保存策略研擬——以水金九地區為例〉,朝陽科技大學建築系及建築及都市設計研究所碩士論文,2015。

四　報章雜誌

〈基隆炭鑛猴硐坑　瑞三公司包辦經營　月產炭得一萬五千噸〉,《臺灣日日新報》,1935.2.14,第8版。

五　網路資料

〈百萬分一礦產分佈圖〉,臺灣總督府殖產局礦務課製作,圖上標基準時間為昭和十年末,原為《第三十三臺灣礦業統計(昭和十年版)》附圖三,1937年臺灣總督府殖產局礦務課出版。檢自:《開放博物館》[https://openmuseum.tw/muse/digi_object/043b89c7367e3db01df4147e235ad3f5#101388](檢索日期:2022.01.10)。

〈猴硐礦工生活記憶漫遊〉,2021,檢自:《猴硐礦工文史館》[https://www.facebook.com/猴硐礦工文史館-104409537762032/](檢索日期:2022.1.14)。

陳宥蓁,〈追溯煤鄉記憶猴硐貓村再現礦坑風貌〉,《小世界周報》(世新大學新聞學系實習刊物),2020,檢自:[http://shuj.shu.edu.tw/blog/2020/11/09/扭轉猴硐貓村印象——黯淡礦坑重現光輝/](檢索日期:2022.1.12)。

基隆地區火誘網漁法及其
相關文創商品設計

蔡憶如[*]

摘要

　　大約在距今三、四百年之前，基隆自史前人類及原住民時代開始，就已經出現一些漁業活動，他們依據自己居住的所在地，發展出相對應的漁業活動。直至日本殖民統治時期，日本人注意到基隆擁有豐富的漁業資源，因此開始積極在基隆建設漁業設施，為基隆打下良好的漁業發展基礎，他們的重要建設包括興建漁港、水產館等等。藉由日本人打下的基礎，基隆漁業開始蓬勃發展，而漁港算是漁業發展不可或缺的部分，在基隆有許多大大小小的漁港，其中，八斗子漁港除了是基隆重要的漁港外，其更是臺灣北部最大的漁港。

　　有了先天的自然環境資源加上天然良港的優勢，使基隆漁業發達，捕魚的方式更是漁業發展的基礎。基隆地區也有多種漁法的使用，會依據其所要捕撈的漁獲而有不同的呈現方式，其中，火誘網是在基隆常見的捕魚方式。火誘網漁業是指以漁船在夜間利用燈光誘集魚群聚集於燈光之下，再將魚群捕獲的漁業，其底下由三種作業方式構成，分別為焚寄網、棒受網及扒網，每種作業方式都有不同的歷史背景及其特殊的捕魚方式，可以說是基隆之特色漁法，也由於捕捉的漁獲是以趨光性的魚類為主，因此也稱作燈火漁業。

　　本文先從基隆漁業發展史著手，說明基隆地區的漁業發展概況，接著再

＊　國立臺灣海洋大學海洋文化研究所碩士生。

更深入的探討基隆火誘網漁業，探討其不同漁法下的作業方式是如何進行，以及藉由漁業署的統計資料做分析，查看火誘網漁業底下三種漁法的產值，並比較日治時期的火誘網和現今火誘網作業方式之差別，最後，再以基隆火誘網漁法之特色，結合創意的概念，設計發想出可運用的文創商品。

關鍵字：基隆、漁業、火誘網漁法、燈光、文創商品

Torchlight Net Fishing Method in Keelung and Its Cultural and Creative Product Design

Tsai, Yi-Ru[*]

Abstract

About three or four hundred years ago, Keelung is already had some fishing activities since the era of prehistoric humans and aboriginal people. They developed corresponding fishing activities according to where they lived. Until the period of colonial rule by Japanese, they noticed that Keelung's abundant resources of fishery. Consequently, they began to build some fishery facilities there and lay a good foundation for the development of fishery. Those important fishery construction sinclude building fishing harbour and aquatic building. With the foundation laid by the Japanese, Keelung's fisheries began to flourish. Also, fishing harbour is an indispensable part of the development of fishery and there are many fishing harbour in Keelung. Among them, Badouzi Fishing Harbour is not only an important harbour in Keelung, but also the largest in the north of Taiwan.

With the innate natural environment resources and the advantages of great natural harbour, Keelung's fishery has developed. The way of fishing is also the

* Master's student, Institute of Oceanic Culture, National Taiwan Ocean University.

foundation of the development of fishery. There are various fishing methods which will be presented in different ways according to the fish to be caught. Among them, torch light net is a common fishing method in Keelung. Torch light net fishery refers to the fishery in which fishing boats use the lights to lure fish gather under it and catch those fishes at night. There are three kinds of methods under torch light net fishery. Different kinds of methods have different historical backgrounds and their own special fishing methods. It can be said that torch light net fishery is the characteristic fishing method in Keelung. Also, it can be called by light fishery because the catches in this fishing method are mainly moving in response to light.

This thesis starts with the history of fishery development in Keelung. Describe the general situation of fisheries development, and delve into Keelung's torch light net fishery. Explain how torch light net fishery operates under different fishing methods, and use the statistics of the Fisheries Agency to make analyze. Check the production value under three different fishing methods and then compare the differences of torch light net fishery between the Japanese occupation period and the current fishing method. Finally, use those characteristic under torch light net fishery and combine with the concept of creative to design some cultural and creative products that can be used.

Keywords: Keelung, fishery, torchlight net fishing method, light, cultural and creative products

一　前言

　　一個地方的漁業發展最重要當然少不了漁港，雖然基隆地區的漁港數量不如其他縣市多，但漁業對基隆來說，一直都是一項非常重要的產業，說到基隆，大家的第一個想法不外乎將基隆稱作為漁業之都，有新鮮的漁獲及海產，也有良好的漁港及漁業作業環境，而基隆更是臺灣的漁業重鎮。也由於臺灣四面環海的地理位置，四周海底地形複雜，海域內魚種多樣性高，造就了豐富的漁業發展，而前人也藉由各個地方地理環境及自然因素等不同的差異，發展出許多具有地方特色的捕魚方法。在眾多漁法下，臺灣東北角地區的火誘網漁業（燈火漁業）除了是臺灣重要的傳統漁業之外，也是北臺灣頗具地域特色的捕魚方式，更是全臺重要的漁場以及漁獲量來源。

　　火誘網漁業在北部可說是相當特殊及重要的漁法，尤其基隆的八斗子更是此漁業發展的重要地區，八斗子漁港位於八斗子半島西南側與臺灣本島間，於一九七五年開始興建，是個天然的海灣，自然環境條件佳、漁業資源豐富，也是富含歷史及文化的漁村。但隨著時代變遷，漁村產業沒落，年輕人口外移，許多在地人也不再從事漁業相關工作，而是選擇向外地謀生發展，導致此產業面臨沒落、後繼無人等危機。原本興盛的產業，從日治時代開始，逐漸發展為基隆的特色，並在基隆地區佔有一席之地，如果因為整體大環境的變遷而消失不見，甚為可惜，因此，唯有轉型之路，得以讓這些特色產業在地方持續發展，也能藉此讓這些文化記憶深植人心。

　　隨著文化產業概念的興起，近年來，文化產業保存相關議題逐漸被重視，其中漁業即是一例，漁業相關之文化產業、漁業資源保存、文創商品等議題成為新的發展趨勢，有關文創商品相關的研究文章不在少數，但與漁村文創產品相關的文章卻占比較少，其相關文章如莊育鯉〈地域特色產業的圖文敘事創作研究——以八斗子火誘網漁船繪本為例〉，是以文創商品——繪本設計為發展主軸，藉由繪本的方式將八斗子漁村之特色呈現在書中，達到

傳遞漁村漁法知識的價值。[1]另外同樣是莊育鯉的另一篇研究〈地域特色產業形象再造——以基隆和平島平寮里石花凍包裝設計為例〉則是將地方特色產業與文化創意產業結合，以和平島特色石花凍為主題發展，設計出石花凍包裝相關之文創商品，期望藉由包裝設計，帶動地方文化產業的新價值。[2]

王俊昌〈基隆市八斗子魚寮文化及其文創商品設計〉，以八斗子魚寮為題，說明八斗子漁村特有的魚寮文化，並利用魚寮文化之特色，發展出獨特的魚寮相關文創商品設計。[3]另外，邱皓〈漁村結合文化創意應用於地區品牌之模式建構——以貢寮海女文化為例〉，則說明面對漁村文化的流失，新北市貢寮社區還保留著全台僅存的海女，因此該文整理出貢寮地區文化特產相關資源與地區特色後，緊接著去探討他們是如何將漁村海女文化轉型成文創品牌。[4]

這些文章的共通點都是先找出漁村文化的特色，再利用這些特色傳遞漁村重要文化。依據上述，傳統漁業皆面臨著轉型議題，因此得以使用文化傳承的方式，才能將這些獨特的文化知識傳達給更多人了解，此時，文創商品的設計便是良好的媒介及管道。而火誘網為基隆漁業之重要漁法，其底下又有三種不同的漁法作業方式，分別為焚寄網、棒受網以及扒網。因此，本文從基隆的漁業發展開始介紹，接著進一步探討此漁法底下三種不同作業模式，最後再經由設計的思維發想出與其相關之文創商品，以創意發想的方式，讓此項漁法的價值經由文創商品的概念傳遞出去，找出此地漁業文化的特色及價值。

1　莊育鯉，〈地域特色產業的圖文敘事創作研究——以八斗子火誘網漁船繪本為例〉，《海洋文化學刊》，第29期，（2020.12），頁157-179。

2　莊育鯉，〈地域特色產業形象再造——以基隆和平島平寮里石花凍包裝設計為例〉，《海洋文化學刊》，第27期，（2019.12），頁211-236。

3　王俊昌，〈基隆市八斗子魚寮文化及其文創商品設計〉，《海洋文化學刊》，28期，（2020.06），頁93-123。

4　邱皓，〈漁村結合文化創意應用於地區品牌之模式建構-以貢寮海女文化為例〉，臺南：臺南應用科技大學視覺傳達設計系碩士論文，2021。

二 基隆漁業發展

　　長期以來的漁業發展勢必與其自身的自然環境條件有所相關，良好的地理位置與海流及潮汐也是重要的影響因素，以海流來說，黑潮是影響臺灣最主要的海流，當它流經臺灣附近時，會受到海底地形的影響而形成湧升流，[5]此時會將水底下富有高營養鹽的海水帶到表層，許多浮游生物也會跟著大量繁衍，吸引了許多魚群前來覓食，進而形成良好漁場。臺灣北部是擁有許多天然良港的岩岸地形，海岸彎延曲折，因此造就了基隆本身具有優良港灣之地形，和其他漁港相較之下有更多的天然地理優勢。

　　臺灣漁業史研究相較於其他產業來說算是相當稀少的，相關的研究也不多，但藉由史料，我們可以得知，在距今三、四百年之前，就已經從史前人類及原住民開始，依據他們現有的器具及所在地，發展出當地所適合進行的漁業活動；之後，西方人陸續開拓海外殖民地，當他們佔領臺灣時也制定了一些漁業政策稅收；接著明清時期，漢人逐漸移民來臺討生活，在他們遷居來臺的同時，這些移民者也將他們家鄉的漁具漁法傳入臺灣，全臺各地的漁業方式也因此逐漸增加；另外，日本人在殖民統治臺灣時，發現臺灣漁業資源的豐富，因此積極在臺發展漁業，臺灣的漁業發展全面變革，許多基礎制度也是在此時建立的，為日後漁業發展奠定了良好的基礎，而基隆更是成為日治時期臺灣的漁業重鎮地；之後隨著日本殖民的結束，國民政府領臺，在經由日本人建立的良好的基礎底下，臺灣漁業迅速發展，經歷了巔峰及衰退時期。[6]

　　上述也提到，日本殖民統治臺灣時期，為臺灣的漁業發展做出許多貢獻，尤其是在基隆地區，他們發現臺灣漁業資源的豐富，但由於制度的缺失、技術的落後等等，此項產業在當時並沒有受到多方的重視，因此日人在

5　湧升流：海水緩慢上升的現象，成因包括海流受到海底地形影響而上升或是風力產生的離岸流導致下層海水往上補充，能將底下的海水帶到表層，而許多地方的主要漁場多是位於湧升流顯著的海域。

6　陳世一，《基隆漁業史》（基隆：基隆市政府，2001），頁6-11。

領臺以後，積極行動，立即進行漁業資源調查，建立漁業基本資料，並依據調查研究出來的資料加以分析，進而擬定出漁業發展政策方針，讓基隆的漁業發展更進一步。他們建立了明文規定的臺灣漁業相關制度，進行水產調查試驗、水產教育及獎勵以及相關出版品《臺灣之水產》的發行，也將適合不同種漁法的動力漁船傳入基隆地區。在清領時期時，因為臺灣各地都沒有興建漁港，造成漁民出海的不便，日本人意識到這點後便開始進行築港工程，他們在基隆興建基隆漁港，而在當時的基隆漁港是臺灣最大且重要的漁港，[7]後來也設立了水產館，[8]還有因為漁業的蓬勃發展而興起的製冰及冷藏業，這些都是日本治臺時期的漁業發展政績。戰後國民政府領臺，漁業發展也因為前面日本人奠下的良好基礎而不斷擴大發展規模，此時漁業發展迅速，隨著八斗子漁港的興起，加上具有天然及豐富的漁業資源，漁業產量大增，造就了基隆地區漁業發展的巔峰期，但也由於此項產業的過度發展造成過度捕撈及汙染，再加上產業人口外流等問題，讓現今的基隆漁業面臨著需要轉型的危機。

依據前述，日本人首先在基隆興建漁港，而漁業的發展一定跟漁港脫離不了關係，基隆有多處大小漁港，依據漁業法規《漁港法施行細則》，將臺灣的漁港分成第一類漁港及第二類漁港，第一類漁港屬於全國性的港口，漁港相關設施齊全，其中基隆的八斗子漁港及正濱漁港是屬於第一類漁港，在全臺僅有九座的第一類漁港中就佔了兩處，可見基隆市內漁港的重要性。正濱漁港是台灣北部最早興建的漁港，但隨著基隆漁業逐漸發達，只有單一港口航道的正濱漁港在發展上受到相當大的環境限制，因此當時政府就決議要在八斗子漁港興建港完工後，將整個正濱漁港遷往八斗子漁港，然而，就在八斗子漁港逐漸完工之際，他們發現原本要將正濱漁港遷移的計畫有實行上的困難，後來經歷會議之後，決議讓正濱漁港能繼續使用，放棄遷移的計畫。而之後八斗子漁港完工，成為了臺灣北部最大的漁港，也是基隆相當重要的漁港。除了屬於第一類漁港的正濱漁港和八斗子漁港之外，基隆還有其

7　基隆漁港就是今日的正濱漁港。

8　現在的基隆漁會正濱大樓。

他大大小小的漁港如長潭里漁港、望海巷漁港、外木山漁港及大武崙漁港，各自發展漁業相關產業。

　　基隆地區的漁業發展涵蓋許多不同的漁業漁法，沿岸漁業包含了採貝、採藻及龍蝦漁業；地曳網、手網漁業；定置網漁業。近海漁業包含了鏢旗魚業；珊瑚漁業；巾著網漁業，沿岸、近海漁業包含了火誘網漁業；一支釣、延繩釣、漁籠漁業；鰹釣、曳繩釣漁業；刺網漁業，近海、遠洋漁業則是包含了拖網漁業及圍網漁業。根據時代的演進及科技的進步，漁民們經由外地的傳入，或是跟著漁業的發展不斷演進出各種新的漁具漁法，為基隆的漁業帶來成長的效益，尤其是燈火漁業的發展，除了八斗子漁港外，在基隆多處漁港都可以發現火誘網漁業發展的蹤跡，像是長潭里漁港在八斗子半島的東南側，望海巷漁港為於八斗子長潭里東側，兩地漁船多以棒受網船為主，在夏季時捕獲鎖管，[9]外木山的傳統漁業也是以焚寄網為主，主要捕撈的漁獲是魩仔和鱙仔這種小魚，[10]這都可以看出火誘網漁業在基隆的重要性。

三　基隆的火誘網漁業

　　在簡單的了解基隆漁業的發展狀況之後，可以發現漁業對基隆的意義及重要性，尤其火誘網漁業也是一項重要的發展產業，而根據行政院漁業署的漁業統計年報之名詞定義，火誘網漁業是指，使用漁船一艘或二艘以上，以燈船、網船在夜間利用燈光誘集魚群於燈下，供網船捕獲的漁業（俗稱火燈），其底下的三種主要漁法包括焚寄網、棒受網及扒網。

（一）焚寄網

　　鰮焚寄網最早是由漳州人傳入，[11]後逐漸發展成焚寄網漁業，是火誘網

9　陳世一，《基隆漁業史》，頁86、87。
10　陳世一，《基隆漁業史》，頁89。
11　洪連成，《基隆市志・卷四經濟志・漁業篇》（基隆：基隆市政府，2002），頁9。

底下的漁法之一，指使用多艘船筏，作為燈船或網船，在夜間利用燈光誘集魚群後捕撈之作業，[12]屬於沿近海漁業的一種，主要的捕獲物為鎖管。[13]

在日治時期的時候，因為鰹釣漁業需要鰮漁作為餌料，逐漸有越來越多的漁民去捕撈鰮魚，原本這些餌料的價錢都相當公道，但卻有不肖業者肆意升降價格，引發了眾多漁民不滿，後來由八斗子的杜福來先生等人開會協議對策，而有了基隆鰮焚入網委員會，[14]這也是刺激了基隆市焚寄網蓬勃發展的其中一項原因，同時，日本對於焚寄網漁船的集魚燈也使用獎勵的方式（水產獎勵），改為使用電器集魚燈，藉此增加漁獲效果。[15]

早期「焚寄網漁船」出海捕魚須用三艘船共同作業，一艘是點燃多束火把來引誘魚群，稱為「火船」，另外兩艘在後面拖著漁網圍捕，稱為「罟船」，需耗費眾多人力及時間。後來捕魚技術進步，漁民在船上掛滿集魚燈取代「火船」，船的兩邊各裝上一支活動「張網竹竿」，取代「罟船」；因為它的網子在水中好像掃地用的畚箕，所以也被稱為「畚箕網漁船」。但在一九八〇年八斗子築港完成後，原本三船為一組的傳統焚寄網漁船也逐漸被大型化的船隻所取代。[16]

焚寄網俗稱繒仔或畚箕繒，為兩艘的作業模式，需要較多的作業人員，用集魚燈在晚上作業，吸引魚群後下網圍撈，因為不拖網，所以馬力較小，捕獲的魚以表層洄游的魚居多，等待天亮過後回港販賣。[17]船上有許多大型燈泡可作為辨識，但由於所需的作業人力比較多，目前大多被單船式棒受網及扒網作業所取代，導致焚寄網逐漸沒落。[18]

---

12 行政院農委會漁業署漁業調查統計手冊漁業種類定義。

13 洪連成，《基隆市志・卷四經濟志・漁業篇》，頁51。

14 《臺灣日日新報》，第10819號，1930年5月30日。

15 陳世一，《基隆漁業史》，頁26。

16 陳世一，《基隆漁業史》，頁80。

17 陳立珍，〈基隆市八斗子漁港火誘網漁業漁況調查研究〉，基隆：國立臺灣海洋大學環境生物與漁業科學學系碩士論文，2012，頁3。

18 周耀烋、蘇偉成，《台灣漁具漁法》（臺北：行政院農業委員會漁業署，2002），頁283。

圖1　焚寄網作業模式圖

圖片來源：周耀烋、蘇偉成，《台灣漁具漁法》，頁283

（二）棒受網

指使用漁船將箕狀網具用竹竿等敷設於船舷，再用燈光或餌料將魚群誘入網內而捕獲之作業。[19]此外，棒受網漁法主要用於捕撈鎖管，因此又可以稱為鎖管棒受網。早年每次作業時需動用到許多的船隻跟人力，十分耗時費力，現今改良為集眾多功能於一船的方式，亦即船上掛滿燈泡，並在漁船兩側裝上一個活動的魚網，當到達預定漁場後隨即開啟魚燈，利用燈光將魚群誘進網中捕獲。[20]此漁法是在一九五五年由基隆市八斗子的一位漁民杜仁平先生，為了解決在捕魚時所遇到的困難，仿照了焚寄網漁具，使用棒受網漁法，將原本的漁船縮小至一船可以單獨操作，而在經過試驗後發現漁獲明顯

---

19 行政院農委會漁業署漁業調查統計手冊漁業種類定義。

20 陳立珍，〈基隆市八斗子漁港火誘網漁業漁況調查研究〉，頁4。

增加，造成了棒受網在基隆的興起，[21]相較於需要多人做業的漁法，棒受網只需要五人即可作業，因此逐漸取代各種規模的焚寄網，更甚至是推廣到澎湖，後又經由基隆市某機械公司負責人逐漸改良研發，作業人數可以減少至二到三人，更是肯定了棒受網的經營價值，成為捕捉鎖管作業的重要利器。[22]

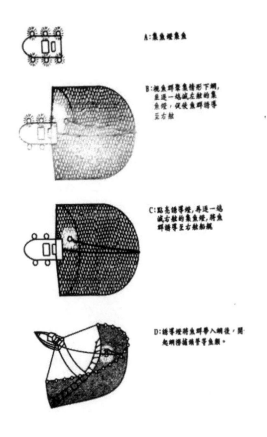

圖2　棒受網作業模式圖

圖片來源：周耀烋、蘇偉成，《台灣漁具漁法》，頁190

21 陳溪潭、林茂春、許君復，《臺灣省沿岸漁業漁具調查報告》（臺北：中國農村復興委員會，1959），頁41。

22 周耀烋、蘇偉成，《台灣漁具漁法》，頁188。

（三）扒網

　　指使用動力漁船一艘，配合小艇或燈船，合力使用有囊類圍網包圍魚群之作業，[23] 由焚寄網漁法改良而成，因為焚寄網需要太多的人力，漁村勞力漸漸難以負荷，後來逐漸發展以單艘船作業的扒網，其規模會因為目標魚種的不同而有所改變，扒網船到達魚場後隨即開始用燈光誘集魚群於燈下，利用兩袖一囊的魚網加以包圍，然後網船徐徐前進將魚群驅逐入網內加以捕撈，網狀的形狀類似地曳網，屬於火誘網的一種，也由於扒網的構造簡單，作業效率高，節省人力，操作敏捷，因此成為重要的沿近海漁業之一。[24]

　　依據漁業署歷年漁業生產量質的統計資料顯示，在二〇〇一年以前扒網的漁業生產量質一直都沒有顯示產量，直到二〇〇一年開始，此漁法的產量大增，比起同年度的焚寄網及棒受網漁業的產值都要高上許多，因此，我們可以推斷出是在該年之後，拔網這項作業漁法漸漸開始興盛，產量也逐漸增加，成為近年來火誘網漁業底下產值最高的一種作業漁法。

---

23 行政院農委會漁業署漁業調查統計手冊漁業種類定義。

24 周耀烋、蘇偉成，《台灣漁具漁法》，頁70。

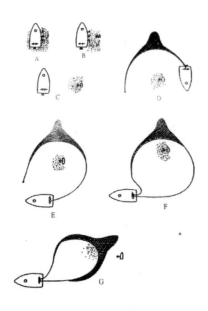

圖3　扒網作業模式圖

圖片來源：周耀烋、蘇偉成，《台灣漁具漁法》，頁78

　　在了解焚寄網棒受網及扒網漁法後，將以上三種火誘網底下的漁法在基隆的發展去對照各漁法在基隆的漁業生產量質，結果如表1所示。根據表1，基隆的焚寄網漁業從二〇一五年開始就不再有產量，也顯示出此傳統漁法在基隆的沒落，而棒受網和扒網則是有一定的產值，代表基隆地區的火誘網漁業近年來主要是以棒受網和扒網兩項為主。

表1　基隆地區火誘網底下三種漁法產值（2014-2020年）

基隆地區	焚寄網	棒受網	扒網
2014年	219	379	30624
2015年	-	267	34662
2016年	-	56	26593
2017年	-	3109	24586
2018年	-	541	28096

基隆地區	焚寄網	棒受網	扒網
2019年	-	3294	30213
2020年	-	4012	29504

說明：該數字單位為產量（公噸）

資料來源：依據漁業署統計年報資料整理繪製

　　由上述資料我們可以得知，隨著時代的發展，火誘網漁業從日治時期開始，一直到今日的漁法經歷了不同時期的演進及變化，從需要鱷魚作為餌料而發展的鱷焚寄網漁業，到後來因為作業上的需求而發展的鎖管棒受網，兩者都是火誘網底下的重要漁法。因此，將火誘網漁業由日治時期的鱷焚寄網和現今的棒受網漁法的基本作業變化做比較，如下表所示：

	日治時期鱷焚寄網	現今鎖管棒受網
作業範圍	沿岸為主	沿岸及近海
主要漁獲	鱷魚	鎖管
集魚燈演進	竹製火炬→石油燈→電石燈	電燈
捕魚方式	三隻小船為一體，一艘火船，一隻罟母，一隻罟仔，每艘船員四人（火船五人），以火船為首出海捕魚	集眾多功能於一船，在船兩邊掛滿燈泡，船隻兩側裝上漁網，到達漁場後開啟集魚燈

　　由上表可知，日治時期的焚寄網漁法的作業範圍是以沿岸為主，現今的棒受網已經不再侷限於沿岸，甚至可以到近海去捕捉漁獲，而在集魚燈的部分由最早的竹製火把到日治後期的電石燈，再到今日棒受網漁船所使用的電燈，顯示出火誘網漁業光源的演進歷程，更重要的是漁業整體規模的變化，從原本的三艘船出海捕魚，演進改良至只需要一艘船即可出海，省時省力，這也顯現出基隆火誘網漁業發展隨著時間演進的結果。

　　基隆的火誘網漁船會在傍晚接近晚上時開船出海，作業漁場範圍較廣，也隨著時代的演進，從最早的焚寄網漁法到現今較常使用的棒受網及扒網漁法，根據環境變遷，逐漸發展成更適合且較有效率的捕魚模式，而這也是基

隆火誘網發展的最大特色。另外，火誘網漁法會利用魚的趨光性，使用燈光以誘集魚群的方式捕魚，也是此漁法的一大特色。再者，依據漁業署統計資料，基隆市的近海作業模式中，光是棒受網及扒網漁法的產值就佔了將近八成左右[25]，也顯示出火誘網漁業在基隆市內具有相當高的占比，可見其對於基隆之重要性。

四　文創商品設計發想

聯合國教科文組織（UNESCO）針對文化產業（Cultural industries）的說明，內容為「結合創作、生產與商業的內容，同時這內容在本質上，是具有無形資產與文化概念的特性，並獲得智慧財產權的保護，而以產品或服務的形式來呈現。」而臺灣則將文化創意產業定義為，「源自創意或文化積累，透過智慧財產之形成及運用，具有創造財富與就業機會之潛力，並促進全民美學素養，使國民生活環境提升之產業。」[26]

近幾年「文化創意產業」（簡稱文創產業）興起，此名詞搭載著全球化的浪潮，世界各國都已經意識到它不僅能帶動經濟成長，更有賦予產業升級的能量，甚至是能為國家注入新的發展潛能。[27]臺灣的文創產業發展始於二〇〇二年，由文創產業所衍伸出的文化創意產品簡單來說，是以「文化」為意涵底蘊，「創意」為應用方法，「產品」為各種外顯形式。任何商品都需要以創新和產品形式來展現，文化創意產品更重視文化底蘊，善用地理空間、旅遊觀光、節慶藝文活動等，取得文化認同，帶動整體產業或地方發展，增加就業機會與在地居民收入。[28]

在基隆近海漁業有高占比的火誘網漁業，是基隆的重要產業，但隨著產業變遷，傳統漁業文化逐漸式微。因此，要將基隆特色的漁業文化保存，得

---

25 由2020漁業署統計年報資料計算。

26 文化部官網https://www.moc.gov.tw/information_306_19693.html，查閱日期2022年5月9日。

27 周嘉政、梁祐瑋，《國際文化創意》（臺北：旗林文化，2018），頁24。

28 張耀文，《文化創意——產業、就業與創業》（新北：全華圖書公司，2021），頁44。

以在其中加入創意的概念，將文化特色發展成創意商品，使得地方文化特色保存及延續。而在進行文創商品設計前，本篇將先使用設計方法中的腦力激盪法及親和圖法，由基隆火誘網為主題進行腦力激盪聯想，再依據關鍵字進行分類，得出可以設計發展的方向作為設計發想，接著藉由設計方法所得出的關鍵字進行發想後，繪製出商品草圖，再由草圖發展至商品示意圖及其使用情境。

（一）腦力激盪法

腦力激盪法是將一個主題或一項需要被解決的問題，短時間內，動腦將你所想到的各種單詞或問題的解決辦法分別寫在各個不同的便條紙上，如此便可以蒐集到很多和主題相關的構思，並在提出的多個構思中找尋出新的想法，在此過程當中，所提出的想法越多，越可能獲得更好的點子。以下是以基隆火誘網為中心主題，使用心智圖去做腦力激盪，將聯想到的相關詞彙記錄下來，並依據其關係做連接，經由腦力激盪所得出之結果。在最後獲會得許多腦中的關鍵字，如此一來，能夠幫助思考此主題可以發展商品的大方向。

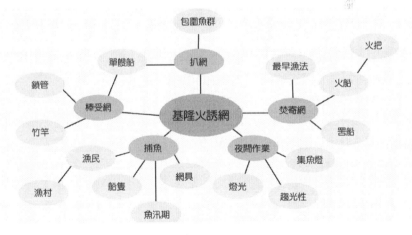

圖4　基隆火誘網心智圖

圖片來源：本研究繪製

（二）親和圖法

　　親和圖法又可以稱為KJ法，是為了使蒐集到的資料更完整而發展出的方法，在腦力激盪完後，我們獲得了相當多零散的便條紙，依據這些便條紙中的內容將他們分類編組，內容屬性相似或相同的把他編為同一個小組（如果有很難將其編組的便條紙，可將他分進一個新的小組），直到所有便條紙都被分類完後，再使用不同顏色的便條紙將剛剛分好類的小組用一個最貼切的詞為他們命名，最後，在這些命名完成的組別中尋找彼此的關聯性，藉以尋找出新的設計方法及方向。藉由腦力激盪完後的結果，我們得出許多相關字彙，將這些字彙依序進行分類的動作，將他們依照相同性質分組，將關鍵字分為七個不同組別後，再將每個組別命名，可以得出如下圖的結果。分組後，找出各個組別彼此間的關聯性，用線條將有關連性的組別連接起來，最多關聯性的組別即是設計參考方向。

基隆火誘網

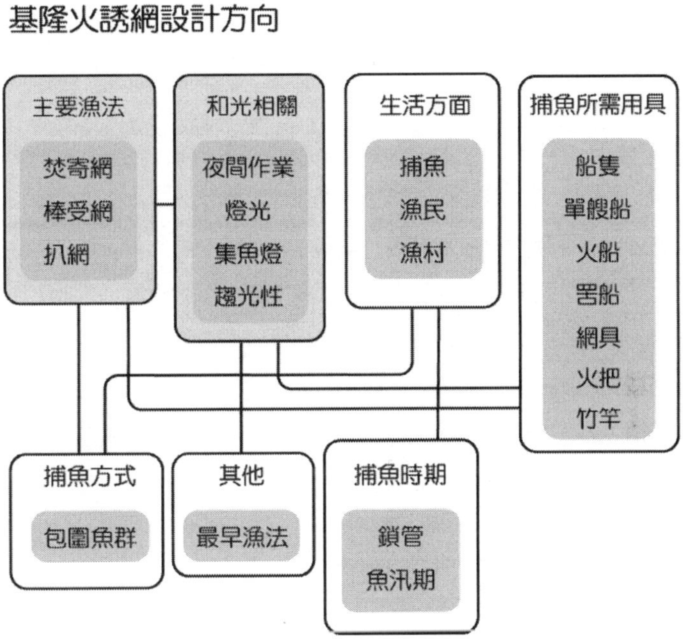

基隆火誘網設計方向

主要漁法	和光相關	生活方面	捕魚所需用具
焚寄網 棒受網 扒網	夜間作業 燈光 集魚燈 趨光性	捕魚 漁民 漁村	船隻 單艘船 火船 罟船 網具 火把 竹竿

捕魚方式	其他	捕魚時期
包圍魚群	最早漁法	鎖管 魚汛期

圖5　基隆火誘網親和圖法分類過程

圖片來源：本研究繪製

　　藉由親和圖法將腦力激盪後得出的關鍵字進行分類，依據相同性質將其分類，分類過後連接出彼此之間的關聯性，藉此找出火誘網漁法文創商品的設計方向，得出的方向為漁法底下的三種作業模式，以及此漁法是以燈光為主，並利用趨光性捕魚的兩大重點，因此，文創商品的設計內容也將以傳遞漁法知識、燈光作為出發點進行發想。

（三）商品設計

　　基隆漁業文化象徵著討海漁民的生活，一般人很少有機會接觸到，因此商品設計以家裡會使用的生活用品為發展方向，將漁法的知識套用在日常生活中，藉由這些日常用品，傳遞漁法知識，讓使用者在使用商品的同時，也

能從其中了解到火誘網漁法底下的相關知識，希望藉由創意生活用品的呈現，讓更多人了解到這些漁民的記憶、特殊的文化。以下分別介紹兩樣與基隆火誘網漁法相關之文創商品：

1　點亮你的夜晚──投影夜燈

以漁船的外型作為夜燈的型態，船身上下皆具備夜燈功能，上方為投影夜燈，在使用夜燈的同時，也可以投影出火誘網底下三種不同漁法的畫面及捕獲魚種，因應三種不同漁法，投影的畫面是可替換式；底下船身的部分為一般觸摸型的夜燈，碰到就會發光，還可以依照觸摸時間的長短調整亮度，象徵火誘網漁法都是在夜晚捕魚，以燈光吸引魚群，使魚群聚集的概念。

圖6　點亮你的夜晚──投影夜燈　草圖

圖片來源：本研究繪製

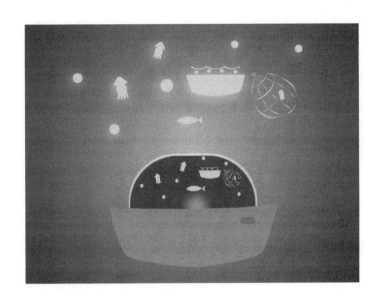

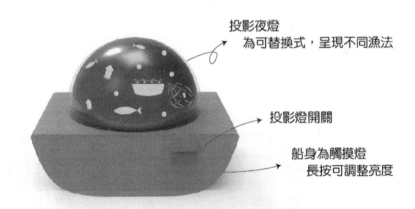

投影夜燈
為可替換式,呈現不同漁法

投影燈開關

船身為觸摸燈
長按可調整亮度

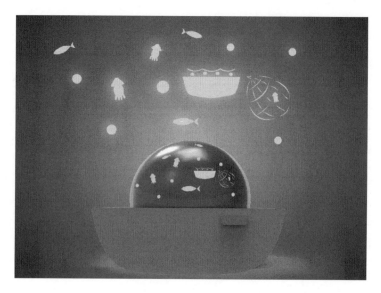

圖7　點亮你的夜晚──投影夜燈　示意圖

圖片來源：本研究繪製

圖8　點亮你的夜晚──投影夜燈　使用情境

圖片來源：本研究繪製

2 歷歷在目——收納桌曆

　　桌上型月曆的外型設計成一艘船的外型，兩旁突出的空間可做為收納，或是當作筆筒使用，在觀看月曆時，旁邊會有介紹文字，介紹著不同漁法的小知識，不同的月份所記錄的文字內容也都不同，分別講述火誘網漁法的相關故事，並搭配一些小互動方式（魚外型的磁鐵、網子），模擬捕魚的感覺，用桌曆的方式記錄著這些漁法故事，在翻閱的同時，將看到這些故事內容的介紹，象徵著漁民正在講述著他們捕魚的大小事。

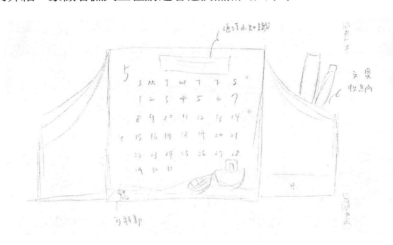

圖9　歷歷在目——收納桌曆　草圖

圖片來源：本研究繪製

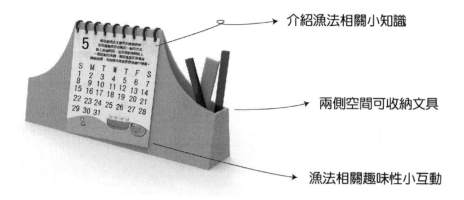

介紹漁法相關小知識

兩側空間可收納文具

漁法相關趣味性小互動

圖10　歷曆在目——收納桌曆　示意圖

圖片來源：本研究繪製

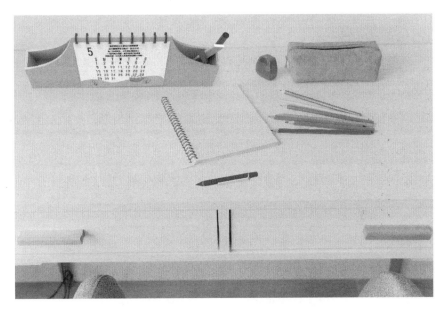

圖11　歷曆在目——收納桌曆　使用情境

圖片來源：本研究繪製

五　結語

　　基隆市內的漁港大多都是以近海的火誘網漁業為主要漁業發展項目，依據其底下三種不同作業漁法捕撈漁獲，為基隆重要產業。在了解及分析完基隆地區的整個漁業發展以及火誘網漁法之後，我們可以發現火誘網漁法的特色為，利用魚的趨光性，在船上使用燈光聚集魚群後，再將其用網子捕獲，是基隆地區頗具特色的捕魚方法，因此，在進行腦力激盪及親和圖法找出設計發展方向過後，將此漁法之特色元素納入文創商品設計中，進行產品發想。

　　近年來文化產業興起，文化創意產業也是政府致力想發展的方向之一，藉由傳統產業的轉型，讓文化產業結合創意的形式，為產業開闢一條新出路，將具有豐富文化資源的產業，以更新穎的方式傳遞出去，如此一來，除了能傳遞產業文化之外，也能藉此行銷在地文化特色。而基隆向來以漁業聞

名,因為有良好的港灣、天然地理環境及漁業資源,造就了這項產業發展的契機,再加上日本人奠定的良好基礎,此產業逐漸活絡發展,其中火誘網漁法在基隆市內也算是相當常見的捕魚方式,因此,在深入了解其背景過後,經由創意發想,將地方文化故事、漁業知識以趣味化的方式套用至商品中,設計出獨一無二的文創商品,為漁業產業開發更多新的價值。

參考文獻

一　專書

周嘉政、梁祐瑋，《國際文化創意》，臺北：旗林文化，2018。

周耀烋、蘇偉成，《台灣漁具漁法》，臺北：行政院農業委員會漁業署，
　　　2002。

洪連成，《基隆市志・卷四經濟志・漁業篇》，基隆：基隆市政府，2002。

孫得雄，《八斗子漁村調查報告》，臺北：敷明產業地理研究所，1958。

張耀文，《文化創意──產業、就業與創業》，新北：全華圖書股份有限公
　　　司，2021。

陳世一，《八斗子地方史話》，基隆：海洋台灣文教基金會，1999。

陳世一，《基隆漁業史》，基隆：基隆市政府，2001。

陳世一、張雯玲，《八斗子耆老訪談錄》，基隆：海洋台灣文教基金會，
　　　1999。

陳溪潭、林茂春、許君復編，《臺灣省沿岸漁業漁具調查報告》，臺北：中國
　　　農村復興委員會，1959。

陳憲明、張怡玲、黃致誠，《崁仔頂：漁行和社群文化》，基隆：基隆市文化
　　　中心，1998。

謝韻雅、陳雅玲，《外木山心故鄉》，基隆：財團法人水源地文教基金會出
　　　版，1999。

二　期刊論文

王俊昌，〈基隆市八斗子魚寮文化及其文創商品設計〉，《海洋文化學刊》，第
　　　28期（2020），頁93-123。

莊育鯉，〈地域特色產業形象再造-以基隆和平島平寮里石花凍包裝設計為
　　　例〉，《海洋文化學刊》，第27期（2019），頁211-236。

莊育鯉，〈地域特色產業的圖文敘事創作研究——以八斗子火誘網漁船繪本為例〉，《海洋文化學刊》，第29期（2020），頁157-179。

三　學位論文

周雅美，〈金山傳統漁法「蹦火仔」的保存價值與轉型方式之研究〉，臺北：臺北市立大學歷史與地理學系社會科教學碩士學位班碩士論文，2015。

邰皓，〈漁村結合文化創意應用於地區品牌之模式建構-以貢寮海女文化為例〉，臺南：臺南應用科技大學視覺傳達設計系碩士論文，2021。

洪淑清，〈日治時期基隆漁業史之研究〉，基隆：國立臺灣海洋大學環境生物與漁業科學學系碩士論文，2009。

許焜山，〈基隆八斗子漁村的漁業發展與變遷〉，基隆：國立臺灣海洋大學海洋文化研究所碩士論文，2015。

陳立珍，〈基隆市八斗子漁港火誘網漁業漁況調查研究〉，基隆：國立臺灣海洋大學環境生物與漁業科學學系碩士論文，2012。

四　其他

《臺灣日日新報》。

文化部臺灣大百科全書。瀏覽日期：2022年4月。

文化部官網，https://nrch.culture.tw/twpedia.aspx?id=3356，瀏覽日期：2022年5月。

行政院農委會漁業署漁業統計年報，https://www.moc.gov.tw/information_306_19693.html，瀏覽日期：2022年5月。

臺灣魚類資料庫，https://fishdb.sinica.edu.tw/chi/culture/a4.php，瀏覽日期：2022年4月。

以跨域治理觀點探討疫情後
馬祖離島觀光發展

趙昱絜[*]

摘要

　　因現今人們對於新型的觀光方式較感興趣，在休閒觀光上也都比較願意花多一點的錢享受更好的服務、住宿與餐飲等，像近年來郵輪盛行，每年全球搭乘郵輪出國的人數都是以千萬次計算，而且是逐年增加，可以看見其創造的經濟價值及吸引力，不過因為嚴重特殊傳染性肺炎（Coronavirus Disease 2019, COVID-19）的影響，重創各國觀光與國際郵輪產業，但也給了國內旅遊新的復甦機會，然而後來因為疫情持續升溫，台灣的三級警戒讓觀光旅遊全面停擺，現今因國內疫情趨緩，防疫措施逐漸鬆綁，引發國內旅遊熱潮，現在正是疫情後發展國內跳島旅遊的最佳時機。渡輪一直都是從本島到離島的交通方式之一，加上二〇二三年為跳島旅遊年，藉此結合渡輪及郵輪，以馬祖為例，在淡季時可以搭乘渡輪去，而在旺季時，能搭乘郵輪到馬祖旅遊，交通跟住宿就可以一併訂到，就不用擔心交通與住宿無法同時預定到。而馬祖適合停留兩至三天深度旅遊，例如透過地方政府以及中央政府的政策推動發展計畫，讓產業與居民可以共同參與計畫內容，由產業提供多樣化的交通工具及旅遊內容吸引消費者前去體驗，藉由在地文化及觀光協會或團體培養當地導覽員帶遊客深度遊玩馬祖、品嘗在地特色等方式，讓產官學合

---

* 國立臺灣海洋大學海洋文化研究所碩士生。

作，各司其職。本文主要以跨域治理的觀點，搭配 SWOT-TOWS 矩陣和策略分析法，去探討疫情後馬祖南、北竿的觀光如何發展。

關鍵字：離島觀光、跳島郵輪、藍色公路、跨域治理

Exploring the Tourism Development of Matsu Islands after the Epidemic from the Perspective of Across Boundary Governance

Zhao, Yu-Chieh[*]

Abstract

People are more interested in new ways of sightseeing nowadays, they are more willing to spend a little more money to enjoy better services, accommodation and catering, etc. In recent years, cruise ships have become popular, every year, the number of people who go abroad on cruise ships is calculated in tens of millions. It is calculated in tens of millions of times, and it is increasing year by year. You can see the economic value and attractiveness it creates. However, due to the impact of the COVID-19 (Croonavirus Disease 2019) the tourism and international cruise industries in various countries have been hit hard. However, it also gave domestic tourism a new opportunity to recover. However, due to the continued increase in the epidemic, Taiwan's three-level alert completely shut down tourism. Now, due to the slowdown of the domestic epidemic, epidemic prevention measures have gradually been loosened, triggering a domestic tourism boom. Now is the epidemic. This is the best time to develop domestic island

* Master's student, Institute of Oceanic Culture, National Taiwan Ocean University.

hopping tourism. Ferries have always been one of the modes of transportation from the island to the outlying islands. In addition, 2023 is the year of island hopping tourism, which combines ferries and cruises. Taking Matsu as an example, you can take a ferry in the off-season, and in the peak season, you can go there. Traveling to Matsu by cruise ship, transportation and accommodation can be booked together, so there is no need to worry that transportation and accommodation cannot be booked at the same time. Matsu is suitable for staying for two to three days for in-depth tourism. For example, through the policies of the local government and the central government, the development plan can be promoted, so that the industry and residents can jointly participate in the plan content, and the industry can provide a variety of transportation and tourism content to attract consumers. Go to experience, and train local guides by local cultural and tourism associations or groups to take tourists to visit Matsu in depth, taste local characteristics, etc., so that industry, government and academia can cooperate and perform their respective duties. This article mainly uses the perspective of cross-domain governance, combined with the SWOT-TOWS matrix and strategic analysis method, to discuss how the tourism in Nangan and Beigan will develop after the epidemic.

Keywords: island tourism, island hopping cruise, blue highway, across boundary governance

一　研究背景與動機

　　觀光被喻為二十一世紀的明星產業，在全球經濟扮演重要的角色，因為時間的變化、經濟的進步以及人類消費行為改變，從過去的個人壯遊變成現在的套裝旅遊，過去套裝旅遊是有錢人才體驗得起，現在則是大家都可以體驗。且套裝旅遊的出現也體現出交通運輸的進步，從一開始仰賴促進工業發展的鐵路還有後來普及的高速公路，到現在蓬勃發展的海上交通工具，觀光已經不侷限在陸地上，而是往海上擴展，尤其是到了二十世紀八〇年代逐漸蓬勃的郵輪旅遊，能看出人們在觀光休閒遊憩上的模式變化。

　　海洋一直是人類觀光遊憩的場所之一，現今已成為全球新興的重要觀光休閒活動之一，歸納與海有關的主要活動分別為海邊活動、沿岸旅遊、離島旅遊、郵輪活動（莊慶達等，2016），台灣四周環海，對於了解海洋的重要性以及對海洋開發不遺餘力，在向海致敬、海洋基本法、運輸政策白皮書或海洋政策白皮書等政策上，都有提到與藍色公路，由此可見其重要性。為滿足國人對海上遊憩的需求，政府也積極開拓多樣化的選擇，從最原本作為交通使用的渡輪到現今熱門產業之一的郵輪，都是政府發展藍色公路的內容之一，且二〇二三年為跳島旅遊年的政策年，更是推廣藍色公路與離島觀光的好時機。

　　二〇一九年三月中開始因 COVID-19全球旅遊疫情警戒建議至第三級（警告：warning）（衛生服利部，2020），直到疫情較為緩和時，消費者將出國的念頭轉為國內旅遊，促使國內旅遊興盛，離島旅遊也相當熱門，雖然因為疫情的反覆升溫，台灣也曾將警戒提到三級，導致國旅也受到影響，但現在大多數人都已接種三劑疫苗，已經開始，去重新規劃以及思考未來面對疫情之後的市場需求，成為現在重要的課題之一，利用這個機會改變原有的觀光方式，提升觀光的品質及引起國人的興趣，以延續國人對國內及離島旅遊的熱度，若將在本島的藍色公路延伸到台灣離島，便會增加遊客們的選擇性及興趣性。以馬祖為例，馬祖本身是由數個小島組成，雖然觀光景點的國

際知名度不足，不過在觀光資源上有知名的藍眼淚，還有豐富的戰地文化，是老少咸宜且適合慢遊的好地方。但是在旅遊旺季的時候，交通票與住宿是一位難求，而馬祖的福澳港及白沙港都是距離熱鬧地方很近，從港口出來之後可以租汽機車就能玩遍南、北竿。如果能搭乘郵輪到馬祖旅遊，就可以一併訂到交通與住宿，能減少只訂到其中一項的窘境。而發展藍色公路不可能只依靠單一團體的運作跟規劃，需要有一系列的公私部門協力，發揮各自的長項，規劃出最適合的方式去發展離島的藍色公路。透過 SWOT 分析可以看出一個地方發展上的優勢、劣勢、機會、威脅，搭配 TOWS 矩陣可以強化強項、改變弱項，探討出最適合的發展以及何處需要改變，本文以馬祖南竿與北竿作為討論對象，從跨域治理的角度去看馬祖、北竿觀光在疫情後如何發展藍色公路與觀光。

二 跨域治理與藍色公路

（一）跨域治理的意涵

跨域治理的概念是行政組織上的跨部門合作、地理上的跨區合作，超越傳統直線式上下命令式合作，是橫跨各領域的協力合作（林谷蓉，2019）。觀光本身就是複雜、多元且多樣的存在，在面對疫情的時候，會受到來自社會、經濟還是政治等各方的影響，往往都是牽一髮而動全身，面對災後的課題，必須跳脫單一的線性思考，需要跨領域的整合與研究（曹勝雄、張德儀，2021），因為議題已經變得複雜且多元，需要各方協助來解題，結合現有的組織與其力量，不是用統治或是命令的方式去達到目標，而是用治理這個較為柔和的模式，治理是一個上下互動的過程，主要藉由合作、協商、夥伴關係等方式建立共同目標、形成共識而建立起合作網絡之權威，所以其權力是多元的、相互的，非單一和上下的垂直關係，那麼治理的特徵就不再是監督，而是各部門之間的協力合作；不再是中央集權，而是變為分權負責；不單是行政部門的管理，而是依據市場原則的管理（林谷蓉，2019）。現今

的環境與事物是瞬息萬變且複雜，許多事情不單單是一個行政轄區或是單一組織就能處理，這時就需要不同單位一起來探討解決，例如現在 COVID-19 疫情的防堵，除了衛生福利部（簡稱衛福部），也需要環境保護署、地方的衛生局、消防局等協助分工，還有透過智慧科技的輔助以及人民的配合，才能達到最佳的防疫。

（二）藍色公路的定義與載具類別

藍色公路（Blue Highway）指的是以輪船在海上快速航行的交通系統，在很多國家及島嶼之間，都有定期船舶航線連結各島嶼，以方便運輸旅客及貨物。而國外定義的藍色公路是指海上的交通運輸功能，在我國則是因為面臨傳統漁業環境的變化，使漁業與漁港面臨轉型，漁港的轉型可以提供船舶停靠；漁業的轉型則是使休閒娛樂漁船出現，因此定義轉變為利用娛樂漁船進行海上的觀光與運輸（林谷蓉，2015）。藍色公路一詞最早出現在我國出版的文件中，是在1997年交通部運輸研究所的研究計畫中出現，是為了緩解陸上運輸系統的擁擠與瓶頸（交通部運輸研究所，1997）；而交通部觀光局提出藍色公路一詞是指以海運取代陸空運輸，發展至今是指利用船舶載客航行於水上，功能包括代替陸地上的交通運輸，也包含海上觀光遊覽的特性。因海域天成，亦無需定期翻修維護，僅需投資船艇設備及靠泊、營運設施，且水陸暢達，無交通阻塞問題，航行時間與陸地並無太大差異，故具有陸路運輸競爭的優勢（莊慶達等，2016）。

在台灣的法規中，最早定義藍色公路一詞的是二○○○年的基隆市海上藍色公路營運管理辦法，次之為二○○三年的臺北市藍色公路營運管理辦法，後面還有二○一一年新北市藍色公路營運管理辦法、二○一三年的連江縣藍色公路營運管理辦法，將藍色公路定義為在本轄區水域內之碼頭間，經營水域營運所航行之路線，目前基隆市與臺北市的藍色公路營運管理辦法都已經廢除，臺北市已用臺北市載客小船營運及碼頭管理自治條例替代，馬祖則是繼續使用連江縣藍色公路營運管理辦法。

　　臺灣是個海島國家，周圍有許多的離島，本島與離島之間的交通多半依賴飛機與船隻來往返，比起飛機，搭船的費用相對較低，若是想省錢自然是會選擇搭船，只是許多人都會怕暈船，所以會比較願意花錢搭飛機，既省時間也不怕暈。除了往返於離島間的交通船外，目前所規劃的藍色公路多半以觀光休閒功能居多，但因為大家對於藍色公路不熟悉，且對於搭船感覺就是花費時間、不甚舒服等，如若可以改變這樣的想法，將原有的船隻包裝成精緻渡輪，或許也會提升人們搭船體驗海島國家所擁有的海洋資源。像近年來郵輪產業興起，吸引了很多人慕名搭乘體驗，雖然近期因為 COVID-19而全面停擺，而臺灣與離島之間的跳島郵輪[1]就此興起，滿足人們無法出國但依然可以安全地在國內遊玩，原本從本島至離島也是搭飛機或船往返，因郵輪的出現讓交通方式多了點不一樣，既吸引人又能發展不一樣的觀光模式。目前除了往返離島與本島的交通船之外，政府所規劃的藍色公路大多是觀光休閒性質，台灣在藍色公路上所推廣使用的載具，則以郵輪以及渡輪為主。加以說明如下：

1　郵輪

　　郵輪產業是觀光產業中發展最快的，不管是規模、人數還是消費能力，都屬於觀光產業中的翹楚。Cruise 為巡航或航遊之意，郵輪是一種娛樂航海的客輪，航程、沿途停靠目的地與船上設施，都是提供旅遊與娛樂的一部份，像海上渡假村，雖然有的航線是單程的，但大多數的航線都會將乘客送回啟航地點。郵輪旅遊與一般的休閒觀光屬性不同，依郵輪的大小必須停泊一定規模的港口，大都具有海洋景觀、海洋文化背景，因此郵輪旅遊同時亦為海洋知性之旅（莊慶達等，2016），搭乘郵輪的重點在於飄在海上時享受船上設施，靠岸時是體驗岸上觀光，有兩種不一樣的感受。郵輪旅遊產業則是一種複合性產業，其內容結合休閒度假、岸邊補給、購物百貨等等，行線

1　在交通部航港局推動跳島航線推廣獎助要點第二條中定義跳島航線是指兩個以上台灣離島之間的航線，或是台灣本島與兩個以上台灣離島間的航線（交通部，2021），台灣在2020年時，曾有過的跳島郵輪航線為從本島到金門、馬祖、澎湖三個離島。

則依據市場需求的區隔，有各種越洋跨國的航線，是極具多樣化的海上產業（呂江泉，2019）。就馬祖離島而言，二〇一一年麗星郵輪首航馬祖，但因寶瓶星號噸數問題，無法停靠福澳港，上岸需依靠船上自有的動力救生艇，而後二〇一六年麗星郵輪旗下的太陽公主號繼而首航馬祖。

郵輪具有以下特點（呂江泉，2019）：

（1）船上活動及設施：郵輪最吸引人的就是船上活動，一般郵輪上都會設娛樂活動的地方，視航程的天數、日程去精心規劃節目，並且會在每晚提供給旅客次日的節目表，每日提供大量且多樣的活動供旅客選擇。郵輪屬於大型船舶，船上空間大，提供健身房、免稅精品店、運動場及游泳池等多樣的休閒娛樂設備，供遊客使用。

（2）船舶大小：郵輪依照能容納的載客人數，分別為小型、中型、大型、超大型。

（3）旅遊航線：航線及目的地需要去考慮季節、海域的安全性等，航行的水域可分為平靜、沿岸、近海與遠洋；依噸數大小停靠有一定規模的港口，通常這些目的地港口都具有海洋景觀或海洋文化的背景。

（4）岸上遊程：在停靠不一樣的國家港口，事先規劃詳細的旅遊內容，包含時間、地點、交通等，讓遊客可以了解當地的文化、飲食、民俗、土特產等，通常是另外販賣，可向旅行社或郵輪公司購買，依照內容及豐富度有不一樣的價格，不包含在郵輪價格裡。

（5）旅遊價格：郵輪有海上渡假村之稱，旅遊的內容屬於完全套裝式旅遊，包含來回接送、海陸住宿、船上娛樂設施與節目、全天式供應餐飲等，也包含相關停靠的稅捐，所以價格一般比較昂貴。

（6）易達特性：因為屬於水路交通的一種，可以去到陸上跟空中運輸工具兩種交通工具無法到達的地方，去到更具有特殊景觀的地方，例如看冰河或是化外之地的大洋島群。

2 渡輪

渡輪主要是以交通運輸工具為主，也具備觀光的功能，船型與噸數沒有

郵輪大，一般航行時間都在三十小時以內（林谷蓉，2015），載客超過十二人都算是客船（SOLAS，2009）。一開始是載貨為主載客為輔，航線通常很短，後來乘客越來越多才變成以乘客為主，也因為乘客日漸增加，使船隻的設備的更新，價格比空運便宜，也促進了觀光發展（林玥秀，2012）。例如：台灣到馬祖福澳港的渡輪以台馬之星、台馬輪兩艘客輪為主，另外還有以軍人搭乘為主，固定周二出發的合富輪。

渡輪的特點如下：

（1）船上設施與性質：渡輪基本上是可以同時載貨與載人，也有補給離島物資的功能；若是到離島需要花費的時間較長需過夜，船上有床鋪可以休息，也有販賣機供旅客購買泡麵等食物，船上的設施簡單，生活設備少。

（2）搭乘價格：依照航行遠近，來制定價格高低，價格比起空運與郵輪相對之下是比較便宜。

（3）航班次數：出發航次一般都是固定航班，網路上能查到船公司提供的船期表，可以預定兩個月內的船票。

（4）航線規劃：航線一般都較短程，以到附近的小島嶼或是相鄰的城市為主，一般也都是固定開航、固定航線。

三　馬祖觀光資源與藍色公路發展現況

（一）馬祖的地理位置與文化觀光資源

馬祖主要由南竿島（馬祖島）、北竿島、高登島、亮島、東莒島（東犬島）、西莒島（西犬島）、東引島、西引島及其附屬小島共計三十六個島嶼組成，地理位置靠近中國東南沿海，氣候特性較接近於大陸型氣候，冬天風浪大也比較冷，地形多谷地、灣澳，海岸地區花崗質岩石，受風化及波浪侵蝕作用，多崩崖、險礁、海蝕洞、海蝕門等地形，部分灣澳地區經過沖積與堆積作用形成沙灘、礫石灘、卵石灘，各小島之間的交通是依靠接駁船來回（連江縣政府，2014）。馬祖南竿與北竿作為此地區的第一二大島，擁有許

多豐富的自然資源、人文資源及戰地文化（表1、表2），馬祖風景管理處也有整理各地區的知名景點，戰地文化有據點、坑道及紀念公園可以參觀，要注意的是有幾個據點跟營區，是屬於管制區，只有本國國民持身分證才能進入，例如南竿大砲連與雲台山軍情館、北竿短坡山陣地，但有被管制的區域受疫情影響，暫時都是不開放，目前也不確定何時會再開放，不過能窺探過往不開放的軍事地點，也是十分吸引人；自然資源則有藍眼淚、芹壁及濕地，如若可以藉由搭船，直接從船上瞭望或是觀賞，應該是不一樣的角度及感覺；人文資源則有許多廟宇及聚落，馬祖地區有許多信仰，可能與離大陸福建很近的地緣關係，大多都是白馬尊王廟，在環繞南竿與北竿的聚落時，沿路都可以看到廟宇。而人文資源中最特別為北竿冬季才有的擺暝文化季，可以體驗繞境，路線不長且一天下來有很多次，不同廟宇遶境的時間都不一樣，熱鬧非凡。因天氣因素以及想一覽藍眼淚風光，大多數遊客會選擇夏天前往，但其實冬天的馬祖別有一番風味，遊客不多的關係，非常適合慢遊，且可以藉此機會體驗擺暝文化季，而慢遊是一種放慢自身步調，以慢行、慢食的方式去體驗在地生活，可以更加融入當地，是較為無拘無束的遊憩方式，適合在區域不大的島嶼體驗；而南竿的介壽獅子市場可以品嘗馬祖道地的美食，例如鼎邊糊，還有遊客推薦的蔥油餅，都能夠深入了解當地生活（圖3-10）。

表1　南竿地區觀光資源遊憩表

類別	項目	地點
戰地文化	坑道	八八坑道、北海坑道
	據點	大漢據點、鐵堡、77據點、12據點（刺鳥咖啡獨立書店）
	紀念公園	枕戈待旦紀念公園、經國先生紀念堂、黃花崗之役連江縣十烈士紀念碑
	其他	雲台山軍情館、勝利堡、勝利山莊、大砲連、軍事標語（軍民一家、同島一命等）、清水碑

類別	項目	地點
自然景觀	生態	燕鷗保護區、藍眼淚、馬祖櫻花
	澳口	馬祖港、津沙港
	沙灘	仁愛沙灘
	水庫	勝利水庫、后沃水庫
	濕地	清水濕地
	步道	天后宮步道、摩天嶺步道、津仁步道、落日步道
	其他	勝天公園、秋桂亭、雲台山、印地安人頭岩、牛角嶺、科蹄沃
人文資源	廟宇（信仰）	天后宮、媽祖宗教文化園區、白馬尊王廟、玄天宮、牛峰境、五靈公、玄天上帝、
	傳統聚落	津沙聚落、牛角聚落、鐵板聚落、四維聚落
	村落	清水村、四維村、福澳村、介壽村
	展示館	馬祖民俗文物館
	產業文化	馬祖酒廠、林義和工坊
	學校	中正小學、馬祖高中、介壽國民中小學、介壽國中小附幼、仁愛國小
	節日慶典	媽祖昇天祭、馬祖國際馬拉松、鐵板燒塔節
	市場	介壽獅子市場
	遊客服務中心	南竿遊客中心、南竿機場旅客服務中心、馬祖國家風景區管理處暨南竿遊客中心、福澳港旅客服務中心
	交通	南竿機場、福澳港、福清自行車道
	其他	媽祖巨神像、馬祖藍眼淚生態館、馬祖劍碑、蒙古包露營區

資料來源：作者整理自交通部觀光局馬祖國家風景區管理處。

表2　北竿地區觀光遊憩資源

類別	項目	地點
戰地文化	坑道	北海坑道、午沙坑道（午沙公園）
	據點	06據點、08據點、12據點、大膽據點
	紀念公園	戰爭和平紀念公園、碧園
	其他	尼姑山教練場、馬祖播音站、短坡山陣地（管制區）、軍事標語、莒光堡
自然景觀	生態	大坵梅花鹿、燕鷗保護區、高登
	澳口	午沙港、白沙港、橋仔港
	沙灘	塘後道沙灘、坂里沙灘
	山岳	螺山、蚌山、大澳山、里山、芹山、壁山、尼姑山
	步道	螺山自然步道、芹壁步道、安康步道
	水庫	坂里水庫
	其他	蛤蠣島、海上孔子像
人文資源	廟宇（信仰）	白沙滕境、白馬尊王、天后宮、玉皇廟（三太子李哪吒）、趙元帥府、蕭王府、西山靈臺公、玄壇宮、女帥宮、楊公八使館、水部尚書公府、五福天仙府、平水尊王廟
	傳統聚落	橋仔聚落、芹壁聚落、後沃聚落
	村落	塘岐村、橋仔村、坂里村、午沙村、白沙村、芹壁村、后沃村
	展示館	漁村展示館
	產業文化	馬祖漁產品企業社
	學校	海洋大學馬祖校區、塘岐國小、中山國民中學
	節日慶典	擺暝文化祭、馬祖國際馬拉松、暗空之夜
	遊客服務中心	北竿遊客中心、白沙港旅客服務中心
	交通	北竿機場、白沙港
	其他	壁畫（塘岐村）、壁山觀景台、中興公園、怡園

資料來源：作者整理自交通部觀光局馬祖國家風景區管理處。

圖1　鼎邊糊

資料來源：作者拍攝

圖2　介壽市場的蔥油餅

資料來源：作者拍攝

圖3　南竿大漢據點

資料來源：作者拍攝

圖4　馬祖漢堡

資料來源：作者拍攝

圖5　南竿八八坑道

資料來源：作者拍攝

圖6　南竿北海坑道

資料來源：作者拍攝

圖7　北竿芹壁村

資料來源：作者拍攝

圖8　北竿擺暝文化季

資料來源：作者拍攝

　　雖然南、北竿景點看似很多，但幾乎是以靜態的參觀為主，類型的重複率也較高，像是廟宇、軍事景點跟紀念公園等，內容的豐富度以及有趣度就比較低一些，景點之間也都有一小段距離，需要開車或騎車，旅客的停留時

間較短，加上附近沒有可以逛的店家或是攤販，旅客就沒有消費的行為出現，比起同為有戰地文化的金門，馬祖較無法留住觀光財；在導覽解說部分，如果是團客，一般旅行社都會預約或安排導覽解說，但如果是自由行，只有折頁或是定點導覽解說牌可以看，解說導覽的資源較為不足。不過離島最大的問題還是氣候因素，夏天怕遇到颱風、冬天怕東北季風，尤其冬季的東北季風，時常天氣不佳，飛機與船都無法出行，還有可能被困在離島回不來，使得遊客望而卻步。

現今提倡慢遊，慢遊是指人們可以以換緩慢的速度來旅行，拉長停留的時間，慢慢的去體驗以及探索當地的文化（Dickinson & Lumsdon, 2010），是適合永續發展的一種旅遊方式，能夠深度旅遊當地，一邊休閒一邊旅遊，不再是走馬看花，相對於大眾旅遊的快步調，慢遊可以減輕旅客對於時間的在意，盡可能放鬆的去深度旅遊。馬祖有獨特的建築風格、自然人文風光、環繞小島的綿延沙灘，能發展出可走向離群索居、簡樸單純度假生活為觀光發展賣點，與台灣本島完全不一樣的風格

（二）政策與產業的推廣

為落實海洋國家、永續海洋理念，中央政府規提出以及規劃許多海洋政策願景，核心理念為「打造生態、安全、繁榮的永續國家」，在施政藍圖上，國家發展委員會通過的「國家發展計畫（110至103年）」提到打造優質海洋國家以及區域均衡發展，在一〇八年三讀通過的海洋基本法、一〇九年出版的國家海洋政策白皮書等，都環繞著核心理念。

而在中央政府提出的政策中，像是向海致敬、運輸政策白皮書、海洋政策白皮書等，其內容都有與藍色公路及海洋觀光有關聯的部分：

1. 向海致敬：鼓勵人民「淨海」、「知海」、「近海」、「進海」，維持海洋的永續發展；規劃郵輪相關獎助、爭取郵輪來台靠港以及開闢新的交通航線、帶動地方經濟。（行政院，2020）

2. 運輸政策白皮書：推動港口設施優化，提供給旅客舒服便捷的空間、

規劃整體海運發展，促進離島海運永續、推動離島船舶汰舊換新、發展離島
遊程規劃等。（交通部運輸研究所，2020）

　　3.海洋政策白皮書：推動藍色經濟，健全海運產業與港埠經營、發展海
洋觀光休閒與遊憩產業，打造國際化的港灣城市可以促進相關城市經濟發
展。（海洋委員會，2020）

　　4.海洋觀光計畫：推升台灣成為國際新興的跳島天堂，建設友善、優質
的港埠設施，提升離島海運的服務與品質，配合地方創生振興離島經濟。
（交通部航港局，2021）

　　單看馬祖，現在是以發展永續、與國際接軌為目標，永續發展願景是
「連江縣政府12年縣政發展計畫白皮書」[2]裡的一環，馬祖是與山海共存的
生活地景，從縱剖來看生活地景可以很清楚的看見幾個重要的元素，包含海
洋、聚落體、建築、山林所構成的生活單元（圈），這樣的生活圈構成其獨
特性及自明性，是不論未來如發展，皆要保有的重要資產（連江縣政府，
2018）。馬祖是以戰地文化、特殊自然景觀資源以及人文傳統聞名，擁有相
當豐富的自然資源以及文化資源，是與台灣本島非常不同的；跳島郵輪也算
與世界接軌的一部份，是新式的休閒旅遊模式，目前雖然受到疫情的影響導
致郵輪產業停擺，但剛好讓離島的「跳島郵輪」[3]可以在這個時候試水溫，
找出適合台灣離島跳島郵輪的發展模式，馬祖也是在跳島郵輪發展的一環，
但跳島郵輪針對的是短時間（3-4天）內可以到兩到三個離島遊玩，在一個
地點無法走太多景點或是深度體驗，如果要發展屬於深度觀光，藍色公路是
可以發展的模式，二〇二三年為政府推行的跳島旅遊年，交通部將提出「藍
色公路十年整體發展規劃」，從「航」、「港」、「船」、「遊」、「貨」五大面

2　現今人們意識到環境永續的重要性，在2017年10月時，台灣參考聯合國「2030年永續
　　發展目標」訂定永續發展目標草案，此白皮書內容以國際發展趨勢以及我國永續發展
　　目標，去擬定馬祖永續發展的願景與目標，再從環境面、社會面及經濟面提出馬祖適
　　用的準則。

3　跳島郵輪一般航線為離島間或是本島與離島間的航線，讓消費者可以有不同的方式去
　　深度遊玩附近的離島，也能透過跳島郵輪吸引中小型精緻郵輪停靠台灣，為未來發展
　　fly cruise（飛機＋郵輪）做熱身。

向，擬定短、中、長期計畫，未來十年，政府將結合民間資金投入五百億元，從二○二一到二○三○年間推動，希望打造世界級藍色公路，讓航運環境、產業、服務再升級（中央通訊社，2020）。

在客輪部分，有原有從基隆港出發到馬祖南竿福澳港的台馬輪、台馬之星及合富輪，而台馬之星與台馬輪的航線都是單日「先馬後東」，指的是先到南竿再到東引，而雙日則是「先東後馬」，先到東引再到南竿，台馬輪則有東引跟南竿之間的短程航班；合富輪則是基隆到東引再到南竿的航線。台馬輪是在馬祖軍管結束之後，向中央爭取經費後所購置的中午客貨輪，有二次大修過，改善客艙設備，提高航行速度與舒適度；台馬之星則是在台馬輪已經難以應付往返馬祖與基隆之間的大量交通所建造而成，舒適度以及載客量都比台馬輪來的好（新華航業公司，1996），台馬之星與台馬輪的航線為雙日的先馬後東，與單日的先東後馬；合富輪主要是提供給軍人乘坐，提供少數票給居民或是一般旅客，因為是軍方航班，所以乘客必須具有中華民國國籍才可搭乘，固定周二晚上出發，航線為先東後馬。以上三種為固定從基隆到馬祖南竿的客輪，若海象不佳，則會在行駛當天早上在網站上公告停航，讓遊客可以盡快改變出行方式。自二○二二年四月一日開始，多了臺北到馬祖的南北之星啟航，縮短臺灣到馬祖的在時間，比起台馬之星的八至九小時，南北之星只需三個小時，而單次載客量可以達到三百人，提升便利性（聯合新聞網，2021）。而南北之星的推出也引起大眾的興趣（聯合新聞網，2021），增加消費者前去馬祖遊玩的興趣以及方式。

而郵輪的部分則在二○一九年時，星夢郵輪的探索夢號以基隆為母港出航，探索夢號原為例星郵輪的處女星號，後來斥資重新改裝，成為了探索夢號，一開始航線是從基隆到沖繩那霸與石垣島，在二○二○年時，交通部推動郵輪跳島，同時也訂定二○二三年為跳島郵輪年，探索夢號為台灣第一艘跳島郵輪，航線為串連澎湖、金門、馬祖三個離島為主，自二○二○年七月二十六日復航，至二○二一年五月十二日停航為止，航港局統計，共計九十一航次，其中跳島三十七航次、環島五十四航次（聯合新聞網，2021），在二○一九年末時碰上了COVID-19疫情，後來二○二一年五月初防疫警戒升

級至三級，停航長達七個多月，一直停靠在基隆港，成為基隆市景之一。直到二〇二一年十二月三十一日首次復航，推出環島跨年遊程與看曙光，也做好許多防疫措施，例如四十八小時內PCR篩檢陰性、減少乘客數等，讓旅客可以在被疫情困在家許久之後，能到海上跨年，好好放鬆。但最終麗星郵輪敵不過疫情的肆虐，在二〇二二年時退出台灣郵輪市場，結束二十五年在台灣的營運，在三月時探索夢號離開台灣。不過公主郵輪一直都有積極提交申請台灣母港復航，要進到台灣的跳島郵輪市場，期望能早日在台灣復航營運（聯合新聞網，2022）。

四　馬祖跳島旅遊的跨域治理策略

（一）馬祖 SWOT-TOWS 矩陣和策略分析法

本文依據學者們在探討環境經營或競爭時會使用的SWOT分析，透過提出自身的優勢與劣勢以及外在的機會與威脅，再深入分析後進行互相配對出TOWS矩陣，提出適合馬祖藍色公路發展以及改變現況的方式。以SOWT分析來說馬祖的優勢（Strength）是有獨特的建築、節慶、戰地文化，因為距離大陸近，有小三通的優勢可以吸引陸客前來，同時是優勢也是機會，而且馬祖的生態與節慶獨特又豐富，政府也有規劃相關的發展方向以及活動，是相當有發展島嶼觀光的潛力。但也因為同樣擁有戰地文化的金門更吸引人，地方的觀光相關產業資源不足，像是住宿設施的質量、國際化的發展不夠還有導覽解說人員不足，人潮不容易被留住（弱勢），除了季節的影響，再加上疫情反覆，觀光產業都受到了一定的影響，而且在全球旅遊熱門的時候，市場的競爭相當大，相同或是類似類型的觀光景點都會成為自身拓展市場與吸引人潮回流的危機（威脅），不過也因為國際疫情讓出國旅遊轉為國內旅遊，新型的休閒度假玩法出現，有了不一樣的市場，再加上政府推出的旅遊年與規劃藍色公路十年計畫等政策（機會），是可以規劃如何發展以及完善不足之處的好時機。

對於 SWOT-TOWS 矩陣和策略加以闡述如下（表3）：

1. 強化優勢（S）、把握機會（O）——2023年為政府規劃的跳島旅遊年，且因為疫情關係，國人無法出國再加上政府對於旅遊相關、藍色公路的補助，發展出新型的旅遊方式，結合政府對藍色公路的發展、整合現有的文化特色以及自然資源，推出不同月份的套裝行程；馬祖有豐富的自然景觀及生物多樣性，可以發展獨特的生態旅遊，吸引愛好大自然的遊客前往體驗。

2. 利用優勢（S），減輕威脅（T）——台灣離島多，且跳島郵輪或是藍色公路不只有馬祖獨有，應利用馬祖獨特活動及資源，規劃屬於馬祖獨有的行程，但如果遊客一窩蜂到一個景點時，容易造成觀光資源被破壞，應發展永續旅遊的方式，在適當的時機去觀賞或體驗，讓自然資源能夠有自我修復的時間。

3. 利用機會（O），扭轉弱勢（W）——馬祖是由三十六個島嶼組成，自然資源較為分散，且多為靜態活動，應將資源整合在加以規劃，劃分出旅行方式，例如生態旅遊、人文體驗、歷史風情等不同方案；在地方創生上面，連江縣政府與中央政府有優化地方產業，臺灣海洋大學在馬祖創立校區後協助地區復育魚類、龍蝦等，輔導在地居民養殖漁業，以及在觀光方面的人才缺少，政府可規劃培育計畫，下放權力及資源給在地的觀光協會或是解說協會協助培訓，藉此能吸引年輕人回鄉工作，在現在國際旅客比較少的時候，先規劃如何提升島上的不足之處，同時發展國旅，藉此培養未來面對國際旅客的實力。

4. 減緩弱勢（W），防禦威脅（T）——馬祖在十一月到隔年的三月中都是不太適合旅遊的時間點，遊客對於天氣望而卻步，如果可以在這段淡季的時候發展節慶旅遊或是迎曙光，藉由地方特有的節慶，例如元宵擺暝嘉年華，發展淡季旅遊行銷吸引遊客，除了讓淡季也有特點之外還能讓旺季被消耗的自然資源可以喘口氣；在缺少導覽解說以及需要重視服務品質等部分，可以藉由培養地方居民對土地的歸屬及認同，以發展觀光立縣作為目標，使當地人人人都是解說員，展現人文風情在世人面前。

表3 馬祖SWOT-TOWS矩陣和策略分析

		Opportunites機會	Threats威脅
SWOT-TOWS 矩陣和策略分析		1. 兩岸間的小三通。 2. 新式休閒度假型態發展，例如跳島郵輪、探索型郵輪。 3. 公部門的政策推動，例如藍色公路十年發展規劃。 4. 全球疫情升溫無法出國，國旅熱度上升。	1. 同類型地區的競爭，例如金門。 2. 全球性旅遊型態競爭。 3. 觀光資源遭到稀釋跟破壞。 4. 季節與疫情反覆，容易影響觀光人流。
Strengths 優勢	1. 特殊的建築風格。 2. 戰地文化特色。 3. 獨特的節慶活動。 4. 海島的豐富自然景觀、生物多樣性。 5. 與大陸地理位置接近。	1. 發展獨特的生態旅遊。 2. 推出適合兩天一夜的短期旅行方式。 3. 配合國際發展，推出不同月份的套裝行程。 4. 若發展良好，可考慮遊艇、郵輪等新式玩樂方式。	1. 規劃適合國際旅客的套裝行程。 2. 永續觀光理念的教育。 3. 利用可以遠觀的方式去欣賞自然生態。
Wealnesses弱勢	1. 地方產業無法滿足觀光產業的需求。 2. 旅遊景點分散、較為靜態。	1. 公私部門資源進行整合與規劃。 2. 提出觀光人才培育計畫，吸引年	1. 培養地方居民成為解說員。 2. 淡季行銷節慶觀光，讓自然

3. 國際化發展基礎不足：例如語言、服務等。 4. 缺少導覽解說資源。 5. 住宿設施的質量待提升。	輕人返鄉工作。 3. 發展地方特色住宿方式。 4. 透過政策去提升能量不足的地方。	生態可以休息修復。 3. 強化旺季旅遊發展。

資料來源：作者自製

（二）跨域治理策略

　　跨域治理的主要目的為有效整合區域資源以及各機關單位互相合作，尤其是中央、地方跟業者三者之間的合作，政府的活動需要業者一起推廣，讓更多消費者知道，而業者的遊程需要消費者感興趣，有時候還需要政府的支持，像是政府將景點串聯起來或是舉辦活動，業者招攬客人前往景點參觀以及參加活動，遊客則可以體驗跟團與自由行不一樣的感覺。

　　中央政府在政策方面，設定二〇二一年為自行車旅遊年，交通部部長王國材表示會延續且持續推動，自行車是一個低碳環保的交通工具，適合在非冬季的時候，安排一場慢遊或是深度旅遊，在騎自行車的同時也可以更接近大自然。南北竿都不大，如果想慢慢地欣賞及遊玩這兩個島嶼，也能在適合騎車的地方搭配自行車，二〇二一年的微光馬祖嘉年華就是旅客可以到遊客中心租借自行車，以騎自行車的方式，低碳樂活遊完南竿、北竿、莒光，讓遊客可以輕鬆租借。不過從碼頭到遊客中心，是有一段距離的，如果延續此這政策，政府可以與業者合作，在適合騎自行車的場域規劃自行路線並設置租借中心，就能讓旅客可以更方便租借，在適合的地方可以騎自行車慢遊。

　　在二〇二二年二月連江縣政府與文化總會共同策劃了馬祖國際藝術島，想將馬祖打造成一個富有藝術氣息的地方，也讓已經荒廢或是一些老舊的地方活絡起來，連結了據點、紀念公園以及聚落，且各種藝術創作不局限於單一地區、島嶼，在南竿則有專屬的藝術島公車，透過地方政府與觀光局協力舉辦，再加上有專業策展團隊，讓馬祖有了不一樣的風貌呈現在大眾眼中，

也讓業者在設計遊程的時候，可以加入這個活動，吸引消費者前來共襄盛舉。

　　面對國際旅客之部分，馬祖地區缺乏外語專業人員，而從台灣本島聘請相關從業人員又會有成本問題，因此可以利用科技先行解決基本導覽問題，除了現有提供外語的導覽摺頁手冊、解說牌等資源，也在定點導覽的部分可使用多國語言的導覽機器，或是增加掃 QR cord 即可聽到相關外語導覽，使導覽解說線上化及數位化，能短期解決接待國際遊客的需求。由於從業人員的缺乏，雖然目前還可利用科技、小冊子等補足目前缺少的部分，但仍應該訓練常駐於馬祖地區或當地居民成為在地的專業導遊與解說人員，可以與學校或在地民宿業者合作訓練專業人員，這樣也能提供工作機會，讓年輕人回流，又可以從根本解決此問題，在未來面對接待國際遊客的壓力。

　　根據交通部觀光局的統計（圖9），馬祖近年的旅遊人數持續上升，代表到馬祖遊玩對旅客來說還是相當有吸引力，雖然二〇二一年受疫情與警戒影響，人潮大幅度減少，不過從圖10可以看出大多數旅客來馬祖遊玩都是自由行居多，通常會停留三天（圖11），一般來說旅客到離島都是以在這邊三天兩夜為遊玩時間，因為離島通常不大，大多三天即可欣賞完及走完島上知名景點，且自由規劃行程可以決定想去的地方，不用被時間催著跑，跟團的話就不那麼自由，加上離島一般不大，有交通工具就能到處看看，但自由行相對上也容易不小心對環境造成危害，因為沒有專業人員的跟隨以及提醒，會在不知情或是不了解的情況下做出錯誤的行為，若在特殊景觀區或是生態區與業旅行社或是在地導遊合作，規劃定時帶遊客進去，既有專業人員隨行，也能確保有人可以適時阻止遊客做出對環境造成危害之行為，同時也能增加就業機會。而目前因為疫情的關係，如若國際遊客來馬祖地區遊玩，衛福部、馬祖地區衛生所與旅行社互相配合，追蹤旅行團之動向，使國際遊客團進團出，較為容易取得旅客的遊玩足跡，若有確診病例出現，即可整團隔離治療以及景點消毒等等。

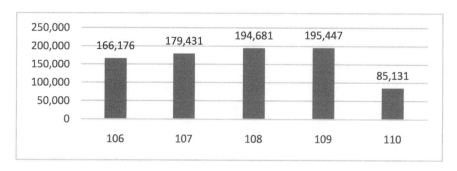

圖9　馬祖旅遊來客人數（106-110）

資料來源：交通部觀光局行政資訊網

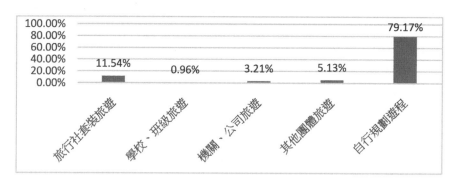

圖10　馬祖旅遊形式

資料來源：許修豪、許書耕，2018

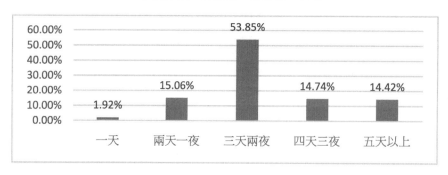

圖11　馬祖旅遊天數

資料來源：許修豪、許書耕，2018

　　業者在船隻停靠方面，如若中央政府提供靠港過夜的費率有折扣、船隻的汰舊換新或設備更新給予補助等，提升船隻的品質或是減少船家成本，或許可以促進精緻渡輪的誕生。同理，如果提出獎勵或優惠措施，可以吸引探索型郵輪至離島深度旅遊；而遊艇方面則需要提供泊位，遊艇玩家一般都是有空才會開遊艇出去，大多數時間都是將遊艇停在港邊，所以需要有專業的廠商可以維護或是整修，甚至需要培養遊艇管家，在出航時陪同，不過目前台灣的港口雖然很多，但能讓遊艇停靠的位置並不多，如若政府能規劃出給遊艇停靠的位置，就能吸引遊艇廠家進駐或是遊艇擁有者前來停靠港口遊玩，促進離島區域的發展。

　　在規劃遊程方面，夏季可規劃四～五月螢火蟲季與藍眼淚節、六～九月梅花鹿季、八～九月紅色花海節，透過特殊的自然資源，吸引愛好大自然或是想體驗馬祖獨有資源的遊客前來，配合觀光局的自行車年延續的政策，還能讓遊客更深入地去欣賞自然風光；冬季時可以人文與戰地資源為主題，可以帶遊客到　些軍事據點參觀，透過解說讓遊客更加了解馬祖的過去的歷史，再搭配只有在冬季才有的北竿擺暝文化季，讓遊客可以體驗繞境以及北竿最大盛典，由於冬季前來離島遊玩的旅客較為稀少，可以緩慢且不受人潮影響的去深度旅遊，且天數可以依照遊客選擇，為消費者搭配景點行程。

　　對於觀光消費者來說，品牌是觀光產品很重要的一部份，品牌的好壞，往往增加或減少觀光產品的價值。品牌逐漸成為觀光產品策略重要意義，換句話說，發展產品的品牌需要長期行銷投資、特別推廣和包裝（李貽鴻，2008）。多樣化的生態圈馬祖可以發展生態旅遊，每一個生態都有它的適合觀賞期以及休息恢復期，在適合觀賞的時間定期舉辦活動，便可以吸引遊客前去，例如澎湖的花火節，就是一個很成功的活動案例。大型活動賽事被視為治理策略的一部份，因為大型活動可以吸引觀光客以及各界的眼光，這樣吸睛的大規模活動能帶來大量的遊客，也能提高經濟效益，M.Roche 認為大型活動是重要的文化（包括商業、運動）活動，活動內容應當具備戲劇化的特質、吸引大眾的魅力，以及高度的國際重要性（M.Roche，2000）。馬祖可以以既有的生態資源辦活動，像前面提到可以規劃的四～五月螢火蟲季與

藍眼淚節、六～九月梅花鹿季、八～九月紅色花海節，中間還有穿插賞鳥，馬祖神話之鳥-黑嘴端鳳頭燕鷗等等夏季專屬活動。如果在地還能提供出特色美食供大家在欣賞自然景觀的同時享用，或許就可以讓遊客每年都特意到馬祖遊玩，就有穩定的觀光人潮。

而專屬季節的活動結束之後就是讓自然生態自然修復時期，這時就不開放給遊客們前往，例如澳洲大堡礁也是如此的營運模式，適合潛水的時候總吸引大批遊客前往潛水然後一探大堡礁之美，開放一段時間之後就又關閉，讓大自然可以自我修復，讓生態可以永續，也能讓旅客期待下次開放時間能夠前來遊玩，而這個時候就可以帶消費者到前面所提到，由地方政府所辦理的國際藝術島以及冬季北竿擺暝文化季等大型活動，讓消費者在冬季或是自然資源不開放的期間，也有多樣的活動可以體驗，尤其是國際藝術島，不分季節都可以前來由體驗遊玩。

五　結論與建議

前面整理了馬祖南、北竿的景點，可以看出都是靜態活動為主，不過靜態活動也能有不同變化，連江縣政府就舉辦了國際藝術島活動，讓靜態活動也能有不一樣的模式呈現在大家面前。也整理了目前台灣發展藍色公路的工具與政策，可以看出郵輪跟渡輪各自的優勢，也都有發展的潛能，再加上現在旅遊模式走向深度旅遊及慢遊，搭配起來也能成為新型的旅遊模式。從SWOT-TOWS分析矩陣搭配跨域治理，可以從分析矩陣中找到發展的方向，透過跨域治理，從政府規劃的政策中，業者可以找到可以發展的市場，像是小區域的自行車旅遊或是國際藝術島活動，可以跟隨政策規劃遊程，提供遊程，消費者也可以透過政府跟業者的廣告與宣傳，得知最新消息以及有詢問的管道，在三方的互相配合之下，各種資訊都相當透明化，於大家都是有利的。

比起多半是交通船功能的渡輪，郵輪對大眾而言是比較新奇且具有一定吸引力的產品，政府有提出補助與獎勵方案推動郵輪停靠，可惜因為疫情的

關係，導致郵輪產業爆發大面積感染，原本要發展的馬祖跳島郵輪也受到影響，探索夢號雖然成為第一艘復航的郵輪，但疫情的反覆引起消費者對於環境安全要求提高，深怕搭乘郵輪使用中央空調容易染疫，加上警界升級也限制出門旅遊，最後只能黯然收場，這樣的狀況會導致業者在面對新的旅遊模式市場，一直呈現觀望但未必願意投入資金發展，政府此時的規劃以及提供資源就尤為重要，像是提供靠港過夜費率優惠、提供發展新興產業的貸款補助或獎勵方案，有機會也能吸引到外資進駐。跳島郵輪作為新興的旅遊模式，發展起來的話，馬祖就有機會成為國外中小型精緻郵輪前來停靠港口，多元的旅遊模式供消費者選擇，就能帶動港口與當地觀光收益。

雖然藍色公路有機會可以提高來馬祖的人流，但不可能只依靠郵輪的來客量維持觀光收益，提升在地的住宿品質、重視人才培育以及規劃特殊的旅遊行程，才是吸引以及維持消費者回流的重點，目前前往馬祖旅遊都是以自由行為主，馬祖國家風景資訊網提供了各島嶼的旅遊地圖，讓自由行的旅客能直接知道有哪些景點，但有些比較特殊或是不容易找到的景點，如果旅行社可以規劃出行程，用口袋景點或是在地人才知道的地方等方式打廣告，以及在特定月份提供節慶或是生態遊程，例如觀賞藍眼淚、神話之鳥或北竿擺暝文化季等，也能吸引到消費者目光，可以提供消費者購買點到點行程的方案，可以自由選擇哪些景點的前往需要業者提供服務與帶領，既可以保證減少這些私人或自然景點被破壞，也能確保遊客在遊玩時的安全，出現問題時即可通知帶團領隊離開現場或是統一通知事項

中央政府規劃了很多相關政策，提供補助或是資源，因為疫情的反覆，讓預計要舉辦的活動戛然而止，甚至也讓旅遊業要面對高昂的人事成本等問題，但也因為疫情，大家許久沒有出遠門，到國外的成本也較高的情況下，國內再出現報復性旅遊的可能性十分高，再加上有中央政府政策上的推廣以及地方政府積極舉辦活動，都能吸引到消費者前來參與。在經歷過疫情之後，不論是政府、業者以及消費者，對於如何去發展馬祖的旅遊以及選擇新型態的旅遊模式，都需要面對不一樣的課題，像是在出現新型的旅遊模式時，政府如何去辦理相關規定以及提供業者相關的幫助；業者如何搶占先

機，規劃遊程引起消費者的興趣；消費者如何選擇適合自身的旅遊方式，都是未來與疫情和平共處或是減緩之後需要面對的課題，未來有機會可以更深入探討這個部分。

參考文獻

一 專書

李貽鴻（2008），《觀光行銷學》，134-135，臺北：五南圖書出版公司。

林玥秀（2012），《觀光學》，86-87，新北市：華立圖書公司。

林谷蓉（2015），《海洋文化與海洋觀光——台灣經驗之分析-》，123-218，臺中：奇果創新國際公司。

林谷蓉（2019），《臺灣海洋觀光的治理與發展》，12-141，臺中：奇果創新國際公司。

國際海事組織（2004），《國際海上人命安全公約》，13-14，北京：人民交通出版社。

呂江泉（2019），《郵輪旅遊概論》，48-280，新北市：新文京開發出版公司。

交通部運輸研究所（1997），《藍色公路之探討與評估（一）——環島航運運量調查之研究與分析》，臺北：交通部運輸研究所。

莊慶達、胡興華、邱文彥、高松根、何立德、碧菡（2016），《海洋觀光休閒之理論與應用》，10-141，臺北：五南圖書出版公司。

Dickinson & Lumsdon (2010). *Slow Travel and Tourism*, 3-240, Washington, DC: Earth scan.

Roche, Maurice (2000). *Mega-events and Modernity: Olympics and Expos in the Growth of Global Culture.*, 1-2, London and New York: Routledge.

二 期刊論文

許修豪、許書耕（2018），〈馬祖觀光發展與陸海空運輸整體規劃〉，臺北：交通部運輸研究所，1-71。

連江縣政府（2018），〈連江縣十二年（108-119年）縣政發展計畫白皮書〉，1-31。

曹勝雄、張德儀（2018），〈後疫情時代之臺灣觀光發展與創新〉，《人文與社會科學簡訊》，22（2）：90-96。

三　網路資料

馬祖國家風景區資訊網，瀏覽日期：2022年4月。https://www.matsu-nsa.gov.tw/E-Publication.aspx?a=2595&l=1&p=3

搭快輪到馬祖看藍眼淚熱賣111年4至5月已售8成，聯合新聞網，2021.12.05，瀏覽日期：2022年4月。https://udn.com/news/story/7266/5938892

台北到馬祖只要3小時！南北之星明年4/1啟航、單程1780，聯合新聞網，2021.12.01，瀏覽日期：2022年4月。https://udn.com/news/story/7266/5930778\

連江縣政府，瀏覽日期：2022年4月。https://www.matsu.gov.tw/chhtml/content/371043600I/2277?mcid=31761

公主遊輪積極申請臺灣母港復航期待重啟跳島航程，聯合新聞網，2022.03.07，瀏覽日期：2022年4月。https://udn.com/news/story/7934/6170404

海洋委員會（2020）：〈海洋政策白皮書〉，6月，瀏覽日期：2022年4月。https://www.oac.gov.tw/ch/home.jsp?id=232&parentpath=0,2

交通部運輸研究所（2020）：〈2020年版運輸政策白皮書（套書）-總論及七分冊〉，瀏覽日期：2022年4月。https://www.iot.gov.tw/cp-78-200080-7609f-1.html

交通部（2021）：〈交通部航港局推動跳島航線推廣獎助要點〉，瀏覽日期：2022年4月　http://motclaw.motc.gov.tw/webMotcLaw2018/Law/ArticleContent? type=-1&LawID=I0226001

交通部航港局（2021）：〈海洋觀光計畫〉，6月，瀏覽日期：2022年4月。file:///C:/Users/yuchieh/Downloads/%E6%B5%B7%E6%B4%8B%E8%A7%80%E5%85%89%E8%A8%88%E7%95%AB.pdf

交通部觀光局統計資料庫，瀏覽日期：2022年4月，https://stat.taiwan.net.tw/
　　　scenicSpot

新華航業公司（1996），瀏覽日期：2022年4月 http://www.shinhwa.com.tw/

行政院（2020）：〈向海致敬〉，瀏覽日期：2022年4月。https://www.ey.gov.
　　　tw/Page/5A8A0CB5B41DA11E/addcaedb-376e-482d-bf5e-
　　　6a1dfc5291d9

10年打造世界級藍色公路政府結合民間投入500億，中央通訊社，2020.10.29，
　　　瀏覽日期：2022年4月。https://www.cna.com.tw/news/ahel/20201029
　　　0347.aspx

疫後台灣郵輪旅客人次世界第一航港局局長葉協隆：打造台灣為跳島郵輪天
　　　堂，聯合新聞網，2021.12.15，瀏覽日期：2022年4月。https://udn.
　　　com/news/story/7934/5962492

衛生福利部（2020）：全球旅遊疫情升至第三級警告，國人應避免所有非必要
　　　之出國旅遊，瀏覽日期：2022年4月。https://www.mohw.gov.tw/cp-
　　　4634-52302-1.html

休閒水肺潛水風險因素之探討
——以東北角龍洞灣為例

張馨云*、游啟弘**、葉怡矜***

摘要

臺灣海洋休閒活動風氣逐漸提升，東北角龍洞灣距離臺北市區僅一小時車程，是北部國人從事海洋休閒活動場域首選，然而隨著在東北角進行休閒水肺潛水遊客大增，風險事故也日益提升，因此風險管理也更顯重要。

本研究目的旨在探討東北角龍洞灣休閒水肺潛水（潛水）風險因素與風險管理策略，試圖透過本研究結果提供相關單位風險管理策略之參考，期望藉此避免或減少潛水意外的發生。本研究方法為質性研究，採用文獻探討與半結構式訪談，訪談對象包括符合立意抽樣條件之潛水教練、業者、相關管理與救難單位，進而蒐集與分析潛水之風險因素以及提出東北角龍洞灣潛水風險管理策略之建議。

本研究結果發現潛水風險因素包含自然因素（天候、海象、海流、危險生物）、人為因素（遊客恐慌、遊客不當行為、教練未隨時注意遊客狀態）、與其他因素（漁船或動力船舶衝突）；本研究建議採取風險保留、風險降低、風險轉移、風險規避等策略來管理潛水風險。

關鍵字：休閒潛水、水肺潛水、風險管理、海洋休閒活動

* 國立體育大學休閒產業經營學系研究所碩士生。
** 國立體育大學管理學院碩士在職專班碩士生。
*** 通訊作者：國立體育大學休閒產業經營學系教授。

Discussion on the Risks of Recreational Scuba Diving

—Take Longdong Bay in the northeast corner as an example

Chang, Hsin-Yun[*]、Yu, Chi-Hong[**]、Ye, Yi-Jin[***]

Abstract

Taiwan's marine leisure activities are gradually improving. Longdong Bay in the northeast corner is only an hour's drive from downtown Taipei. It is the first choice for people in the north to engage in marine leisure activities. However, with the increase of tourists for recreational scuba diving in the northeast corner, the risk of accidents also increases Increasingly, risk management is also more important.

The purpose of this study is to explore the risk factors and risk management strategies of recreational scuba diving (diving) in Longdong Bay, Northeast Jiaotong, and try to provide a reference for the risk management strategies of

[*] Master's student, Department of Recreation Leisure Industry Management, National Taiwan Sports University.

[**] Master's student, in-service master's program, College of Management, National Taiwan Sports University.

[***] Corresponding Author: Professor, Department of Recreation Leisure Industry Management, National Taiwan Sports University.

relevant units through the results of this study, hoping to avoid or reduce the occurrence of diving accidents. The method of this research is qualitative research, using literature review and semi-structured interviews. The interview objects include diving instructors, operators, relevant management and rescue units who meet the intentional sampling conditions, and then collect and analyze the risk factors of diving and propose the Longdong Bay in the northeast corner. Recommendations for diving risk management strategies.

The results of this study found that diving risk factors include natural factors (weather, walrus, ocean currents, dangerous creatures), human factors (tourist panic, tourists misbehavior, instructors not paying attention to tourists' status), and other factors (fishing boats or power ships conflict); This study recommends strategies such as risk retention, risk reduction, risk transfer, and risk avoidance to manage diving risks.

Keywords: Recreational diving, scuba diving, risk management, marine leisure activities

一 前言

（一）研究背景與動機

　　臺灣四面環海，且周邊擁有數座島嶼，具發展海洋休閒活動之優勢。近年海洋休閒活動日漸盛行，政府也積極推動相關活動，國人對於水域活動的觀念逐漸開放。有鑒於國人日常生活與工作壓力日增，參與海洋休閒活動成為休閒放鬆的選擇之一，其中參與獨木舟、SUP、浮潛、與水肺潛水的人口持續成長（黃淯絜，2020）。

　　雖然海洋休閒活動帶來樂趣及放鬆，但從事任何活動皆有相對的風險存在，類似的意外也常在新聞發布，例如：某潛水店舉辦的潛水課程時，疑似因為教練未注意學員呼吸管脫落，學員被救起時已無生命跡象（吳淑君，2017）、簡姓男子與黃姓女友及兄長到貢寮區和美國小附近海域進行潛水，在附近進行潛水民眾發現簡男在海中溺水，於是趕緊將簡救上岸，卻已無呼吸心跳（張穎齊，2020）。

　　過去休閒潛水因受限於有限的知識及裝備，被認為是高冒險與高風險的活動，雖然隨著潛水器材和科技進步，潛水意外事故的發生的機率降低，然而只要發生潛水意外事故，其嚴重性往往比一般運動來的高，因此對於風險管理更加重要（王瑛，2006），因此引發了本研究動機。

（二）研究目的

　　根據本研究動機，本研究目的為探討東北角龍洞灣休閒水肺潛水風險因素與風險管理策略，希望透過本研究結果能增進潛客與潛水員對水肺潛水風險因素的認知，以及提供相關單位風險管理策略，以減少東北角水肺潛水之意外事故之發生。

二 文獻探討

（一）休閒水肺潛水之事故原因與風險因素

潛水意外事故可能來自於自然環境也可能是來自於人為因素，因此較難界定。較難界定的原因在於每次潛水的時候當天的氣候、潮汐浪況、是否了解彼此的潛水程度，當水下環境發生改變的時候是否即時的識別和判斷做出安全策略、預防知識和相對應的技巧，因此每一次潛水都會不盡相同，潛水意外事故的發生往往是從很多小錯誤演變成大麻煩（王宏義、廖哲億、吳俊賢、簡后淑，2014）。

比較羅德島大學（University of Rhode Island）與美國專業潛水協會PADI 兩機構對美國1973到1990潛水意外傷害原因報告顯示，潛水意外發生的意外起因大多為罹難者不正確的潛水行為、缺乏經驗、不小心、無知所造成的，研究顯示未來應該對訓練課程、安全策略、預防知識和技巧加強持續教育（Marroni, 1994）。國內相關研究則發現（鄭新錦，2000），潛水發生事故的主因分別為：（一）訓練技能不足；（二）潛水計畫的失誤；（三）恐慌；（四）指導錯誤；（五）高壓氣體的故障；（六）生理功能的異常；（七）空氣不足；（八）過度自信；（九）裝備故障；（十）在水中被困住。

由此可知，國外潛水意外發生之風險因素多歸因於潛水者個人，包括：知識、經驗與行為的落差，國內研究發現，除了個人因素外，還包括器材故障與教練指導錯誤之因素。

（二）休閒水肺潛水之風險管理

1 風險之定義

許多學者對「風險」都曾予以定義，而其中以保險學者 Sinder, H.W. 將風險定義為「損失的不確定性」（Uncertainty Concerning Loss）最被廣泛地引用。

一般而言，風險之發生與存在，應該具備下列三項要件（宋明哲、蔡政憲、徐廷榕，2002）。：

（1）具不確定性：風險是否發生，何時發生及造成的結果如何都不確定，因此其所致的損失也是不確定的。

（2）有損失可能：有造成損失之可能，才會有風險之存在；若已確定損失不會發生，或確定損失必然發生，則無風險可言。

（3）需屬將來性：需為將來有發生之可能性，若為已經產生的損失，則風險也就消失了。

2 休閒水肺潛水之風險管理

從事任何活動均有風險，風險的發生卻也間接影響潛水活動的發展（王瑛，2006），因此風險管理應在危險發生之前，需事先擬定妥善的完備計畫，並加以評估與預測、分析風險可能發生情況、加以控制、並將可能災害與損失降至最低點（游淑霞、洪櫻花，2005）。

3 休閒水肺潛水之風險管理策略

從事任何活動皆有風險存在，潛水教練需遵守各種潛水訓練單位，或潛水旅遊的規範，對於事故防止的對策及謹慎的安全管理共同留意，並預先防範萬一事故發生時，有完善的救援編制（王宏義、廖哲億、吳俊賢、簡后淑，2014）：

（1）事前的對策

A. 潛水環境的判斷

　a. 天候、風浪、潮流、水溫、透明度等的海洋氣象。

　b. 船舶航行的狀況、魚網放置的狀況。

B. 自身健康狀態、經驗能力

C. 潛水器材等檢查的確認

D. 潛伴和教練適當的人數配置

E. 保守的潛水計畫

    a.具體的舉行有關潛水路線、預定潛水時間、水中環境、水中生物等簡報有關潛水時管制編組是否做的徹底，在船潛時尤其重要。

    b.計畫中必須確認，當事故發生時教練、助教、導遊、潛水員個別的分擔任務和有關的行動要領。

    c.教練在平時就必須將全體組員，按教練人數、助教人數、潛水員人數等所構成的比率，制定一個能掌握全體安全且有效果的應對策略。

（2）潛水中的安全管理

A. 教練和助教間的嚴密聯繫

B. 學員自身的技巧控制

C. 潛水員對於裝備的熟悉度

三　研究方法

本研究方法採質性研究，採文獻探討與半結構訪談法蒐集研究資料，彙整出東北角龍洞灣休閒水肺潛水的風險因素、風險管理措施與管理策略。

（一）研究場域（東北角龍洞灣潛域）

臺灣北部潛域概略涵蓋自基隆至宜蘭頭城北邊港口的海岸線，因處於臺灣東北角，冬季受東北季風引響非常明顯，過了十月後除了水溫驟降之外，岸邊時常湧起的瘋狗浪更增加上下岸的困難度。如果真的有下水必要，建議著乾式防寒衣以免有失溫的危險。夏季則因距離臺北僅有一小時車程，交通成本較臺灣其他潛域低廉，幾處知名潛點為海灣地形，夏季多風平浪靜，是適合新手訓練與教學的好地方，更是高手練習水中攝影技巧的首選場地。

　　龍洞灣位於鼻頭岬與龍洞岬中間是一個天然東北－西南向的峽灣，臺2線過鼻頭隧道即可到達。此區是北部主要的潛水基地，路邊整排的潛店密度更是全臺第一。其中龍洞灣公園由業者向觀光局承租經營成立生態保育區期禁止採補並有良好的環境設施並提供多種水上活動。由於位於峽灣之內幾乎不會遇到強勁海流，加上夏季時西南季風為山勢阻擋風平浪靜非常適合潛水活動。水下除了珊瑚礁魚類定居外，每年初春成為仔魚們的孵育場，因此吸引許多迴遊性魚類靠岸。此區屬新北市貢寮區尚未實施三海浬內禁用流刺網規範，潛水活動時必須攜帶潛水刀以策安全。

（二）研究對象與抽樣

　　近年來，由於休閒水域運動的提倡，雖每年無官方正式統計，但參與人數藉由民間的推動，的確有增長的趨勢，相對的各潛水系統的教練人數亦有成長。然而，各系統教練群的人數多寡，究竟有多少是無法確切得知。為確實掌握完整的資料，受訪者的選擇應具備以下條件（黃瑞琴，1997；楊久瑩，1994；鄒慶忠，2004）。

　　（一）經驗：在研究主題上具有豐富經驗與解決能力。

　　（二）意願：願意提供真實經驗且能相互配合。

　　（三）表達：具語言表達且所談的能很容易被瞭解。

　　（四）關係單純：避免專業背景或特殊關係影響到訪談客觀性。

　　本研究採用立意抽樣進行樣本的選取，找出高度符合之關鍵研究對象，直到研究資料蒐集飽和為止，共邀請3位潛水經營者與教練及2位相關管理與救難單位。研究對象選取原則如下：

　　（一）潛水經營者與教練

　　　　1. 在龍洞灣經營潛水中心經營超過五年。

　　　　2. 持續經營水肺潛水教學超過五年。

　　　　3. 具備國際水肺潛水組織合格教練等級證照。

　　（二）相關管理與救難單位

  1. 實際參與潛水救難任務至少3次以上。

  2. 在地服務超過2年。

  3. 具備水肺潛水救援等級以上資格。

（三）研究設計及研究工具

  本研究工具包括「訪談大綱」與「研究者本身」。

1 訪談大綱

  本研究透過相關研究資料的蒐集與文獻探討後研擬訪談大綱，之後進行專家效度修正後，擬定「東北角潛水風險因素探討」之訪談大綱（表1）。

2 研究者本身

  研究者本身為 PADI（潛水教練專業協會）水肺潛水教練以及 PADI（潛水教練專業協會）課程總監，並經常於東北角龍洞灣海域進行教學。在教學的過程中，看過聽過許多潛水意外事故的發生，並且也觀察到水肺潛水員對自身能力的評估多過於自信。因此，研究者本身對於東北角龍洞灣水肺潛水風險有基本的了解與分析能力。

（四）資料蒐集

1 資料整理

  訪談前先將受訪者編號，分別為（A、B、C、D、E）五位，訪談時使用編製完成的訪談大綱進行面對面談話，並以錄音方式記錄資料，訪談完成後將音檔資料進行整理，並依據錄音內容打成逐字稿，再將逐字稿進行編碼，例如回答過程有相似的東北角潛水現況，就將此段回答編碼為「東北角潛水現況」，以此方式編碼其它面向「風險認知」、「風險管理措施」與「風

險管理策略」，編碼完成後再進行資料分析，提出結果與討論，最後提出結論與建議。

表1　「東北角潛水風險因素探討」訪談大綱及訪談問項

面向	主題大綱	預期取得資料內容方向
一、東北角龍洞灣水肺潛水風險因素	東北角龍洞灣水肺潛水風險因素，包含「人為」及「自然」因素	1. 龍洞灣水域在夏季和冬季的特性？ 2. 龍洞灣在從事水肺潛水時有哪些「自然」風險因素？ 3. 夏季潛水員較多，有哪些「人為」風險因素發生機率比較高？ 4. 冬季潛水員較少，有哪些「人為」風險因素發生機率比較高？ 5. 近幾年東北角潛水人口逐漸增加，每到夏季龍洞灣尤其明顯，隨著需求增加水肺教練、自潛教練也逐漸增加，是否龍洞灣發生意外事件的機率也跟著提高？原因是什麼呢？
二、東北角龍洞灣水肺潛水風險避免及預防	東北角龍洞灣水肺潛水「人為」及「自然」因素避免級預防方式，以及風險轉移策略	1. 龍洞灣在從事水肺潛水「自然」風險因素可以用什麼方式避免及預防？（潮汐、浪況、水溫、能見度、水中有毒動植物？） 2. 龍洞灣在從事水肺潛水「人為」風險因素，教練從事教學時應該如何降低及預防潛水意外事故的發生機率？ 3. 保險是作為風險轉移的一種方式？當意外事故發生的時候是否能夠發揮適當的效用？ 4. 店家對於保險的態度如何？ 5. 持證潛水員對於保險的態度如何？

2 資料分析

本研究將五位受訪者所陳述的訪談內容加以歸納，並與相關文獻等次及資料作比對驗證，並校閱訂正內容，記錄遺漏或有不明之處。對於研究主題相關重複重要敘述加以註記，從中尋找類別特性，最後再進行受訪者內容之間的交叉分析比對，將所發現的主題或結果進行分析，作為後續研究及分析的依據。

3 研究信效度

信度即是可信賴的程度，質化研究的信度，是指研究者的互動形式、資料記錄、資料分析以及資料中詮釋參與者意義的一致性（王文科，1990）。本研究以三角測量法（Triangulation）進行多方面的檢驗，透過相關研究參與者評定、受訪者相互驗證、研究對象回饋等，來增加資料內容的信度與效度。

在資料進行分析、整合完畢後，為避免對受訪者的訪談結果有所誤解與扭曲，將研究參與者的訪談資料交由5位受訪者分別做審視，請其檢核內容的符合度，藉以訂正謬誤之處加以補充，以增加資料正確性。

（五）訪談資料撰寫與處理

本研究之資料分析主要利用 Microsoft Word 之文書處理軟體做深度訪談之錄音內容的文書處理。每份訪談資料建立一個獨立的訪談資料檔案夾，並將每行問答的內容分別標示行數，但由於篇幅龐大的關係，僅以有關研究主題相關之回應予以重點節錄，無法將每份訪談的內容完整呈現。資料檢視時，核對訪談資料中受訪者回應事件之現象與頻率，加以綜合整理，並歸納出這些重要的回應內容，逐一摘要及歸納出原因，做為分析的結果。針對訪談主題，將五位訪談對象在每一子題的回答原始描述，找出其共同性及特殊性，在每一子題下做一小型結論，進行比較與對照。

四　研究結果

（一）東北角休閒水肺潛水風險因素

1　自然風險因素

　　常見的自然風險因素包括：水生動植物、水溫、潮汐浪況，夏天時水生動植物較多，如：水母，當夏天時水面表層水母眾多，潛水員較難閃避，容易有螫傷風險；不管是冬天的東北季風又或是夏天的颱風，都有可能造成浪況稍大的現象，這時在上下岸時就要特別注意不要被浪打上岸或卡在石縫間。

> 「龍洞灣屬於一個內灣的地形，因此比較少有強流把人往外帶的狀況出現。但是常常會因為漲潮時，低溫的海水補進龍洞灣，因此水溫會突然驟降2~5度的可能性出現。其次漲退潮的潮差較大，岸潛需注意出入水的時機尤其當退潮時水位降低容易受傷。如果當退潮時浪又比較高的話，在上下岸的時候受傷機率就會蠻高的。水中有毒動植物刺傷、螫傷就要看潛水員對於中性浮力的掌握以及是否注意到周圍環境有關，如果經驗不足神經比較大條當然受傷的機會也比較大。」（A）

> 「夏季常見的自然環境風險包含：水生動植物，如水母，章魚等；漲退潮流、橫向流……而冬季的部分，較常發生的風險包含海浪的狀況，導致潛水員上岸相對困難，容易發生意外。」（B）

> 「其實4號的下水點，在退潮的時候上下岸的難度其實蠻難的，潮差很大，一般的女生幾乎沒辦法很快地站起來，旁邊的石縫有些蠻大的，有時候稍微有點浪，很有可能會卡在石縫，那危險性相對比較高。」（C）

2 人為風險因素

常見的人為風險因素包括：潛水員經驗不足、潛水員太過自信、對於裝備潛點不熟悉、缺乏安全意識。

> 「常見的通常是因為潛水員經驗不足或是潛水員潛水觀念不正確所造成的，例如：沒有注意剩餘氣體壓力、充氣上升、在水下各玩各的沒有潛伴制度的觀念或是跑到船隻航行的航道或教練教學時沒注意到學生的狀況也時有所聞。」（A）

> 「常常有比較有自信且年紀較大、潛水年資較深的潛水員晚上一個人潛水。案例：一個人從漁港下水去抓龍蝦，纏到漁網氣瓶用到空。」（D）

> 「漁船放網和潛水客吵架，其次水域遊憩種類繁多水肺、自潛、SUP和漁船互相發生衝突，主要因為沒有劃分好個活動區域和範圍。」（E）

（二）休閒水肺潛水風險管理

1 自我管理

實際遇到問題的時候，潛水員須保持基本原則冷靜思考問題點狀況，因此平時的訓練經驗的累積就是很重要的一部份，培養緊急狀況時隨機應變的能力。

> 「平時加強本身對於中性浮力的掌握能力，並可以在下潛前一天運用潮汐、天氣預報的APP慎選潛點，下水時穿著合身的水下保暖衣物以及因應不同潛點找出合適出入水的方式，最後要多閱讀關於水中有毒的種植物的相關書籍。」（A）

> 「所有潛水活動皆從事最保守潛水，不管是潛點或是潛水時間，又或

是在人數的控管上，避免超出極限，不管是教練或是潛水員本身都要避免太過自信。」（C）

2 外在管理

風險的成因除了自身能力狀態外，也包含了其他外在的部分，例如：裝備氣瓶平常的保養維修，以及合適的潛伴和熟悉的教練，從事保守的潛水。

「獨潛必須要了解水域，不然就是找教練帶或是跟團團的方式，降低意外發生的風險。那潛伴有分休閒性質的潛水員以及下潛打魚的潛水員，要自己找到符合下潛目的的潛伴，然而因為潛水員性質的不通，使用的裝備也會不同，依照自己的屬性購買適合的裝備，才能降低意外發生的風險，對於裝備的使用及保養也有相當程度的了解。」（B）

「找潛伴至少2人以上一起行動，潛伴彼此之間的默契很重要，網路上亂找的通常沒默契常出事，時常教育潛水員不是拿到證照就可以潛水，經驗累積比較重要以及裝備要檢查要齊全、太久沒潛水先在淺的地方適應。」（D）

「下水前安全檢查、潛伴之間的距離、檢查自己的裝備、潛水手電筒使用的方式，租借裝備需要詳細的檢測也很重要。」（E）

（三）休閒水肺潛水風險管理策略

1 風險保留

教練必須選擇風險保留的策略,對教練而言潛水過程中的任何選擇，都攸關學生的安全。對於學生的狀態及能力必須非常清楚，因應每位學生能力不同，而做不同的潛水計畫，必要時也有權利暫停該次潛水。

「教學方面的話除了遵守系統教學規範準則、降低教學人數、慎選合

適潛點、運用合格助教、下水前完整的潛水計畫和檢查，這些都能有效降低事故發生機率，學員需要進階教育，當然教練也要接受進階教練教育養成。」（A）

「所有潛水活動皆從事最保守潛水，不管是潛點或是潛水時間，又或是在人數的控管上，避免超出極限，不管是教練或是潛水員本身都要避免太過自信。」（C）

「在教練的教學方面至少兩人以上配一個助教，教練要找和自己默契可以搭配的助教不要隨便找或是沒經驗的，新科教練容易自我膨脹建議可以找老教練在旁邊學習，多去上一些系統的課程，教練教學時在熟悉水域環境也會相對安全許多。」（E）

2 風險降低

通常在課程說明時，第一件事就是和學生說明相關法令與程序、課程訓練的方式、健康狀況檢視、急救設備的使用，如設填寫健康說明書、規劃潛水日誌等。

「較保守的持證潛水員就會依照店家的保險政策，甚至自己額外加保。並透過進階教育可以學習和累積潛水經驗，了解不同形式的潛水方式都有不同形式風險存在。」（A）

「教學團隊人數比例最重要，秉持1：2的比例，一位教練對兩位學員，教練的自身進修也是很重要的一部份，對於裝備的使用及保養也要有相當程度的了解。」（B）

3 風險轉移

最常見與最傳統的方法就是買保險，通常潛店教學時都會為學生購買保險。潛水保險主要分為二部份，一為國內旅遊平安意外險，一為投保國外的潛水險。

「保險當然可以減少一些損失，必須在事前將相關的文件免責聲明、健康狀況等資料收集齊全，如果在文書作業或是教練教學時有人為的疏失那麼可能保險的力度就會往下修正。」（A）

「保險一定有用啊，店家帶學生帶客人教學基本上一定都會有保險，但如果是潛水員自己去潛的話，他們不見得會去保保險。」（C）

4　風險規避

最常做是要求潛水員簽署風險免責書與醫療聲明書，是課程進行時的固定程序，不僅教練能規避部份風險更能讓潛水員瞭解自身的問題，其目的已達到雙贏與風險規避的目標。

「下水前先觀察當日的浪況，秉持浪大不下水的精神，因為海永遠都在，不要與大自然硬拼；另一種方式，可以詢問上岸的潛水員，接受第一手資訊。」（B）

「浮潛跳水看潮汐浪況再決定要不要從事水域活動，透過看app決定浪況是否適合下水，水下距離拉近一些，潛水員都要攜帶手電筒，與水下動植物保持距離不要亂摸、不知道的生物保持距離。」（E）

5　其他風險

（1）漁港問題風險（潛水員與漁船發生事故的原因）

東北角因為地域關係，船與潛水員需要共用水域，因此存在的風險有人為因素：港口；自然因素：廢棄漁網，如船隻撞到潛水員或是遭受廢棄漁網纏繞的問題。

A. 如何避免潛水員被船隻撞到：潛水時，聽到船聲，所採取的應變方式有：直接下潛，待在深度五米左右的海域或是躲在礁石旁邊，避免被船撞到。

B. 如何避免被廢棄漁網纏繞：與潛伴不應同時處理漁網，應由其中一人在旁觀察，若是潛伴不幸無法掙脫，另一人還能及時解救。

（2）是否有其他的風險因素？

A. 龍洞灣的漁船和潛水爭執、漁民撒網和潛水客爭執、釣客。

B. 人與人的相處畢竟人多，時常因為出入水的時候上下岸發生爭執。

C. 了解龍洞灣的航道避免誤闖航道。

（四）研究結果小結

1　東北角龍洞灣水肺潛水風險因素

主要分為自然因素以及人為因素，自然因素又細分為潮汐、浪況、水溫、能見度、水中有毒動植物；人為因素細分為潛水方式、潛伴、教育、裝備。潛水員內在因素：包含心態、技術、經驗以及裝備。環境外在因素：海域天氣多變、水生動植物的威脅。地域外在因素：潛點的選擇是否適合。

2　東北角龍洞灣水肺潛水風險避免及預防

潛水員內在因素：取得證照後的潛水教育及經驗。環境外在因素：潛水員或教練對於海域天氣多變、水生動植物威脅的應變能力及經驗。地域外在因素：潛點的熟系度與掌握。

五　結論與建議

（一）結論

本研究發現，本研究結果與過去相關研究之觀點大致相同。根據本研究結果，本研究結論分述如下（圖1）：

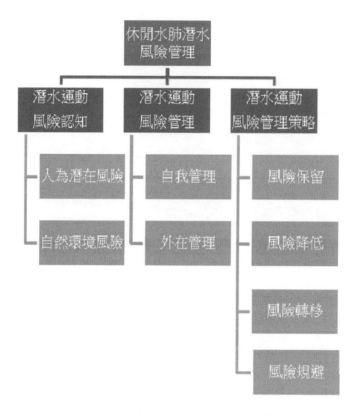

圖1　休閒水肺潛水風險因素與管理策略

1　東北角潛水風險因素

　　主要風險因素分為人為風險以及自然風險，其中自然風險細分為環境外在風險以及地域風險。因為研究地點受季風影響，所以在自然風險方面再細分為冬季以及夏季。東北角龍洞灣潛水常見的人為風險，大部分為心態、經驗、對裝備的不熟悉以及技術的不純熟而導致的意外，因此對於潛水員取證後的跟進教育以及相關的經驗與知識，需要透過教練多加宣導加強。而在自然風險中水中動植物造成的威脅往往不是最嚴重的，在下水前對於天氣海況以及潛點的選擇是在自然風險中佔大部分的威脅，不管是潛水員或是教練，在下水前都必須評估在這個天氣海況以及潛點，自己是否有能力可以安全返

回，特別是冬天受東北季風影響，海岸浪大，水溫低，在上下岸時須特別注意，並評估自己的裝備是否是否夠保暖。

本研究結果與巫沛耘等人（2020）之研究結果發現一致，參與水肺潛水活動時，需要事先要判斷天候及風浪避免在水流較強、水中能見度低、光源不足等地區從事潛水。潛水者為確保從事水肺潛水時的安全，防止水肺潛水事故的發生，需評估自身的身體狀況外，亦須仰賴豐富的潛水知識、精良的潛水技術、完善的潛水裝備、體能的要求以及良好的心理素質，方能大幅降低風險發生。

2 東北角龍洞灣潛水具體降低風險之策略

從事任何活動皆有其風險存在，而潛水活動也不例外，當發生緊急其況事故時該如何冷靜下來思考如何解決，在第一間做出對的判斷及反應，是所有潛水員及教練都需要學習的。因此，在取得證照後的跟進學習、經驗累積是很重要的一部份，透過不斷的學習，判斷評估潛點是否適當，該如何上下岸才安全，以及在下水前的裝備保養檢查，下水後的狀況處理應變，皆能避免或減少風險的發生。

本研究結果與黃昱（2019）之研究結果發現一致，從事水肺潛水活動若能培養教練與潛水員的安全觀念，以及在潛水前中後養成良好的習慣，並且能持續從事潛水活動及進階教育，培養自身經驗及應變能力，了解從事水肺潛水活動時可能會遇到的風險，亦可防止水肺潛水事故的發生，便能大幅降低風險發生。

（二）建議

本節根據受訪內容，與相關研究結果，研究者歸納出，對於東北角龍洞灣潛水風險因素及降低風險策略上提出具體建議，分述如下：

1　對於降低東北角潛水風險之建議

（1）潛水前應擁有正確的觀念及態度

風險發生的最主要原因，往往來自潛水員本身，大部分的潛水員對於自己的能力及經驗的認知有些差距，造成潛水員高估自己的能力，因此對於潛點的選擇評估，上下岸的技巧，甚至是在水下發生緊急狀況的應變能力，因為判斷不當而發生事故的風險。因此潛水員要了解自己的水性，對於技巧以及裝備的熟悉度，天氣海況的評估，最初最保守最安全的判斷。

（2）養成良好潛水習慣

在意外發生時，人們的第一反應往往是自己最直覺的反射動作，因此在平常就可以讓自己養成良好的習慣，讓你的習慣變成第一時間的反射動作，像是下水前與潛伴互相檢查裝備是否正常，熟悉自己與潛伴的裝備，熟悉已學過的水下技巧，這樣就算發生緊急情況，也能從容應變，降低事故的發生。

（3）進階課程的學習與經驗累積

許多潛水員在取得初階開放水域潛水員證照後，潛水次數少甚至就沒有再從事潛水活動了，當有一陣子沒接觸後，相關的知識技巧可能已經忘了，造成一個你有證照，但可能你什麼都不會了的狀況。因此，儘管已取得證照，在之後還是建議持續從事潛水這項活動，才不會生疏導致產生更大的風險，或是接受更進階的教育，更了解潛水的相關技巧知識及風險，同時也能累積經驗，成為日後處理狀況的養分。

2　對於後續研究之建議

（1）本研究僅以東北角龍洞灣資深潛水業者、教練作為訪談對象，建議未來研究可從多個面向進行分析，已增加更深度的資訊分析。例如：潛水長、潛水員、學員，了解不同身分對於潛水風險之看法及建議。

（2）本研究僅以東北角龍洞灣作為研究地點，建議未來研究可以擴大研究範圍，或是將船潛納入研究範圍內，提出相關的風險因素及其風險管理策略。

參考文獻

Neuman（1997）。社會研究方法：定性和定量方法（第3版）。馬薩諸塞州波士頓：艾琳和培根。

Sutton, J. 和 Austin, Z.（2015）。定性研究：數據收集、分析和管理。加拿大醫院藥學雜誌。

Williams（1997）。社會排斥。在 RM Kowalski（Ed.），厭惡的人際行為。全會出版社。

方景翰（2010）。水肺潛水員知覺風險與教練領導效能自發性表現行為之影響（未出版碩士論文）。國立雲林科技大學。

王文科（1995）。教育研究法。五南圖書出版公司。

王宏義、廖哲億、吳俊賢、簡后淑（2014）。休閒潛水運動的風險與意外事故防範。休閒運動保健學報，6，67-77。

王　瑛（2006）。潛水教練對遊憩水肺潛水風險管理之研究（碩士論文未出版）。國立臺東大學。

巫沛耘、牟鍾福、鄭俊傑（2020）。水肺潛水知覺風險之初探。真理大學運動健康休閒學報，11。

宋明哲、蔡政憲、徐廷榕（2002）。風險管理。國立空中大學。

吳淑君（2017）。龍洞潛水出意外女學員疑呼吸管脫落險喪命。自由時報。

李明儒、陳元陽、陳宏斌（2003）。休閒潛水者的風險管理之研究。戶外遊憩研究，16（2），49-67。

李淑賢、花長生（1993）。PADI 開放水域潛水員手冊，PADI。

林金定、嚴嘉楓、陳美花（2005）。質性研究方法：訪談模式與實施步驟分析。身心障礙研究。

林高正（2004）。休閒水肺潛水（未出版碩士論文）。國立體育學院。

胡幼慧，（1996）。質性研究──理論、方法及本土女性研究實例。巨流。

陳正國、周財勝、黃瓊慧（2008）。不同背景水肺潛水教練專業能力重要程度認知之研究。高應科大體育，7，174-188。

張穎齊（2020）。基隆東北角今連3起溺水蝙蝠洞水肺1死、龍洞自潛1死。中
　　時新聞網。

游淑霞、洪櫻花（2005）。如何落實學校體育風險管理。大專體育，79，
　　134-140。

黃昱（2019）。臺灣夜間潛水風險管理之研究（未出版碩士論文）。輔仁大
　　學。

黃淯絜（2020）。海洋遊憩活動與場域永續發展之可行性評估——以卯澳灣
　　及東澳灣為例研究。國立臺灣海洋大學。

黃瑞琴（1991）。質的教育研究方法。心理出版社。

楊久瑩（1994）。報社甄選記者過程之研究（未出版碩士論文）。中國文化大
　　學。

鄭新錦（2000）。ADS HANDBOOK 2000。臺北：新動有限公司

臺灣海域海難救助體系與對策之研究

——以德翔臺北貨櫃輪為例

施偉政[*]

摘要

　　臺灣四面環海，海運是我國經濟活動最為重要的命脈，即因位居東亞交通樞紐與獨特地理環境，海難事故數量在運輸量能頻繁下也時有耳聞。民國104年新北市石門區一代海域發生德翔臺北輪擱淺事故，由於擱淺處鄰近岸際與石門各觀光景點，流出的油汙對當地海洋環境與漁民漁具都造成不少汙染。在發生海難之後，緊接而來的救助應變關係著人命、船、貨、汙染多面向的災害救助。海難救助包括海難救助法規、海難救助及救助組織、海難救助及救助作業程序、海難救助報酬、撈救及污染防治求償權等。其與海上人命安全、防止船舶污染等息息相關，也對中央政府的海難救助指揮應變能力帶來不小考驗。本研究探討在面對德翔臺北輪海難案件時，以組織、程序、人員、設備與環境五大構面，深度訪談人員進行探討。訪談整理發現，我國海難救助體系與海難救助機制之整體通報、協調、指揮、救助能量及民間資源運用等面向，如何運用各部會與民間強大之資源，進行協力整合之規畫、應變機制及處置作為、應變制度變革等問題。在第一時間如果遇大型災難、距離遠或惡劣海象等情形，單以每個轄區海巡隊的運作能量進行救援工作，常有顧此失彼發生。為了能有效解決組織溝通不良的問題，則可透過國家搜

---

* 國立臺灣海洋大學海洋文化研究所碩士生。

救中心及海岸巡防署進行協調，整合政府各機關可用之海、陸、空能量，以政府團隊力量進行救助，以竟其功。

關鍵字：德翔臺北輪、海難救助體系、應變機制

A Study on the Salvage and Strategy for Shipwrecks in Taiwan Sea Areas

Shih, Wei-Chen[*]

Abstract

Taiwan is surrounded by sea on all sides, and shipping is the most important economic activities. Its location as a transportation hub in East Asia and its unique geographical environment,Maritime accidents is often happened when the transportation was busy. In 2015, TS TAIPEIcrash aground side Shimen, New Taipei City. The outflow of oil pollution to the local marine environment and fishermen's tool, and alsoaffect to the government. The contingency ability of ship salvage commander has big challenge. Taiwan's response system prioritizes the National Search and Rescue Command Center of the Executive Yuan, and horizontally integrates sea, land and air search and rescue resources, but is limited by the existing domestic tugboat tonnage. Insufficient, after the sea pollution and marine waste were removed, the response command center instructed the ship owner and the insurance company to entrust the Dutch company SMIT salvage to carry out the follow-up rescue towing. led by the executive. Today, Taiwan has established a marine committee, showing its ambition in marine affairs, but Taiwanese people are infinite, and the government can still guide similar manufacturers to invest in the marine rescue industry, so as to deepen Taiwan's

---

[*]   Master's student, Institute of Oceanic Culture, National Taiwan Ocean University.

marine resilience.

Keywords: Salvage, Shipwreck, TS TAIPEI, Oil-pollution, Maritime accident

一 緒論

（一）研究背景與動機

　　臺灣是以海立國的國家，而且在歷史發展與海洋活動有著密切的關聯，海運活動可說佔臺灣經濟有極重要的一席之地。臺灣位處西太平洋之重要海上交通樞紐，除了東岸的南北向商船大多沒有接近領海範圍途經臺灣外，在西岸臺灣海峽過往的船隻、要靠港的各類型船、作業漁船等等，讓臺灣四周水域成為複雜的交通水域。航行經過之船舶常有貨櫃輪、雜貨輪、化學輪、油輪、液化天然氣輪、軍艦、抽砂船等等，成為巨型貨櫃輪與國際海運運送太平洋航線與遠歐航線之交會點口。除了航線通航之外也會載運進出於臺灣各港口裝卸貨。進出港船隻交通流龐大，依航港局官方數據去年海難約有233件，平均1.5天發生1件海事案件。以德翔臺北輪為例，於2016年3月10日因主機故障肇致失去動力。當時海象惡劣，該輪因抵擋不住惡劣的天候環境，在強烈的風浪侵襲下，導致船體因失去動力飄移至新北市石門附近海岸坐底擱淺。而在擱淺後導致人命傷亡，船體斷裂，所衍生之德翔臺北輪海洋污染事件也成為臺灣近年來最嚴重的海洋污染。

　　除了國際海運運輸繁忙之外，在臺灣產業中占有重要地位的漁業，海洋也是主要的管道。依據農委會漁業署2020年漁業年報之統計，目前我國動力漁船、動力與無動力漁筏以及無動力舢舨總計有21,772艘，專業及兼業之漁民總數達342,594人。再加上近年來休閒風氣盛行，為數不少的休閒漁船、海釣船、賞鯨客船等，在變化多端的海象中，更增添了因海上活動所造成的事故發生風險。漁民為謀生計必須冒著風大浪高極大風險出海作業。2022年1月22日宜蘭縣蘇澳籍漁船為天號，在蘇澳港南堤海域突遭一陣巨浪襲擊翻覆，船上2人落海，最後由海巡、警消與當地漁民十餘人，以拔河方式合力將沈船拉到岸邊順利獲救。

　　海難是海洋交通偶有發生的意外災難，海難事件牽涉關係複雜。然而海

難事故的構成因素也十分複雜，其中包括航行水域的自然條件與船舶因素、船舶條件及人員因素等。例如航行水域的自然條件，包括風浪襲擊導致船隻破損以至沉沒，或是海岸地形導致船隻坐礁擱淺。船舶因素包括人為疏失而發生船隻碰撞等。聯合國海洋法公約（1982）第二百二十一條對於海難之定義為：海難是指船隻碰撞、擱淺或其他航行事故，或船上或船外所發生對船隻或船貨造成重大損壞迫切威脅的其他事故。海難的發生導致所載人員傷亡或貨物、財產損失的突發事件。甚至會危害到整體的環境與生態。

海難救助（Salvage Assistance）又稱海上救助。海難救助對象不論是船舶、船上貨物、運費、人員或其他財產，只要有一部分受真實之危險，並有他人施以救助之必要者，即可構成海難救助的元素（張湘蘭、鄧瑞平、姚天衝，2001）。在發生海難之後，緊接而來的救助應變關係著人命、船、貨、汙染多面向的災害救助。海難救助包括海難救助法規、海難救助及救助組織、救助作業程序、海難救助報酬、撈救及污染防治求償權等。其與海上人命安全、防止船舶污染等息息相關。在遇險或海難已發生之狀態下，傷亡損害程度取決於救援效率。海難救助為國家災害防救工作之一環，亦為國家保障人民生命權的具體展現，國際間更是將海難救助視為船隻的義務。

完善之海難救助制度除可保障航行安全、船員生命及船舶與貨物之財產利益外，並可維護沿海國海域安全及環境生態。依現行「災害防救法」第三條有關中央災害防救業務主管機關之規定，交通部為空難、海難及陸上交通事故災害防救業務主管機關，負責指揮、督導、協調各級災害防救相關行政機關及公共事業執行各項災害防救工作。目前我國海難救助工作，以海岸巡防署為執行主力，在面對各種類型的船種與等級不同的海難案件時，單憑該署的搜索救助能量，必有不足之情形。在海事案件預防與處理，我國更應有積極作為，以維護航行境內船舶及人命安全。

（二）研究目的

本研究探討在面對各種類型的船種與等級不同的海難案件時，我國海難

救助體系與海難救助機制之整體通報、協調、指揮、救助能量及民間資源運用等面向，如何運用各部會與民間強大之資源，進行協力整合之規畫、應變機制及處置作為、應變制度變革等問題。並且藉實務案例之深入訪談後整理與分析其尚待精進之處，從而予以提出中相關建議。

本研究透過個案研究、內容分析法以達到以下目的：

1. 整理與分析我國海難救助體系與海難救助機制之整體通報、協調、指揮、救助能量及民間資源運用工作項目。

2. 分析海難救助五大構面進行討論，整合各項要素規劃推動之措施工作項目。

3. 整理與分析商船海難救助體系與海難救助機制。藉由個案深入訪談關鍵對象，比較體制與實際上的差異，以利於提出改善方向。

4. 期對我國海難之搜救機制、搜救能量及效能等之提升方面，能強化並建立完備之海上救難應變機制與健全搜救體系，進而提升海難救助成效，維護我國海域交通安全。

（三）研究架構與方法

本文以質化研究為主，以歸納觀察與研究的現象，經由國內外學者的海難救助相關研究文獻並結合自身所處環境的見聞，針對問題的海難救助架構做深入的剖析，從中發掘出在不同救援體系下的對策。本文貢獻為根據實證結果，對於臺灣海難救助如何面對不同救援體系下所帶來的問題，並以三種類型的救援模式為例，提出相關建議並針對此海難救助體系與對策提出適當的改善建議。

本研究共分五章，其內容如下：第一章為緒論，闡述研究背景、動機及研究目的、架構，最後為論文之研究限制。第二章為文獻探討，將我國與各國的海難救助機制相關文獻進行彙整，並深入探討海難救助個案。第三章為本研究的架構與臺灣海難救助行動因素分析，透過問卷設計與深度訪談找出海難救助的關鍵因素。第四章則為臺灣海域海難救助體系與對策之研究，針

對海難救助體系與因應對策進行特點分析，並且比較與國外機制的不同處；第五章為結論與建議，包括結論、建議及後續研究方向建議。

（四）研究限制

本研究所採用的質化研究方法，運用質性研究方法之深度訪談方式，能更加貼近受訪者，對於三個不同的船類型的深度訪談後，分析研究個案公司在救援體系之比較與評估，並且提出對策分析，所獲得之價值所在。

1. 本研究採質化研究，以個案訪談的方式進行。在資料的蒐集與訪談的對象選擇與訪談所到的內容分析上，難免產生個人主觀的判斷，影響研究結果。然而，對於受訪者來說親身經歷過的經驗是無法用問卷就能表達的，因此，經由訪談的過程獲得受訪者的回答，再由受訪者的回答從中找出更真實面的經驗或執行過程，並能站在受訪者的角度看問題、發現問題，針對問題做深入探討。

2. 由於海難事故調查是一項極具技術性、專業性與複雜的工作。在海事調查人員的訪談中，大部分的受訪者都具備獨立且公正之立場。並且有針對實務上處理海難事故調查與執行。但由於「海難事故調查」係屬航海科學及海事行政領域牽涉範圍大，牽涉層級很廣，本研究則以主管權責單位、船長等作為訪談對象。

3. 海難其所衍生之醫療救護、滅火、船貨移除、海事調查及岸際救生救難、海洋災害、非海難救助事項等，不在本研究中討論範圍。

4. 本研究所選去的樣本團隊有限，而觀察現象也受限於訪談者的個人背景影響結果之普遍性，本研究之推論是否適用於其他專案團隊，則需進一步客觀實證研究。

二　文獻探討

（一）海難事故之定義與分析

　　海難係指船舶發生故障、沈沒、擱淺、碰撞、失火、爆炸或其他有關船舶、貨載、船員或旅客之非常事故者。操船者、船及環境可說是影響船舶安全的三大變數，故海難災害之肇成可歸因為：（一）操船者之錯誤，包括本職學能不足、判斷錯誤、溝通不良及當值疏失等；（二）船舶未具海值，包括船體結構不良、機械故障及保養不善等；（三）環境因素，包括氣象、潮流、海嘯等海象因素等。其中因人員當值瞭望不確實、操船不當、對海氣象資訊之不注意與使用機械不當等因素約佔了七成。

　　聯合國海洋法公約（1982）第二百二十一條對於海難之定義為：海難是指船隻碰撞、擱淺或其他航行事故，或船上或船外所發生對船隻或船貨造成重大損壞或重大損壞的迫切威脅的其他事故。海難之分類國際海事組織（International Maritime Organization）於1986年海上安全委員會第433號通函所附海事報告標準格式中，將海難事故分為下列八種類別：

1. 碰撞與觸碰（Collision and Contacts）：指船舶間之相互碰撞，而無論其在航行、錨泊或繫泊時。

2. 觸礁和擱淺（Strandings and Groundings）：指船舶觸及海底困坐在礁石或其他者。

3. 浸水和沉沒（Floodings and Founderings）：指船舶遭遇惡劣天候而漏水或破裂後浸水。

4. 橫傾和翻覆（Losts and Capsizings）：指船舶因失去重心而傾覆者。

5. 火災和爆炸（Fires and Explosions）：若因碰撞或擱淺而失火或引起之爆炸乃歸入碰撞或擱淺之類別。

6. 船體和機器損壞（Hull and Machinery Damage）：主機系統、推進器系統、舵機系統發生故障，而使船舶失去動力或無法操縱者。

7. 失蹤（Unknown）：指完全失去船舶或船員的消息。

8. 其他（Other）：凡不屬於上述列別之海難事故者，均歸為此類。

根據環保署新聞資訊網站、行政院海巡署網站以及回顧相關船舶海難研究文獻（黃冠穎、黃聰正，2009；蕭力豪，2008；高振山，2008；黃恆文，2017），依臺灣近年來船舶海難擱淺事故類別綜整如下表所示。分類海難事故類別、日期、船舶名稱、擱淺位置以及事由進行資料整理。可觀察海難事故類別大多是以船體機器損換、橫傾和翻覆、浸水和沉沒、碰撞與觸碰為主因。

表1　臺灣海岸商用船舶海難事件類別

資料來源：本研究整理

海難事故類別	日期	船舶名稱	擱淺位置	事由
船體和機器損壞	2005/2/14	本國籍砂石船金鴻八號	基隆大武崙漁港外觸礁	因發電機故障而無法啟動主機，失去動力又船身傾斜後漂流擱淺。正逢漲潮導致三小時後脫離到沙灘
橫傾和翻覆	2005/10/2	本國籍金瀧輪	花蓮港外沙灘與消波塊擱淺	原停於花蓮港，龍王颱風來襲海向極差，適逢大潮而吹斷纜繩而飄出港而擱淺
浸水和沉沒	2009/8/8	巴拿馬籍化學輪	高雄旗津海水浴場沙灘擱淺	莫拉克颱風侵襲艙蓋遭強風吹走，船艙進水且船身傾斜而棄船。失去動力，漂流擱淺沙灘。
碰撞與觸碰	2010/4/23	本國金門籍福威輪	澎湖鐵砧嶼擱淺	東北季風影響，船身因碰撞破裂進水，失去動力，漂流至鐵砧嶼擱淺

海難事故類別	日期	船舶名稱	擱淺位置	事由
船體和機器損壞	2011/8/29	巴拿馬籍郵輪奮進3號	台南七股曾文溪海岸沙灘擱淺	由於南瑪都颱風侵襲天候惡劣，主機故障失去動力
碰撞與觸碰	2011/10/3	巴拿馬籍砂石船瑞興輪	基隆嶼萬里界觸礁擱淺	天候海樣惡劣，觸礁擱淺且斷成兩大截
船體和機器損壞	2014/9/20	蒙古籍廢棄貨輪	屏東滿州鹿寮溪口沙灘	主機故障，又受鳳凰颱風影響，風量過大而漂流擱淺
碰撞與觸碰	2016/9/15	大陸籍港泰州號	金門古崗觸礁岩	颱風侵襲，流錨漂流而擱淺且船身坐落沙岸
橫傾和翻覆	2017/6/2	本國籍億薪輪	金門金湖漁港外沙灘擱淺	強烈西南風，海象惡劣導致斷錨漂流擱淺

表2　臺灣海岸漁業船海難事件類別

資料來源：本研究整理

海難事故類別	日期	船舶名稱	擱淺位置	事由
碰撞與觸碰	202/8/31	中國籍漁船閩晉號	桃園觀音西北方34浬處	「閩」船疑似遭賴比瑞亞籍貨輪碰撞
橫傾和翻覆	2022/1/29	春吉八號	新北市石門區草里漁港	疑浪大翻覆在港邊不遠處，春吉八號船隻失去動力
不明	2021/7/27	勝帆188號	高雄「三陽造船廠」	不明原因就側翻

海難事故類別	日期	船舶名稱	擱淺位置	事由
橫傾和翻覆	2021/1/21	台中籍「發海號」	梧棲漁港浮動碼頭	因海浪打到船上未抽出，致小船傾斜翻覆
船體和機器損壞	2022/2/19	南沙洲漁船	台南七股外海約1浬處	船長回復因疑似絞網失去動力，又因風浪太大導致擱淺坐灘

　　根據交通部與行政院農業委員會之相關統計數據資料發現，近年臺灣海域商船及漁船在海上發生海難事故每年約有八百件之多，人命的損失平均每年有一百人左右；換言之，平均每天有二起海事案件、平均三天在海上就損失一條人命。商船海難事故之主要肇事原因為兩船碰撞，而漁船海難事故之主要肇事原因為機器故障，雖商船與漁船之海難事故主要肇事原因略有不同，大致上可歸類為人為因素所造成。

　　根據交通部航港局受理99年至103年海事簽證統計，海難事故肇因以機器故障為最大宗因素，占24.42%居第1位，其他22.83%為第2，兩船碰撞21.53%為第3，另觸礁或擱淺7.68%、與其他物碰撞7.58%、失火6.98%、非常變故4.29%、傾覆2.99%、洩漏1%及爆炸0.7%。以商船而言，以兩船碰撞為最大宗因素，占32.43%居第1位，其他21.34%為第2，與其他物碰撞15.06%為第3，機器故障11.51%、觸礁或擱淺9.41%、非常變故5.86%、洩漏1.67%、失火1.26%、傾覆1.04%及爆炸0.42%。

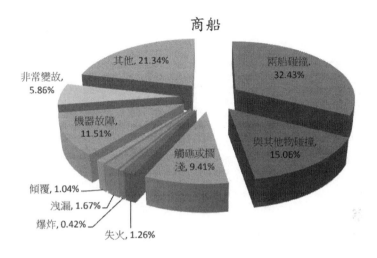

圖1　商船海難事故肇因

資料來源：本研究整理

以漁船而言，以機器故障為最大宗因素，占36.19%居第1位，其他
24.19%為第2，失火12.19%為第3，兩船碰撞11.62%、觸礁或擱淺6.1%、傾
覆4.76%、非常變故2.86%、爆炸0.95%、與其他物碰撞0.76%、洩漏0.38%。

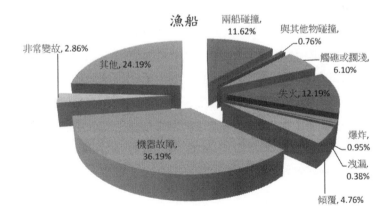

圖2　漁船海難事故肇因

資料來源：本研究整理

（二）海難與搜索救助

在海上船舶發生碰撞、觸礁或擱淺、失火或爆炸、機器故障等海難行為時，由於環境特殊所以救援方式也較困難，如能採取適當的救援方式，便能減少人命及財產損失。海上搜救的定義是對人命或船舶上的財物加以援救，使其脫險之行為。

曾福祺（2010）將船舶擱淺之救助分為兩類，一類為自立脫淺，使屬於輕微觸礁，短時間擱淺可依靠適時性之潮汐作用與船舶本身動力配合順利脫困。另外一種是外力救援，屬於船體觸礁之第一時間仍無法脫困，又受到潮汐海流推力之影響，使得船體越推越向於內岸，導致觸礁面積更大更深，恐有漏油或翻覆之疑慮時，必須依靠救難拖船前來施救。

基於互助及人命無價之觀念而對人命的救助。雖船長有救助人命之義務，惟依我國海商法規定，於救助船貨之同時亦救助人命，此時救助人有權就救助報酬享有參與分配權，各種海上救助，就救助客體及主體之不同，以救助客體/標的為分類，可分為人、財產及環境。張湘蘭、鄧瑞平、姚天衝（2001）主張海難救助對象不論是船舶、船上貨物、運費、人員或其他財產，只要有一部分受真實之危險，並有他人施以救助之必要者，即可構成海難救助。

船舶一旦發生海難，其代位處理法令明定在商港法第53條：「船舶於商港區域外因海難或其他意外事故致擱淺、沉沒或故遷漂流者，航港局應命令船長及船舶所有人採取必要之應變措施，並限期打撈、移除船舶及所裝載貨物至指定之區域。前項情形，必要時，航港局得逕行採取應變或處理措施；其因應變或處理措施所生費用，由該船舶所有人負擔。第一項擱淺、沉沒或故遷漂流船舶之船長及船舶所有人未履行移除前或有不履行移除之虞，航港局得令船舶所有人提供相當額度之財務擔保。未提供擔保前，航港局得限制相關船員離境。」按前揭規定仍遲由肇事船舶所有人不履行，或其應履行或應變速度，不符合預期情況，始得由航港局介入處理。

搜救行動將不牽涉商業行為，如當商業拖吊作業可以執行時，政府所屬

船艦不會進行拖吊，或者一旦商業拖吊作業可以安全執行時，將交付商業拖吊船進行。船舶拖帶，為一船舶供給動力予他船，以協助其完成航行之目的或出入港灣之行為。惟亦有學者表示，其狹義定義指「供給動力予他船，以加快被拖船舶或標的之行程或速度之作業」；廣義定義指「任何對被拖船之有關凝動、推、拉、移、隨護、引領、旁恃備便之作業」，故不以實體接觸或藉纜繩接觸為必要（饒瑞正，2001）。船舶拖帶係以動力協助被拖者行進或移動為目的；海難救助則係將人命、船舶或貨載置於安全狀態為目的。

（三）各國對海難救助法源探討

執行海上強制救護之作業時，應有建置完善的法規、健全的救難程序與執行面時機掌握度。除英美對海難定義有明確規定以外，歐洲、日本及中國大陸針對海難事故應變亦有其法源。歐盟（European Communities）在歐洲共同技術研究計畫第301號中，針對海難事故作出以下解析：

一、事故型態分為：碰撞（Collision）、擱淺（Stranded）、觸礁（Contact/hitting）、沉沒（Founding）

二、發生事故地理分布在大洋上（At Sea）、限制水域（In Restricted Waters）、港口（In Ports）

三、碰撞分為對遇（Meeting）、交叉相遇（Crossing）、追越（Overtaking）在其研究計中，將海事分成船舶間碰撞、船舶與水面物體接觸、擱淺觸礁與沉沒四類。

日本對於海難的法理定義在「海難審判法」第二條之規定得知，第一款屬物的損傷，第二款屬人傷亡，第三款為其他部分的海難事故。另根據日本「海上船舶事故調查程序」之規定,船舶有以下情形之一者視為事故：

（一）所有發生的事故造成船舶破損，導致喪失海上航行能力，並需要48小時以上的修理時間者。

（二）船舶碰損岸邊設施,導致該建築設施停止使用達48小時或48小時以上者。

（三）貨船擱淺48小時以上或客船擱淺12小時以上者。

而2002年10月1日中華人民共和國頒布了水上交通事故統計辦法」而自實施此辦法之日起同時廢除了「船舶交通事故統計規則」。而在水上交通事故統計辦法的第五條中將船舶發生事故,分為碰撞事故、擱淺事故、觸礁事故、觸損事故、浪損事故火災、爆炸事故、風災事故、自沉事故、其他引起人員傷亡、直接經濟損失的水上交通事故共九類。

海峽兩岸之海上救助案例,均屬救助圓滿成功,然就兩岸各自之救助機制相較,或可就他人之優勢略為探討,以做為我國現況之參考。大陸之拖救能量主要以行政機關之自有設備為主,隨時可自主調動派遣,相較於大陸之救助體制,我國主要救助能量係以民間設備為主,再輔以鄰國的救護能量,若欲發揮更大之機動性與救助效能,隨時掌控最新之能量動態,俾於必要時刻能儘速協調派遣。在有關海上救助或拖救作業,一般係屬船東與救助公司間之民事契約關係,陸方之救助案例,係基於接獲海難救援之訊息後前往執行任務,因此,船東之同意拖救至為關鍵。

三　研究設計與方法

（一）研究方法

本研究之資料蒐集工作主要是在海難救助之相關公約、文章、期刊論文、相關網站、及文獻探討,國內各機關（如交通部、海岸巡防署、內政部空中勤務總隊等）與相關研究機構的研究成果報告等文獻,再加上實務單位針對海難救助所制定的相關措施與資料,予以歸納及整理分析。彙整出關於影響海難救助處理機制以及應用在決策時所需具備的各種構面。研究方法上採用的是深度訪談法,以三種不同類型的船種作為分析對象,比較不同類型

的海難救助的救援機制構面與探討挑戰之所在。透過質性專家訪談結果找出海難救助面臨的困境與挑戰後，針對海難救助機制分析與討論。

（二）影響海難救助處理機制構面探討

　　海上救援必須分秒必爭，根據美國應變標準，海難救助單位必須在90分鐘內抵達失事現場。行政院海岸巡防署（2009）提供當海水溫度在21度以下時，搶救黃金時刻為48小時，要如何在有限時間內，整合各項要素進行救援是一個需要決策者經驗考驗。人、船及環境可說是影響船舶安全的三大變數（陳彥宏，2013）。SHELL Model模式中的飛航安全研究，船的部分可以更廣義的演變為軟體與硬體的關係，衍生成人與軟體之間（L-S System）、人與硬體之間（L-H System）、人與環境之間（L-E System）、人與人之間（L-L System）的四個子系統，當這些關係之間發生問題，或無法相互配合，即有可能發生危險事故（工穎駿,2009）。在聯合國國際海事組織的海事調查程序指南中，把人-船-環境的概念，如圖3人─船─環境直接或間接因素，更清楚的衍生出以人為本的概念圖，包括人與船、人與工作與生活條件、人與船上組織、人與岸上管理、人與外在影響與環境、人與人等子系統的關係。

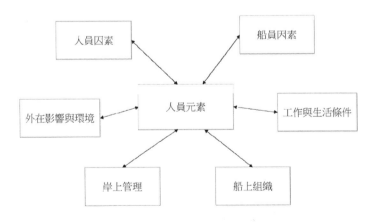

圖3　人─船─環境直接或間接因素

資料來源：本研究整理

本研究將上述的分析整理後，再以五大構面進行討論，探討各項海難救助之構面。

1 組織構面

一個組織可以採用不同的組織結構，這取決於組織的目標以及組織內部對工作的安排（Richard L. Daft, 2003）。也是組織中的工作應該如何被分工，組成及協調運作。組織為一群人所組成的共同體，在共同的目標下經由分工合作及協調整合進行各項活動，來達成組織目標。管理者的工作即將組織目標的達成極大化（方至民、曾志弘，2020）。組織結構包括三個方面：

A. 組織將工作、責任及權利做一個正式的分配，分給組織中的個人或群體。

B. 明確訂定正式的關係，包括各部門或個人的職權、決策權限、組織階層與管理幅度高低。

C. 使經理人或管理人員，透過溝通協調，能夠執行業務及做營運決策，已達成策略目標。

2 程序構面

企業為了滿足財務構面和顧客構面的目標，往往必須改善既有的作業流程、設計新穎的產品，甚至重建新的製造步驟。企業為追求獲利、營收成長之組織，運作一連串流程與作業，而達到提供客戶滿意之產品或服務。程序管理活動過程，集合達成結果所需之人員、設備、材料作為投入，並運用特定的作業方法，以達成預期之成果產出（繆敏志、張火燦，2002）。流程的主要特徵包括：

A. 可衡量的投入

B. 增加附加價值的作業活動

C. 可衡量的產出

D. 可重複的過程

3 人員構面

組織除了有形的資源外，最重要的即來自組織成員的產出及投入。因此，如何善用有限資源，適時給予員工恰當的支持，讓他們發揮最大的力量，提高個人工作績效成為組織管理者最重要的工作之一。員工所感受到來自組織方面的支持此一概念，其中一是員工對組織是否重視其貢獻的感受。二是員工對組織是否關注其福利的感受，組織給予的獎勵可以是非正式的表揚或適時給予協助輔導，或正式的升遷或加薪。知覺組織支持為員工的主觀認知，是員工對組織的行為所發展的整體性信念（Eisenberger, Hungington, Hutchison and Sowa, 1986）。

當員工的知覺感受到組織給予的支持時，會促使員工對組織產生較正向的看法與信念，以至於願意對組織付出及其專業和心力（Eisenberger, Fasolo, and Davis-LaMastro, 1990）。但員工如果缺少執行工作所需的基本的工具性支持（如信息、資源、工具、設備及培訓等等），他們的工作進程和工作質量無疑會受到不利的影響，這將最終導致員工產生氣憤和挫折感（Eisenberger et al., 2002）。缺乏團隊合作、不良的員工招募、不足的訓練及不適當的工作設計等會影響工作停滯的原因。

4 設備構面

設備通常是一群中大型的機具器材集合體，可供企業在生產中長期使用。設備是有形的固定資產，只建築、機器、裝置等。在企業內長久使用和提供利益的物件，按目的來分類的話可分為生產設備、能源設備、研究開發設備、輸送設備、銷售設備、管理設備等。按形狀分類的話可為土地、建築、機器及裝置、車輛、船舶、工具、器具等。有效的設備構面管理是以最有效的設備利用為目標，由設備的全程管理部門使用、維修等所有有關人員，以最高經營管理者到第一線作業人員全體參與，以自主的小組活動來推行生產維修，使損失最小化，效益最大化。

5 環境構面

環境構面分析是一種識別特定企業風險的方法。是根據對企業面臨的外部環境和內部環境的系統分析，推斷環境可能對企業產生的風險（陳昭銘，2006）。環境因素是指一個組織的活動、產品或服務中能與環境發生相互作用的要素，包括那些造成實際的和潛在的、不利的和有利的環境影響的要素。

透過上述的五大構面以組織、程序、人員、設備與環境構面探討海難事故之救助與處理機制，分析於第四章中。

四 海難事故之救援與處理機制

（一）我國海難救助現況探討

海難案件的發生，其遇難時間、地點、季節、類型等等樣態都不同，在第一時間如果遇大型災難、距離遠或惡劣海象等情形，單以每個轄區海巡隊的運作能量進行救援工作，常有顧此失彼發生。為了能有效解決組織溝通不良的問題，則可透過國家搜救中心及海岸巡防署進行協調，整合政府各機關可用之海、陸、空能量，以政府團隊力量進行救助，以竟其功。本研究針對我國海難救助現況分別探討五大構面；

1 組織構面

我國依《災害防救法》相關規定，於行政院下設立中央災害防救會報，決定災害防救之基本方針、核定災害防救基本計畫及中央災害防救業務主管機關之災害防救業務計畫法令所規定事項等。而交通部為我國海難災害防救業務之中央主管機關，行政院國家搜救指揮中心負責我國海難救助作業之通報及協調機制，海岸巡防署為我國海難救助作業之主要執行機關。為有效整合運用救災資源，中央災害防救委員會設國家搜救中心，統籌、調度國內各搜救單位資源，執行災害事故之人員搜救及緊急救護之運送任務（陳世宗、周毓欣，2017）。

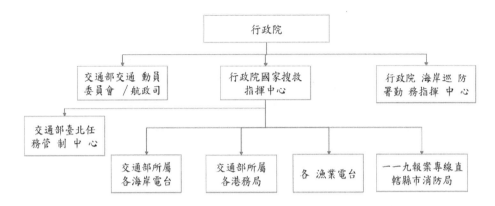

圖4 海難救助體系組織圖

資料來源：自行繪製

（1）行政院國家搜救指揮中心

　　統籌調度國內各搜救單位資源或協調、聯繫國外搜救單位以迅速執行災害事故之人員搜救及救護運送任務之規劃。在搜索救助行動過程中，往往容易產生指揮調度與與協調的問題。為解決此問題，在行政院制定的「行政海岸巡防署（2014），海巡搜救實務，國家搜救指揮中心作業手冊」第二章（編組與運作）第四節（指揮與協調）中，明確規範出搜索救助行動的指揮與協調原則。

（2）海岸巡防署

　　依海岸巡防署於中華民國90年9月28日（90）署巡海字第0900012928號函頒「海岸巡防機關執行海上救難作業程序」之規定：海洋巡防總局依本程序執行海難之船舶、人員及海上失事之航空器、人員之搜索、救助及緊急醫療救護事項。因此海難救護的執行，係由海岸巡防署勤務指揮中心統合其本身艦、艇，並協調海軍艦、艇、各港務機關與民間海難救助業之救難船艇執行辦理海難救護作業。

（3）交通部交通動員委員會

交通部為交通動員準備業務及強化災害防救業務之需要，依交通部組織法第二十六條規定，設交通動員委員會。針對中央災害防救會報、中央災害防救委員會、中央災害應變中心等幕僚作業。辦理災防緊急通報及其管理相關事宜與災防演習應變中心推演相關事宜。

鑒於我國通報與指揮體系，不論通報、訊息傳遞、查證、協調與指揮決策等等，因牽涉多層級機關間之跨域協調，致有產生矛盾與互相牴觸。不僅通報疊床架屋，重覆請執行單位查證回報情事太頻繁，徒增執行單位負擔。在國家搜救中心協調下之各機關間，國家搜救中心對其分工和互動等等項目作檢視，以評估國家搜救中心在跨域協調部份有那些值得我們研究與改善之處。

2　程序構面

海難發生時，透過跨部會的聯繫機制，透過海空搜救單位，儘速救援待救者。當基隆海岸電臺、臺北任務管制中心、漁業通訊電臺、鄰近港口信號臺（船舶管制中心）收到海難遇險警報訊息時，確認海難發生海域之經緯度、發生時間、船上人數、船型規格（總噸位）與災損情形等事項。經立即查證確認後轉行政院海岸巡防署及複式通報有關單位審視狀況調派搜救飛機、艦艇前往搜救。各相關單位配合建立海難災害防救工作之標準作業程序與災害通報表格標準化等機制，進行海難救助作業。本研究將海難救助程序整理如下圖；

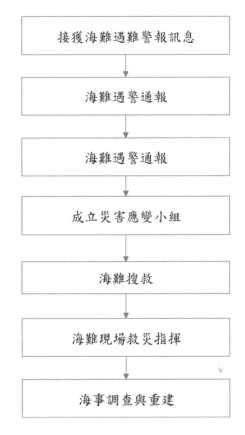

圖5　海難處理程序

資料來源：自行繪製

3　人員構面

　　船舶發生海難事故時，其救助分為兩種，一種是人、船、貨三者一併救
起，為即時強制相競合論述。另外一種為船東利益說，是超越於海洋生態與
公共利益之上。李明氏（2000）在強制救助上認為，行政機關應於授權之救
護範圍與限制內，有調派海難救助之團隊前往救護之權利，當完成緊急救護
後，該機關須代表多方就助者，向被救助人主張應有之報酬。然而，海難救
助本為保護海洋生態環境、海上航行安全等之公共利益。但執行強制救助

時，尚有許多就助時機或方式等不當之情形發生，被船東認為有不必要承擔之成本。

在臺灣地區大多是以一般強制救助之船東利益說為主。主管機關要求船東到場處理，不然就會開罰，但船東隨之亦通知各相關保險經理公司，並依序到場評估與救助機構進行議價、協商等作業，導致救援黃金時間錯失，船體原可較易拖離及救助而變成船體全損之事件。

4　設備構面

船舶一旦受天候海象惡劣影響導致遇到海難事件，將有七成之擱淺船舶無法自行脫困，必須依靠救難拖船協助才可順利脫困。目前臺灣地區皆無屬於海上適用之拖救類型的船舶。依據臺灣國際商港港勤拖船調派之第二款規定：拖船以港內作業不出港為原則，如遇特殊狀況需出港外執行作業時，應考量拖船之適航性與安全性，並以海面風力需在5級以下及3浬以內為作業原則。

港內用的拖船與海上專業救難操錨拖船之抗浪設計不同，也會影響海難救助的成功關鍵因素。港內用拖船與海上專業救難操錨拖船（Anchor Handling Tug Supply Vessel AHTS）之抗浪設計不同，所承受的海象惡劣環境也會不同。根據丹麥船舶財務公司對2009年全球海難拖帶作業拖船統計報告，AHTS 達1600艘以上，其中以8000磅馬力以下之船舶有1344艘。AHTS拖船主要是以石油鑽井作業，具有拖帶絞纜機、定點固定放拋作業錨，可提供物資運送及鑽井拖航作業。不但可以在送人員物品，還可進行大動力之拖帶作業，如下圖 NauticExpo Company 建造之 AHTS 拖船，具有動力制動馬力、絞纜機拖拉功率、船體抗浪設計、航行里程數等等設計。

圖6　NauticExpo Company建造之HTS拖船

資料來源：NauticExpo

以德翔臺北輪擱淺案例說明，臺灣所屬現有之所有拖船，皆無法適應海象惡劣環境執行出港拖救任務。大湖級救難艦是我國海軍目前唯一的專業救難艦，具備基本深海潛艦救難能量，大屯軍艦原為美國海軍的 Bolster 級救難艦-Recovery（ΛRS 43），全長65.07公尺、舷寬13公尺、吃水4.6公尺、總噸位（輕載）1,995、（滿載）2,027、人員編制84人。海軍尚在操作的大湖級救難艦迄今船齡已高達80歲。大湖艦 ARS-552是在1942年下水的，於1977年退役後同年於夏威夷移交臺灣，大屯艦 ARS-556則是在1945年下水，一樣是退役後移交臺灣。

　　有鑑於此，臺灣發展國艦國造計畫，開發新型救難艦，其主要任務為拖帶、救難以與水下作業，配備有先進的難與防護系統，水深可達100公尺的水下救難系統（潛水鐘），以及可在水深500公尺作業的水下遙控載具系統（ROV），將可提升海軍在深海救援的能量。新型救難艦完工後，具有速度快、機動力佳、自動化作業能力高、拖帶拉力大等特性，遂行艦艇救難、拖帶及與水下失事物體打撈等任務，不易受操作安全及風力等因素限制，有利救難任務達成。

5　環境構面

　　臺灣地區位於歐亞大陸和太平洋的交界處，季風型氣候明顯，冬季期間

大陸冷高壓強盛，高壓還流的風順時鐘方向吹送，使臺灣地區及附近海域東北季風盛行。因此在救難環境上也特別需要注意海面風速與海浪。海難救助非一般路上思維之救難人員可明瞭，海上有複雜解多變性之各種因素，致使海上救難須依據天候、海象、大自然引力等等考量。根據中央氣象局觀測資料，分別以彭佳嶼氣象站及龍洞浮標站、澎湖氣象站及東吉島波浪站、蘭嶼氣象站及成功波浪站之資料來描述臺灣北部與東部海面、臺灣海峽及臺灣東南部海面之風向、風速與波高情形。此外海難救助也需要考慮平流霧，臺灣地區及附近海面於冬末至春季間最常發生此種霧，經常對陸上交通、飛機起降及海上船舶航行安全造成嚴重的威脅。

（二）海難救助之法規探討

我國依《災害防救法》相關規定，於行政院下設立中央災害防救會報，決定災害防救之基本方針、核定災害防救基本計畫及中央災害防救業務主管機關之災害防救業務計畫法令所規定事項等。災害防救法第三條第四款之規定，交通部為中央海難災害防救業務主管機關，負責指揮、督導、協調各級海難災害防救相關行政機關及公共事業執行海難災害防救工作：

1 海難中央災害應變中心之任務

（1）加強災害防救相關機關之縱向指揮、督導及橫向協調、聯繫事宜，處理各項災害應變措施。

（2）掌握各種災害狀況，即時傳遞災情，並通報相關單位應變處理。

（3）災情之蒐集、評估、處理、彙整及報告事項。

（4）緊急救災人力、物資之調度、支援事項。

（5）其他有關防救災事項。

2 海難中央災害應變中心開設時機

我國海難災害搜救範圍內發生海難事故，船舶損害嚴重，估計有15人以

上傷亡、失蹤，且災情嚴重，經交通部研判有開設必要者。

3　海難中央災害應變中心進駐機關及人員

由交通部通知內政部、外交部、國防部、經濟部、行政院新聞局、行政院衛生署、行政院環境保護署、行政院海岸巡防署、行政院農業委員會等機關首長親自或指派司、處長、技監、參事以上層級人員進駐，執行相關緊急應變事宜，並得視災情狀況，經報請指揮官同意後，通知其他機關或單位派員進駐。

4　海難中央災害應變中心作業程式

（1）原則設於內政部消防署，供交通部及相關機關執行有關緊急應變措施及行政支援事項，有關資訊、通訊等設施由內政部消防署協助操作及維護。

（2）由指揮官親自或指定人員發布成立訊息及有關災情。

（3）由交通部部長報告行政院院長決定成立或撤除後，即通知各進駐機關派員進駐或撤離。

（4）機關派員進駐本中心後，指揮官或副指揮官應即召開防救準備會議，瞭解相關單位緊急應變處置情形及有關災情，並指示相關應變措施。

（5）災害發生或有發生之虞時，機關進駐人員應掌握各該機關緊急應變處置情形及相關災情，隨時向指揮官或副指揮官報告處置狀況。

5　海難相關機關（構）成立緊急應變小組

為處理海難災害防救事宜或配合本中心執行海難災害應變措施，海難災害防救相關機關（構）或本中心指定之機關（構）應設緊急應變小組並建立緊急應變機制：

（1）緊急應變小組由機關首長、單位主管擔任召集人，召集所屬單位、人員及附屬機關予以編組，並指派海難災害防救業務單位主管為該小組業務主管，擔任各該機關、單位海難災害防救業務聯繫協調窗口。

（2）緊急應變小組應有固定作業場所，設置傳真、聯絡電話及相關必要設備，指定二十四小時聯繫待命人員，受理電話及傳真通報，對於突發狀況，立即反映與處理。

（3）緊急應變小組應於災害發生或有發生之虞時即行運作，主動互相聯繫協調通報，並執行災情蒐集、查證、彙整、通報、災害搶救及救災資源調度等緊急措施。

（4）緊急應變小組應於本中心成立後配合執行災害應變措施，持續運作至災害狀況解除為止。

6　縮小編組及撤除時機

災害狀況已不再繼續擴大或災情已趨緩和，無緊急應變任務需求時，經交通部提報，指揮官得決定縮小編組規模，對已無執行緊急應變任務需要之進駐人員，予以歸建；由其他進駐人員持續辦理必要之應變任務。災害緊急應變處置已完成，後續復原重建可由各相關機關或單位自行辦理，無緊急應變任務需求時，經交通部提報，指揮官得以口頭或書面報告行政院院長撤除本中心。

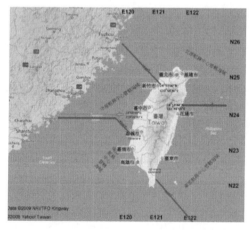

圖7　交通部航港局各航務中心管轄海域界線劃分圖

資料來源：交通部航港局

（三）德翔臺北輪海事事故證據調查

其個案主要詳細過程從2016年03月10日16:46分臺灣籍「德翔臺北」號貨輪在石門外海擱淺，當天上午行經石門外海時，突然船隻故障造成擱淺並導致船艙進水傾斜，基隆海巡隊獲報後立即派出艦艇救援，但由於海象惡劣，艦艇始終無法靠近貨輪，最後由空勤總隊從松山機場趕赴海域，以吊掛方式將21名船員全數救起。基隆海巡隊表示，上午9時許接獲「德翔臺北」通報，指該船距離石門岸際0.3海浬處失去動力擱淺，當時船身已傾斜20度，同時間船艙灌進海水，船上21名船員性命岌岌可危，海巡隊獲報後隨即出動2艘巡護艦前往海域。

本研究訪談德翔臺北倫的輪機長張新枝（姓為實姓，名為化名），以五大構面詢問當時事故救援調查：

1 組織構面

航港局針對此次海難係依據《商港法》第53條「船舶於商港區域外因海難或其他意外事故致擱淺、沉沒或故障漂流者，航港局應命令船長及船舶所有人採取必要之應變措施，並限期打撈、移除船舶及所裝載貨物至指定之區域。前項情形，必要時，航港局得逕行採取應變或處理措施；其因應變或處理措施所生費用，由該船舶所有人負擔。第一項擱淺、沉沒或故障漂流船舶之船長及船舶所有人未履行移除前或有不履行移除之虞，航港局得令船舶所有人提供相當額度之財務擔保。未提供擔保前，航港局得限制相關船員離境。」

另一列管單位是環保署，而環保署係環境管控及汙染危害之主管機關，針對此次海難係依據《海洋汙染防治法》第32條「船舶發生海難或因其他意外事件，致污染海域或有污染之虞時，船長及船舶所有人應即採取措施以防止、排除或減輕污染，並即通知當地航政主管機關、港口管理機關及地方主管機關。前項情形，主管機關得命採取必要之應變措施，必要時，主管機關並得逕行採取處理措施；其因應變或處理措施所生費用，由該船舶所有人負擔。」

2　程序構面

　　海難救護依行政院核定之海難災害防救業務計畫，及本局各航務中心訂有災害緊應變作業要點據以成立應變小組執行相關應變作業，並於要點附件中制訂海難應變作業標準作業程序。內容包括海難事故通報、人命救助、海難船拖救與船貨移除作業流程。

　　海巡署北部地區巡防局於發現該船離岸距離異常後，即向相關單位通報，並請基隆第一海巡隊前往戒護。並在獲知該輪擱淺後，除原戒護艇立即投入救援外，另加派艦艇前往，並通報國搜中心調派空勤總隊直升機支援，於1257時將該輪船上21名船員全部吊掛救出。交通部為確保人員救護工作順利進行，於接獲海巡署通報，即督請航港局成立緊急應變小組掌握海難救災情形與現場狀況，並將相關執行救援處置情形傳真函報行政院災害防救辦公室；另交通部航港局獲悉該船船長決定棄船撤離時，亦即洽請基隆海岸電臺聯繫船長應先行將輸油管路封閉，以避免油料外洩。

3　人員構面

　　國際上相關案例，2011年在紐西蘭淺礁擱淺之M.V.RENA及2012年在大陸福建草嶼附近觸礁擱淺之BARELI輪，皆是以救人為優先；第二階段避免油污染，保護海洋生態環境；第三階段移除船載貨櫃；第四階段才為移除船體殘骸。且海運運作動輒巨資為風險考量，船舶所有人皆有投保船東責任險（P&I）及船體險（Hull insurance）以獲得保障，「德」輪所委託Nippon Salvage在國際上尤其亞洲區是專業救助公司。依據「交通部航港局海難災害防救應變標準作業流程」，辦理海難災害防救工作，仍需由船東依規定處理。

　　船舶於商港區域外因海難或其他意外事故致擱淺、沉沒或故障漂流者，航港局應命令船長及船舶所有人採取必要之應變措施，並限期打撈、移除船舶及所裝載貨物至指定之區域。前項情形，必要時，航港局得逕行採取應變或處理措施；其因應變或處理措施所生費用，由該船舶所有人負擔。第一項擱淺、沉沒或故障漂流船舶之船長及船舶所有人未履行移除前或有不履行移

除之虞,航港局得令船舶所有人提供相當額度之財務擔保。未提供擔保前,航港局得限制相關船員離境。

依據海難災害防救業務計畫人命救援優先原則,「德」輪船長於1005時通報擱淺請求救援後,航港局即啟動救援機制,除派員前往事故現場掌握情況外,立即協請海巡署派遣巡防艦艇前往執行救援任務,並請透過國搜中心申請空勤直升機前往執行人員吊掛救援作業。經海、空救援作業,「德」輪21名船員於1257時全數救離該輪。

4 設備構面

目前臺灣港勤公司總共有27艘拖船、1艘帶纜船及1艘交通船,如發生海事事件係為船舶擱淺,其處理方式為將貨櫃或貨物卸除,並於配合海象狀況(海象狀況佳)及海水漲潮期間(非漲潮期間作業恐有困難),利用拖船將擱淺船舶拖離擱淺區域。因天候氣向惡劣擱淺之德翔臺北號,曾通報至相關救助單位及所屬公司,並要求臺北港崛陽拖船與基隆港拖船出港協助拖救。但因為港內用拖船抗浪設計不同,因此海象惡劣環境下無法出港執行拖救任務。該個案之發生係肇因於德翔臺北號失去動力開始,德翔臺北號無適當的救難船舶可以立即救助拖帶,導致德翔臺北號輪擱淺,造成本次重大事件。

圖8 港內用拖船

資料來源:臺灣港務股份有限公司和臺中港務公司網站提供(2006)

5 環境構面

在臺灣周遭海域之海象易受季風因素影響，而產生海面風浪不穩情形；尤其在臺灣東北角海域屬海難事件高風險區，依據氣象觀測洋流從大陸東北部來到臺灣北部，撞擊臺灣後分岔使海浪產生亂流，在東北季風的吹拂下，容易造成波浪的劇動，增加船舶航行風險。本個案即是發生於典型的季風氣候，船舶在失去動力後，受東北季風影響，並受限於港勤拖船無法出港救援，在風浪拍打吹襲下，最終肇致船舶擱淺之海難事件。

在「德」輪擱淺油污外洩後，環保署立即依據海洋污染防治法及「重大海洋油污染緊急應變計畫」，啟動油污染應變機制。船舶處理則由交通部依據商港法第53條相關規定，於「德」輪殘油未抽除前或油污染外洩疑慮未解除前限制相關船員離境，並監督船東辦理「德」輪船舶殘油、殘貨、船體移除工作。13日船東備妥抽油設備送上事故船前置作業，因天候因素至17日開始抽油，事發後到船體斷裂前，天候許可下僅有六個工作天，累計已抽除柴油35.61公噸（已全部抽除）、燃料重油216.91公噸（以易翻覆的後半段為主），仍有約239.58公噸燃料重油、29.84公噸潤滑油、35公噸廢污油水，及原載392個貨櫃（內含九只危險品櫃，另五只空櫃落海沖至岸邊）。

五 結論

本文以海難救助事務切入研究，從實務與法規進行探討，從而深入了解海難救助處理事務原則與宗旨。當有船舶發生海上遇難事故時，主管機關應展現捍衛領海主權之公權力，執行所屬海域的預防性管理與緊急強制救助之行政作為。以國外制度與我國處理步驟看來，目前仍有機具與對海難救助事務不了解其文化之疏漏。對於重大案件海委會整合體系並非難事，但常見之船體漏油、緊急靠泊、觸礁擱淺等中小型案件容易因權屬劃分及行政公文往返耽擱時效。此為現有行政系統通病。

整合海洋委員會意旨為整合國內海洋事務管理，規劃緊急案件救助防範

機制，並邀集從事相關事務之民間單位一同討論，海洋救援在各國以「不成功不付款」為常例。應以此常例理解民間救援業者想法並設置管理方案，當遇緊急海難事故時，海委會設置消防局緊急救護案件列管為橫向聯繫執耳單位，並列案件編號管理，分級、分層、分類交辦，以維我國海安。

本文以質化研究為主，以歸納觀察與研究的現象，經由國內外學者的海難救助相關研究文獻並結合自身所處環境的見聞，針對問題的海難救援架構做深入的剖析，從中發掘出在不同救援體系下的對策。本文貢獻為根據實證結果，對於臺灣海難救助如何面對不同救援體系下所帶來的問題，並以德翔臺北貨櫃輪的海難與救助模式為例，提出相關建議並針對此海難救助體系與對策提出適當的改善建議。

藉以德翔臺北貨櫃輪在發生海難之後，緊接而來的救助應變關係著人命、船、貨、汙染多面向的災害救助。海難救助包括海難救助法規、海難救助及救助組織、海難救助及救助作業程序、海難救助報酬、撈救及污染防治求償權等。其與海上人命安全、防止船舶污染等息息相關，也對中央政府的海難救助指揮應變能力帶來不小考驗。在面對德翔臺北輪海難案件時，以組織、程序、人員、設備與環境五大構面，深度訪談人員進行探討。

在海難救助機制則是透過跨部會的聯繫機制，透過海空搜救單位，儘速救援待救者。當基隆海岸電臺、臺北任務管制中心、漁業通訊電臺、鄰近港口信號臺（船舶管制中心）收到海難遇險警報訊息時，確認海難發生海域之經緯度、發生時間、船上人數、船型規格（總噸位）與災損情形等事項。經立即查證確認後轉行政院海岸巡防署及複式通報有關單位審視狀況調派搜救飛機、艦艇前往搜救。加強災害防救相關機關之縱向指揮、督導及橫向協調、聯繫事宜，處理各項災害應變措施。為了能有效解決組織溝通不良的問題，則可透過國家搜救中心及海岸巡防署進行協調，整合政府各機關可用之海、陸、空能量，以政府團隊力量進行救助，以竟其功。

參考文獻

一　中文專書

方至民、曾志弘，2020。《管理學：理論探索與實務應用》，前程文化。

行政院海岸巡防署2009年「海岸巡防機關執行海上救難作業程序」。

林重新，2001。《教育研究法》。臺北市：揚智文化。

張湘蘭、鄧瑞平、姚天衝，2001。《海商法論》，修訂版，武漢大學出版社。

陳昭銘，2006。《氣候變異》，財團法人中興工程科技研究發展基金會。

二　中文期刊論文

李民，2000。〈論強制救助〉，《海事海商篇中國律師2000年大會論文精選》，北京。

徐國裕、張運杰、周和平，2008。〈台灣西部國際商港水域海難事故之分析〉，《航運季刊》第十七卷第一期。

陳世宗、周毓欣，2017。〈海難事故肇因關鍵性分析技術之研究〉，《航運季刊》，第26卷，第1期，1-22。

黃冠穎、黃聰正，2009。〈火眼金睛專業海巡韓輪排污無所遁形〉，《海巡雙月刊》Vol.42。

繆敏志、張火燦，2002。〈組織變革策略對經理人工作壓力影響之研究〉，《中山管理評論》，10(4)，683-706。

饒瑞正，2001。〈拖帶或海難救助〉，《保險專刊》，第63輯。

三　中文學位論文

曾福祺，2010。〈台灣船舶擱淺事故分析之研究台灣海域船舶擱淺事故分析〉，國立臺灣海洋大學商船學系碩士班碩士論文。

蕭力豪，2008。〈船舶擱淺警戒模式於海洋地理資訊系統之應用〉，國立臺灣海洋大學商船學系碩士班碩士論文。

鄭於雄，2008。〈從漁船海難事故探討漁船船員培育訓練制度之研究〉，國立臺灣海洋大學商船學系碩士班碩士論文。

四　英文

Atkinson, R., 1999. Project Management: Cost, Time and Quality, Two Best Guesses and A Phenomenon, Its Time to Accept Other Success Criteria, International Journal of Project Management, 17 (6), pp.337-342.

Eisenberger, R., R. Huntington, S. Hutchison, and D. Sowa, 1986. Perceived supervisor support. Journal of Applied Psychology, 71, 500-507.

Eisenberger, R., P. Fasolo, and V. Davis-LaMastro, 1990. Perceived organizational support and employee diligence, commitment, and innovation. Journal of Applied Psychology, 75, 51-59.

Eisenberger, R., F. Stinglhamber, C. Vandenberghe, I. L. Sucharski, and L. Rhoades, 2002. Perceived supervisor support: Contributions to perceived organizational support and employee retention, Journal of Applied Psychology, 87, 565-573.

Neuman, W.L., 1997. Social Research Methods: Qualitative and Quantitative Approaches. 3rd Edition, Allyn and Bacon, Boston.

Roger D. Wimmer & Joseph R. Dominick, 2000. Mass Media Research: An Introduction - 9th Edition.

Understanding Management by Richard L. Daft, 2003. Paperback—11,1825.

影響臺灣民眾對政府能源政策態度之因子

——教育程度、族群、年齡以及政黨認同之分析

林亦謙[*]

摘要

2021公投的結果，有關能源政策之第17號及20號公投案結果為「有效票數未達門檻」收場。儘管如此，本文欲探討民眾對於執政黨政府「能源政策」之態度又是為何？本文針對問卷訪談題目「在能源政策上，政府改採火力、風力以及太陽能發電，來取代核能發電廠。請問您對這樣的做法同不同意？」，利用 SPSS 軟體分別進行變異數分析及事後檢定（Scheffe method），嘗試比較臺灣民眾之教育程度、族群、年齡以及政黨認同等因子，是否對於能源政策之態度上顯著性差異。

本研究採用之問卷為臺灣選舉與民主化調查 TEDS2020資料，訪問成功樣本數為獨立樣本：1,680份，封面11,638份。執行時間為民國109年1月13日～5月30日。

研究假設教育程度、族群、年齡及政黨認同會有顯著差異，其研究結果亦與研究假設大致相符，惟若在年齡類別未達統計上之顯著性。另外，本研究意外地發現，中立選民較國民黨支持者認同政府之能源政策；但相較於民進黨支持者又較不認同。

---

[*] 國立中央大學客家語文暨社會科學學系客家政治經濟研究所碩士生。

　　本研究之研究限制有二，其一為此資料為2020年調查訪談之資料，並非在舉行公投日前後的一小段時間，因此可能會有時間上之統計誤差；其二為在政黨傾向之自變項中，將國民黨、民進黨認同者之外的民眾歸納為中立選民，但非國民黨、民進黨支持者，未必能直接歸納為中立選民。

關鍵字：能源政策、公民投票、變異數分析、事後檢定

Factors Affecting the Attitude of Taiwanese People toward Government Energy Policies:

Analysis of Education Level, Ethnic Groups, Age, and Party Identification

Lin, Yi-Qian[*]

Abstract

Referendum No. 17 and No. 20 of the 2021 referendum on energy policies failed to meet the threshold of valid votes. Despite this, this studyaimed to explore the public's attitude towards the ruling government's energy policies. This study is conducted with a questionnaire interview: "In the energy policy, the government has replaced nuclear power plants with thermal, wind, and solar power. Do you agree or disagree with this approach?"The SPSS software was used to conduct the analysis of variance and the Scheffe method to compare whether there are significant differences in the attitudes of Taiwanese people toward energy policies based on their education level, ethnic group, age, and party identification.

The questionnaire used in this study is TEDS2020 data in Taiwan Election and Democratization Studies.The number of successful samples interviewed is

---

[*] Master's student, Institute of Hakka Political Economy, Department of Hakka Language and Social Sciences, National Central University.

1,680 individual samples and 11,638 covers.The implementation period is from January 13, 2009, to May 30, 2009.

This study assumes there are significant differences in education, ethnic group, age, and party identification. The results arealmost consistent with the study hypothesis, except that statistical significance is not achieved in the age category.Surprisingly, this study found that independent voters agree with the government's energy policy more than KMT supporters but less than DPP supporters.

There are two limitations to this study:

1. This information was from a survey interview in 2020, not a short period before or after the referendum.Therefore, there may be a statistical error regarding timing.

2. In the independent variable of political party preference, people other than those who agree with the KMT and DPP are classified as independent voters. However, those who do not support KMT or DPP may not be directly classified as independent voters.

Keywords: Energy Policy, Referendum, Analysis of Variance, Scheffe Method

一 前言

影響臺灣民眾對政府能源政策態度、觀點、看法之因子，為本研究之問題意識。在2021年12月18日，臺灣一口氣舉行了4道公投題目，其中與能源政策有關的的題目有兩道，分別為第17案「您是否同意核四啟封商轉發電？」（本文後續以核電公投案簡稱）、第20案「您是否同意中油第三天然氣接收站遷離桃園大潭藻礁海岸及海域？（即北起觀音溪出海口，南至新屋溪出海口之海岸，及由上述海岸最低潮線往外平行延伸五公里之海域）」（本文後續以觀塘三接公投案簡稱）。[1] 在2021年初到舉行公投日前的民調，核電公投案之民調為同意者居多、觀塘三接公投案之民調為不同意者居多。然而，在開票日傍晚，4道公投案之結果皆以「有效票數未達門檻」收場。

由於臺灣為民主國家，因此執政黨政府必須考量多方意見，必須同時兼顧商人、民生、經濟、環境、土地以及最重要的安全因素來考量，最後再來為其政策辯護。核四廠的興建歷史是由民國69年開始，經歷民國72年行政院決以函件指示台電暫緩動工、81年行政院再度通過回復核四計畫案、85年立法院通過廢止核四計畫案、89年行政院決議停止興建核四（陳惠馨，政大法律系教授、女學會會員）。直到馬英九政府開始計畫性重啟核四、蔡英文政府又計畫性封存核四。截至2021年10月，核四總預算花了2838億元。臺灣一年的稅收約為2兆4497億元（2019年度），等於一座核四就花了臺灣一整年稅收的11.6%，若把封存的費用再考慮進去，對於後代子孫的負債而言，更是雪上加霜。

此外，安全議題也是除去經濟面向外的一個重要考量，歷史上就面臨日

---

1 民意調查來源根據ETtoday新聞雲、TVBS、十方民調、今週刊、台北智會、台灣民意基金會、皮爾森數據公司、美麗島電子報、時代力量、遠見民報等10間民意調查機構。在核電公投案的19次民調中，有8次贊成民眾居多、11次反對民眾居多；在觀塘三接公投案中有19次民調，其中有17次贊成民眾居多、2次反對民眾居多。此外，民意調查區間分別為核電公投案：2021/1/20~2021/12/15；觀塘三接案：2021年3月8日至2021年12月15日。

本福島核災、美國三浬島等核災問題，相關的風險及評估亦是政府在為其政策背書時應該充分考量之要素。

再論及觀塘三接公投案，談到三接公投必須先從第三天然氣接收站的歷史開始談起。第三天然氣接收站開發案最早由東帝士集團與中華開發共同組成東鼎液化瓦斯興業股份有限公司，也是後來民間俗稱的稱東鼎公司。選址於桃園觀塘興建北部天然氣接收站。

1999年4月通過環評審查，而三接觀塘工業港是於2000年3月通過環評審查。但最後因東帝士集團爆發財務危機及陳由豪掏空弊案，開發暫時停止。105年中油併購東鼎公司，打算行開發三接。但因工業港未曾動工，加上工業區預定基地發現藻礁生態系及一級保育類野生動物柴山多杯孔珊瑚，一度使得動工暫停，因此中油依環評法規定提出「觀塘工業專用港現況差異分析及對策檢討暨環境影響差異分析報告」暨「觀塘工業區藻礁生態系因應對策暨環差分析報告」送環保署審查，並於2018年10月8日通過。

2018年10月5日，時任行政院長賴清德在立法院備詢時提出若中油觀塘港第三天然氣接收站可通過，深澳電廠可重新評估興建與否。在2018年9月26日至10月8日密集訂了3次環評大會，前2次人數不足流會後，終於於10月8日湊齊10人開會，出席的有6位官派代表，其他3位是學者委員，最後在7票「通過」，2票「空白無效」，此案以7：2表決結果翻轉了專案小組建議的「退回主管機關」結論，正式通過。而民間、環保團體以及專業人士則稱10月8日為環評史上最黑暗的一天。

此外，資訊不對稱的因子，例如執政黨民進黨政府在2021之公投鼓吹人民投下4個不同意，在野的國民黨政府以同樣的手法但反向的需求，鼓吹人民投下4個同意票。使得人民在不知不覺中被淺移默化的被貼上不同意即民進黨、同意即為國民黨的標籤，而並未思考例如核電公投案經濟面、安全面，或者即使是支持核四，但是是條件式的支持（例如廢除核一、核二、核三的前提下支持重啟核四）；也並未考量到三接公投案，除了報章媒體報導的第三天然氣、觀塘藻礁等關鍵詞以外，是否因為三接的突堤而影響觀音區、新屋區沙岸原本天然的海岸侵蝕作用。

在民調之預測與公投最後結果已失敗做收的前提下，本文首先欲探討可能影響民眾對於能源政策之態度，接續蒐集問卷資料，並進一步利用 SPSS 分析其相關因素之顯著性。

二 民眾對於能源政策的構思

（一）國家能源政策暨再生能源基礎名詞定義

在當代的各種科技風險之中，核能發電是極具爭議且備受注目的議題，尤其當日本福島核災發生之後，社會對核電之「低發生機率、高危害結果」的風險特質愈加敏感。在此種緊張的社會氛圍下，找出影響民眾核電政策偏好的關鍵因素，成為能否有效處理核電爭議的重要前提。（張鎧文，2019；黃東益，2019；李仲彬，2019）

站在經濟發展與環境的天平上，如何維持其平衡，對於任何　個執政黨而言，都會是一個非常大的挑戰，這是因為政黨在野時，可以較無執政壓力的站在部分民意發言，而執政時必須考量包括商業、民生、社會、環境、經濟等許許多多的面向。有一部分的人民支持經濟發展大過於環境保育，另一部分的人則持相反意見。然而，當人民把目光放在經濟、科技發展可以帶給我們無論是 GDP 上升、亦或是可以用低廉成本換來能源時，往往卻忽略隱藏在背後的風險，在檢閱各領域的相關文獻，本研究提出各領域的觀點並在後續部分嘗試分析可能影響民眾對於執政者能源政策態度之因素。

（二）風力發電與臺灣居民抗爭事件

臺灣西部之臺灣海峽受惠於地理條件之因素，每年冬季盛行豐盛的東北季風，平均風速可達5-6公尺/秒以上（經濟部能源局，2019），為風力發電機運轉之合適條件之一，但是在本面上，離岸風力投資成本，以每度電2元之收購價格計算，其投資回本年限皆超過設備之經濟壽命，對於投資離岸風

力較無誘因（郭世勳，2008）。其次是環境影響評估，風力發電機在運轉時，容易造成鳥類因誤觸造成傷亡，此外是否會導致風力發電故障或使用壽命耗損增加等仍有待評估，不僅如此，其噪音對於周邊居民的身心健康影響亦不容小覷。接著，設備本身安全問題也是個考量，歷史上就發生過2008年台中港防風林區風力發電機組遭薔蜜颱風吹倒、2015年台中環港北路風力發電機組遭蘇迪勒颱風吹毀等事件。

臺灣較為出名民眾自行組織團體抗議離岸發電機的運動主要有二，一為苗栗苑裡之「苑裡反瘋車」運動，其為一起發生在2010年，苑裡居民，反對德商英華威集團（現達德能源）設立大型風力發電機的事件，根據「苑裡反瘋車自救會」的聲明，發展再生能源是臺灣能源結構重要的一環，但不能「粗暴發展」，尤其英華威公司的風車距離與居民過近，未達國際安全距離的470至700公尺，苑裡風車與居民的距離只有60至250公尺。[2]

另一則為2012年的新屋反風機運動，2012年，英華威集團原訂計畫在新屋蚵間村、深圳村（今蚵間里、深圳里）建置四座風力發電機，同年8月3日兩村居民一百多人聯合附近總共5個里自主「桃新沒海風電自救會」，其中時任桃園新屋愛鄉協會理事長李仁富表示：「因為離岸風機帶來的衝擊太大了，業者打算在陸地上興建風車，就遭到居民反對而作罷」、里長郭先彰表示：「台電「桃新離岸風車計劃」，大多數人都被蒙在鼓裡，並不了解真正的情形，而且資訊都被有心人誤導，有些鄉親完全是在不知情下，填了讚成同意書，如果風車真在這個地方蓋起來，將破壞生態環境禍延子孫，桃園新屋愛鄉協會決非為反對而反對，他們支持政府發展綠能風車，但只離岸500公尺、水深5公尺就設立，不但風車發出的聲波干擾，魚兒更難游到岸邊覓食和產卵呢，已經奄奄一息的沿海生態鏈，將更難起死回生；而八月間並舉行了第一次的審查會議，因為民眾的突然出席，委員會決議要求台電等單位再行補件。」、桃園在地聯盟理事長潘忠政亦表示其實居民他們反的是讓人發

2　資料來源：風媒傳——自綁鐵鍊肉身擋車抗議　苑裡「反瘋車」20人無罪定讞https://www.storm.mg/article/83183，瀏覽日期，2022.05.20

瘋的瘋車而不是再生能源；桃園觀音鄉風力發電機旁居民受到二十四小時風力發電機噪音困擾的痛苦的經驗，加上為了架設風機必須砍日據時代就留下來的茂密防風林，於文史於生態他都極力反對。

此起事件可以看出當地社區居民對於守護家鄉的決心，「有補助金也拒絕到底」一事也令許多專家學長跌破眼鏡，其實當地為臺灣傳統濱海客家聚落，其每年例行的「牽罟文化」、石滬、防風林、陂圳等文化資產皆為埋藏在社區裡的金礦，近年來輔導的綠色隧道旅遊生態圈效果有成，當地已變成現今家日旅遊之觀光景點，也充分反映若不是當初社區居民的堅持，就沒有今天這樣子景點了。

（三）可能影響臺灣民眾判斷核電政策之觀點分析

欲了解民眾對於核能電廠之構念，此節就「核爆風險」、「電費價格」、「全球環境意念之興起」等三構念，逐一討論並分析民眾之看法。

1 核爆風險

「電能」在使用時，可以說是所有能源中最乾淨的能源，但是在產出電能的過程中可沒這麼簡單，就核能電廠而言，歷史上就曾經發生過日本福島核災事件、前蘇聯車諾比事件、美國三浬島事件等。儘管我們不考慮核能電廠本身之安全疑慮，單論核廢料而言也是會危及健康之工業廢棄物。張鎧文等（2020）即指出在科技為環境帶來改變時，治理及風險管控亦可能成為當代民眾恐慌、在意的因素（張鎧文、黃東益、李仲彬，2020），可見風險管理（risk management）其實就是民眾欲訴諸之政府如何正面面對「無法承受之臨時風險」。

2 電費價格

在資本社會中，便宜又穩定的能源可說是人人希望政府執行之政策之一，根據美國能源總署2017年公布之各國電價，臺灣住宅電價為每度2.4

元，換算後僅高過每度2.3元的馬來西亞及每度1.9元的墨西哥，比中國、加拿大、南韓、土耳其、美國、新加坡、日本等二十九個國家都低；臺灣工業電價也是世界第六便宜，每度約2.38元，僅比挪威、瑞典、美國、芬蘭、盧森堡貴，比亞洲鄰近國家的馬來西亞、南韓、新加坡、中國、日本都低；其中中國比臺灣每度貴0.67元、新加坡比臺灣貴0.66元、日本比臺灣貴2.5元（黃佩君，2019）。對於在全球半導體工業、科技業名列前茅的臺灣而言，臺灣無疑是塊完美土地，況且臺灣主要的 GDP 來自於這些企業的貢獻，是否調整電價也並非是人民說的算，執政者也必須站在企業的角度來衡量。

3　全球環境意念之興起

環境意識指的是人們對於所意識到的環境問題，以及為解決相關問題付出努力的程度或提供貢獻的意願（Dunlap & Jones, 2002:485）。近年來環保意識之興起，多多少少影響民眾判斷核電政策之態度與偏好。「乾淨能源」一詞也是在近年來如雨後春筍般的廣泛被使用，甚至美國總統拜登（Joe Biden）於2021年1月20就職當天，即簽署了行政命令，宣示美國於一個月後正式重返巴黎協定，意即美國再度回到了致力於將全球升溫控制在1.5°C 的路徑上。「乾淨」、「環保」、「永續能源」等意念，或多或少也會成為臺灣民眾對於核電政策判斷之依據標準。

三　研究假設暨變數編碼暨說明

（一）研究假設

根據張鐙文、黃東益、李仲彬等（2019）的研究，在科技風險與環境主義的研究中，教育程度、族群、年齡以及政黨認同等人口變項，經常被認為是形塑民眾風險態度或政策偏好之重要因素。而梁世武（2014）的研究則證實這些變項對於民眾的核電政策偏好具有若干程度的影響。

（二）變數處理與相關理論

1 相關理論及資料來源

[3]變異數分析可依據因子區分為單因子變異數分析及多因子變異數分析，簡稱為 ANOVA，在統計應用上特別來處理多個類別項目對應多個類別項目之交叉比對，而[4]在 ANOVA 的分析報表中 F（自變項 df，誤差 df）的顯著性若<.05，亦即代表在交叉統計上達顯著，本研究假設教育程度、族群、年齡及政黨認同對於政府之能源政策在統計上會達顯著差異，再進而利用 SPSS 軟體分別進行變異數分析，以及採取[5]雪芙法（Scheffe method）作事後檢定，嘗試比較臺灣民眾之教育程度、族群、年齡以及政黨認同是否對於能源政策之態度之顯著性差異。

[6]問卷利用臺灣選舉與民主化調查 TEDS2020資料，訪問成功樣本數為獨立樣本：1,680份，封面11,638份。執行時間為民國109年1月13日～5月30日。

2 數據初始化

本文在基本假設架構建立後，接續說明自變項、依變項。在自變項內一共有教育程度、族群、年齡以及政黨認同等4項，依變項採取問卷題目「在能源政策上，政府改採火力、風力以及太陽能發電，來取代核能發電廠。請問您對這樣的做法同不同意？」。首先，我們先來處理依變項，將問卷資料輸入 SPSS 軟體跑出來之結果如表1：

3　林惠玲、陳正倉，2020，《現代統計學》，第十三章。

4　顏志龍、鄭中平，2019，《給論文寫作者的統計指南：傻瓜也會跑統計》，第十六章。

5　Scheffé's method：譯自英文——在統計學中，以美國統計學家亨利‧舍夫（Henry Scheffé）的名字命名的捨夫（Scheffé）方法是一種用於調整線性回歸分析中顯著性水平的方法，以解釋多重比較。它在變異數分析以及為涉及基函數的回歸構建同步置信帶時特別有用。

6　TEDS歷年計畫／TEDS2020，計畫名稱：2016年至2020年「選舉與民主化調查」四年期研究規劃(4/4)：2020年總統與立法委員選舉面訪案，計畫編號：MOST 105-2420-H-004-015-SS4，計畫主持人：黃紀教授。

表1　受訪者對政府能源政策題目次數分配表

在能源政策上，政府改採火力、風力以及太陽能發電，來取代核能電廠。請問您
對這樣的做法同不同意？

			次數分配表	百分比	有效百分比	累積百分比
有效	1	非常同意	141	8.4	8.4	8.4
	2	同意	806	48.0	48.0	56.3
	3	不同意	428	25.5	25.5	81.8
	4	非常不同意	165	9.8	9.8	91.7
	95	拒答	10	.6	.6	92.3
	96	很難說	32	1.9	1.9	94.2
	97	無意見	23	1.3	1.3	95.5
	98	不知道	75	4.5	4.5	100.0
	總計		1680	100.0	100.0	

　　選項1-4分別由非常同意依序至非常不同意，以及95-98為其他無法反映
出針對能源政策態度之選項，故在這裡先執行兩個步驟。其一為修正語意正
負項，使其1-4分別為非常不同意、同意、不同意、非常不同意，其二為將
95-98歸類為系統遺漏值，處理好的依變項在進行SPSS執行次數分配表，其
結果如表2：

表2　受訪者對政府能源政策題目次數分配表
（已修改語意正負向暨遺漏值）

在能源政策上，政府改採火力、風力以及太陽能發電，來取代核能電廠。請問您
對這樣的做法同不同意？

			次數分配表	百分比	有效百分比	累積百分比
有效	1	非常不同意	165	9.8	10.7	10.7
	2	不同意	428	25.5	27.8	38.5
	3	同意	806	48.0	52.3	90.9
	4	非常同意	141	8.4	9.1	100.0

	總計	1540	91.7	100.0	
遺漏	系統	140	8.3		
總計		1680	100.0		

將依變項的題目進行編輯完畢後，接著我們進一步處理自變項。首先在教育程度的部分，根據 TEDS2020的問卷，問卷選項中的教育程度共分成13個選項，如下表3：

表3 教育程度次數分配表

請問您的教育程度是什麼？

		次數分配表	百分比	有效百分比	累積百分比
有效	1 不識字	41	2.5	2.5	2.5
	2 識字但未入學	5	.3	.3	2.7
	3 小學肄業	29	1.8	1.8	4.5
	4 小學畢業	134	8.0	8.0	12.5
	5 國、初中肄業	29	1.7	1.7	14.2
	6 國、初中畢業	172	10.2	10.2	24.5
	7 高中、職肄業	43	2.6	2.6	27.0
	8 高中、職畢業	422	25.1	25.1	52.1
	9 專科肄業	10	.6	.6	52.7
	10 專科畢業	187	11.1	11.1	63.9
	11 大學肄業（含在學中）	69	4.1	4.1	68.0
	12 大學畢業	406	24.2	24.2	92.1
	13 研究所（含在學、肄業、畢業）	129	7.7	7.7	99.8
	95 拒答	3	.2	.2	100.0
	總計	1680	100.0	100.0	

這裡欲探討的項目為教育程度對於政府能源政策之影響，研究假設為教育「程度」之高低是否對依變項產生影響，因故將選項歸類為初階教育程

度、中階教育程度以及高階教育程度三類，其項目分別為國、初中（含）以下；高中、職；專科、大學（含）以上，再進行 SPSS 執行次數分配表，其結果如表4：

表4　教育程度3類

教育程度3類

		次數分配表	百分比	有效百分比	累積百分比
有效	1 國、初中（含）以下	411	24.5	24.5	24.5
	2 高中、職	465	27.7	27.7	52.2
	3 專科、大學（含）以上	801	47.7	47.8	100.0
	總計	1677	99.8	100.0	
遺漏	系統	3	.2		
總計		1680	100.0		

由表四我們可以得知，教育程度初階、中階、高階，占比分別為24.5%、27.7%、47.8%。接著，處理自變項「族群」，此項目之問卷題目為「請問您的父親是本省客家人、本省閩南人、大陸各省市人、原住民，還是新住民？」其次數分配表如表5：

表5　族群分布之原始題目

請問您的父親是本省客家人、本省閩南人、大陸各省市人、原住民，還是新住民？

		次數分配表	百分比	有效百分比	累積百分比
有效	1 本省客家人	218	13.0	13.0	13.0
	2 本省閩南人	1249	74.3	74.3	87.3
	3 大陸各省市人	152	9.0	9.0	96.3
	4 原住民	20	1.2	1.2	97.5
	5 大陸新住民	1	.1	.1	97.6
	6 外國新住民	10	.6	.6	98.1

9 越南人	4	.2	.2	98.3
12 印尼人	4	.2	.2	98.5
13 緬甸人	1	.1	.1	98.6
16 日本人	1	.1	.1	98.7
95 拒答	3	.2	.2	98.8
98 不知道	20	1.2	1.2	100.0
總計	1680	100.0	100.0	

在族群分布內，我們可以發現僅本省客家人、本省閩南人以及大陸各省市人三類族群占大部分，因此將問卷資料數據整理成三大類族群，其他則設定為系統遺漏值，如下表6：

表6 族群3類

族群3類

		次數分配表	百分比	有效百分比	累積百分比
有效	1 本省客家人	218	13.0	13.4	13.4
	2 本省閩南人	1249	74.3	77.2	90.6
	3 大陸各省市人	152	9.0	9.4	100.0
	總計	1618	96.3	100.0	
遺漏	系統	62	3.7		
總計		1680	100.0		

再來是要處理年齡，本研究使用之資料為2020年調查之問卷，故年齡依據是使用2020-出生年，得知結果年齡範圍為20~99歲，如下表7：。

表7 年齡分布

年齡

		次數分配表	百分比	有效百分比	累積百分比
有效	20	2	.1	.1	.1
	21	43	2.6	2.6	2.7

22	13	.8	.8	3.5
23	30	1.8	1.8	5.3
24	33	2.0	2.0	7.3
25	29	1.8	1.8	9.1
26	24	1.4	1.4	10.5
27	26	1.5	1.6	12.1
28	29	1.8	1.8	13.8
29	38	2.3	2.3	16.1
30	18	1.1	1.1	17.2
31	29	1.7	1.7	19.0
32	22	1.3	1.3	20.3
33	35	2.1	2.1	22.4
34	36	2.1	2.1	24.5
35	28	1.7	1.7	26.3
36	30	1.8	1.8	28.0
37	27	1.6	1.6	29.7
38	38	2.3	2.3	31.9
39	43	2.5	2.6	34.5
40	43	2.6	2.6	37.1
41	24	1.4	1.4	38.6
42	37	2.2	2.2	40.8
43	28	1.6	1.7	42.4
44	29	1.7	1.7	44.1
45	37	2.2	2.2	46.4
46	32	1.9	1.9	48.3
47	32	1.9	1.9	50.2
48	27	1.6	1.6	51.8
49	34	2.0	2.1	53.9
50	32	1.9	1.9	55.8

51	29	1.7	1.7	57.6
52	32	1.9	1.9	59.5
53	39	2.3	2.3	61.8
54	15	.9	.9	62.7
55	29	1.7	1.7	64.5
56	39	2.3	2.3	66.8
57	22	1.3	1.3	68.1
58	34	2.0	2.0	70.1
59	44	2.6	2.6	72.7
60	25	1.5	1.5	74.2
61	36	2.1	2.1	76.4
62	29	1.7	1.7	78.1
63	18	1.0	1.0	79.1
64	27	1.6	1.6	80.8
65	25	1.5	1.5	82.2
66	20	1.2	1.2	83.4
67	24	1.4	1.4	84.9
68	32	1.9	1.9	86.8
69	25	1.5	1.5	88.3
70	21	1.2	1.3	89.5
71	20	1.2	1.2	90.7
72	10	.6	.6	91.3
73	15	.9	.9	92.2
74	10	.6	.6	92.8
75	14	.9	.9	93.7
76	10	.6	.6	94.3
77	7	.4	.4	94.7
78	14	.8	.8	95.5
79	11	.7	.7	96.2

	80	17	1.0	1.0	97.2
	81	10	.6	.6	97.8
	82	5	.3	.3	98.1
	83	5	.3	.3	98.4
	84	7	.4	.4	98.8
	85	4	.3	.3	99.1
	86	5	.3	.3	99.4
	87	3	.2	.2	99.6
	88	2	.1	.1	99.7
	89	2	.1	.1	99.8
	91	1	.1	.1	99.8
	92	2	.1	.1	99.9
	99	1	.1	.1	100.0
	總計	1670	99.4	100.0	
遺漏	系統	10	.6		
總計		1680	100.0		

在處理年齡變項中，由於受訪者之年齡分布為20~99歲，至於要如何區分年齡分布？本研究係參考臺灣師範大學東亞學系副教授－關弘昌於2016年的研究《臺灣青年世代統獨與兩岸經貿交流》一文，其年齡之劃分依據為：1942年及以前出生者作為第一世代，出生於1943年到1965年之間者為第二世代，第三世代是出生於1966年到1976年之間者，青年世代則是第四世代。

因此此研究之年齡劃分為第一世代：78~99歲、第二世代：55~77歲、第三世代：44~54歲、第四世代：20~43歲。

此外，為了在進行統計後始讀者閱讀方便，故將這4個族群調整，分別為最年輕群、次年輕群、次年長群、最年長群，其分布結果如下表8：

表8　年齡4類

年齡4類

		次數分配表	百分比	有效百分比	累積百分比
有效	1　最年輕群	708	42.2	42.4	42.4
	2　次年輕群	340	20.2	20.3	62.7
	3　次年長群	534	31.8	31.9	94.7
	4　最年長群	89	5.3	5.3	100.0
	總計	1670	99.4	100.0	
遺漏	系統	10	.6		
總計		1680	100.0		

　　最後，是政黨認同的變項，本題目為條件性題目，其步驟為先詢問受訪者是否有支持的政黨，若回答「有」者才繼續回答「請問是哪一個政黨」之題目，其統計結果如下表9：

表9　有政黨認同民眾之政黨傾向

請問您認同的政黨是哪一個政黨？

		次數分配表	百分比	有效百分比	累積百分比
有效	1　中國國民黨	321	19.1	19.1	19.1
	2　民主進步黨	549	32.7	32.7	51.8
	3　新黨	1	.0	.0	51.8
	4　親民黨	9	.5	.5	52.4
	9　綠黨	7	.4	.4	52.8
	12　泛綠	1	.0	.0	52.8
	17　臺灣基進	20	1.2	1.2	54.0
	19　時代力量	76	4.5	4.5	58.5
	21　民國黨	1	.1	.1	58.6
	41　臺灣民眾黨	102	6.1	6.1	64.6
	95　拒答	3	.1	.1	64.8

98 不知道	3	.2	.2	65.0
99 跳題	588	35.0	35.0	100.0
總計	1680	100.0	100.0	

選項中共有19個政黨，由於除了國民黨以及此2大類別項目外，其餘類別有效百分比過小，因此歸類為中類選民，在整理過後的表格如下表十：

表10　政黨認同

政黨認同

		次數分配表	百分比	有效百分比	累積百分比
有效	1 國民黨	321	19.1	21.5	21.5
	2 民進黨	549	32.7	36.8	58.3
	3 中立選民	623	37.1	41.7	100.0
	總計	1493	88.9	100.0	
遺漏	系統	187	11.1		
總計		1680	100.0		

四　實證結果分析

當我們整理好自變項及依變項之變數處理後，就可以開始跑 SPSS 進行分析了，在這裡，本研究之自變項教育程度、族群、年齡以及政黨認同皆為3個（含）以上之類別變項，依變項為連續變項，[7]故此採用變異數分析

7　變異數分析（英語：Analysis of variance，簡稱ANOVA）為資料分析中常見的統計模型，主要為探討連續型（Continuous）資料型態之應變數（Dependent variable）與類別型資料型態之自變數（Independent variable）的關係，當自變項的因子中包含等於或超過三個類別情況下，檢定其各類別間平均數是否相等的統計模式，廣義上可將T檢定中變異數相等（Equality of variance）的合併T檢定（Pooled T-test）視為是變異數分析的一種，基於T檢定為分析兩組平均數是否相等，並且採用相同的計算概念，而實際上當變異數分析套用在合併T檢定的分析上時，產生的F值則會等於T檢定的平方項。

（ANOVA 法）探討其自變項是否對於依變項產生統計上之顯著性，並且針對有產生顯著性之變項進行雪芙法（Scheffé's method）事後檢定。

表11為教育程度對政府能源政策之變異數分析：

表11　教育程度對能源政策態度之變異數分析

變異數分析

k12a（已修改語意正負向暨遺漏值）在能源政策上，政府改採火力、風力以及太陽能發電，來取代核能電廠。請問您對這樣的做法同不同意？

	平方和	自由度	均方	F	顯著性
群組之間	8.106	2	4.053	6.397	.002
群組內	972.589	1535	.634		
總計	980.695	1537			

其 F 檢定之顯著性為0.002，<0.05，因此是有達統計上的顯著性，接著往下進行事後檢定，其結果如表12：

表12　教育程度對能源政策之事後檢定

應變數：k12a（已修改語意正負向暨遺漏值）在能源政策上，政府改採火力、風力以及太陽能發電，來取代核能電廠。請問您對這樣的做法同不同意？
Scheffe法

（I）教育3類教育程度	（J）教育3類教育程度	平均值差異（I-J）	標準誤	顯著性	95%信賴區間 下限	上限
1 國、初中（含）以下	2 高中、職	.023	.058	.924	-.12	.17
	3 專科、大學（含）以上	.157*	.052	.011	.03	.29

變異數分析依靠F-分布為機率分布的依據，利用平方和（Sum of square）與自由度（Degree of freedom）所計算的組間與組內均方（Mean of square）估計出F值，若有顯著差異則考量進行事後比較或稱多重比較（Multiple comparison），較常見的為薛費法（事後比較法）、杜其範圍檢定與邦佛洛尼校正，用於探討其各組之間的差異為何。

2 高中、職	1 國、初中（含）以下	-.023	.058	.924	-.17	.12
	3 專科、大學（含）以上	.134*	.048	.019	.02	.25
3 專科、大學（含）以上	1 國、初中（含）以下	-.157*	.052	.011	-.29	-.03
	2 高中、職	-.134*	.048	.019	-.25	-.02

*. 平均值差異在0.05層級顯著。

透過雪芙（Schffe）法做事後檢定，我們可以發現教育程度為大專以上者，相較於國初中以下、以及高中職以下者，其態度為不傾向政府之能源政策，亦即較支持核電。

再者，分析族群與能源政策之態度，其變異數分析如下表13：

表13　族群對能源政策態度之變異數分析

變異數分析

k12a（已修改語意正負向暨遺漏值）在能源政策上，政府改採火力、風力以及太陽能發電，來取代核能電廠。請問您對這樣的做法同不同意？

	平方和	自由度	均方	F	顯著性
群組之間	18.096	2	9.048	14.462	.000
群組內	927.805	1483	.626		
總計	945.901	1485			

其 F 檢定之顯著性為0.000，<0.05，因此是有達統計上的顯著性，接著往下進行事後檢定，其結果如表14：

表14　族群對能源政策態度之事後檢定

多重比較

應變數：k12a（已修改語意正負向暨遺漏值）在能源政策上，政府改採火力、風力以及太陽能發電，來取代核能電廠。請問您對這樣的做法同不同意？

Scheffe法

（I）族群3類請問您的父親是本省客家人、本省閩南人、大陸各省市人、原住民，還是新住民？	（J）族群3類請問您的父親是本省客家人、本省閩南人、大陸各省市人、原住民，還是新住民？	平均值差異（I-J）	標準誤	顯著性	95%信賴區間 下限	上限
1 本省客家人	2 本省閩南人	-.054	.060	.665	-.20	.09
	3 大陸各省市人	.325*	.086	.001	.11	.54
2 本省閩南人	1 本省客家人	.054	.060	.665	-.09	.20
	3 大陸各省市人	.379*	.071	.000	.21	.55
3 大陸各省市人	1 本省客家人	-.325*	.086	.001	-.54	-.11
	2 本省閩南人	-.379*	.071	.000	-.55	-.21

*. 平均值差異在0.05層級顯著。

透過雪芙（Schffe）法做事後檢定，我們可以發現大陸各省市人，相較於本省客家人及本省閩南人，皆達到統計上之顯著，其態度為不傾向政府之能源政策，亦即較支持核電。

接續做年齡對能源政策之態度之變異數分析，結果如下表15：

表15　年齡對能源政策態度之變異數分析

變異數分析

k12a（已修改語意正負向暨遺漏值）在能源政策上，政府改採火力、風力以及太陽能發電，來取代核能電廠。請問您對這樣的做法同不同意？

	平方和	自由度	均方	F	顯著性
群組之間	5.653	3	1.884	2.971	.031
群組內	970.397	1530	.634		
總計	976.051	1533			

在這裡，我們可以發現，4大年齡族群對能源政策其顯著性為0.031，雖然有小於0.05，但是其顯著性十分薄弱。若再接著做事後檢定（下表16）可以發現已經沒有兩兩族群之間比較之顯著性小於0.05了，因此年齡非是否影響民眾判斷能源政策之依據。

表16　年齡對能源政策態度之事後檢定

多重比較

應變數：k12a（已修改語意正負向暨遺漏值）在能源政策上，政府改採火力、風力以及太陽能發電，來取代核能電廠。請問您對這樣的做法同不同意？

Scheffe法

(I) 年齡4類	(J) 年齡4類	平均值差異 (I-J)	標準誤	顯著性	95%信賴區間 下限	上限
1 最年輕群	2 次年輕群	.111	.054	.237	-.04	.26
	3 次年長群	.131	.048	.056	.00	.26
	4 最年長群	.088	.107	.878	-.21	.39
2 次年輕群	1 最年輕群	-.111	.054	.237	-.26	.04
	3 次年長群	.020	.058	.989	-.14	.18
	4 最年長群	-.023	.112	.998	-.34	.29
3 次年長群	1 最年輕群	-.131	.048	.056	-.26	.00
	2 次年輕群	-.020	.058	.989	-.18	.14
	4 最年長群	-.043	.109	.984	-.35	.26
4 最年長群	1 最年輕群	-.088	.107	.878	-.39	.21
	2 次年輕群	.023	.112	.998	-.29	.34
	3 次年長群	.043	.109	.984	-.26	.35

緊接著最後，是近年來國內討論聲浪最大的因素之一，亦即政黨認同是否影響民眾對政府能源政策之態度？其變異數分析如下表17：

表17 民眾政黨認同對能源政策態度之變異數分析

變異數分析

k12a（已修改語意正負向暨遺漏值）在能源政策上，政府改採火力、風力以及太陽能發電，來取代核能電廠。請問您對這樣的做法同不同意？

	平方和	自由度	均方	F	顯著性
群組之間	153.702	2	76.851	150.199	.000
群組內	694.832	1358	.512		
總計	848.534	1360			

在政黨認同的面項中，F 檢定的顯著性為0.000，在統計項有極大的顯著性，再接著進行事後分析比對後得到表18：

表18 民眾政黨認同對能源政策態度之事後檢定

多重比較

應變數：k12a（已修改語意正負向暨遺漏值）在能源政策上，政府改採火力、風力以及太陽能發電，來取代核能電廠。請問您對這樣的做法同不同意？
Scheffe法

(I) 政黨認同	(J) 政黨認同	平均值差異（I-J）	標準誤	顯著性	95%信賴區間 下限	上限
1 國民黨	2 民進黨	-.887*	.052	.000	-1.01	-.76
	3 中立選民	-.482*	.051	.000	-.61	-.36
2 民進黨	1 國民黨	.887*	.052	.000	.76	1.01
	3 中立選民	.406*	.044	.000	.30	.51
3 中立選民	1 國民黨	.482*	.051	.000	.36	.61
	2 民進黨	-.406*	.044	.000	-.51	-.30

*. 平均值差異在0.05層級顯著。

從表18中，發現兩件事情，其一是無論是國民黨、民進黨、亦或是中立選民，兩兩相比在統計上皆達高度的顯著性。國民黨支持者相較於民進黨支

持者而言更不會支持政府之能源政策，亦即是支持核能政策，這樣子的結果並不意外。有趣的是，中立選民相較於國民黨支持者而言，較認同政府的能源政策；但相較於民進黨支持者而言，又較不認同政府的能源政策。

五　結論

經濟發展與環境保育有史以來一直是很難取得平衡的一道題目，綠能在許多已開發國家一直是努力欲達成的目標，本研究之研究動機為在已知公投結果為門檻嚴重不足而失敗收場下，民眾討論以及在意的態度是什麼，研究目標即找出影響民眾對於政府能源政策之態度，之所以論及「政府」能源政策態度，意即本研究假設政黨傾向可能會影響非理性選民其判斷標準，另外嘗試比較教育程度、族群以及年齡。最後研究成果發現與本研究之假設大致相符，惟若在年齡面向較無顯著影響。

在教育程度面的影響為「專科、大學（含）以上者」相較於「國、初中（含）以下者」支持核電；大陸各省籍人士相較於本省客家人、本省閩南人為支持核電；政黨為國民黨者相較於民進黨者支持核電，此外，有趣的發現為中立選民相較於國民黨支持者而言，較認同政府的能源政策；但相較於民進黨支持者而言，又較不認同政府的能源政策。

本研究兼具公共治理與公民參與的精神，善用分析工具對應於海洋能源政策上之一些分析，在2021年的第三天然氣接收站公投案（三接案）投票後，2022年基隆市民即聯署「地方公投：第四天然氣接收站公投案」，有此可見能源議題是現在亦是未來政策重要主軸之一，其中海洋能源政策將更會日漸重要，因此建議於未來研究可以在此研究基礎之上，比較海洋文化資產（諸如藻礁、石滬等）對於海洋政策議題無論是在海洋治理、公民參與或是政治效能感等的相關研究。

參考文獻

一 研究計畫

臺灣選舉民主化調查 TEDS 歷年計畫／TEDS2020，計畫名稱：2016年至
　　2020年「選舉與民主化調查」四年期研究規劃（4/4）：2020年總統
　　與立法委員選舉面訪案，計畫編號：MOST 105-2420-H-004-015-
　　SS4，計畫主持人：黃紀教授。

二 中文期刊論文

湯晏甄，〈「兩岸關係因素」真的影響了2012年的臺灣總統大選嗎？〉，《臺灣
　　民主季刊》，第10卷3期（2013/09），頁91-130。

張鐙文、黃東益、李仲彬，〈解構影響臺灣民眾核電政策偏好之關鍵因素：
　　一個整合性架構的初探〉，《公共行政學報》，第58期（2020/03），
　　頁1-54。

關弘昌，〈臺灣青年世代統獨與兩岸經貿交流態度之探索〉，《遠景基金會季
　　刊》，第19卷2期（2018/04），頁1-40。

梁世武，〈風險認知與核電支持度關聯性之研究：以福島核能事故後臺灣民
　　眾對核電的認知與態度為例〉，《行政暨政策學報》，第58期
　　（2014/06），頁45-86。

三 學位論文

郭世勳，《臺灣地區離岸式風力發電成本效益分析》，臺北大學自然資源與環
　　境管理研究所學位論文，2008年。

四　中文專書

林惠玲、陳正倉，2020，《現代統計學》，第十三章。

顏志龍、鄭中平，2019，《給論文寫作者的統計指南：傻瓜也會跑統計》，第十六章。

五　網路等電子化資料

經濟部能源局，https://www.moeaboe.gov.tw/ECW/populace/home/Home.aspx。

黃佩君（2019, April 2）獨家》臺灣住宅電價世界第3便宜低過中國美國南韓。自由財經網 https://ec.ltn.com.tw/article/breakingnews/2746988

大潭藻礁與三接（n.d.）焦點事件 https://eventsinfocus.org/project/7145916?fbclid=IwAR3UR_Lr78ZMIvXGgbue2W2BA-3_bTsXTfl7to-8FKCAY-uJ_opOmHIkHh8

陳昭倫（2010, April 6）西子灣珊瑚戀曲1990　環境資訊中心 https://e-info.org.tw/node/53435

保護柴山多杯孔珊瑚　環團籲中油撤第三天然氣接收站（2017, August 22）ETtoday 新聞雲 https://www.ettoday.net/news/20170822/994809.htm%EF%BC%9Ffrom=etnews_app

【保育動物名錄】孑遺在西仔灣落日下的繽紛柴山多杯孔珊瑚（2017, September 21）環境資訊中心 https://e-info.org.tw/node/207241

獨家》移除第三天然氣接收站開發路障中油擬爭取柴山多杯孔珊瑚自保育類名單除名？（2017, September 29）風傳媒 https://www.storm.mg/article/337778

陳昭倫（2018, June 29）陳昭倫：從消失的柴山多杯孔珊瑚原鄉看大潭藻礁保留的必要性　環境資訊中心 https://e-info.org.tw/node/212461

張譽尹, & 徐孟平（2018, September 13）環法人：工商界6建議　環評制度下的真實臉孔　蘋果新聞網 https://tw.appledaily.com/forum/20180913/

RMTWVSKGLWX6A6RXROL3RRP4FA/

張譽尹（2018, September 14）環評專業尊嚴政治干預退散（張譽尹）蘋果新
聞網 https://tw.appledaily.com/headline/20180914/UAYNSCUVP 2PS6
2MWQHSEJQW7XI/

張譽尹（2018, October 8）環法人理事長張譽尹：藻礁拒絕破壞環評抵抗獨裁
蘋果新聞網 https://tw.appledaily.com/forum/20181008/BCYCBGTSD
ZBHW677SFBCCUS5EA/

張譽尹（2020, May 18）臺灣環境治理不能繼續倒退（之一）：環評法制篇
蘋果新聞網 https://www.appledaily.com.tw/forum/20200518/OLOKW
YE6EX2FHKEZU3R2T5S5AI

張譽尹（2021, September 10）藻礁公投之公民審議──漫談第三天然氣接收
站被缺席的法定程序　聯合新聞網 https://udn.com/news/story/6871/
5734301

潘忠政（2021, December 6）　#蔡英文是不是局外人 Facebook. https://www.
facebook.com/stone2504/posts/5388155274531398

潘忠政（2021, December 7）【三接兒戲能源政策與暗黑勢力】　#唯一方案
之不可思議 Facebook. https://www.facebook.com/stone2504/posts/539
2388604108065

觀音不要煉油廠新屋不要瘋電機.（2012, August 11）. 隨意窩. https://blog.
xuite.net/fenlan_lai/twblog/183271558

新屋反風機要求離岸30公里遠離潮間帶（2017, September 23）Newtalk 新聞
https://newtalk.tw/news/view/2017-09-20/98269

英華威新屋風機太親近居民無法消受（2012, August 3）環境資訊中心 https://
e-info.org.tw/node/79163

風車、瘋車苑裡為何而反？（2013, July 18）環境資訊中心 https://e-info.org.
tw/node/87147

自綁鐵鍊肉身擋車抗議苑裡「反瘋車」20人無罪定讞（2016, February 25）
風傳媒 https://www.storm.mg/article/83183

六　英文專書論文

Dunlap, R. E., & R. E. Jones, (2002). Environmental concern: Conceptual andmeasurement issues. In R. E. Dunlap, & W. Michelson (Eds.), *Handbook ofenvironmental sociology* (pp.482-524). Westport, NY: Greenwood Press.

國立臺灣海洋大學海洋文化研究所
「2022 海洋文化研究生論壇」

議　　程

2022年6月10日（五）				
8:30~9:00		報　　到Registration		
9:00~9:20	開幕式 Opening Ceremony	主持人：吳智雄（國立臺灣海洋大學共同教育中心語文教育組特聘教授／海洋文化研究所所長）		
		貴賓及師長致詞 許泰文（國立臺灣海洋大學校長） 蕭聰淵（國立臺灣海洋大學應用英語研究所教授／人文社會科學院院長）		
9:20~10:20	主題演講 Keynote Speech	主持人：吳智雄（國立臺灣海洋大學共同教育中心語文教育組特聘教授／海洋文化研究所所長）		
		演講者：王俊昌（國立臺灣海洋大學海洋文化研究所助理教授）		
		題　　目：對於臺灣成立水下考古博物館的一些看法		
10:20~10:40		茶敘Coffee / Tea Break		

場次 Session	時間 Time	主持人 Chairperson	報告人&題目 Presenter & Title	評論人 Discussant
場次一	10:40 ｜ 12:00	黃麗生 國立臺灣海洋大學海洋文化研究所教授	**古典詩中的八斗子書寫** 陳虹彣 國立臺灣海洋大學海洋文化研究所碩士班	林仁昱 國立中興大學中國文學系教授
			論古典詩中的基隆嶼意象 洪金財 國立臺灣海洋大學海洋文化研究所碩士班	曾子良 國立臺灣海洋大學海洋文化研究所兼任教授

場次 Session	時間 Time	主持人 Chairperson	報告人&題目 Presenter & Title	評論人 Discussant
			古典詩中的基隆仙洞書寫 鈕暄棋 國立臺灣海洋大學海洋文化研究所碩士班	曾子良 國立臺灣海洋大學海洋文化研究所兼任教授
			論《藍水印》之意象與手法 林慶彥 國立臺灣師範大學國文研究所碩士班	林仁昱 國立中興大學中國文學系教授
12:10~12:50			午餐Lunch Break	
場次 Session	時間 Time	主持人 Chairperson	報告人&題目 Presenter & Title	評論人 Discussant
場次二	12:50 | 13:50	顏智英 國立臺灣海洋大學共同教育中心語文教育組教授／海洋文創設計產業學士學位學程主任	從俗語探討台南沿海各區常民文化的特色與演變 張雯玲 國立臺灣海洋大學海洋文化研究所碩士班	陳家煌 國立成功大學中國文學系副教授
			一隻船仔頭紅紅──歌謠中的文化傳承與漁民記憶 陳琬琳 國立中興大學中國文學研究所碩士班	顏智英 國立臺灣海洋大學共同教育中心語文教育組教授／海洋文創設計產業學士學位學程主任
			明代文圖中的針路──從各類針路文學和Selden Map說起 林素嫻 國立臺灣海洋大學海洋文化研究所碩士班	唐蕙韻 國立金門大學華語文學系教授兼系主任
場次三	13:55 | 14:55	卞鳳奎 國立臺灣海洋大學海洋文化研究所教授	17世紀明朝遺民之兩支：朝鮮皇朝遺民與越南明鄉人之系統比較 徐源翊 國立成功大學台灣文學所台灣東南亞研究組博士班	吳俊芳 國立金門大學國際暨大陸事務學系博士後研究／閩南文化碩士學位學程兼任助理教授

場次 Session	時間 Time	主持人 Chairperson	報告人&題目 Presenter & Title	評論人 Discussant
			臺灣煤礦文化保存與地方文化產業發展 **——以猴硐礦工文史館為例** 林亭宜 國立臺灣海洋大學海洋文化研究所碩士班	安嘉芳 國立臺灣海洋大學海洋文化研究所兼任副教授
			基隆地區火誘網漁法及其相關文創商品設計 蔡憶如 國立臺灣海洋大學海洋文化研究所碩士班	莊育鯉 國立臺灣海洋大學海洋文創設計產業學士學位學程助理教授
14:55~15:05			茶敘Coffee / Tea Break	
場次 Session	時間 Time	主持人 Chairperson	報告人&題目 Presenter & Title	評論人 Discussant
場次四	15:05 | 16:05	黃昱凱 國立臺灣海洋大學海洋觀光管理學士學位學程副教授兼學程主任	**臺灣原住民族節慶活動對於在地原住民族之觀光衝擊研究——以阿美族豐年祭為例** 許如傑、楊紫萱 國立體育大學休閒產業經營學系碩士班	陳美存 國立臺灣海洋大學海洋觀光管理學士學位學程助理教授
			疫後新生活的北海岸觀光發展 **——以野柳地質公園為中心** 俞肇福 國立臺灣海洋大學海洋文化研究所碩士班	張景煜 國立臺灣海洋大學海洋觀光管理學士學位學程副教授
			以跨域治理觀點探討疫情後馬祖離島觀光發展 趙昱絜 國立臺灣海洋大學海洋文化研究所碩士班	張文哲 國立臺灣海洋大學輪機工程學系教授／馬祖行政處處長
場次五	16:10 | 17:10	應俊豪 國立臺灣海洋大學海洋文化研究所教授	**休閒水肺潛水風險因素之探討** **——以東北角龍洞灣為例** 張馨云、游啓弘、葉怡矜 國立體育大學休閒產業經營學系碩士班 國立體育大學管理學院研究所碩士在職專班	曹校章 國立臺灣海洋大學共同教育中心體育教育組教授

		台灣海域海難救援體系與對策之研究：以德翔臺北輪為探討中心 施偉政 國立臺灣海洋大學海洋文化研究所碩士班	林谷蓉 國立臺灣海洋大學海洋文化研究所教授
		影響臺灣民眾對政府能源政策態度之因子：教育程度、族群、年齡以及政黨認同之分析 林亦謙 國立中央大學客家語文暨社會科學學系 客家政治經濟碩士班	林谷蓉 國立臺灣海洋大學海洋文化研究所教授
17:10~17:20	閉幕式 Closing Ceremony	沈建中（海洋委員會綜合規劃處處長） 吳智雄（國立臺灣海洋大學共同教育中心語文教育組特聘教授／海洋文化研究所所長）	

學術論文集叢書　1500027

2022 海洋文化研究生論壇論文集

主　　編　吳智雄

責任編輯　呂玉姍、張心霓

發 行 人　林慶彰

總 經 理　梁錦興

總 編 輯　張晏瑞

編 輯 所　萬卷樓圖書股份有限公司

　　　　　臺北市羅斯福路二段 41 號 6 樓之 3

　　　　　電話 (02)23216565

　　　　　傳真 (02)23218698

發　　行　萬卷樓圖書股份有限公司

　　　　　臺北市羅斯福路二段 41 號 6 樓之 3

　　　　　電話 (02)23216565

　　　　　傳真 (02)23218698

　　　　　電郵 SERVICE@WANJUAN.COM.TW

香港經銷　香港聯合書刊物流有限公司

　　　　　電話 (852)21502100

　　　　　傳真 (852)23560735

ISBN 978-986-478-716-6

2022 年 8 月初版

定價：新臺幣 620 元

如何購買本書：

1. 劃撥購書，請透過以下郵政劃撥帳號：

　　帳號：15624015

　　戶名：萬卷樓圖書股份有限公司

2. 轉帳購書，請透過以下帳戶

　　合作金庫銀行 古亭分行

　　戶名：萬卷樓圖書股份有限公司

　　帳號：0877717092596

3. 網路購書，請透過萬卷樓網站

　　網址 WWW.WANJUAN.COM.TW

大量購書，請直接聯繫我們，將有專人為您服務。客服：(02)23216565 分機 610

如有缺頁、破損或裝訂錯誤，請寄回更換

國家圖書館出版品預行編目資料

海洋文化研究生論壇論文集. 2022/吳智雄主編. -- 初版. -- 臺北市 : 萬卷樓圖書股份有限公司, 2022.08

　　面 ；　公分. -- (學術論文集叢書 ; 1500027)

ISBN 978-986-478-716-6(平裝)

1.CST: 海洋 2.CST: 文化 3.CST: 文集

733.407　　　　　　　　111012663